Samuel Schirmbeck **Der islamische Kreuzzug
und der ratlose Westen**

Samuel Schirmbeck

Der islamische Kreuzzug und der ratlose Westen

Warum wir eine selbstbewusste Islamkritik brauchen

orell füssli Verlag

3. Auflage 2016

© 2016 Orell Füssli Verlag AG, Zürich
www.ofv.ch
Alle Rechte vorbehalten

Dieses Werk ist urheberrechtlich geschützt. Dadurch begründete Rechte, insbesondere der Übersetzung, des Nachdrucks, des Vortrags, der Entnahme von Abbildungen und Tabellen, der Funksendung, der Mikroverfilmung oder der Vervielfältigung auf andern Wegen und der Speicherung in Datenverarbeitungsanlagen, bleiben, auch bei nur auszugsweiser Verwertung, vorbehalten. Vervielfältigungen des Werkes oder von Teilen des Werkes sind auch im Einzelfall nur in den Grenzen der gesetzlichen Bestimmungen des Urheberrechtsgesetzes in der jeweils geltenden Fassung zulässig. Sie sind grundsätzlich vergütungspflichtig.

Umschlaggestaltung und Motiv: Hauptmann & Kompanie Werbeagentur, Zürich
Druck und Bindung: CPI books GmbH, Leck

ISBN 978-3-280-05636-3

Die Deutsche Nationalbibliothek verzeichnet diese Publikation
in der Deutschen Nationalbibliografie; detaillierte bibliografische Daten
sind im Internet unter www.dnb.de abrufbar.

Für Omar Belhouchet, für Agha, für Nadia Spahis.
Für Algier.

»So wie Europa nicht allein die Sache der Europäer ist, ist der Islam nicht ausschließlich die Sache der Muslime.«

Manifeste des Libertés, Frankreich am 16. Februar 2004

Inhalt

1. Hat alles nichts mit dem Islam zu tun? 9
2. Hat alles doch mit dem Islam zu tun! 53
3. Die Hängebrücke oder von der Grausamkeit des Alltagsislam 81
4. »Islamophobie« aus deutscher und algerischer Sicht . . . 100
5. Rick's Café in Deutschland 117
6. Der finstere Islam der Islamverbände 133
7. Amina oder der nackte Widerstand 155
8. Eine muslimische Oper in Rom 184
9. »Diese Marokkaner(innen), die Nein sagen«. 197
10. Eine wert(e)lose Linke als Komplize des Islamismus-Islam 210
11. Ratloses Europa? 249

1. Hat alles nichts mit dem Islam zu tun?

»Hat alles nichts mit dem Islam zu tun!« Lassen Sie sich von dieser Behauptung nicht ins Bockshorn jagen! Lassen Sie sich, wenn Sie Zweifel an ihr vorbringen, nicht einschüchtern! Sie riskieren zwar, als »islamophob« bezeichnet zu werden, als »fremdenfeindlich« oder gar als »Islamhasser«. In Wirklichkeit aber befinden Sie sich in bester Gesellschaft von nachdenklichen, kritischen und vor allem auch mutigen muslimischen Theologen, Philosophen, Schriftstellern, Künstlern, Wissenschaftlern, Journalisten und vielen sogenannten »einfachen Leuten« aus der islamischen Welt: Sie alle ächzen unter der Entwicklung, die ihr Islam in den letzten dreißig Jahren genommen hat und die ihre Glaubensschwestern und Glaubensbrüder zu Zehntausenden in die Flucht treibt. Vornehmlich ins »gottlose« Europa.

Viele dieser muslimischen Islamkritiker habe ich selbst kennengelernt. Bei ihnen darf man alle Fragen stellen, die aufzuwerfen hierzulande noch, vor allem im linken politischen Spektrum, als »islamfeindlich« gilt. Etwa, woher es kommt, dass der Islam »diese trostlose Fahrt in den Tod« aufgenommen hat, wie es ein muslimischer Freund, Abdelwahab Meddeb, der 2014 verstorbene große tunesischstämmige Islamologe, formulierte, der die lebensfeindliche Entwicklung des Islam in seinem Buch »Die Krankheit des Islam« wie kein anderer analysiert hat. Eine muslimische Freundin, die Marokkanerin Fatima Mernissi, die eine der gründlichsten aller zeitgenössischen Islamkritikerinnen ist, sagte mir: »Ich verstehe die Angst der Europäer vor dem Islam. Man muss an dieser Angst arbeiten. Man darf sich nicht von ihr unterkriegen lassen. Das ist nicht allein Sache der Europäer. Das ist eine Sache für Europäer und Araber zusammen.« Fatima Mernissi ist 2015 in Rabat gestorben, aber andere Schriftsteller und Islamforscher aus Nordafrika arbeiten in ihrem Sinn weiter.

Es ist kein Zufall, dass gerade Musliminnen und Muslime aus dem Maghreb zu europäisch-arabischer Solidarität ermuntern, wenn es um die Verteidigung der Menschenrechte gegen den heutigen Islam geht. Nicht nur wegen der geographischen Nähe zu Europa, sondern auch aufgrund der wechselvollen gemeinsamen Geschichte – von der Eroberung Spaniens durch den Islam bis zur Kolonialisierung des Maghreb durch Frankreich. Sie wissen, was religiöser Fanatismus, christlicher wie islamischer, anrichten kann. Sie wissen, wie sehr Europa selbst von religiöser Intoleranz heimgesucht wurde, und haben deshalb Verständnis für europäische Religions- und Ideologiekritik. Diese muslimischen Freunde empfinden Islamkritik nicht als Beleidigung, sondern als Unterstützung, zumal sie selbst zunehmend von der frauen-, gedanken- und fremdenfeindlichen Entwicklung ihrer Religion bedroht sind. »In diesem gemeinsamen Krieg gegen den Islamismus ließe sich die westlich-islamische Solidarität denken«, so der Schriftsteller und Islamologe Abdelwahab Meddeb schon 2003. Er fasste die ideologischen Irrwege nördlich und südlich des Mittelmeeres so zusammen: »Wenn der Fanatismus die Krankheit des Katholizismus und der Nazismus die deutsche Krankheit darstellen, dann ist im Fundamentalismus zweifellos die islamische Krankheit zu sehen.« Nicht Samuel Huntington habe den »Clash of Civilizations« in die Welt gebracht, die wahren Erfinder der Theorie vom Zusammenprall der Kulturen seien die Islamisten, die einen unversöhnlichen Antagonismus zwischen Islam und Okzident verkündet hätten, nachzulesen in ihren Schriften seit Sayyid Qutb, dem ägyptischen Theoretiker der Muslimbruderschaft. Deshalb sagt auch der algerische Schriftsteller Boualem Sansal: »Man muss den Islam vom Islamismus befreien.« Der Islamismus als Teil des Islam ist nordafrikanischen Denkern eine zum Himmel schreiende Tatsache. Wie sehr, das hat der tunesischstämmige Psychoanalytiker Fethi Benslama in Worte gefasst, wie sie die Political Correctness der westeuropäischen Linken und der deutschen Politik nie zulassen würde; zumal Linke, Sozialdemokratie und Teile der CDU den Zusammenhang von Islam und Islamismus schon seit 9/11 leugnen. Fethi Benslama schrieb schon 2005: »Im Namen des Islam ... lautet derzeit die makabre Anrufung, die wahnsinnige Litanei, die sich eine absolute Zerstörungsmacht genehmigt. Sie verschont weder das menschliche Leben noch die Institutionen, weder die Texte noch die Kunst, noch das Wort. Ein solches ›Im Namen des Islam‹, das so viel Verwüstung ausstrahlt, können wir nicht mehr für einen Zufall halten. Dass im Lauf der Geschichte unter anderen Bezeichnungen, die sich gleichfalls als Heilsbringer präsentierten (Christentum, Kommunismus, Kolonialreiche usw.), unsägliche Ausschreitungen erlaubt und vollbracht wurden, ist dabei keinerlei Trost.« So die ersten Zeilen der »Déclaration d'insoumission à l'usage des musulmans et de ceux qui ne le sont pas« (»Nicht-Unterwerfungs-Erklärung zum Gebrauch für Muslime und jene, die es nicht sind«), die der tunesischstämmige Psychoanalytiker zusammen mit anderen Muslimen und Nichtmuslimen bereits 2005 veröffentlichte: »Zuallererst müssen wir uns fragen, wie die Bresche entstanden ist, die im Bereich des Islam einen solch hoffnungslosen Willen zur Zerstörung und zur Selbstzerstörung freigesetzt hat«. Uns allen falle eine »Pflicht zur Nicht-Unterwerfung zu«, heißt es weiter, »Nicht-Unterwerfung im Innern unserer selbst und gegenüber den Formen geistiger Knechtschaft, die in diese niederschmetternde Lage geführt haben.« Das wurde wohlgemerkt zehn Jahre vor Michel Houellebecqs »Unterwerfung« geschrieben, dem Roman, der am 7. Januar 2015 erschien, dem Tag, an dem in der Redaktion der französischen Satirezeitschrift »Charlie Hebdo« elf Personen erschossen wurden, weil sie sich der »wahnsinnigen Litanei« und der von ihr ausgehenden »Zerstörungsmacht« nicht hatten unterwerfen wollen.

Einen Monat später, am 9. Februar 2015, fand im Gebäude der grünen Heinrich-Böll-Stiftung in Berlin eine Diskussion zum Thema »Offenes Europa – wie geht es weiter nach Charlie Hebdo?« statt. Der Erziehungswissenschaftler und Publizist Micha Brumlik, ein einstiges Mitglied von »Bündnis 90/Die Grünen«, bedauerte zwar die Morde an den Karikaturisten, keineswegs aber das wahrscheinliche Verschwinden dessen, was die Ermordeten ausgemacht hatte und weswegen sie ermordet worden waren: nämlich ihre Karikaturen, die für sie ein Zeichen der »Nicht-Unterwerfung« gegenüber allen religiösen Dogmen, einschließlich der des Islam, waren. Denn es war in der Tat zu befürchten, dass Karikaturisten in Europa sich nach diesen grausamen Morden nicht mehr trauen würden, eine solche »Nicht-Unterwerfung« öffentlich zu bekunden. »Wozu muss es überhaupt Mohammed-Karikaturen geben?«, fragte Brumlik, um an anderer Stelle festzustellen: »Karikaturen sind eine menschenfeindliche Kunstform.« Der Satz: »Die Ermordung von blasphemischen Karikaturisten ist eine menschenfeindliche Glaubensform« war nicht von ihm zu vernehmen. Daraufhin mühte sich der ebenfalls eingeladene französische Islamkritiker Pascal Bruckner dem deutschen Intellektuellen nahezubringen, dass diese »menschenfeindliche Kunstform« durchaus ihre Berechtigung habe. Meinungsfreiheit, so versuchte der Gast aus Paris dem deutschen Grünen-Freund den Sinn von Karikaturen zu erklären, brauche Kanäle, um sich zu manifestieren. Deshalb habe die Demokratie auch die Ausdrucksform der Karikatur zugelassen. Er, Bruckner, verstehe zwar, dass Karikaturen verletzen könnten. Die Frage sei jedoch, wie man auf diese Verletzung reagiere. Einen Prozess anzustrengen sei beispielsweise eine Möglichkeit, ohne durch Mord und Massaker Genugtuung zu erlangen. Doch Micha Brumlik wiederholte gegen Schluss der Podiumsdiskussion erneut: »Karikaturen sind eine menschenfeindliche Kunstform«. Es war kein Ausrutscher. Die gleichfalls anwesende muslimische Religionslehrerin Lamya Kaddor widersprach ihm nicht. Sie verurteilte zwar gleichfalls das Massaker von Paris, machte dann aber sofort klar, wie sehr sie selbst Opfer sei, indem sie wortreich ihrem Unmut über die »Distanziritis« Ausdruck verlieh, die von Muslimen ständig verlange, sich von den im Namen des Islam begangenen Verbrechen zu distanzieren, »obwohl diese eigentlich nichts mit den Muslimen hier zu tun haben«. Die Ereignisse im Nachbarland Frankreich drohten, »unseren sozialen Frieden hierzulande zu zerstören«. Ja, ein »Umdenken« bezüglich der Ursachen islamistischer Gewalt sei nötig. In diesem Zusammenhang verwies Lamya Kaddor zwar auch auf die Islamverbände in Deutschland, vor allem aber auf die »Ausgrenzung« junger Muslime durch die hiesige »Mehrheitsgesellschaft«: Opfer allerorten, nur nicht in Paris. Die Verbannung junger Muslime an den Rand der Gesellschaft sei in Frankreich schlimmer als in Deutschland. Sie sei Ursache für deren Ablehnung der französischen Gesellschaft. Worauf Pascal Bruckner einwandte, die sozialen Probleme wie die Arbeitslosigkeit seien in der Tat offensichtlich, beträfen aber alle, auch viele junge nicht muslimische Franzosen unterschiedlichster Herkunftsländer. Nur muslimische »Ausgegrenzte« aber fühlten sich deshalb zum Dschihad aufgerufen, zum Kampf gegen »die Feinde des Islam«, zu denen inzwischen auch als »zu lasch« befundene Muslime zählten. Die jungen Fanatiker, so der französische Philosoph, hielten sich für Menschen, die Gott auserwählt habe, und die das Gefühl hätten, auf der Seite der Erlösung zu stehen. Ereile sie der Tod, so erwarte sie das Paradies mit siebzig Jungfrauen: »Siebzig Jungfrauen, was für ein Unsinn!«, sagte Bruckner. »Warum nicht eine Frau und gegenseitige Liebe?« Der Leiter der Heinrich-Böll-Stiftung, Ralf Fücks, hatte immerhin eingangs angesichts der Pariser Großdemonstration vom 11. Januar im Gefolge der »Charlie Hebdo«-Morde festgestellt, diese Demonstration scheine von einem »Jetzt reicht's«-Gefühl getragen worden zu sein. Vielleicht war es dieses Gefühl, das zur Einladung eines Islamkritikers vom Format Pascal Bruckners in den grünen Think-Tank nach Berlin geführt hatte, galten Geister wie er doch vor dem Anschlag auf »Charlie Hebdo« bei den Grünen noch als »islamophob«. Ein »Jetzt reicht's«-Gefühl ging von dieser Veranstaltung jedoch nicht aus. Sie war typisch für die Art, wie in Deutschland der islamische Terror Versäumnissen der eigenen und darüber hinaus der ganzen westlichen Gesellschaft zugeschrieben wird, nicht jedoch dem Islam. Man kann sie unter dem Motto zusammenfassen: Alles fliegt in Stücke, nur der Islam bleibt heil. Dass islamische Gewalttäter nicht nur in Madrid, Paris, Brüssel, Nizza, Würzburg usw. auftauchen, sondern auch in Nigeria, Afghanistan, in Casablanca, in den kabylischen Bergen Algeriens, auf der Halbinsel Djerba, in Tunis und Sousse, in Riad und Aguelhok (Mali) tätig werden – alles Länder und Städte, die nicht zur westlichen Gesellschaft gehören –, bringt die deutsche Litanei von der »Ausgrenzung« junger Muslime als Ursache für deren zunehmende Mordlust nicht aus dem Takt.

Ganz anders der Ton in Marokko, und zwar schon 2012, nach dem verheerenden Brandanschlag auf die Redaktion von »Charlie Hebdo« 2011 und der erneuten Veröffentlichung von Mohammed-Karikaturen im Jahr danach: »Die Satirezeitschrift hat die Arbeit gemacht, wegen der ihre Leser sie jede Woche lesen. Das ist ihr absolutes Recht«, hieß es in einem Leitartikel der marokkanischen Wochenzeitschrift »Tel Quel« mit der Überschrift »L'ami Charlie« (»Der Freund Charlie«). »Wenn Leute schockiert sind..., so steht es ihnen frei, ihrerseits den Freund Charlie zu verspotten (was Charb selbst vorschlägt, dieser große Atheist vor dem Ewigen) oder ihn gerichtlich zu belangen. Das ist ihr Problem. In einem freien Land wie Frankreich werden die Richter den Dingen Rechnung tragen. Schluss. Aus.« Der Leitartikel war der Vorspann zu einem langen Interview der marokkanischen Wochenzeitung mit dem Chefredakteur von »Charlie Hebdo«, Stéphane Charbonnier. Das marokkanische Blatt wagte es, nicht nur die Gedanken eines erklärten Atheisten einem muslimischen Publikum zu unterbreiten, sondern gab ihm in der damals aufgeheizten Atmosphäre nach dem »Innocence«-Film auch die Möglichkeit, Mohammed-Karikaturen zu rechtfertigen. Unter welchen politischen und gesellschaftlichen Bedingungen die Journalisten von »Tel Quel« dies taten, erläuterte der Leitartikel ebenfalls: »Das Problem ist, dass das an sich schon freiheitstötende Pressegesetz Marokkos (es sieht für viele Pressedelikte Gefängnisstrafen vor) zudem von oben unter dem Druck der politischen Macht und von unten zusätzlich unter dem Druck der Straße steht... Wenn ein marokkanischer Journalist sich vor einem Richter befindet, gleicht er der Mannschaft unseres lokalen Fußballclubs Raja vor einem Spiel mit dem Barcas von Messi. Das Match ist von vornherein verloren, und die Frage ist nur noch: 5:0? 3 Millionen Dirhams Geldstrafe? Ein Jahr Gefängnis? Mit oder ohne Übergriffe der Polizei oder Todesdrohungen, gepostet von irgendeinem Jemand? Marokko ist kein freies Land..., aber es gibt einen kleinen Spielraum, den die Zeitung, die Sie in den Händen halten, nutzt. Wir haben niemanden hinter uns, der uns schützt. Theoretisch wäre das die Justiz. Sie ist es, die z. B. Charlie Hebdo schützt.« Eine solche Justiz aber gebe es in einem unfreien Land wie Marokko nicht. Gesetz und Justiz seien der politischen Macht unterworfen und beide reagierten auf Druck aus dem Volk. »Ein Richter kann Sie ohne direkte Anweisung von oben verurteilen, weil er glaubt, das Richtige zu tun, weil er glaubt, das ist es, was die Macht will, das ist es, was die Straße will.« Trotzdem: »Wenn wir die Karikaturen nicht zusätzlich zum Interview veröffentlichen, dann nur, weil das Gesetz es uns verbietet.« Es ist der Mut dieser ohne jedes Sicherheitsnetz arbeitenden arabisch-muslimischen »Freiheitssucher« – so nennt sie der Psychoanalytiker Fethi Benslama –, der die Diskussion in der Heinrich-Böll-Stiftung drei Jahre später, kurz nachdem »l'ami Charlie« erschossen worden war, so unendlich müde und hoffnungslos aussehen ließ.

Deshalb lässt sich von den muslimischen Freunden im Maghreb viel für die hiesige Islamdiskussion lernen, zumal der Islam »inzwischen auch zu Deutschland gehört«. Aus ihrem Widerstand können wir den Mut für eine selbstbewusste Islamkritik schöpfen. Bei ihnen können wir uns die »Nicht-Unterwerfung« abschauen, die uns in Deutschland ausgeredet werden soll, im Namen von Religionsfreiheit und Toleranz. Etwa von Amina und ihrem nackten Widerstand gegen das Frauenbild des Islam. Oder etwa vom Blogger Sokrat, der dem König von Marokko und sämtlichen Islam-Autoritäten seines gnadenlos autoritären Reiches Contra gibt. Von Khadidja, die mit List versucht, eine Hängebrücke zu überqueren, um den erstickenden Normen des Alltags-Islam zu entkommen, die ihren marokkanischen Bergweiler zum Gefängnis machen. Von Abdallah, einem durch die soziale Unbarmherzigkeit Marokkos »ausgegrenzten« Muslim, der trotz bitterer Armut seit fünfundzwanzig Jahren allen Islamisten den Vogel zeigt, wenn sie ihn überzeugen wollen, bei ihnen mitzumachen. Es sind Leute aus Algier, Casablanca und Tunis, aus der Sahara, den Tälern des Aurès-Gebirges, deren Mut, sich gegen permanent zunehmenden religiösen Druck zur Wehr zu setzen, bei uns viel zu wenig Beachtung findet. Etwa der jener tunesischen Islamkritikerinnen – allesamt Musliminnen! –, die sich gegen den Widerstand fundamentalistischer Islamgelehrter nicht davon abbringen ließen, die Menschenrechte in der neuen Verfassung ihres islamischen Landes zu verankern, was endlose und schwierige Diskussionen erforderte, denn die Fundamentalisten wissen hervorragend mit den Suren des Korans zu jonglieren, um die breite Masse der Gläubigen gegen die Aufklärer auf ihre Seite zu bringen. Das Leben dieser Musliminnen und Muslime, ihre Ansichten liefern uns Argumente, um die hierzulande ebenso einschüchternde wie fruchtlose Islamdebatte offener, kreativer zu gestalten und damit gleichzeitig allen gegenwärtigen und zukünftigen Rechtspopulisten à la Pegida und AfD, aber genauso der islamblinden und islamhörigen Linken den Resonanzraum zu verkleinern. Erstere sind das Echo auf Letztere. Anders als die Todenhöfers und Augsteins, die die Exzesse des Islam stets dem Westen anlasten, sehen nordafrikanische Intellektuelle diese Exzesse im Innern des Islam selbst angelegt, und zwar von Anfang an. Nie jedoch hatten sie derart die Oberhand gewonnen wie derzeit. »Wir waren einmal frequentable Leute«, schrieb der algerische Islamforscher Zaim Khenchelaoui im Juni 2015 zum 850. Geburtstag des Sufi-Denkers Ibn Arabi, Symbolfigur eines Islam der Toleranz. »Doch die Botschaft der Barmherzigkeit ist immer weniger vernehmbar, scheint im Aussterben begriffen und hat dem Hass, der Spaltung, den Tränen und dem Blut Platz gemacht. Durch die Zwietracht, die der Wahhabismus gesät hat, haben wir die Grundlagen unserer Ausgeglichenheit, unserer seelischen Ruhe verloren. Dabei kommen wir nicht aus dem Nichts. Wir haben eine Zivilisation im Rücken, aber heutzutage leben wir im Mittelalter. Hätten wir die Lehren Ibn Arabis befolgt, wir hätten ein Licht für die Nationen sein können.«

»Den Blitz im Osten wahrgenommen habend,
hat er sich nach Osten gewandt.
Hätte er ihn im Westen gesehen,
hätte er nach Westen geblickt.
Meine Leidenschaft gilt dem Licht, das strahlt,
nicht dem Staub der Länder.«

Dieses Gedicht von Ibn Arabi aus dem 13. Jahrhundert erinnert an Muslime, die sich durch keinerlei Scheuklappen vom Licht der Erkenntnis abbringen lassen wollten. Diese Muslime werden heute im Namen des Islam mit einer Vehemenz bekämpft, die ihresgleichen sucht. Unvorstellbar, dass in der heutigen Atmosphäre ein Dichter wie Abou Nawas (757–815) nicht von einer Fatwa verfolgt würde, die ihn im Namen des Islam zum Tod verurteilte. Der Dichter schrieb vor 1200 Jahren:

»Stell' den Weinkrug ab und öffne das Buch [den Koran]
Trinke dreimal und rezitiere.
So mischt dem Bösen sich das Gute,
Und da Gott vergibt,
Gewinnt derjenige, der weiß,
dass dieses jenes auslöscht.«

Wo in der arabischen Welt ließe sich heutzutage dieser Vers über das Nebeneinander von Wein und Koran, über die Vermischung von »haram« und »halal« – von »verboten« und »erlaubt« – noch gefahrlos in der Öffentlichkeit zitieren? Wer in der islamischen Welt kennt diesen Vers überhaupt noch? Welcher Lehrer dort würde es wagen, seiner Klasse Abou Nawas' Umgang mit Gut und Böse im Licht eines barmherzigen Gottes zu erklären? Inzwischen muss man sogar fragen: Welcher Lehrer in Berlin-Neukölln und in anderen Stadtteilen Deutschlands mit hohem muslimischen Bevölkerungsanteil würde sich das noch trauen? Stattdessen breitet sich seit 25 Jahren zunehmend eine ebenso rigorose wie stupide »halal«/»haram«-Dogmatik aus, die keine Ambivalenz mehr kennt, kein geistiges Spiel, kein philosophisches Hinterfragen, sondern sich nur noch in stumpfer, gnadenloser Kontrolle jeder Lebensgeste von Musliminnen und Muslimen gefällt. In Nordafrika werden inzwischen Kioske, die Alkohol verkaufen, gestürmt, wird Gästen der Zugang zu Lokalen, in denen Wein serviert wird, verwehrt. »Stoppt doch endlich die Heuchelei um den Alkohol!«, forderte deshalb 2012 der marokkanische Gewerkschafter Mohamed Daidaâ: »Dem Gesetz nach dürfen bei uns nur Nichtmuslime trinken. Das ist eine Absurdität. Man sollte sich nichts vormachen: die Hauptkonsumenten sind Muslime!« Doch inzwischen haben die »haram«-Kontrolleure unter den Muslimen Oberwasser, haben mithilfe der konservativen Bevölkerungsmehrheit einen derartigen sozialen Druck aufgebaut, dass viele »Normal-Muslime« inzwischen aus Angst und aus Schuldgefühl keinen Widerstand mehr leisten und sich der proklamierten »islamisch-arabischen Identität« anpassen. Zumindest nach außen hin. Heimlich, doch unter großen Schuldgefühlen trinkt man weiter, macht Liebe ohne Ehering. Draußen aber haben sich die Oberfrommen durchgesetzt, bestimmen die gesellschaftliche Atmosphäre, fühlen sich als Sieger. »Was guckst du mich so an?«, werde man heute von »Bärtigen« in Langhemden angeherrscht, erzählte mir kürzlich der algerische Schriftsteller Boualem Sansal. »Weil ich ein Muslim bin?« Anders als früher sei heute während des Ramadan selbst in den Hotel-Palästen Algeriens und Tunesiens kein Frühstück und kein Mittagessen mehr zu bekommen. »Ich bin Muslim«, erhalte man zur Antwort, wenn man den Kellner frage, ob er nicht eine Ausnahme machen könne. »Man muss froh sein, wenn er nicht vor einem ausspuckt.« Die Strände seien leer, da die Badenden fürchteten, aus Versehen einen Schluck Wasser abzubekommen, was bekanntlich tagsüber im Ramadan verboten ist. Höre jemand zu laut Musik, klopfe es an die Tür und man müsse sich von einem 16-Jährigen sagen lassen: »Das ist zu laut. Es ist Ramadan.« Das Kopftuch werde mehr denn je getragen. Wer es nicht tue, riskiere, auf der Straße zurechtgewiesen zu werden: »Schämst du dich nicht, dein Haar offen zu zeigen?«

Hat man hierzulande je begriffen, was es heißt, wenn ein Wahn das Land beherrscht wie ein Tick, dem sich niemand mehr entziehen kann? Wenn alles und jedes vor ihm in Habachtstellung geht? Weil ein Wahn keine Rücksicht nimmt. Weil er nur sich selbst und nichts anderes kennt. Weil er sich nur für sich interessiert. Weil alles nach seiner Pfeife zu tanzen hat. Weil man mit einem Wahn nicht diskutieren kann. Weil man sich vor einem Wahn nur in Sicherheit bringen kann. Wir müssten es doch aus unserer Geschichte wissen, und wir wissen es auch, denn wir hatten den bisher tödlichsten, mörderischsten, wahnsinnigsten Wahn der Weltgeschichte, aber die meisten von uns wissen nicht, wie es ist, wenn ein Wahn nicht Vergangenheit ist, sondern Gegenwart, wenn der junge Mann das Feuerzeug zückt in Bab El Oued, dem dicht bevölkerten Einfache-Leute-Viertel von Algier, es an das Haar einer Frau hält, die immer noch ohne Kopftuch läuft im Jahr 2016, und es ihr anzündet, das Haar. Nein, das soll nicht heißen, dass der Islam ein Wahn ist, das soll aber heißen, dass es Leute gibt, die einen Wahn aus ihm machen, und das sollte der Islam diesen Leuten nicht erlauben, auch wenn sie sich noch so »gläubig« glauben. Vielleicht muss man es erlebt haben, großflächig, in einem Land wie Algerien oder Marokko, aber es lässt auch schon bei uns in Westeuropa beobachten: Forderung nach Gebetsräumen außerhalb der Moscheen, in Schulen, in Betrieben, an der Uni, Protestbeten unter freiem Himmel, wenn der Forderung nicht nachgegeben wird, Frauen den Handschlag verweigern, weil sie »unrein« sind, Angst vor einem falschen Wort über den Propheten, das böse Folgen haben könnte: So hat es in Nordafrika angefangen, Ende der 80er, Anfang der 90er Jahre. Der Tick nannte sich »Der Islam ist die Lösung«. In seinem Namen wurde alles andere Gedankengut für null und nichtig erklärt. Wo aber dem Islam kein aufklärerisches Gedankengut mehr entgegengesetzt wird und er freie Bahn hat, entfaltet er sofort den in ihm steckenden Islamismus. Das ist in allen muslimischen Ländern zu beobachten, die insbesondere »westliches« Denken aus dem Bildungswesen und dem öffentlichen Diskurs beseitigt haben. Es sollte Westeuropa eine Lehre sein. Der Islam von heute ist ein erklärter Gegner der Gedankenfreiheit, der Religionsfreiheit und der Multikulturalität. Das zeigt er vor allem dort, wo er sich in der Mehrheit befindet, beispielsweise in Nordafrika.

Ich fragte mich schon während der zehn Terrorjahre in Algerien, die 1991 ihren Anfang nahmen, warum ein Schluck Wein, der durch eine »gläubige« muslimische Kehle rinnt, manche Frömmler mehr in Rage versetzte als das Durchtrennen der Kehlen »Ungläubiger«. Für die »Über-Muslime«, wie sie der Psychoanalytiker Fehti Benslama nennt, scheint das Räsonnement folgendes zu sein: Der die Kehlen »Ungläubiger« durchtrennende Dschihadist ist gewillt, den Islam absolut gegen seine Feinde zu verteidigen, wenn auch – das mag der Frömmler eingestehen – ein wenig exzessiv, wogegen der Wein trinkende Gläubige seiner Religion eindeutig den Gehorsam verweigert. Das Weintrinken mag harmloser wirken als das Durchschneiden einer Kehle, vom Prinzip des »erlaubt«/»verboten«, des »halal«/»haram«, ist das Weintrinken aber eindeutig strenger verboten als das Töten eines »Feindes Gottes« – unter bestimmten Umständen. Nach dem »halal«/»haram«-Schema sind die islamkritischen Gedanken des saudi-arabischen Internet-Aktivisten Raif Badawi verboten und deswegen die Peitschenhiebe auf seinen Rücken erlaubt, sind Mohammed-Karikaturen »haram«, das Töten ihrer Zeichner dagegen »halal«.

Um dagegen wirkungsvoll anzugehen, müsste der Islam ein übergeordnetes humanes Prinzip entwickeln, theologisch fundiert, das eine solche »halal«/»haram«-Automatik außer Kraft setzte. Nur so ließe der Islam sich vom Islamismus befreien.

Was sich heute in Westeuropa anbahnt, war im Algerien der 90er Jahre bereits in Vollendung zu erleben. Trotzdem war es dort leichter zu ertragen als hier. Man war dort von vielen muslimischen Freunden – mutigen – umgeben, die, wo es sie in Deutschland gibt, jedoch von den Linken und Grünen seit fünfzehn Jahren entweder nicht zur Kenntnis genommen oder gar als »Islamfeinde« denunziert werden. In Erinnerung ist mir ein Moment mit einem dieser muslimischen Freunde. In Algier war es lange Zeit zu gefährlich, als »ungläubiger« Ausländer oder als aufklärerischer muslimischer Journalist ein Restaurant in der Innenstadt aufzusuchen. Diese Spezies Mensch stand ganz oben auf der Todesliste der »Bewaffneten Islamischen Gruppe« GIA. Überall lauerten Islamisten auf eine Gelegenheit, »das Gesetz Gottes« durchzusetzen. Jemand konnte einen ins Lokal hineingehen sehen und entsprechende Leute benachrichtigen. Also backten sich die Journalisten in Algiers »Haus der Presse«, einer ehemaligen französischen Kaserne, im Schutz von deren Mauern in einer Hofecke ihre Pizzas selbst. Doch eines Tages reichte es Omar Belhouchet, dem Herausgeber der Tageszeitung »El Watan«, und mir. Genug des Versteckens! Wir hatten es satt! Die ewige Angst! Wir wussten, dass es am Stadtrand ein einsam gelegenes Restaurant gab, das mittags geöffnet hatte – abends dagegen schon nicht mehr, wegen der möglicherweise im nahen Wald sich versteckenden islamistischen Untergrundkämpfer. Außerdem war ab 22 Uhr sowieso Ausgangssperre. Um dorthin zu kommen, musste man durch Stadtteile fahren, die als Hochburgen der bewaffneten Islamisten bekannt waren. Das Restaurant lag an einem Hang: »Nein, Herr Ober, wir brauchen keine Speisekarte, nein, wir brauchen keinen Tisch drinnen, nur die Terrasse draußen, und eine Flasche Wein. Der Blick ins Freie.« So saßen wir in der Sonne und wären ein guter Fang gewesen. »Ungläubiger« westlicher Journalist zusammen mit einem »ungläubigen« muslimischen Zeitungsverleger. »Zum Wohl!« Das war zehn Jahre vor der »Nicht-Unterwerfungs-Erklärung zum Gebrauch für

Muslime und jene, die es nicht sind« und 1179 Jahre nach Abou Nawas' Gedicht über Wein und Koran.

Der Islamkritik in Deutschland wird seit eineinhalb Jahrzehnten von Linken, Grünen, Sozialdemokraten und Alt-68ern vorgeworfen, sie bestärke den »Stammtisch«. Könnte es sein, dass diese politischen Kräfte in Sachen Islam selbst den größten Stammtisch bilden? Weil Stammtische sich durch Rechthaberei und Abwehr aller Kritik von außen auszeichnen. Als linker Stammtisch, der Frage- und Denkverbote in Sachen Islam verhängt, haben sie dem rechten Stammtisch erst ermöglicht, sich der Islamkritik auf seine Weise zu bemächtigen. Jetzt jammern sie. Doch ohne ihre Verweigerungshaltung hätte die AfD nicht mit dem Thema Islam punkten können. Sie konnte es, weil die Mehrheit der Bevölkerung längst gemerkt hatte, dass der Islam keine »Religion wie jede andere ist«, dass sich in seinem Inneren beunruhigende Kräfte regen, die sich geschickt nach außen tarnen. Die Einschätzung der deutschen und westeuropäischen Bevölkerungsmehrheit ist nicht falsch. Sie wird von namhaften arabischen Intellektuellen, Islamgelehrten und Schriftstellern geteilt. Typisch für jeden Stammtisch ist die Verbannung des Zweifels. Seine Verbannung droht mittlerweile, eine ganze Weltregion zum Stammtisch werden zu lassen, die arabische. Deshalb nehmen die muslimischen Stimmen an Deutlichkeit zu, die dem Einheitsgerede »Der Westen ist an allem schuld«, das von Teheran bis Tanger zu vernehmen ist, ihr »Stop it« entgegenrufen, wenn auch in bescheidener Lautstärke angesichts der vielen den Islamismus verbreitenden Sender von Katar bis Casablanca. Eines dieser »Stop it« lautete: »Offener Brief an die muslimische Welt«. Veröffentlicht hat ihn 2015 der muslimische Philosoph Abdennour Bidar – vier Wochen vor dem Massaker in der »Charlie Hebdo«-Redaktion. Darin heißt es: »Ich sehe dich ein Monster hervorbringen, das den Namen Islamischer Staat für sich beansprucht... Was sagst du angesichts dieses Monsters? Du rufst: ›Das bin nicht ich! Das ist nicht der Islam.‹ Du weist zurück, dass diese Verbrechen in seinem Namen begangen werden. (Hashtag ›NotInMyName‹). Du lehnst dich dagegen auf, dass dieses Monster deine Identität usurpiert...« Warum aber dieses abscheuliche Ungeheuer sich das Antlitz des Islam und nicht ein anderes ausgewählt habe, fragt der muslimische Philosoph die muslimische Welt. Weil sich hinter diesem Monster ein immenses Problem verberge, »dem ins Gesicht zu sehen du nicht bereit zu sein scheinst«. Das Ungeheuer komme nämlich aus dem Bauch der islamischen Welt selbst und der werde noch weit schlimmere Ungeheuer aus sich hervorbringen, »solange du es aufschiebst, dir seine Krankheit einzugestehen, um endlich das Übel an der Wurzel zu packen.«

Selbst westliche Intellektuelle, so Abdennour Bidar, täten sich schwer mit einer solchen Sichtweise. Wie recht er damit hat, hatte mich Nordafrika gelehrt. Für die Intellektuellen am nördlichen Ufer des Mittelmeeres ist Religion ein Wort wie Philosophie, Weltall, Universum oder Liebe. Sie haben nie erlebt, was es bedeutet, wenn das Wort Religion die Worte Philosophie, Weltall, Universum oder Liebe erdrückt. Kaum einer von ihnen wurde jemals von der Religion am Kragen gepackt und so lange durchgeschüttelt, bis er das Wort Religion wieder als das wichtigste aller Worte in seinem Bewusstsein an oberster Stelle platziert hätte, um ihm alle anderen Worte zu unterwerfen. Erst wenn man diese Erfahrung gemacht hat, lässt sich die Subversion einer »Nicht-Unterwerfungs-Erklärung zum Gebrauch für Muslime und jene, die es nicht sind« erfassen. Die »Freiheitssucher« der arabischen Welt machen jeden Tag die Erfahrung, dass Worte, die außerhalb der Religion gebildet werden, des Teufels sind und ihre Schöpfer, wie z. B. die Romanciers, nichts anderes als Ketzer. Sie werden mit dem Tod bedroht, wenn zu viele Worte aus ihnen herauskommen, die dem Wort Religion seinen Rang streitig machen. Welches Damoklesschwert das Wort »Religion« für das kulturelle Leben in einer religionsbeherrschten Welt bedeutet, davon spürt man in der deutschen Islamdiskussion nichts. Man spricht hierzulande vom heutigen Islam als von einer »anderen« Religion, einer »anderen« Kultur, ohne zu sehen, wie »anders« sie wirklich ist: nämlich derart »anders«, dass sie keine Andersheit duldet und alle Einflüsse fremder Kulturen und Religionen bekämpft. Man fordert hierzulande im Zusammenhang mit dem Islam Toleranz im Namen der »Multikulturalität«, so als wäre der heutige Islam nicht deren erbittertster Feind.

Der französische Direktor des in Doha von Frankreich in Kooperation mit Katar betriebenen »Lycée Voltaire« trat 2013 zurück, weil er nicht länger akzeptieren wollte, dass Schüler unter 18 Jahren nicht erfahren durften, dass außer dem Islam auch andere Religionen existieren, und man ihm sogar untersagte, die verschiedenen Weinsorten Frankreichs zu nennen. »Die Toleranz anderen Kulturen gegenüber ist etwas Europa Eigenes und findet sich kaum woanders wieder, besonders nicht in der muslimischen Welt, in der die Fremden bestenfalls gezwungen sind, unsichtbar zu bleiben, und wo ihnen keinerlei Platz im öffentlichen Raum eingeräumt wird: schrittweises Verschwinden der auf ihr striktes Minimum reduzierten Glaubensstätten, Verbot des Schweinefleisches, stark überwachter Verkauf von Alkohol, usw.«, schreibt die algerische Schriftstellerin und langjährige Unesco-Mitarbeiterin Wassyla Tamzali. Es gibt Worte in Nordafrika, die ein Muslim nicht öffentlich aussprechen und verteidigen kann, ohne um sein Leben fürchten zu müssen. Dazu gehören die drei Worte »Ich bin ungläubig«. Derart »anders« ist die islamische Kultur derzeit. Dieses gesellschaftliche Klima meint Abdennour Bidar, wenn er über die westeuropäischen Intellektuellen schreibt: »Die meisten von ihnen haben vergessen, was das ist und was das heißt: die Macht der Religion – im Guten wie im Bösen, über Leben und Tod –, sodass sie mir sagen: ›Aber nicht doch, das Problem der muslimischen Welt ist nicht der Islam, nicht die Religion, sondern die Politik, die Geschichte, die Wirtschaft usw.‹ Sie haben nicht mehr die geringste Erinnerung daran, dass Religion das Reaktorherz einer menschlichen Zivilisation sein kann!« Zwar gebe es viele Musliminnen und Muslime, die den »Zustand schwerer Erkrankung der muslimischen Welt« als Ursache für das Entstehen terroristischer Ungeheuer namens Al-Qaida, Al-Nusra, AQIM oder »Islamischer Staat« erkennen würden. Sie hätten begriffen, dass dies alles nur die sichtbarsten Symptome eines von chronischen Krankheiten befallenen Corpus seien: »Unvermögen, dauerhafte Demokratien einzuführen, in denen Gewissensfreiheit gegenüber Religionsdogmen als ein moralisches und politisches Recht anerkannt wird; chronische Schwierigkeit, die Lage der Frauen im Sinn von Gleichheit, Verantwortung und Freiheit zu verbessern; Unvermögen, politische Macht in ausreichendem Maß der

Kontrolle durch die Macht der Religion zu entziehen; Unfähigkeit, Respekt, Toleranz und wirkliche Anerkennung des religiösen Pluralismus und religiöser Minderheiten zu etablieren.« Doch allzu viele Gläubige, so Abdennour Bidar, hätten die Kultur der Unterwerfung unter die Tradition und das religiöse Vordenkertum durch Imame, Muftis, Scheichs usw. derart verinnerlicht, dass sie gar nicht mehr verstünden, was mit geistiger Freiheit gemeint sei. Diese verheerende Entwicklung, so der muslimische Philosoph, werde keineswegs nur »von einigen Truppen fanatischer, vom Islamischen Staat an Bord genommener Verrückter durchgesetzt. Nein, dieses Problem liegt unendlich viel tiefer! Aber wer will es hören?« In der muslimischen Welt werde darüber geschwiegen. Deshalb warnt Abdennour Bidar in seinem Brief an die muslimische Welt: »Du darfst dir also keine Illusionen machen, indem du glauben machst, dass, wenn man mit dem islamistischen Terrorismus fertig sein wird, der Islam seine Probleme geregelt haben wird. Denn alles, was eine tyrannische, dogmatische, am Buchstaben klebende, formalistische, machistische, konservative, regressive Religion ausmacht, macht zu oft auch den gewöhnlichen Islam aus, den alltäglichen Islam ...« Abdennour schreibt diese Merkmale ausdrücklich dem gewöhnlichen und alltäglichen Islam und nicht einem »Islamismus« zu, wie dies in der Politik hierzulande geschieht.

Dieser Islam gehört nicht zu Deutschland, und er gehört nicht zu Westeuropa, und zwar so lange nicht, bis die von Bidar thematisierten und weltweit agierenden Monster verschwunden sind. So lange nicht, bis Muslime geklärt haben, warum der Islam diese Monster hervorbringt. So lange nicht, bis sie die Ideen nennen, mit denen sie das weitere Entstehen solcher Monster verhindern. Bisher sind es lediglich die Sicherheitskräfte des Westens, die uns vor noch schlimmeren und zahlreicheren Schlägen dieser Monster schützen. Man stelle sich vor, in welchem Zustand Westeuropa seit 9/11 wäre, wenn es diese Arbeit der Sicherheitskräfte und die Millionenausgaben für sie nicht gäbe. Eine entscheidende – geistige – Gegenbewegung gläubiger Muslime zur Vertreibung dieser Monster aus der muslimischen wie der westlichen Welt gibt es bisher nicht. Nur muslimische Dissidenten, »Freiheitssucher«, machen sich an diese Arbeit und werden dabei von der westeuropäischen Linken, aber auch vom größten Teil der übrigen Politik im Stich gelassen. Fethi Benslama 2004: »In die Zange genommen von religiösen totalitären Bewegungen, despotischen Staaten und Arrangements der demokratischen Regierungen, treffen die Freiheitssucher der muslimischen Welt auf ihrem Weg nicht einmal jene europäischen und amerikanischen Intellektuellen an, die nicht lange zuvor den Dissidenten in den totalitären Systemen des Ostens ihre Unterstützung gegeben hatten. Inmitten der Herrschaftsräume der Sozialdemokratie selbst gibt es ein seltsames Hand-in-Hand mit unseren Gegnern. Regierungen wie auch zahlreiche Gebietskörperschaften lassen es an Mitteln und Respekt für die Prediger nicht fehlen. Mal wird die Quadratmeterzahl der Gebetsräume zum Maßstab der Religionsdemokratie, deren Repräsentanten zu Vertretern der Muslime in Frankreich erhoben werden, obwohl nur eine kleine Minderheit von ihnen praktizierende Gläubige sind. (In Frankreich wird die Zusammensetzung des Conseil français du culte musulman – CFCM – nach der Anzahl an Gebetsraumquadratmetern bestimmt, über die die einzelnen Gruppierungen verfügen.) Mal erhalten ethno-religiöse Vereine im Namen kultureller Förderung finanzielle Unterstützung aus dem Stadthaushalt... Was die Massenmedien betrifft, so ist ihre Gastfreundschaft gegenüber den koranisch Erleuchteten groß und uneingeschränkt. Der Circus Islamicus öffnet seine Tore bei der geringsten Gelegenheit: Es tollen sich dort die Clowns des wütenden Gottes, die theowissenschaftlichen Jongleure, die Häscher kaum heiratsfähig gewordener Mädchen, die Gaukler des Frauensteinigungs-Moratoriums, die Speier des heiligen Feuers, nicht zu vergessen die Trapezkünstler des Verses mit demokratischem Netz. Nicht zu sehen und nicht zu hören, tragen die Demokraten und Laizisten der muslimischen Welt weder Bart noch Kopftuch, zetern nicht genug, zeigen nicht die göttlichen Krallen, kurz, sind für die Medien-Arena nicht Raubtiere genug.«

In der deutschen Medienarena tauchten die »Clowns des wütenden Gottes« zwar seltener auf, aber islamkritische »Demokraten und Laizisten« gehörten auch dort ganz selten zu den Glanznummern des »Circus Islamicus«, der meist ein Konsens-Circus war, dessen Programm stets hieß: »Hat alles nichts mit dem Islam zu tun.« In den letzten fünfzehn Jahren hat sich an der Marginalisierung muslimischer Freiheitssucher in der öffentlich-rechtlichen, von den Staatsbürgern finanzierten Arena nichts geändert, sie enthielt dem Publikum wichtige aufklärerische Erkenntnisse der Islamkritik vor, während das Lehrerinnen-Kopftuch sogar bis in den religionsneutralen Raum staatlicher Schulen vordringen durfte und der bewaffnete islamische Kreuzzug sich immer neue Ziele suchte: Alles fliegt in Stücke, nur der Islam bleibt heil.

Dieser Islam in seinem jetzigen Zustand gehört nicht zu Deutschland und zu Westeuropa, die Muslime aber sehr wohl. Sie haben ihn nicht erfunden, sie sind nicht für die Islamverbände verantwortlich, die ihn vertreten, sie haben oft ihren eigenen Islam, der abseits der Dogmen ein eigenes, privates, kleines, säkulares Gärtchen duldet, viele von ihnen kennen die geschichtliche Tradition des Islam gar nicht, die die derzeitigen »Ungeheuer« hervorbringt, und sie wollen mit diesen auch nichts zu tun haben. Viele muslimische Frauen und Mädchen tragen kein Kopftuch, aber es gibt keine öffentlich wirkungsvolle muslimische Institution, die sie darin bestärkt. Und nun sind die Muslime sogar noch viel mehr geworden. Wie gut, und welche Chance für sie wie für uns! Sie können selbst sehen und in ihre Herkunftsländer mailen und twittern, wie falsch die Monster liegen, die im Namen ihrer Religion jenes Westeuropa zerstören möchten, in dem Muslime mittlerweile zu Millionen leben. Sie können sich ausmalen, wie dieses Europa aussähe, wäre es nicht mehr Europa, sondern ein »Kalifat«. Sie können selbst vergleichen und überprüfen, ob es stimmt, was Vers 110 in Sure 3 über die »Gläubigen«, gemeint sind die muslimischen »Gläubigen«, sagt: »Ihr seid die beste Gemeinschaft, die unter den Menschen entstanden ist. Ihr gebietet, was recht ist, verbietet, was verwerflich ist, und glaubt an Gott. Wenn die Leute der Schrift ebenfalls glauben würden wie ihr, wäre es besser für sie. Es gibt zwar Gläubige unter ihnen. Aber die meisten von ihnen sind Frevler.« Sie können sich nun in aller Freiheit fragen: Stimmen diese Worte des Korans mit der Willkommenskultur überein, die sie 2015 erlebt haben und größtenteils auch weiter erleben? Sind die Lehrerinnen und Lehrer in den Schulen und

Sprachkursen, die Mitarbeiterinnen und Mitarbeiter auf den Sozialämtern, die Köchinnen und Köche in den Flüchtlingsunterkünften, die Steuerzahlerinnen und Steuerzahler, die Milliarden für ein »besseres Leben« der Neu-Muslime aufbringen, wirklich »Frevler«? Kämen »Gläubige« jedoch zu diesem Schluss, etwa weil eine Lehrerin, eine Sozialamtsmitarbeiterin, eine Köchin, eine Steuerzahlerin ihr Haar offen und den Rock ihrer Meinung nach zu kurz trägt, wären sie allerdings den »gläubigen« Monstern näher als den »Frevlern«, die sich um das Wohlergehen der Hunderttausende von Neu-»Gläubigen« bemühen. Dann hätten wir ein Problem. Denn die Islamisten berufen sich auf dieselben Gründungstexte wie die anderen, die meisten, die nicht islamistischen Muslime. Auf deren eigenständiges Nachdenken über diese Texte kommt es deshalb an, auf deren selbstständige Urteilsbildung. Im Islam heißt sie »Ijtihad«. Ijtihad gegen Dschihad, so sollte daher das Leitmotiv des Islam in Westeuropa werden.

Deshalb lautet die erste Forderung an die Islamverbände: Fördert das freie eigenständige Nachdenken über den Islam! Lehnt die wortwörtliche Auslegung des Korans ab! Bringt den Imamen bei, dass Buchstabentreue in die Irre führt! Verweist darauf, welche fatalen Folgen eine wortwörtliche Auslegung beispielsweise des Verses 144 der Sure 4 hätte, der da lautet: »Ihr Gläubigen! Nehmt euch nicht die Ungläubigen anstatt der Gläubigen zu Freunden. Wollt ihr denn, indem ihr das tut, Gott offenkundige Vollmacht geben, gegen euch vorzugehen?« Denn: Würde die wortwörtliche Befolgung dieses Verses nicht Parallelgesellschaften rechtfertigen und somit die von den Verbänden bedauerte »Ausgrenzung« von Muslimen durch Selbstausgrenzung fördern? Problematisch wäre beispielsweise auch Vers 32 der Sure 9, der sich auf den Umgang mit Juden bezieht, würde er wörtlich genommen: »Sie wollen das Licht Gottes ausblasen. Aber Gott will sein Licht unbedingt in seiner ganzen Helligkeit erstrahlen lassen – auch wenn es den Ungläubigen zuwider ist.« Könnte dieser Vers nicht vielleicht doch von dem einen oder anderen Zuwanderer antisemitisch ausgelegt werden? Denkt darüber nach, liebe Islamverbände! Und was wäre, nähmen Muslime den Koran in Sure 8, Verse 7 und 8 beim Wort? Da steht: »Aber Gott wollte durch seine Worte der Wahrheit zum Sieg verhelfen und die Ungläubigen ausrotten ...« Wie soll ein Muslim sich da unter »Ungläubigen« wohlfühlen, ihre Welt vorurteilslos betrachten, sich in sie »integrieren«, solange solche Verse des Korans nicht relativiert werden und solange den Gläubigen von ihren Islamgelehrten nicht klar gesagt wird, dass diese Worte Gottes zu einem Zeitpunkt gesprochen wurden, als die Gläubigen in einem noch sehr abgelegenen Winkel der Erde lebten und sie sich daher wohl kaum ein Bild von der Welt der »Ungläubigen« in ihrer heutigen Gestalt machen konnten. Wird solches nicht zum Thema in den Freitagspredigten gemacht, könnten beispielsweise auch die Verse 12 und 13 der Sure 8 falsch verstanden werden: »Als dein Herr den Engeln eingab: Ich bin mit euch. Festigt diejenigen, die gläubig sind! Ich werde denjenigen, die ungläubig sind, Schrecken einjagen. Haut ihnen mit dem Schwert auf den Nacken und schlagt zu auf jeden Finger von ihnen. Das wird ihre Strafe dafür sein, dass sie gegen Gott und seinen Gesandten Opposition betrieben haben. Wenn jemand gegen Gott und seinen Gesandten Opposition betreibt, muss er dafür büßen. Gott verhängt schwere Strafen.« Insofern wäre es gut, um keine Missverständnisse aufkommen zu lassen, wenn die Islamverbände wie die Imame unermüdlich und energisch darauf verwiesen, dass mit »Opposition« keineswegs Islamkritik gemeint war, dass auch die Ablehnung von Geschlechtertrennung keine »Opposition« bedeute, die sogar »mit dem Schwert« geahndet werden dürfe, wie es derzeit die »Monster« gerne tun. Überflüssig, darüber überhaupt ein Wort zu verlieren, möchte man einwenden, ist dies den Verbänden und Islamgelehrten von Köln bis Kairo und Kabul doch längst klar – aber ist es das wirklich? Müsste es angesichts des wahhabitischen Kreuzzuges für die wortwörtliche Auslegung des Korans doch nicht ein klein wenig öfter wiederholt werden? Am besten wäre, um wirklich Klarheit zu schaffen – und das ist Forderung Nummer zwei an die Islamverbände –, sie würden verkünden, dass es keinen Unterschied zwischen »Gläubigen« und »Ungläubigen« gibt. Und gut wäre auch, sie würden diese Unterscheidung für diskriminierend erklären. Selbstverständlich, so die Verbände, dürfe zwischen Muslimen und Nichtmuslimen unterschieden werden – die Wege zu Gott seien unterschiedlich –, aber die einseitige Wertung zugunsten der Muslime, die der Koran dieser Unterscheidung zugrunde lege (hier wir, die »Gottesfürchtigen«, dort die anderen, die »Frevler«), sei heute nicht nur integrations-, sondern auch schon immer menschenfeindlich gewesen. Ihnen, den Islamverbänden, sei dies schon lange klar, ebenso den meisten Islamgelehrten. Wenn dem aber so ist, so könnte es einem »toleranten« Islam nicht schaden, daran auch öffentlich und in aller Klarheit zu erinnern, zumal ja die »Monster« allergrößten Wert auf diese, den Koran prägende Unterteilung in »Gläubige« und »Ungläubige« legen und ihr mörderisches Vorgehen gegen Letztere damit rechtfertigten. Noch solidarischer wäre es, wenn die Verbände einer solchen, längst überfälligen »Grundsatzerklärung zur religiösen und moralischen Gleichstellung von Gläubigen und Ungläubigen im Licht der Menschenrechte« hinzufügten: »Es lassen sich noch sehr viele andere Koranverse nennen, deren Wertungen mit denen der heutigen außerislamischen Welt nicht übereinstimmen. Wir werden deshalb erstmals in der Geschichte des Islam die Werte der übrigen Welt nicht nur an unseren eigenen messen, sondern unsere eigenen im Hinblick auf andere Werte überprüfen, um die Muslime vor dem Irrtum zu bewahren, diese in Bausch und Bogen abzulehnen. Wir sehen darin ein Gebot der Globalisierung. Wir bekennen uns nachdrücklich zum Multikulturalismus und nehmen uns ein Beispiel am Wertrelativismus unserer linken Freunde. Das Wort ›Kuffar‹ [›Ungläubige‹] wird gestrichen«.

Die Islamverbände könnten mit Recht darauf verweisen, dass sich überholte Wertigkeiten auch zuhauf in der Bibel finden. Das stimmt. Der christliche und der muslimische Glaube enthalten beide Unmenschlichkeiten im Überfluss. Der wesentliche Unterschied liegt deshalb nicht im Glauben der einen und im Glauben der anderen, sondern in der jeweiligen Gläubigkeit ihrem Glauben gegenüber. Der Grad dieser Art von Gläubigkeit spielt die entscheidende Rolle dafür, ob die Unmenschlichkeiten des jeweiligen Glaubens ihre Kraft behalten oder sie verlieren. Die Gläubigkeit der christlichen Welt ist heutzutage eine andere als die Gläubigkeit der muslimischen Welt. Das kommt daher, dass der Glaubenszweifel im Christentum inzwischen eine lange Tradition hat, im Islam aber nicht. Den Muslimen wird bis auf den heutigen Tag der religiöse

Zweifel ausgetrieben, während Europa, wie es der französische Philosoph Régis Debray formulierte, »die Ecke der Welt ist, in der man zweifeln darf«. In Deutschland und Westeuropa können also Muslime jederzeit ohne Angst vor Verfolgung das Zweifeln an einer Glaubenswelt ohne Zweifel ausprobieren, denn, so Abdennour Bidar: »Diese Verweigerung des Rechts auf das freie Denken in Bezug auf die Religion ist eine dieser Wurzeln des Übels, unter dem du leidest, oh meine liebe muslimische Welt, ist einer deiner obskuren Bäuche, in denen die Monster heranwachsen, die du seit einigen Jahren in das erschreckte Gesicht der ganzen Welt springen lässt.«

Muslimische »Freiheitssucher« wie Abdennour Bidar wünschen sich für die islamischen Gegenden einen Staat, in dem Politik und Religion getrennt wären. Dann ließen sich Menschenrechte und Gedankenfreiheit auch jenseits der Religion verwirklichen. Das ginge eventuell schneller als mit der Religion. Das Problem dabei ist, dass der Islam keine säkulare Welt kennt, auf die er zurückgreifen könnte, selbst wenn er mit einer Trennung von Politik und Religion einverstanden wäre. Es existiert kein »Gebt dem Kaiser, was des Kaisers ist, und gebt Gott, was Gottes ist«. Der Islam birgt keine entsprechende Idee in sich. »Politik und Religion sind im Islam dasselbe«, schrieb die marokkanische Islamforscherin und Soziologin Fatima Mernissi schon 1975. Der Islam ist weltliche und göttliche Welt in einem. Trennung unmöglich. In Ermangelung einer eigenen, vom Islam erlaubten weltlichen Welt weichen säkular leben wollende Muslime in ihrer Not auf die westliche Welt aus, was wiederum von ihrer Religion missbilligt und bestraft wird, sodass der säkulare Muslim sich oft im Dauerspagat zwischen einem ihn bedrohenden Islam und einem ihm Schuldgefühle bereitenden Westen befindet.

Doch es gab eine Epoche in der Geschichte des Islam, die sich dem Gedanken einer in menschlicher Eigenverantwortung gestalteten Welt angenähert hatte. Zwischen dem Anfang des 9. und dem Ende des 11. Jahrhunderts fragten sich die Mutaziliten – eine stark von der griechischen Philosophie beeinflusste theologische Strömung des Islam –, ob der Koran wirklich das in jeder Sekunde dem Gläubigen direkt von Gott gesprochene Wort oder nicht doch ein »entstandenes« Werk sei, die Kopie jener im Himmel »wohl verwahrten Tafel« (Sure 85, Vers 22). Die dem menschlichen Geist unzugängliche göttliche Sprache dieser »wohlverwahrten Tafel«, so die Mutaziliten, sei in eine menschliche übersetzt und ihr angepasst worden. Sie könne also immer wieder neu angepasst werden. Mit dieser Vorstellung nahmen die Mutaziliten dem Koran seine Unantastbarkeit als direkt gesprochenes Wort Gottes, das wörtlich genommen werden müsse. Würde die Lehre der Mutaliziten heutzutage vom Islam akzeptiert, wären die Folgen »immens«, so Abdelwahab Meddeb. »Die Mutaliziten schicken Gott in den Bereich des für den Menschen nicht Erkennbaren zurück, sie halten ihn fern von der Welt der menschlichen Angelegenheiten« und gäben dem Menschen damit seine Handlungsfreiheit zurück. Vom 12. Jahrhundert an jedoch hätten die Dogmatiker triumphiert. Ihr trostloses Erbe habe »die theologische Diskussion verbannt«, sodass die »heutigen Muslime Erben einer Theologie-Polizei sind, die jedes theologische Hinterfragen für nichtig erklärt« und alles von den Mutaliziten Gedachte zum Tod verurteile. Diese Polizei habe »fast drei Jahrhunderte intellektueller Effervenszenz, die insbesondere in der Kontroverse über den Status des Korans ihren Ausdruck fand, erst unterdrückt und dann begraben.«

Es ist dieser, von menschenfreundlichen Kennern der islamischen Welt und nicht von rechtspopulistischen »Abendländern« als malade diagnostizierte Islam, der »inzwischen auch zu Deutschland gehört«. Dennoch, wer die Diagnose Abdelwahab Meddebs, Abdennour Bidars oder Fethi Benslamas in Deutschland oder Frankreich zur Diskussion stellt und über die »Krankheit des Islam« (Meddeb) diskutieren möchte, wird selbst für gesellschaftspolitisch erkrankt erklärt, weil »islamophob«. Und gleichwohl: Es gibt diese »Krankheit des Islam«. Wie sie aussieht, war am Vorgehen der »Bewaffneten Islamischen Gruppe« GIA im Algerien der 90er Jahre bereits zwanzig Jahre vor dem Auftauchen des »Islamischen Staates« längst zu beobachten. Deren religiös motivierte Vernichtungswut übertraf selbst die Brutalität des algerischen Militärs und suchte vor allem die Zivilbevölkerung heim. Dass sich aber eine Allah-Zone, in der solches möglich war, nach Westeuropa ausdehnen könnte, so etwas lag damals jenseits allen Vorstellungsvermögens. Nordafrika war Nordafrika, Europa Europa. Dazwischen lag die Gottesgrenze, die sich aus der Mitte des Mittelmeeres nach oben in den Himmel erstreckte. Klare Sache. Bis ich eines Tages wieder einmal von Algier nach Frankfurt flog, über besagte Gottesgrenze hinweg, aus dem Haus des Islam ins Reich Christi, um verschiedene Angelegenheiten mit dem für das Studio Algier verantwortlichen Heimatsender zu klären.

Neben mir in der »Air-Algérie«-Maschine saß ein 24-jähriger Algerier namens Nourredine. Nourredine trug kleine Ohrringe. Das war mutig, weil Männer mit solchem Schmuck in dem nordafrikanischen Land als homosexuell gemobbt wurden. Nourredine hatte eine Bäckerei in Tlemcen, erzählte er, in der alten Stadt mit den grauen Mauern, umgeben von Olivenhainen und sanften Hügeln, nahe der algerisch-marokkanischen Grenze. In Tlemcens Hotel »Les Zianides« hatte ich eines Abends – auf dem Weg nach Marokko – beim Essen schwarz maskierte Antiterror-»Ninjas« mit Maschinenpistolen wie von der Tarantel gestochen zwischen unseren Tischen durchrennen sehen, wohl auf der Jagd nach Untergrundislamisten. »Alles in Ordnung«, hatte mir ein bis auf Sehschlitze Vermummter auf die Frage geantwortet, was denn los sei, und »Guten Appetit« gewünscht: Der Fremde sollte nicht denken, es stimme etwas nicht im Land.

Nourredine flog nach Deutschland, um in Wolfsburg einen modernen Großbackofen zu kaufen, sagte er. Wir sprachen auch über Staatspräsident Bouteflika, der seit einem Jahr im Amt war, und fragten uns, wie viel Stimmen dieser bei nicht gefälschten Wahlen wohl bekommen hätte. Ich erzählte Nourredine von Schwarz-Weiß-Filmaufnahmen, die ich in den Archiven des algerischen Fernsehens gefunden hatte und die Bouteflika als jungen Mann und Minister für Jugend und Sport 1963 auf dem Flughafen von Algier zeigten, als er den soeben seiner »Cubana«-Maschine entstiegenen strahlenden Che Guevara begrüßte. Algier war in den 60er Jahren das Mekka der Revolutionäre aus der sogenannten Dritten Welt. Nourredine meinte, dass Bouteflika schon damals nur an seiner Macht interessiert gewesen sei, genau wie die Parteibonzen heute. Die kleinen Leute hätten in Algerien nie etwas zu melden gehabt. Er denke immerhin an seine Kundschaft, weil er sonst seinen Laden dicht machen könne. Der junge Algerier konnte der revolutionären Epoche seines Landes nichts Positives abgewinnen. Inzwischen waren wir über das Mittelmeer geflogen und bereits über Marseille hinausgekommen.

Nun begann Nourredine einen Monolog, den er wie eine Beschwörung in Variationen ständig wiederholte: Er sprach von seinem Glauben an Allah, von den Begegnungen mit Freunden abends in der Moschee, von den fünf Säulen des Islam, von Mohammed, dem Propheten – »Heil und Segen auf ihm« –, und vom Koran, der der Menschheit den richtigen Weg weise. Es war erst zwei Jahre her, dass in Algerien jede Woche Massaker im Namen Allahs verübt, Schulbusse wegen des nicht nach Geschlechtern getrennten Transportes von Mädchen und Jungen angezündet, Schülerinnen und Schüler dabei getötet, Mädchen in der Klasse die Kehle durchgeschnitten wurden, zur Abschreckung, weil sie kein Kopftuch tragen wollten, und Tausende angeblich »falscher« Muslime von »wahren« umgebracht, algerische Schriftsteller, Satiriker, Maler, Rai-Musiker, Journalisten, Wissenschaftler – alle muslimischen Glaubens – zusammen mit nicht muslimischen Ausländern als »Feinde des Islam« per Kopfschuss oder mit einem Schnitt durch die Kehle getötet wurden.

Dies sei alles traurig, bemerkte Nourredine, habe aber mit dem Koran nichts zu tun, aus dem er, Nourredine, täglich neue Kraft schöpfe, die auch seine Reise nach Deutschland ermögliche, weil ihm diese Kraft aus dem Befolgen der Gebote Allahs erwachse, der allen gerecht werde, Frauen wie Männern, und neben dem es keinen anderen Gott gebe, denn seine, Nourredines Religion, sei die zuletzt offenbarte, jüngste und deshalb einzig wahre, weil durch den Koran als direktes Wort Gottes überliefert, das zu befolgen Sinn eines jeden Lebens sei, und so weiter und so weiter, eineinhalb Stunden lang, sodass mir in der Sekunde, als die »Air Algérie«-Maschine auf dem Rollfeld in Frankfurt aufsetzte, der Satz entfuhr: »Aber hier endet jetzt die Allah-Zone.«

»Die Allah-Zone endet nie, Monsieur, Allah ist überall«, entgegnete Nourredine wie aus der Pistole geschossen. Ein blitzartiger Schreck durchfuhr mich, heftiger noch als jener, der mich immer nachts in Algier weckte, wenn ich wegen undefinierbarer Geräusche fürchtete, Attentäter könnten sich an der Wohnungstür zu schaffen machen.

Aber warum? Nourredine war doch ein Lieber, sagte ich mir, was hatte mich nur so erschreckt? Es war die plötzliche Aussicht, dass die Allah-Zone eines Tages nie enden und sich überall hin ausdehnen könnte, so wie Nourredine es gesagt hatte. Dass sie sogar bis nach Deutschland hineinreichen könnte. Dass man dann im eigenen Land nicht mehr sicher wäre vor Morddrohungen im Namen der Religion, wie auch ich sie – darin den muslimischen Freunden gleich – in Algier erhalten hatte. Dass der Islam, der »friedliche, tolerante«, sich in Terror verwandeln kann, lernte ich dort. Zwar hatte ich zuvor vom Treiben der Taliban gehört. Nun aber konnte ich unmittelbar nachvollziehen, was es hieß, wenn unter zehntausend friedlichen Muslimen ein gewalttätiger war, die Pistole zog, einem »Feind des Islam« den Kopfschuss verpasste und im Menschengewimmel verschwand: Man fühlte sich nicht mehr wohl im öffentlichen Raum. Man musterte alle Gesichter: Freund oder Feind? Hörte man im Dunkeln auf einsamen Straßen Schritte hinter sich, stoppte man, bis die unbekannte Person einen überholt hatte, um die Angst loszuwerden, dass hinter einem jemand womöglich Böses im Schilde führte. Dreißig Meter vor der Haustür, im schwachen Laternenlicht, musterte man die schwarzen Baumstämme. Verbarg sich da jemand? Einige meiner muslimischen Freunde waren beim Verlassen oder Betreten von Gebäuden, in denen sie wohnten oder arbeiteten, umgebracht worden. Den Schlüssel schon in der Hand, nach rechts und links Ausschau haltend, hopp, schnell zum Tor, ruckzuck aufschließen, ruckzuck wieder zu, schnell die Terrassentreppen hoch zur Studio-Haustür hinauf, und nichts wie rein: Ein Glücksgefühl durchströmte den Körper, machte warm ums Herz, endlich in Sicherheit, jedenfalls für den Moment. Ausländer waren von der »Bewaffneten Islamischen Gruppe« GIA zu »Ungläubigen« erklärt worden, die, sollten sie das Land nicht bis zum 1. Dezember 1993 verlassen, »selbst verantwortlich« seien »für ihren plötzlichen Tod«, wie es im GIA-Kommuniqué geheißen hatte. Ich aber war geblieben. Nun, bei Nourredines Worten, war mir plötzlich der Gedanke gekommen:

Warum sollten solche Fanatiker nicht auch in Deutschland auftauchen, würden sie Deutschland erst einmal als der Allah-Zone zugehörig betrachten? »Die Allah-Zone ist überall«, hatte Nourredine gesagt und natürlich die des »friedlichen, toleranten Islam« gemeint. Das war ein Jahr vor 9/11.

Drei, vier Tage lang in Deutschland, in Frankfurt, für die Erledigung von Studioangelegenheiten im Sender, das hieß drei, vier Tage kein »Ungläubiger« mehr sein! Man war geschützt, weil zu Hause! Welchen Klang das plötzlich bekam, »zu Hause«! Kein Mensch in Frankfurt, da war ich mir sicher, käme auf den Gedanken, mir den »plötzlichen Tod« zu verpassen, weil ich als »Ungläubiger« ein »Feind des Islam« wäre. Kein Mensch würde mir hier einen Witz über den Islam oder den Propheten als todeswürdige Blasphemie auslegen, niemand würde Kritik am Koran als Beleidigung empfinden und mir deshalb drohen. Die Zeiten der Inquisition waren in Deutschland vorbei. Die letzte Hexenverbrennung hatte 1775 stattgefunden. Hier gab es keine Glaubensfanatiker, die meinten, sich für die Ablehnung ihres religiösen Gesellschaftsbildes rächen zu müssen wie in Algerien. Deutschlands Atmosphäre war völlig frei von solch mörderischem Wahnsinn. Erstmals wurde mir bewusst, was für eine zivilisatorische Leistung doch ein öffentlicher Raum ist, in dem man keine Bomben von Fanatikern, kein Messer an der Kehle, keinen Kopfschuss fürchten muss, weil jemand sich in seinen religiösen Gefühlen verletzt fühlt. Ein öffentlicher Raum, in dem Religion nicht über dem Land lag, drohend wie ein Gewitter, aus dem tödliche Blitze jeden trafen, der sein Haupt zu sehr gegen die himmlische Hausordnung erhob. Und doch: Dass der »plötzliche Tod« selbst in Frankfurt eines Tages vor der Tür lauern könnte, dieser Gedanke war mir bei Nourredines »Die Allah-Zone ist überall« durch den Kopf geschossen. Dass man eines Tages dieser Sicherheitszone namens Deutschland verlustig gehen könnte und dass man nicht mehr das Gefühl hätte, hier bist du daheim, hier bist du geschützt, hier hat ein Islam, der solche Fanatiker produziert, nichts zu sagen, wenigstens hier gibt es diesen Wahnsinn nicht, der sich in seinem Namen austobt – eine solche Vorstellung wäre mir vorher völlig abwegig erschienen. Dieses Frankfurt, dieses Deutschland, dieses Westeuropa liegen jenseits der muslimischen Gottesgrenze, außerhalb der Allah-Zone, das gehört uns.

»Was soll das heißen, das gehört uns«?, fragten meine linken Weggefährten aus den 68er-Zeiten, als ich ihnen von dem guten Gefühl, in Deutschland zu sein, erzählte.

»Ich meine damit, das haben wir unter Kontrolle«, erwiderte ich.

»Also Deutschland den Deutschen?«, hakten meine Freunde nach.

»Bist du sicher, dass du inzwischen nicht etwas verbuscht bist? Geht ja vielen Deutschen so, wenn sie zu lang draußen in den ehemaligen Kolonien Europas ihren Eigendünkel kultivieren.« Es war nur allzu deutlich, worauf die politischen Weggefährten hinauswollten.

»Stopp!«, sagte ich. »›Deutschland den Deutschen‹, das wisst ihr doch genau, dass ich das nicht meine! Warum diese Diffamierung, wo ihr doch selbst früher meine Fernsehbeiträge zugunsten der Aufnahme chilenischer Flüchtlinge nach dem Pinochet-Staatsstreich oder zugunsten der Aufnahme vietnamesischer Boatpeople gut fandet? Warum wollt ihr mich jetzt in die Neonazi-Ecke rücken? ›Deutschland den Deutschen‹, das bedeutet doch ›Ausländer raus!‹. Genau das höre ich doch seit Jahren in Algerien von den Untergrundislamisten: Juden, Christen, Ungläubige, Nichtmuslime, Fremde, Ausländer raus! Andernfalls seien sie ›selbst verantwortlich für ihren plötzlichen Tod‹! Ohne dass es von offizieller muslimischer Seite, von den Imamen, den Ulemas des friedlichen Staatsislam irgendeine Solidaritätsbekundung für uns Fremde, für uns Nichtmuslime gegeben hätte, das nur nebenbei. Kein schützendes oder bedauerndes Wort im Namen des Islam. Was ›Ausländer raus!‹ bedeutet, kriege ich doch in Algerien derzeit dauernd am eigenen Leib mit. Mit ›Ausländer raus!‹ hat mein Wunsch nach ›Deutschland unter Kontrolle haben‹ nun wirklich nichts zu tun.«

»Mit was denn dann?«

»Mit Gott unter Kontrolle haben, wenigstens in Deutschland, wenigstens in Westeuropa.«

»Ist doch unter Kontrolle«, erwiderten meine linken Freunde.

»Der christliche Gott, ja, aber nicht der muslimische«, entgegnete ich und erzählte von der Begegnung mit Nourredine und den

Ninjas in Tlemcen: »Wenn ein Gott den freundlichen Bäcker Nourredine aus Tlemcen ebenso beseelt wie die Gurgeldurchschneider aus derselben Stadt, dann ist das ein außer Kontrolle geratener Gott, weil jeder Gläubige mit ihm macht, was er will. Ein solcher Gott hat keine Kontrolle mehr über sich. Er ist zum Spielball von allem und jedem geworden. So einen außer Kontrolle geratenen Gott will ich in Deutschland nicht.«

»Gibt es hier doch gar nicht«, sagten die Freunde.

»Das muss im Islam genauso werden. Dass Gott unter Kontrolle der Allgemeinen Erklärung der Menschenrechte kommt, wie sie von den Vereinten Nationen am 10. Dezember 1948 im Pariser Palais Chaillot verabschiedet wurden. Alles, was im Namen des christlichen Gottes seitdem bei uns unternommen wird, hat sich danach zu richten. Jesus übrigens war schon vor zweitausend Jahren auf dem Stand von Chaillot, als er die Steinigung einer Frau verhinderte, zu einer Zeit, als das Steinigen von Frauen noch selbstverständlich war. Das muss im Islam genauso werden. Außerdem muss mit der grausamen Bestrafung von Apostaten, Blasphemikern, von sogenannten »Feinden des Islam« ebenso wie von Religionskritikern, Befürwortern von Gewissensfreiheit und Gleichberechtigung der Frau, von Freunden des eigenständigen Denkens, Homosexuellen, Lesbierinnen usw. Schluss sein.«

»Das hat doch alles nichts mit dem Islam zu tun«, empörten sich meine linken Freunde in Frankfurt. Zum x-ten Mal. Bei jedem Zwischenaufenthalt, bevor ich wieder nach Algier flog, bekam ich zu hören: »Hat alles nichts mit dem Islam zu tun.«

»Wie auch die Hexenverbrennungen und die Inquisition nichts mit dem Christentum zu tun hatten«, erwiderte ich. Zum x-ten Mal.

Inzwischen gibt es dieses Deutschland, dieses Westeuropa, in dem man vor islamischem Fanatismus sicher war, nicht mehr. Ob es jemals wiederkommen wird? Was in Algerien gegen alles »Verwestlichte« unternommen wurde, hat sich mittlerweile zu einem islamischen Kreuzzug gegen den Westen ausgeweitet, während über eine Million neuer Musliminnen und Muslime vor allem nach Deutschland eingereist sind. Welchen Islam bringen sie mit? Welchem neigen sie zu? Welchem gehört letztendlich ihre Loyalität? Kämen die Flüchtlinge aus der Ukraine, würde man selbstverständlich fragen, ob sie mit der russischen oder mit der pro-westlichen Seite sympathisierten. Es wäre eine politische, durchaus erlaubte Frage. Bei den Flüchtlingen aus dem Nahen Osten aber geht es um Religion, um die derzeit explosivste der Welt, aber das Fragen unterbleibt. Nur keine schlafenden Hunde wecken, wird schon gut gehen, scheint die Devise zu sein. Verständlich, aber doch auch beunruhigend, weil das Land nicht weiß, woran es ist. Es ist schon auffällig, wie wenig über diese Frage öffentlich diskutiert wird. Stets ist von »Flüchtlingen« die Rede, selten von »Muslimen«. Werden die Neu-Ankömmlinge sich aber auf Dauer eher wie Flüchtlinge verhalten oder eher wie Muslime, denen ihr Muslimsein das Wichtigste ist? Werden sie sich wie seinerzeit die chilenischen und vietnamesischen Flüchtlinge ohne Aufhebens einleben oder werden sie auf Dauer darauf hinarbeiten, ihre neue Bleibe nach alten Rezepten zu gestalten – in Parallelgesellschaften? Es beschäftigt die Bevölkerung, mit welcher Loyalität sie seitens der Zugewanderten rechnen kann, weil ihr der islamische Kreuzzug gegen alles »Westliche« nicht entgeht. Die Bevölkerung nimmt nicht nur den Islam innerhalb Deutschlands wahr, den »friedlichen, toleranten« der Verbände, sondern auch das, was im Namen des Islam außerhalb unserer Grenzen passiert und schon passiert ist, in Madrid, London, Paris, Brüssel, Istanbul, in Dhaka, in Nizza, im Nahen Osten usw.. Deshalb würde eine Mehrheit der Bevölkerung gern wissen, wie die neuen ein bis zwei Millionen muslimischen Bürger zum westlichen Lebensstil stehen, ob sie ihn ablehnen oder gutheißen. »Man darf die Muslime auf keinen Fall unter Generalverdacht stellen«, heißt es von Islamverbänden und Politikern jedes Mal, wenn wieder irgendwo in Westeuropa im Namen des Islam eine Bombe hochgegangen ist, eine Kalaschnikow abgefeuert wurde oder ein Messer zugestochen hat. Selbstverständlich darf man das nicht. Aber was tun die Islamverbände und Politiker, um den Generalverdacht gegen einen Islam zu zerstreuen, der einen Kreuzzug gegen alles »Westliche« führt? Wenn es einen Generalverdacht gibt – und er liegt derart in der Luft, dass dauernd vor ihm gewarnt wird –, dann gilt er dem Islam und nicht den Muslimen. Das Verbieten eines Generalverdachtes gegen den Islam aber wird diesen Generalverdacht nicht beseitigen, zumal ihn muslimische Philosophen, Theologen und Schriftsteller bestätigen, zutiefst besorgt um die Zukunft ihrer Heimatländer wie auch um die Zukunft Westeuropas. Der Generalverdacht, vor dem hiesige Politiker und Islamverbände warnen, scheint vor allem der eigenen Bevölkerung zu gelten, die ein Generalverdacht plagen könnte, den sie nicht haben soll.

»Der 11. September war die spektakuläre Inszenierung einer Kriegserklärung«, sagte Abdelwahab Meddeb bereits 2003 in Tangers »Radio Méditerranée 1«, kurz »Médi 1« genannt, das damals an der nordafrikanischen Küste von Marokko bis Tunesien zu hören war. »Könnte der 11. September ein neues Glied jener Kette sein, die mit den im Namen des Islam auf christlichen Gebieten geführten Eroberungen begann, einer Hegemonie, die sich umkehrte, als die vom Heiligen Krieg, vom Dschihad, mobilisierte Energie auf die Kreuzzüge überging, auf den Geist der Reconquista…? Zielt er darauf ab, weltweit Angst zu schüren und den angegriffenen Teil zu zwingen, sich des Rechts zu entledigen, um sich auf eine autoritärere Schiene zu begeben?« Zwölf Jahre nach Meddeb erklärte einer der besten Kenner der islamischen Welt, der französische Islamologe Gilles Kepel, nach den November-Massakern von Paris 2015: »Der Islamische Staat will einen Bürgerkrieg auslösen.« Er sei nicht überrascht von den Attentaten, so Kepel, denn schon im September 2014 habe der Sprecher des IS dazu aufgerufen, die Westler zu treffen, wo immer sie sich befänden, und insbesondere die »dreckigen und bösen Franzosen«. Der Islamische Staat, so Kepel, wolle den gewünschten Bürgerkrieg durch undifferenziertes Zuschlagen in Gang setzen. Blinde Attentate sollten zur Lynchjustiz gegen Muslime führen, zu Angriffen auf Moscheen und verschleierte Frauen, zu gewalttätigen Auseinandersetzungen zwischen muslimischen und nicht muslimischen Vierteln, um Europa in Brand zu setzen, das von den Islamisten als der weiche Bauch des Westens angesehen werde. Das Al-Qaida-Magazin »Inspire« rief, um das Inferno des Bürgerkrieges zu entfesseln, dazu auf, Waldbrände »in den Ländern der Ungläubigen« zu legen, um der Wirtschaft der westlichen Staaten zu schaden, und im Westen gezielt Einzelpersonen zu töten: »Der Terror, den ein

Killer auslöst, wenn er im Feindesland zuschlägt, ist von viel größerem Ausmaß, als wenn er den Feind auf dem Schlachtfeld angreift.«

Man sieht, wie sehr alle Pegidas und alle AfDs Gefahr laufen, dieser Bürgerkriegs-Strategie der Dschihadisten in die Falle zu gehen, wenn sie nicht zwischen Islamkritik, wie sie ein Meddeb und ein Kepel üben, einerseits, und Stimmungsmache gegen Muslime andererseits unterscheiden. Man sieht aber ebenso, wie sehr diese Islamisten-Strategie Sozialdemokraten, Linken, Grünen und Teilen der CDU als Vorwand dienen kann, jede Form der Islamkritik zu ersticken, weil Islamkritik häufig mit Hetze gegen Muslime gleichgesetzt wird. Ohne Islamkritik aber wird der Islam weiter jene »Monster« produzieren, von denen Abdennour Bidar in seinem »Offenen Brief an die muslimische Welt« gewarnt hat. Wie weit die Monster-Internationale gegen den Westen inzwischen reicht, ließ sich schon 2013 aus einem Kommuniqué von »Al-Qaida im Islamischen Maghreb« auf deren Website »al-Andalus« – gemeint ist das Spanien unter islamischer Herrschaft von 711 bis 1492 – ablesen, das auf die Verbindungen mit der »Al-Nusra-Front« in Syrien, mit den »Brüdern« von »Ansar al-Charia« in Tunesien und mit »Boko Haram« in Nigeria verwies. Zum internationalen Netzwerk kommt das Netz der Salafisten in Europa selbst hinzu. Sie sehen den Alten Kontinent dazu bestimmt, vom Islam erobert und zum Islam bekehrt zu werden. »Es handelt sich um eine transnationale Bewegung von Imamen, die sich an den großen Ulemas, den religiösen Rechtsgelehrten Saudi-Arabiens orientieren«, so Gilles Kepel. Saudi-Arabien mit den heiligen Stätten in Mekka und Medina ist das Herzland des Islam. Hat auch Saudi-Arabien »nichts mit dem Islam zu tun«? Auch viele Muslime sind der Meinung, dass die im Namen des Islam begangenen Verbrechen »nichts mit dem Islam« zu tun hätten. Deshalb, so Gilles Kepel 2013, reagierten sie auf Anschläge meist nur mit »lauen Verurteilungen«: »Ich glaube, die Verbände sind in einer Verweigerungshaltung gefangen und haben das Ausmaß des Unbehagens am Islam noch gar nicht erkannt. Ihre Mitglieder meinen, diese Mordanschläge beträfen sie nicht, sie hätten einfach nichts damit zu tun, und deshalb gehen sie nicht auf die Straße«. Daraus ergibt sich die Frage: Wie werden sich die ein bis zwei Millionen Muslime, die nun in ein nach Meinung vieler Imame und Ulemas »dekadentes« Europa geflüchtet sind, in dieser Hinsicht verhalten? Die schon 1975 vor Khomeini nach Frankreich geflüchtete iranische Journalistin Abnousse Shamani war entsetzt, die Fundamentalisten, vor denen sie geflohen war, nun auch in Paris auftauchen zu sehen, nach dem 11. September selbstbewusster denn je: »In ihrem Willen, ihre tausendjährigen Vorurteile durchzusetzen, steckt der Wille, in die Vergangenheit zurückzukehren, in die frühen Zeiten, die Zeiten des Propheten und seiner Siege, in die Zeiten der Eroberungen und des Islam, als dieser ein Imperium war. Sie wollen an jenen Punkt der Geschichte zurück, an dem sie es waren, die den Lauf der Geschichte bestimmten«. Würde ein Europäer derart von den alten Kolonialreichen schwärmen oder gar dazu aufrufen, sie wiederzuerobern, die Linke würde ihn zumindest als gefährlich reaktionär bezeichnen. Anders reagiert sie, wenn es um den Islam geht: »Es ist in diesem Zusammenhang viel die Rede davon, dass der Westen die muslimische Bevölkerung demütige. Doch damit wird lediglich die gesellschaftliche, kulturelle und psychologische Schrumpfung verdeckt, die in diesen Gesellschaften durch die Zerstörung des Politischen erzeugt wurde und die mit der Selbststilisierung als Opfer und der Verteufelung des Westens einhergeht«, schrieb die linke, aus dem Iran geflüchtete Soziologin iranischer Herkunft Chahla Chafiq im »Manifeste des Libertés« (»Manifest der Freiheiten«), das 2004 in Frankreich von muslimischen Intellektuellen veröffentlicht wurde. Dieses Manifest sieht die Ursachen für den desolaten Zustand der islamischen Zivilistion in der Weigerung, dazuzulernen, und fordert sie auf, endlich damit anzufangen. Von 2004 bis 2014 leitete die linke iranische Wissenschaftlerin die französische »Agentur zur Entwicklung interkultureller Beziehungen im Rahmen eines staatsbürgerschaftlichen Bewusstseins« (»Agence de Développement des Relations inter-culturelles pour la Citoyenneté«, ADRIC). An der Aufrechterhaltung dieses Opferbildes, so stellte ich nach der Rückkehr aus Nordafrika fest, arbeiten Linke, Alt-68er und SPD ununterbrochen weiter. Was Sigmund Freud den »Eigenanteil« am eigenen Unglück nennt, ziehen sie nicht in Betracht. »Man muss an die Erstickung des Politischen und die Perversion der Politik unter den diktatorischen Regimes in den muslimisch genannten Ländern erinnern, einschließlich jener, die den antikolonialistischen Kampf und ihre Unabhängigkeit gewonnen haben«, so Chahla Chafiq. »Es handelt sich dort um das, was ich die ›verletzte Moderne‹ nenne, die aus der Akzeptanz der Modernisierung bei gleichzeitiger Verweigerung der Moderne, also der Demokratie, der Menschenrechte, der Gleichheit von Mann und Frau besteht. Kultur wie Glaubenskultur werden von den Diktaturen genutzt, um diese Verweigerung zu rechtfertigen.« Das Anwachsen des Islamismus veranschauliche diese politische Misere, die sich aus einem seit Jahrzehnten herrschenden Despotismus nähre und »die Systeme traditioneller Autorität unterstützt, die die Unterwerfung unter die im Namen des Islam auftretenden Autoritäten erleichtert.« »Heutzutage«, so schrieb die Iranerin im »Manifest der Freiheiten« aus dem Jahr 2004, »schlägt das totalitäre Delirium, das mit der Rede von der einen und vereinigten *Umma* verbunden ist und sich unter der Fahne des Islam gegen den Teufel aus dem Westen immer weiter ausbreitet, mit der Forderung nach der Vernichtung Israels in den Faschismus um, wobei der Wille zur Beseitigung der jüdischen Andersheit die Tiefe des Antisemitismus zum Ausdruck bringt.« Dieser Krieg gehe einher mit dem Terror gegen die Muslime selbst. Seine Rechtfertigung beziehe er aus der Sakralisierung der Unterschiede zwischen Mann und Frau, der Unterscheidung zwischen »guten« und »schlechten« Muslimen. Der Repressionsmechanismus verlange ständig nach neuen, zu eliminierenden Feindbildern: »Das Monster ist aus der Flasche.«

In Deutschland ist stets das Argument zu hören, der Islamismus könne schon deshalb mit dem Islam nichts zu tun haben, weil seine meisten Opfer Muslime seien. Als ob der Stalinismus seine meisten Opfer nicht unter den Russen gefordert hätte. Die Islamisten gehen gegen die eigenen Gläubigen vor, weil sie sie für vom Westen verseucht halten. Denn in ihren Augen ist der Islam das Opfer einer doppelten Aggression des Westens, einer inneren und äußeren. Westliche Werte hätten sich unter der Herrschaft »schlechter« Muslime in der islamischen Welt verbreitet. Deshalb gehörten »verwestlichte« Muslime beseitigt. Zum einen durch den Dschihad in seinem inneren Bemühen um die vollkommene Unterwerfung unter den Glauben, zum anderen durch den Dschihad als bewaffneten Kampf gegen die Feinde des Islam. Dazu schrieb der ägyptische Theoretiker der Muslimbruderschaft Sayyid Qutb (1906–1966): »Überall und zu allen Zeiten mussten die Menschen eine klare Entscheidung treffen: entweder das Gesetz Gottes in seiner Gesamtheit befolgen oder von Menschen… gemachte Gesetze einhalten. Die Wahl heißt also: Islam oder *jahiliyya* (Unwissenheit).« Sayyid Qutb meinte damit die Zeit vor der Verkündigung des Islam. »Die moderne *jahiliyya* in den Insdustriegesellschaften Europas und Amerikas ist im Wesentlichen identisch mit der früheren *jahiliyya* des heidnischen und nomadischen Arabiens. Denn in beiden Systemen steht der Mensch unter der Herrschaft des Menschen statt unter der Allahs…« Das Gebiet, das die Muslime in Liebe vor Augen haben sollten, »ist nicht ein Land, sondern die Gesamtheit des *Dar al-Islam* (Haus des Islam). Jeder Teil der Erde, der die Praxis des Islam begrenzt oder das Gesetz der Scharia nicht anwendet, wird aufgrund dieser Tatsache ein Teil des *Dar al-Harb* (Haus des Krieges). Er muss bekämpft werden, selbst wenn sich die eigenen Freunde, das eigene Vaterland, das eigene Kapital und die eigenen Geschäftsbeziehungen in ihm befinden.« Rettung und Verbreitung des Islam dürfen also auch Opfer unter den Muslimen fordern. Passend zu der von Sayyid Qutb dargelegten Legitimierung der Welteroberung durch den Islam als Weltbefreiungskrieg gegen »Unwissenheit« und »Gottlosigkeit« gibt es mittlerweile die entsprechende Ausweitung der islamischen Gesetzgebung über den Herrschaftsbereich des Islam hinaus, wie die französische Historikerin Lucette Valensi 2012 feststellte: »Nehmen wir das Beispiel der Blasphemie gegen den Propheten: sie ist in den muslimischen Ländern der Todesstrafe würdig, aber das betrifft normalerweise nicht die anderen Länder. Was aber anlässlich des Films »Innocence of Muslims« Rached Ghannouchi von der in Tunesien an der Macht befindlichen Ennahda-Partei oder die Demonstranten in Europa fordern, ist die Anwendung einer muslimischen Gesetzgebung in Ländern, die es nicht sind. Das ist unerhört in der islamischen Rechtstradition.« Vergessen werden sollte in diesem Zusammenhang auch nicht, dass Scheich Abdessalam Yassine, Gründer der verbotenen, jedoch tolerierten größten islamistischen Bewegung

Marokkos »Gerechtigkeit und Spiritualität« 1998 ein Werk veröffentlichte, das forderte, nicht den Islam zu modernisieren, sondern »die Moderne zu islamisieren«. Seine Tochter Nadia Yassine, die lange Jahre die Bewegung de facto leitete, da ihr Vater auf Anweisung von König Hassan II. unter Hausarrest stand, schrieb kurz nach den Attentaten von New York ein Buch mit dem Titel »Toutes voiles dehors«, was sowohl »Alle Segel setzen« wie auch »Alle Schleier zeigen« bedeuten kann: also Aufbruchstimmung. Nachdem Nadia Yassine in ihrem Buch zunächst kritisiert, man habe »mit dem Fabrizieren von vor Dummheit strotzenden Beweisen Araber für die Attentate verantwortlich machen wollen«, heißt es eine Seite weiter: »Die kulturelle Aggression, die die muslimische Welt seit einigen Jahrhunderten erleidet, hat eine Radikalisierung provoziert, die in der Attacke auf das Trade Center vielleicht nur ihren ersten Ausdruck gefunden hat.«
Hat alles nichts mit dem Islam zu tun?

Als ich nach den zehn »schwarzen Jahren« des Terrors aus Algerien nach Frankfurt zurückkehrte, traute ich meinen Ohren nicht. Die 150 000 Toten, die Hunderte wegen gemischter Klassen abgebrannten Schulen, die Säureattentate auf sichtbare Frauenbeine, das Köpfen von Hammam-Betreibern, die Zerstörung von Weinregalen durch Kalaschnikow-Salven, die Ermordung christlicher Schwestern und Weißer Väter und last but not least die Hinrichtung einiger meiner – muslimischen – Freunde hätten mit dem Islam nichts zu tun, belehrten mich 68er, Gewerkschafter, Grüne und SPDler. Es sei dem islamistischen Untergrund von der »Bewaffneten Islamischen Gruppe« GIA nicht um den Islam gegangen, sondern um den Widerstand gegen das korrupte, diktatorische Militärregime, letztlich also um mehr Gerechtigkeit und Demokratie. Mit der Religion hätte das nichts zu tun. Sie könnten ja meine Traumatisierung verstehen, doch diese verstelle mir den analytischen Blick.

Ich fragte sie: Warum haben die Islamisten dann genau jene Intellektuellen, jene Schriftsteller, Künstler, Theaterleute, Filmemacher und Sänger umgebracht, die gleichfalls allesamt gegen das korrupte Willkürregime gewesen sind? Warum haben sie das getan, wenn es ihnen doch um das »Wohl des Volkes« gegangen ist? Darauf bekam ich Antworten wie: »Das liegt an der geistigen Entwurzelung Algeriens durch den Kolonialismus«, obwohl zum Beispiel der Arzt und Schriftsteller Laadi Flici in seiner Jugend auf Seiten der Aufständischen in der »Schlacht von Algier« gegen Massus Fallschirmjäger – Jacques Massu war damals der französische Oberbefehlshaber über die Region Algier – gekämpft hatte. Er wurde in seiner Praxis in der heruntergekommenen Kasbah von Algier mit zwei Schüssen niedergestreckt, obwohl er hier den Ärmsten der Armen half. Flici hatte in den Augen der Islamisten jedoch einen kardinalen Fehler begangen, ebenso wie alle anderen umgebrachten Intellektuellen: Sie wollten Auswege aus der Misere zeigen, aber andere als über die Errichtung eines Gottesstaates. Insofern waren die Intellektuellen die schärfste Konkurrenz für die Islamisten. Denn für sie ging es in erster Linie um die Herrschaft der Religion, des Islam, und zwar auf allen Gebieten, und erst in zweiter Linie um das »Wohl des Volkes«, wenn überhaupt.

Als diese Argumentation nichts fruchtete, berichtete ich von Tamesguida. In der dortigen Schlucht baute die jugoslawische Firma Hydro-Elektra 1993 im Auftrag der algerischen Regierung einen Staudamm. In einer Dezembernacht schlichen sich bewaffnete Untergrundislamisten an die Baracken der Hydro-Elektra-Mitarbeiter, banden den hilflosen Jugoslawen die Hände mit Draht auf den Rücken und schauten nach, wer beschnitten war und wer nicht. Zwölf Kroaten wurden noch in der Nacht zum Flusslauf geführt, wo sie nebeneinander niederknien mussten. Einem nach dem anderen schnitten sie die Kehle durch: Selektion nach rein religiösem Muster, denn die verschonten bosnisch-muslimischen Hydro-Elektra-Mitarbeiter waren ebenso sehr »Unterstützer des Tyrannen« (des Militärregimes) wie die abgeschlachteten Kroaten. Bald wurde das Muster »Gläubige«/»Ungläubige« auch auf die Muslime selbst ausgeweitet, denn diese wurden nun in »wahre« und »falsche« Muslime unterteilt.

Ich kann mich nicht erinnern, dass es seitens muslimischer Rechtsgelehrter und religiöser muslimischer Verbände im damals noch sicheren Europa einen Aufschrei angesichts dieser Morde im Namen des Islam gegeben hätte. Der Refrain vom »friedlichen, toleranten Islam« wurde wiederholt, als sei nichts geschehen. Erst jetzt, wo den Islamverbänden das Wasser bis zum Halse steht, kommen sie in Bewegung, verschanzen sich hinter der Schutzmauer, mit der sie den Islam vom Islamismus trennen – wie vor zwanzig Jahren meine linken politischen Weggefährten, nachdem sich die religiöse Motivation der Massaker nicht mehr leugnen ließ. Sie lagen damit auf einer Linie mit dem algerischen Militärregime, das – wenn es sich überhaupt mal zum Grauen im Land äußerte – stets erklärte, dies alles habe mit dem Islam nichts zu tun, das sei Terrorismus. Der Terrorismus wurde militärisch bekämpft, stumm, ohne Fragen an den Islam zu stellen, denn der Islam war Staatsreligion. Ebenso wie man den Kampf gegen den Terrorismus in Deutschland heute den Sicherheitskräften überlässt – von linker Seite allerdings nicht gern –, Hauptsache der Islam wird dabei nicht kritisch unter die Lupe genommen. Stattdessen umso mehr die deutsche Gesellschaft, ihre »Ausgrenzung« der Muslime, ihre »Islamophobie«, der »Überwachungswahn« der Geheimdienste usw.

Als Nikolaus Schneider im November 2014, damals noch Ratspräsident der EKD, von den Islamverbänden eine tiefer gehende Auseinandersetzung mit den Ansatzpunkten für die Legitimierung von Gewalt im Koran und in der islamischen Tradition verlangte, ließ die »taz« ihr schärfstes Fallbeil auf Schneider niedersausen: »Der Stammtisch wird ihm applaudieren.« An diesem »Stammtisch« säßen dann auch einige von meinen muslimischen Freunden, wären sie am Leben gelassen worden von der Gewalt im Namen des Islam. Der algerische Schriftsteller Tahar Djaout etwa, der Satiriker Said Mekbel, der Arzt Laadi Flici – sie hätten Nikolaus Schneider applaudiert dafür, dass er die Kardinalfrage stellte, nämlich die nach den Wurzeln der grenzenlos wachsenden Gewalt im Namen des Islam. An diesem Stammtisch säßen nun auch die Ermordeten von »Charlie Hebdo«, von den Pariser Massakern des 13. November 2015, vom Attentat im Brüsseler Flughafen 2016, von Orlando, von Istanbul, von Dakha usw. Schon zehn Jahre vor Nikolaus Schneider hatte der weltbekannte tunesische Islamologe Abdelwahab Meddeb geschrieben: »Die Muslime müssen sich der Frage ›Islam und Gewalt‹ stellen. Der Zusammenhang ist ein Faktum, in der Geschichte und in den Schriften. Wir haben es mit einem Propheten zu tun, der selber getötet und zum Töten aufgerufen hat.«

Als hätte der Mann im Mond plötzlich ein Messer herausgeholt und begonnen, auf die Erde einzustechen, so unvorstellbar erschien mir nach den Gemetzeln in Algerien und nach 9/11, was da geschah. Doch meine linken Frankfurter Freunde konnten, zumindest was New York anging, die rasende Regression des Islam nur mit klammheimlicher Freude wahrnehmen. Nun auch selbst permanent der »Islamophobie« und »Ausländerfeindlichkeit« bezichtigt, obwohl ich in Nordafrika inzwischen mehr muslimische Freunde hatte als nicht muslimische in Frankfurt, suchte ich verzweifelt nach einem Beweis, dass Islamkritik nicht islamophob sei.

Es galt, einen Muslim zu finden, den man nicht als »verwestlichten Intellektuellen« abtun könnte, einen Muslim, wie er muslimischer nicht sein konnte und der dennoch den Islam in seiner heutigen Form kritisierte, und schließlich fand ich ihn: Soheib Bencheikh, damals Großmufti von Marseille, Rechtsberater von 46 muslimischen Gemeinden der Stadt am Mittelmeer. Seine Islamkritik würden auch die Islamverbände in Deutschland nicht als »unwissenschaftlich« abtun können. Soheib Bencheikh kam aus einer seit Generationen tief religiösen muslimischen Familie. Von seinen Onkeln waren sieben Imame. Bencheikhs Vater, Scheich Abbas, war ein renommierter Islamgelehrter, überdies Präsident des Hohen Islamischen Rates Algeriens und später Rektor des Muslimischen Institutes der Großen Moschee von Paris. Seine Vorfahren hatten in Algerien »zaouias«, religiös-soziale Gemeinschaften, gegründet. Soheib selbst war an der Al-Azhar-Universität in Kairo in islamischer Theologie ausgebildet worden, nachdem er in Saudi-Arabien seine Kindheit und in Algerien seine Schulzeit verbracht hatte. Er kannte sich also sowohl im Nahen Osten wie in Nordafrika aus. Dieser Religionsgelehrte sah die Ursache für die erschreckende Entwicklung des Islam im Islam selbst: »Das größte Gut einer Religion liegt in ihrer Theologie, aber ihr größtes Übel kommt ebenfalls aus ihrer Theologie – wenn sie stagniert.«

Auf meine Frage, ob die Angst vor dem Islam berechtigt sei oder Ausdruck von »Islamophobie«, antwortete Soheib Bencheikh in die Kamera: »Die Angst vor dem Islam ist vollkommen berechtigt. Im Namen dieser Religion werden die schrecklichsten Verbrechen begangen. Im Namen dieser Religion geschieht derzeit eine ungeheure Barbarei. Wenn die Menschen Angst vor dem Islam haben, so ist das völlig normal. Wenn ich kein Muslim wäre, würde ich mich auch fragen, was das für eine Religion ist, auf die sich Verbrecher berufen.« Soheib Bencheikh hatte vom »Islam« gesprochen und die in dessen Namen verübten Verbrechen nicht auf einen »Islamismus« abgeschoben. Die Schutzmauer, die beide trennte und die den Islam davor bewahrte, sich mit sich selbst auseinandersetzen zu müssen, gab es für ihn nicht, im Gegenteil: »Die Tiefe und die geistige Dimension des Korans wurden verschüttet. Stattdessen hat man millimetergenau nachgeäfft, was eine menschliche Person, nämlich der Prophet, getan haben soll. Man läuft Gefahr, den Islam auf dem Niveau der damaligen Beduinengesellschaft festzuschreiben und ihn für immer im sechsten Jahrhundert nach Christus festzunageln. Die himmlischen Heerscharen sind nur damit beschäftigt, Bekleidungs- und Nahrungsregeln zu erlassen – wie eine himmlische Hausordnung! Wahrhaftig eine platte, ausgetrocknete Vorstellung von der Religion!«

Das, dachte ich, müsste meine linken Weggefährten doch beeindrucken. Hatten sie nicht einst den Spruch erfunden: »Unter den Talaren Muff von tausend Jahren«, um Reformen voranzubringen? Dann müsste ihnen doch die Islamkritik eines Bencheikh einleuchten, der im Grunde doch auch sagte: »Von den Minbaren Muff von tausend Jahren.« Minbar ist die Kanzel der Moschee. »In der Welt der Moscheen herrscht oft noch die Dummheit, die Unwissenheit. Niemals ein Wort der Selbstkritik. Niemals! Die ganze Welt hat Unrecht, und wir ruhen uns auf unserer kleinen Wahrheit aus. Das zeigt eine Denkfaulheit, wie sie typisch ist für das Ende großer Dynastien.«

Ich aber hatte nun das Gefühl, dass es mit der kleinen linken Dynastie im Frankfurter Nordend langsam zu Ende ging, so sehr weigerte man sich dort, die Schutzwand zwischen Islam und Islamismus zu durchbrechen. Man machte eine Wand aus Muslimen daraus. Man machte sie dadurch unangreifbar, diese Trennwand, dass man sagte, wer den Islam angreife, greife die Muslime an. Als ob, wer den Stalinismus einst angriff, die Russen angegriffen hätte, als ob, wer das Christentum angriff, die Kirchgänger angriff, als ob, wer den Kapitalismus angriff, die Arbeiter und Angestellten angriff. Im Gegenteil konnte man doch eine Ideologie, eine Religion gerade um dessentwillen kritisieren, was sie aus Menschen machte, die man mochte. Ich hatte genug Frauen und Männer in zehn Jahren Nordafrika unter dem Islam leiden sehen, als dass mir seine ideologische Macht hätte gleichgültig bleiben können. Soheib Bencheikh sah immerhin einen Hoffnungsschimmer – in Europa. Er sagte: »Theologisch kommen wir weiter, wenn wir die Freiheit nutzen, die wir in Frankreich haben, dieses Glück, in einem modernen Rechtsstaat zu leben. Das sind Dinge, die es bei uns nie gab und die wir im muslimischen Denken verwirklichen müssen. Jedes Jahrhundert muss sich ein neues Bild vom Koran machen. Muss ihn mit seiner eigenen Intelligenz interpretieren. Sonst geht die Religion zugrunde – was ja bereits geschieht. Das liegt an dieser am Buchstaben klebenden, hausordnungshaften Auffassung, die die Intelligenz der Muslime in Ketten legt.« Die deutsche Linke aber kann man abhaken, was die Befreiung aus diesen Ketten angeht. Sie, die einst den ersten »Club Voltaire« in der Bundesrepublik gründete, hat den Voltaire in sich schon längst begraben.

Ein Jahr nachdem 1996 sieben Mönche aus dem Bergkloster Tibéhirine in der waldreichen Einsamkeit um Medea, 80 Kilometer südlich von Algier, von der «Bewaffneten Islamischen Gruppe« GIA entführt worden waren, fuhr ich mit dem Erzbischof von Algier, Monsignore Teissier, in dieses auch durch den Film »Von Göttern und Menschen« bekannt gewordene und nun nach der Entführung leer stehende Kloster. Im Klosterhof lagen die sieben Mönche begraben. Während Teissier vor Angehörigen der Ermordeten im Lärm des uns absichernden Armeehubschraubers eine Gedenkpredigt hielt, schaute, halb hinter einem Baumstamm verborgen, jemand zu. Jemand mit Stoppelbart, in zerbeulter Hose. Es war einer der Bergbauern, mit denen zusammen die Mönche von Tibéhirine eine Landwirtschaftskooperative betrieben hatten. Er hatte Tränen in den Augen.

Prior Christian hatte sich vor der Entführung in einem Testament an seinen möglichen Mörder gewandt: »Und auch du, Freund der letzten Minute, der nicht gewusst haben wird, was er tat, ja, auch für dich möchte ich dieses ›danke‹ sprechen und das ›à Dieu‹, das du vollendet hast…« Vielleicht ist das »Tout est pardonné« des Propheten auf der ersten Titelseite des anti-klerikalen »Charlie Hebdo« nach dem Anschlag, über das viel gerätselt wurde, sogar im Sinne des Mönches aus Tibéhirine zu verstehen: Auch dessen Mörder wussten nicht, was sie taten. Der algerische Bergbauer wusste es. Die Träne dieses Muslims legitimiert die des Propheten auf dem »Charlie Hebdo«-Titelblatt, denke ich, für alle jene, die in Religion mehr sehen können als eine »himmlische Hausordnung«.

Voltaire aber schweift jetzt eher zwischen Tanger und Tunis umher. Veranstaltet öffentliche Anti-Ramadan-Picknicks in Marokko und Algerien, um gegen den Glaubenszwang und für Gewissensfreiheit zu demonstrieren. Wird dafür verprügelt, festgenommen und riskiert Gefängnis. Trifft sich zum ersten Kiss-in auf muslimischem Boden vor dem Parlament in Rabat, als Antwort auf das Gerichtsverfahren gegen ein 14-jähriges Mädchen und zwei 15-jährige Buben. Das Mädchen hatte seinen Freund geküsst und dessen Freund hatte das Bild ins Internet gestellt. »Tötet sie!«, hatten die Frömmler im Netz gefordert. Daraufhin gab es das Solidaritäts-Kiss-in von rund 40 Leuten, die von Gegendemonstranten schnell zusammengeschlagen wurden. »Tötet ihn!«, forderte ein Proteststurm von Gläubigen, nachdem ein marokkanischer Journalist gefordert hatte, die Bestrafung von Sex außerhalb der Ehe aus dem Gesetzbuch zu streichen. »Tötet ihn!«, rief auch ein wilder Haufen von Studenten an der Universität von El Jadida in Marokko, nachdem der Dekan eine Vorlesung über das Werk des marokkanischen Schriftstellers Abdellah Taia gestattet hatte. Nur durch Flucht konnte der Mann verhindern, gelyncht zu werden. Abdella Taia hatte sich als erster Intellektueller Marokkos als homosexuell geoutet.

Die Verfolgung der Anti-Ramadan-Picknicker, der Küssenden, der sexuelle Freiheit fordernden Journalisten, der Homosexuellen erfolgt nicht durch einen »Islamismus«, sondern aufgrund des Alltags-Islam, wie er sich in den Gesetzen Marokkos und Algeriens widerspiegelt. Überall auf der Welt, wo der Islam Macht bekommt, werden Frauenrechte und Gedankenfreiheit eingeschränkt, Minderheiten verfolgt. Darauf hinzuweisen, auf diesen gefährlichen Kern des Islam und nicht irgendeines »Islamismus«, auch hierzulande, wo er die Macht dazu Gott sei Dank (noch) nicht hat, wird von der Linken als »islamophob« gegeißelt.

»Wir sollten ehrlich sein und zugeben: Mehr als der islamistische Terror ist es die Dauerberieselung durch einen uns allen von den Machthabern aufgezwungenen sinnentleerten religiösen Diskurs, die zu den Extremismen führt. Die Vernunft daran zu hindern, sich wirklich ernsthaft bei uns einzurichten, ist die wahre Katastrophe«, erklärte der marokkanische Schriftsteller Abdellah Taia und riss damit die Schutzmauer zwischen Islam und Islamismus ein, die in jeder deutschen Talkshow zum Thema Islam immer wieder auf's Neue errichtet wird.

Doch Abdellah Taia ist längst nicht der einzige muslimische »Voltaire« Nordafrikas, der die Trennwand, die den »friedlichen, toleranten« Islam vor seiner obskurantistischen gewalttätigen Seite schützt, einreißt. So schrieb der algerische Islamforscher und Journalist Said Djabelkhir zwei Tage nach dem Attentat auf »Charlie Hebdo«: »Der traditionelle religiöse Diskurs rechtfertigt in der Tat diese Gewalt. Es fordert uns viel Mut ab, das anzuerkennen, aber nichtsdestoweniger ist es die Realität.« Für den algerischen Islamforscher liegt die beste Möglichkeit zur Bekämpfung des Terrorismus darin, »die religiösen Texte und archaischen Interpretationen und Diskurse anzugreifen, die immer noch Terrorismus hervorbringen und ihn rechtfertigen.«

Vielleicht, wenn er schon selbst nicht den Mut dazu hat, solche Sätze auszusprechen, lädt der Zentralrat der Muslime zur nächsten Mahnwache nach dem nächsten Attentat diesen muslimischen Denker ein, als Zeichen internationaler Solidarität im Namen des friedfertigen Islam. Oder den Leitartikler der bedeutenden algerischen Zeitung »El Watan«, wenn es um das befürchtete »Amalgam« von friedlicher muslimischer Mehrheit und Fanatikern geht. »Fest steht«, schreibt die Zeitung, »dass auch wir als arabisch-muslimische Einheiten an den Amalgamen arbeiten sollten, die wir unsererseits produzieren. Es ist erschreckend, festzustellen, dass Jugendliche in Algerien und anderswo, gebildete Leute, die Ermordung der Journalisten und Zeichner von ›Charlie Hebdo‹ rechtfertigen. Von Algier bis Dubai finden sich im Internet Äußerungen, die einem das Blut gefrieren lassen und die von unserer Unfähigkeit zeugen, den historischen Wandel zu vollziehen, den der Islam braucht. Die Frage ist doch, was im Umgang mit unserer Religion derartige Abirrungen erlaubt?«

Wie schwer diese Fragestellung sein wird, umriss der bereits vorgestellte muslimische Philosoph Abdennour Bidar im Dezember 2014, einen Monat vor dem Attentat auf »Charlie Hebdo« und den jüdischen »HyperCasher«-Supermarkt in seinem »Offenen Brief an die muslimische Welt«: »Ich sehe dich ein Monster hervorbringen, das den Namen Islamischer Staat für sich beansprucht. Das Schlimmste aber ist, dass ich dich deine Zeit und deine Ehre damit verlieren sehe, dich zu weigern, zuzugeben, dass dieses Monster aus dir geboren ist, aus deinen Irrwegen, deinen Widersprüchen, deinem unaufhörlichen Hin- und Hergerissensein zwischen Vergangenheit und Gegenwart, deiner schon zu lang andauernden Unfähigkeit, deinen Platz in der menschlichen Zivilisation zu finden.«

Mit diesen muslimischen Philosophen, Intellektuellen, Geistlichen sollte sich verbünden, wem das Zusammenleben mit dem Islam hierzulande und am Mittelmeer am Herzen liegt, dem »Mare Nostrum«. Gemeinsames Thema: »Die Mauer muss weg«. Die Schutzmauer zwischen Islam und Islamismus. Danach kommen vielleicht blühende Landschaften.

2. Hat alles doch mit dem Islam zu tun!

Aus dem bislang Gesagten folgt als weitere Forderung einer selbstbewussten Islamkritik an die führenden Repräsentanten der Islamverbände: Räumen Sie endlich ein, dass Islam und Islamismus sich nicht voneinander trennen lassen! Leugnen Sie diese Tatsache, machen Sie sich mitverantwortlich für das Andauern des Terrors. Mit Ihrer Einsichtslosigkeit verhindern Sie den Blick in das Innere des Islam, der notwendig ist, um jene seiner Elemente zu benennen, die den Fanatismus legitimieren. Das deutsche Grundgesetz verpflichtet Sie zu solch analytischem Bemühen. Es garantiert Ihnen Religionsfreiheit in Artikel 4, um Artikel 1 gerecht zu werden: »Die Würde des Menschen ist unantastbar.« Da diese Würde des Menschen vom Islam derzeit weltweit permanent angetastet wird, können Sie sich nicht länger mit den immer gleichen Beschwörungen eines »friedlichen, toleranten« Islam begnügen, ohne diesen theologisch überzeugend und für die gesamte Umma einsehbar tatsächlich in diese Richtung zu lenken.

Nach 9/11 lud die Doyenne aller muslimischen Islamkritikerinnen, die Marokkanerin Fatima Mernissi, zu einem Treffen von Muslimen und Christen in Marrakesch ein, an dem ich teilnahm und bei dem sie für ein gemeinsames Vorgehen gegen den Fundamentalismus eintrat. Auch Fatima Mernissi, die die geschichtliche Tradition des Islam sicher nicht weniger kannte als die Funktionäre der Islamverbände in Deutschland, trennte nicht zwischen »Islam« und »Islamismus«. Für die Gewalt ihrer Religion machte sie die Entwicklung des Islam selbst verantwortlich und sagte: »Diesen Islam der Paläste und der Henker, der seiner rationalen Dimension beraubt wurde, zwingt man heute als islamisches Erbe unserem Bewusstsein auf.« Damit äußerte die Muslimin schon damals eine Erkenntnis, der sich Linke, Grüne und Sozialdemokratie, aber auch Teile des bürgerlichen Lagers bis heute verweigern. Es ist dieselbe Erkenntnis, die der muslimische Psychoanalytiker und Islamforscher Fethi Benslama

2005 in seiner »Nicht-Unterwerfungserklärung zum Gebrauch für Muslime und jene, die es nicht sind« formulierte. Im Hinblick auf die »Organisation der Islamischen Konferenz«, die 1969 gegründet wurde und der 57 islamische Staaten angehören, schrieb er: »Sie hat eine Erklärung der Menschenrechte im Islam veröffentlicht, die sich auf das theologische Gesetz des Islam (Scharia) gründet, d. h. sie perpetuiert, neben anderen abscheulichen Klauseln, die rechtliche Ungleichheit zwischen Männern und Frauen. Sie verweist in ihrer Präambel darauf, dass der Islam die natürliche Religion (fitra) ist, anders gesagt, dass jeder Mensch als Muslim geboren wird, aber Jude, Christ usw. wird. Also komme man uns nicht mit Geschichten eines angeblich gemäßigten und mäßigenden Staatsislam, er ist selbst einer der Lieferanten des Islamismus. Was die 1962 gegründete Islamische Weltliga betrifft, so vereinigt sie Theologen, die behaupten, eine theologische Autorität für alle Muslime zu sein. Ihr Generalsekretär hat eine Erklärung herausgegeben, in der er bekräftigt, dass ›die Demokratie und der Pluralismus westliche Begriffe sind, die theoretisch und praktisch abzulehnen sind. Sitz dieser Liga der Antidemokraten ist Mekka, finanziert wird sie von Saudi-Arabien‹.«

Auch Hassan al-Banna, der Gründer der Muslimbruderschaft, hatte in seinem Programm zum Hass gegen den Westen aufgerufen, die Tilgung alles Westlichen aus dem Bildungssystem gefordert sowie den Anschluss der Grundschulen an die Moscheen. Auch er hatte sich gegen alle demokratischen Institutionen nach europäischem Vorbild gewandt. Als er nach dem Zweiten Weltkrieg glaubte, der Westen liege endgültig am Boden, schrieb er: »Hier, seht den Westen! Nachdem er Ungerechtigkeit, Knechtschaft und Tyrannei gesät hat, liegt er nun danieder und zappelt an seinen Widersprüchen; es würde genügen, dass eine mächtige Hand aus dem Orient eingreift, unter dem Banner Gottes mit dem Zeichen des Korans, einer Standarte, die der mächtigen Armee des Glaubens vorangetragen wird; unter der Führung des Islam wird die Welt dann wieder zu Gerechtigkeit und Frieden finden.« Die »mächtige Hand aus dem Orient« sollte als »Islamischer Staat« »unter dem Banner Gottes« sechzig Jahre später auf den Spuren Hassan al-Bannas einherkommen. Abdelwahab Meddeb hatte es vorausgesehen, als er 2002 in »Die Krankheit des Islam« zu den Sätzen Hassan al-Bannas' bemerkte: »Ich hätte solche Aussagen gern in ihrer Unsinnigkeit, Leere und eigenartige Logik beiseitegelassen, wenn sie nicht zu einer gefährlichen Triebkraft für die Verbreitung des Hasses geworden wären, der, wie der 11. September beweist, fähig ist, extreme Verbrechen zu begehen. In al-Bannas' Text ist die Matrix der Gegnerschaft gegen den Westen zu finden, in einem einfach gestrickten Diskurs, der seine Überzeugungen frech als Beweise hinstellt.« Genau diesen Diskurs führt heute nicht nur der »Islamische Staat« im Mund, sondern auch viele Linke, und sogar dieser oder jener Nahost-Experte folgen ihm, was die Bestrafung des Westens angeht. Sie tun dies natürlich unter steter Verurteilung der islamistischen Gewalt, die diese Bestrafung an beliebigen Bürgern des Westens vornimmt. Angesichts des IS-Kalifats erscheinen auch die Sätze Fatima Mernissis aus dem Jahr 1975 prophetisch: »Vierzehn Jahrhunderte scheinen verflossen zu sein... noch immer gibt sich die Zukunft als Fortsetzung der Vergangenheit aus.« Hat das wirklich nichts mit den Sätzen in Sure 9, Vers 29 zu tun? »Kämpft gegen diejenigen, die nicht an Gott und an den jüngsten Tag glauben und nicht verbieten, was Gott und sein Gesandter verboten haben, und nicht der wahren Religion angehören – von denen, die die Schrift erhalten haben, kämpft gegen sie, bis sie kleinlaut Tribut entrichten.« Wo verläuft in diesem Vers die Grenze zwischen Islam und Islamismus? Schon höre ich die Stimmen, die da jedes Mal, wenn diese Sätze zitiert werden, rufen: »Die darf man nicht aus dem Zusammenhang reißen!« Aus welchem Zusammenhang? Stellt dieser Zusammenhang sich nicht jedes Mal erneut von selbst her in der Dauerspannung zwischen islamischer und westlicher Welt, also immer dann, wenn jemand sie liest, der weder Imam noch Islamgelehrter ist, sondern das glaubt, was der Wahhabismus weltweit verkündet, nämlich dass es sich hier um das direkte Wort Gottes handelt? Wozu braucht es einen Gelehrten, einen Experten, um Gottes direktes Wort zu verstehen? Indem es das direkte Wort Gottes ist, setzt es darauf, dass es von jedem Gläubigen verstanden wird – ohne weitere Erklärung durch Islamgelehrte –, zumal im Islam die Verbindung zu Gott ohne Vermittler gedacht ist. Es ist eine billige Ausrede, wenn die Islamverbände auf der richtigen Einordnung gefährlicher Koransuren bestehen, um uns zu beruhigen. Diese Koranstellen ordnen sich für jeden Gläubigen aus gegebenem Anlass von selbst ein. Das macht ihre Sprengkraft aus. Diese ungebrochene Sprengkraft anzuerkennen, wäre ein erster Schritt, um sie in den theologischen Griff zu bekommen. Die Islamverbände tun ihn nicht.

Gewaltfördernd ist zudem die Trennung der Welt in Gläubige und Ungläubige, die den Koran durchzieht und prägt. Da der Glaube der Muslime an ihren Glauben ein ungleich ungebrochenerer ist als der durch die Aufklärung gefilterte Glaube der Christen an ihren Glauben, hat jedes Wort im Koran bis heute weit mehr von seiner ursprünglichen Sprengkraft – in seiner Eigenschaft als »direktes Wort Gottes« – behalten als die Worte der Bibel. Dies gilt für alle Worte des Korans, nicht nur für die »guten«, sondern auch für die »bösen«. Letztere aber richten sich in einem fast ununterbrochenen Stakkato gegen die »Ungläubigen«. Sie sind seine Obsession. Es ist deshalb nur logisch, dass die islamische Gewalt am deutlichsten in der Gewalt gegen »Ungläubige« zum Ausdruck kommt. Solange Politik und Kirchen verbieten, diese Gewalt im Koran zu verorten, so lange kann sie sich dann auch geistig ungebrochen ausbreiten. Dabei stellte schon vor 89 Jahren einer der prägendsten Denker Europas fest, was heute von der Politik – und von den Kirchen ohnehin –, aber auch von den meisten Intellektuellen geflissentlich ignoriert wird: »Die religiösen Lehren sind sämtlich Illusionen, unbeweisbar, niemand darf gezwungen werden, sie für wahr zu halten, an sie zu glauben. Einige von ihnen sind so unwahrscheinlich, so sehr im Widerspruch zu allem, was wir mühselig über die Realität der Welt erfahren haben, dass man sie – mit entsprechender Berücksichtigung der psychologischen Unterschiede – für Wahnideen halten kann«, so Sigmund Freud 1927. Inwieweit aber der Islamismus bereits gewonnen hat, welche Angst er mittlerweile verbreitet, wird schon daran ersichtlich, dass ein Satz wie dieser heute von einem muslimischen Sigmund Freud in Westeuropa – und in Bezug auf den Islam – nicht geschrieben werden könnte, ohne dass er mit einer Todes-Fatwa und deren Vollstreckern rechnen müsste.

Wer als Muslim so denkt, muss in der Tat mit dem Schlimmsten rechnen. Sure 2, Vers 217 sagt: »...Und der Versuch, Gläubige zum Abfall vom Islam zu verführen, wiegt schwerer als Töten. Und sie [d. h. die Ungläubigen] werden nicht aufhören, gegen euch zu kämpfen, bis sie euch von eurer Religion abbringen – wenn sie können. Und diejenigen von euch, die sich von ihrer Religion abbringen lassen und als Ungläubige sterben, deren Werke sind im Diesseits und im Jenseits hinfällig. Sie werden Insassen des Höllenfeuers sein und ewig darin weilen.«

Diese Verse werden, man muss es noch einmal betonen, in der muslimischen Welt nicht wie hierzulande die Bibelverse als eine durch Aufklärung gefilterte Vergangenheit wahrgenommen, sondern als direktes Wort Gottes im Hier und Jetzt. Öffentlich zu verkünden »Ich glaube nicht«, »Ich glaube nicht mehr«, »Ich will nicht zum Glauben gezwungen sein«, »Ich habe meine Zweifel am Koran«, »Der Islam gehört in die Moschee und sonst nirgendwo hin« wäre lebensgefährlich. Was aber geschähe, wenn der Satz »Ich will nicht zum Glauben gezwungen sein« erlaubt wäre? Wenn endlich die drei schlichten Worte »Ich bin ungläubig!« eine Selbstverständlichkeit wären?

Erstens: Keine Muslimin und kein Muslim würde mehr durch Zwang dazu gebracht, gläubig zu sein. Die muslimische Welt zöge mit dem Rest der Welt gleich. Muslime hätten das gleiche Recht auf Glaubens- und Religionsfreiheit wie fast alle anderen Menschen auf diesem Planeten. Man vergisst hierzulande zu oft, dass sie dieses Recht nicht haben, weil die Islamverbände permanent auf die Religionsfreiheit pochen, wodurch der Eindruck entsteht, sie wäre auch in der islamischen Welt gegeben

Zweitens: Dieser Satz würde das Tor zur Welt des Zweifelns, des Hinterfragens, der Kritik und damit zur Welt der geistigen Kreativität in Philosophie, Kunst und Dichtung öffnen. Die arabisch-islamische Welt rangiert in den UNO-Statistiken über »Human Development« an unterster Stelle. Muslime sind nicht dümmer als Nichtmuslime, doch »ihre Intelligenz wird durch die himmlische Hausordnung in Ketten gelegt«, wie der Ex-Großmufti von Marseille, Soheib Bencheikh, es formulierte. Der Satz »Ich will nicht zum Glauben gezwungen sein« – er wäre wie eine aufkeimende Saat auf dem Feld des Dogmas. Das Pflänzchen Zweifel könnte sprießen.

Drittens: Wo Zweifel blüht, fruchtet die Erkenntnis. Arabische Wissenschaft, Technik und Wirtschaft würden wieder aufholen. Die arabische Welt hätte, um an sich zu glauben, nicht mehr nur ihren Glauben und sonst nichts. Aufschwung in Wirtschaft, Wissenschaft und Kultur brächten ihr Respekt ein. Das schnelle Gekränktsein über jedes kritische Wort zum Islam ließe nach. Die Streitereien um Gott verlören an Bedeutung, Fanatiker an Boden, Elend und Krieg trieben immer weniger Muslime in die Flucht.

Viertens: Der Satz »Ich will nicht zum Glauben gezwungen sein« würde das derzeitig rasende Bemühen jugendlicher Islamisten, durch immer mehr Glauben, durch Gläubigkeit bis zum Delirium, unterlaufen, immer mehr an Selbstbewusstsein zurückzugewinnen, weil es vielversprechendere Alternativen gäbe. Endlich bräuchte der Glaube nur noch um des Glaubens willen da zu sein und Gläubigen nicht mehr als Ersatz für alles dienen, an dem es ihnen ansonsten mangelt. Dieser Satz würde außerdem den Islam als Glauben glaubwürdiger machen, da er freiwillig geglaubt und nicht mehr als Trostpflaster für persönliche und gesellschaftliche Misere herhalten müsste. Der Islam gewänne an Spiritualität,

Fünftens: Und schließlich würde durch diesen Satz auch das Ungläubigsein zur akzeptierten Daseinsform in der islamischen Welt. Es würde sich der Eiserne Vorhang zwischen »Gläubigen« und »Ungläubigen« heben, und damit fiele den Extremisten auch ihr Kampfziel – Vernichtung der »Ungläubigen« – weg. Gläubig oder nicht gläubig, diese Frage könnte von jedem Muslim selbst entschieden werden. Erst mit diesem Satz also würden aus Untertanen einer Religion endlich selbstbestimmte Geschöpfe Gottes.

»Ich will nicht zum Glauben gezwungen sein« ließe sich mit Koranvers 256 der Sure 2 begründen: »In der Religion gibt es keinen Zwang, d. h. man kann niemand zum rechten Glauben zwingen ...« Die darauf folgenden Sätze lauten: »Der rechte Weg des Glaubens ist durch die Verkündigung des Islam klar geworden, sodass er sich von der Verirrung des heidnischen Unglaubens deutlich abhebt. Wer nun an die Götzen nicht glaubt, an Gott aber glaubt, der hält sich an der festesten Handhabe, bei der es kein Reißen gibt. Und Gott hört und weiß alles.« Die »festeste Handhabe« aufzugeben, erfordert eine gewaltige seelische und geistige Leistung, die schon Freud bewusst war: »Gewiss wird der Mensch sich dann in einer schwierigen Situation befinden, er wird sich seine ganze Hilflosigkeit, seine Geringfügigkeit im Getriebe der Welt eingestehen müssen, nicht mehr der Mittelpunkt der Schöpfung, nicht mehr das Objekt zärtlicher Fürsorge einer gütigen Vorsehung zu sein … Aber nicht wahr, der Infantilismus ist dazu bestimmt, überwunden zu werden? Der Mensch kann nicht ewig Kind bleiben. Er muss hinaus ins ›feindliche Leben‹. Man darf das ›die Erziehung zur Realität‹ heißen; brauche ich Ihnen noch zu verraten, dass es die einzige Absicht meiner Schrift ist, auf die Notwendigkeit dieses Fortschritts aufmerksam zu machen?«

Wie verboten aber der Satz »Ich will nicht zum Glauben gezwungen sein« selbst in einem im Vergleich zu anderen muslimischen Ländern als religiös relativ liberal geltenden Marokko ist, zeigt der Fall des Politikers Abelali Hamidine. Er erregte 2013 großes Aufsehen im Königreich, weil er der »gemäßigt« islamistischen Regierungspartei »Partei für Gerechtigkeit und Entwicklung« PJD angehörte, die absolut gegen die Gewissensfreiheit ist. »Ich bin für die Religionsfreiheit, wie sie universell anerkannt ist«, erklärte der junge, energische Politiker. Hamidine fragte weiter: »Warum dürfen bei uns allein die Muslime Proselyten machen? Ich finde, dass wir damit aufhören müssen, jemanden, der für einen anderen Glauben wirbt, wegen ›Erschütterung des Glaubens eines Muslims‹ anzuklagen. Das gehört abgeschafft.« Es ist bis heute nicht abgeschafft. Was aber ist das für ein Glauben, der so leicht zu »erschüttern« ist, dass er sich die Toleranz, derer er sich permanent rühmt, gleichzeitig gesetzlich verbietet?

Den »Freiheitssuchern« auf islamischem Boden halten die Dogmatiker jene Verse entgegen, die den Vers 256 in Sure 2 relativieren. Etwa Vers 73 in Sure 9: »Prophet! Führe Krieg gegen die Ungläubigen und die Heuchler und sei hart gegen sie! Die Hölle wird sie aufnehmen – ein schlimmes Ende!« Oder Vers 29 in Sure 9: »Kämpft gegen diejenigen, die nicht an Gott und an den jüngsten Tag glauben und nicht verbieten, was Gott und sein Gesandter verboten haben, und nicht der wahren Religion angehören – von denen, die die Schrift erhalten haben – kämpft gegen sie, bis sie kleinlaut Tribut entrichten!«

Eine psychisch verheerende Wirkung kann die Unterteilung der Menschheit in Gläubige und Nichtgläubige für die Integration von Muslimen in die nicht muslimische Welt haben. Nach dem Attentat von Madrid suchte ich in Tanger und Tetuan, von wo die meisten Attentäter stammten, deren Familienangehörige auf. Ihre Schwestern zeigten mir Fotos, die ihre Brüder in Spanien zeigten, anscheinend gut integriert. Man sah einige von ihnen mit Freundinnen am Strand, lebenslustig in Cafés oder in ihrem Geschäft. Und wenn es gerade diese »Integration« gewesen wäre, dachte ich, die sie zu Dschihadisten gemacht hatte? Sie hatten sich doch in das »Verbotene« integriert, in die Welt der »Ungläubigen«. Blieben da nicht bewusste oder unbewusste Schuldgefühle, die Umma verraten und dem eigenen Glauben den Rücken gekehrt zu haben? Könnte nicht die Zurückweisung durch eine Frau, die rassistische Bemerkung eines Einheimischen, ein geschäftlicher Misserfolg genügen, um diese Schuldgefühle zu aktivieren und den Wunsch zu wecken, den zeitweisen Abfall von den Geboten der Religion wiedergutzumachen, doppelt gut, durch den Kampf gegen die Ungläubigen, um die Vergebung Allahs zu erlangen? Oft kann man nach Attentaten hören, von Nachbarn, Freunden oder Familienangehörigen, die Attentäter seien »ganz normale« Typen gewesen, nicht besonders gläubig, hätten Alkohol getrunken, geflirtet usw., um zu beweisen, dass sie nicht religiös motiviert gewesen sein könnten. Der Wunsch, in die Religion zurückzukehren, den »Schaden« wiedergutzumachen, kann vielleicht gerade dadurch nur umso stärker sein.

Die Aufhebung der Ungleichbewertung von Gläubigen und Ungläubigen durch die Islaminstanzen ist deshalb eine Conditio sine qua non für die Integration. Durch sie würde die Welt sicherer. Doch der Islam ist Lichtjahre davon entfernt. Im Gegenteil arbeitet er mit Angstpädagogik, um diese Trennung aufrechtzuerhalten. Es ist eine Angst, die wir Westeuropäer uns kaum noch vorstellen können. Eine Angst, die vielleicht die Ältesten von uns noch aus ihrer Kindheit kennen: die Angst, in die Hölle zu kommen; die Angst, verbrannt zu werden. Hinzu kommt die große Angst der Glaubenswächter, ihre Gläubigen könnten ihre Angst verlieren. Die Angst vor Gott muss bleiben. Auf dieser Angst beruht die Macht der Dogmatiker. Aus Angst, die Angst könnte schwinden, werfen Ulemas mit Todes-Fatwas um sich, wenn ein muslimischer Schriftsteller oder ein muslimischer Künstler zeigt, dass er keine Angst mehr hat. Die religiösen Aufpasser wollen, dass es so bleibt, wie es in Sure 8, Vers 2 steht: »Die Gläubigen sind Leute, deren Herz sich ängstigt, wenn Gott erwähnt wird, wenn ihnen seine Verse verlesen werden…« Nicht nur die Höllenangst macht es Muslimen schwer, den Satz »Ich will nicht zum Glauben gezwungen sein« auszusprechen, selbst wenn sie Zweifel an ihrer Religion haben. Von Kindesbeinen an wird ihnen eingebläut: Wer vom Islam abfällt, ist des Todes. In der Schule lernen sie: »Ihr Gläubigen! Ihr müsst Gott wahrhaftig fürchten und dürft ja nicht sterben, ohne ihm ergeben zu sein« (Sure 3, Vers 102). Wer wagt da zu widersprechen? Mit welchen Argumenten? »Ihr Gläubigen! Nehmt euch nicht Leute zu Vertrauten, die außerhalb eurer Gemeinschaft stehen! Sie werden nicht müde, Verwirrung unter euch anzurichten und möchten gern, dass ihr in Bedrängnis (?) (oder: zu Fall?) kommt…« (Sure 3, Vers 118). »…Mach dich nicht zum Anwalt der Verräter!« (Sure 4, Vers 105). Welchen Blick werfen muslimische Neu-Ankömmlinge auf die westliche Gesellschaft, wenn sie diese Verse ernst nehmen?

Hätten die Salafisten den Koran kostenlos in deutschen Städten verteilt, wenn eine Grenze zwischen Islam und Islamismus durch das heilige Buch verliefe? Ist Vers 89 in Sure 4 noch Islam oder schon Islamismus? »Sie möchten, ihr wäret ungläubig, so wie sie ungläubig sind, damit ihr gleich wäret. Nehmt euch daher niemand von ihnen zu Freunden, solange sie nicht um Gottes willen auswandern. Und wenn sie sich abwenden und eurer Aufforderung zum Glauben kein Gehör schenken, dann greift sie und tötet sie, wo immer ihr sie findet, und nehmt euch niemand von ihnen zum Freund oder Helfer.« Wo hört in Sure 8, Versen 12 und 13 der Islam auf und fängt der Islamismus an? »Damals, als dein Herr den Engeln eingab: Ich bin mit euch. Festigt diejenigen, die gläubig sind! Ich werde denjenigen, die ungläubig sind, Schrecken einjagen. Haut ihnen mit dem Schwert auf den Nacken und schlagt zu auf jeden Finger von ihnen. Das wird ihre Strafe dafür sein, dass sie gegen Gott und seinen Gesandten Opposition getrieben haben.« Wo zieht Vers 34 in Sure 4 die Grenze zwischen dem friedlichen, toleranten muslimischen Ehemann und dem Taliban? »Die Männer stehen über den Frauen, weil Gott sie ausgezeichnet hat wegen der Ausgaben, die sie von ihrem Vermögen gemacht haben. Und die rechtschaffenen Frauen sind Gott demütig ergeben und geben acht auf das, was verborgen ist, weil Gott acht gibt, dass es nicht an die Öffentlichkeit kommt. Und wenn ihr fürchtet, dass Frauen sich auflehnen, dann vermahnt sie, meidet sie im Ehebett und schlagt sie! Wenn sie euch daraufhin wieder gehorchen, dann unternehmt weiter nichts gegen sie. Gott ist erhaben und groß.« Fördert Vers 221 in Sure 2 die islamische oder die islamistische Parallelgesellschaft? »Und heiratet nicht heidnische Frauen, solange sie nicht gläubig werden! Eine gläubige Sklavin ist besser als eine heidnische Frau, auch wenn diese euch gefallen sollte. Und gebt nicht gläubige Frauen an heidnische Männer in die Ehe, solange diese nicht gläubig werden. Ein gläubiger Sklave ist besser als ein heidnischer Mann, auch wenn dieser euch gefallen sollte. Jene Heiden rufen zum Höllenfeuer, indem sie zum Unglauben und zu sündigen Handlungen auffordern ...«

Deshalb lautet die nächste Forderung an die Islamverbände: Erklären Sie, dass die Aufteilung der Welt in einen gläubigen und einen ungläubigen Teil menschenfeindlich und daher eines Gläubigen unwürdig ist! Erklären Sie, dass der Kampf gegen die Ungläubigen der Expansionsstrategie des Propheten diente, dass mit dieser Expansionsstrategie aber Schluss sein muss! Verurteilen Sie den heutigen islamischen Kreuzzug gegen den Westen! Begründen Sie diese Verurteilung theologisch für alle Gläubigen einsichtig! Erklären Sie, dass das Gerede vom »dekadenten« Westen ein Schwachsinn ist, der dem Ressentiment primitiver Islamisten entspringt! Erklären Sie die Schriften diesbezüglicher muslimischer Denker wie Hassan al-Banna (1906–1949) und seiner heute gegen den Westen predigenden Enkel, der Theologen Tariq und Hani Ramadan, für unvereinbar mit dem Islam! Beseitigen Sie den neuen Eisernen Vorhang, die Trennung zwischen Gläubigen und Ungläubigen, an der fanatische Muslime derzeit eifrig überall in der Welt arbeiten. Soheib Bencheikh, der ehemalige Großmufti von Marseille, hat das Dilemma der Muslime angesichts einer Theologie beschrieben, die eine friedliche und aggressive Glaubenspraxis gleichermaßen erlaubt. Für beides bietet der Islam eine Grundlage. Drei Jahre vor 9/11 schrieb er in seinem Buch »Marianne et le Prophète«: »Heute lebt die Mehrheit der Muslime trotz der rasanten und herausfordernden Rückkehr des Islam ihre Religion in der Mäßigung. Aber das geschieht nicht ohne Malaise. Denn diese Mäßigung ist nicht das Ergebnis einer kohärenten und überzeugenden Arbeit; sie ist vom Instinkt diktiert, vom gesunden Menschenverstand oder schlicht von Pragmatismus und dem Bedürfnis nach Umgänglichkeit«. Was bis heute fehle, so Bencheikh, sei die »theologische Stütze« für die Behauptung, der Islam sei »Brüderlichkeit, Frieden und Toleranz«. Äußerungen in dieser Richtung seien nicht »das Ergebnis einer mühseligen theologischen Arbeit oder logischer textlicher Ableitungen, sondern Behauptungen, die in Wahrheit nur einen Wunsch zum Ausdruck bringen. Nur die archaische Version des muslimischen Rechts, die mit sich selbst kohärent ist und eine globale Sicht der Dinge liefert«, sei theologisch eindeutig und jedermann zugänglich. »Indes, ihre Anwendung auf zwischenmenschlichem Gebiet gehört in den Bereich des Wahnsinns.«

Schon 1998 machte der Großmufti von Marseille das ideologische Falschspiel nicht mit, das Politik und Linksmilieu heute noch betreiben: Islamkritik mit Hetze gegen Muslime gleichzusetzen. »Die Ablehnung des Islam erwächst keineswegs aus einer Haltung, die den muslimischen Menschen für minderwertig und verachtenswert hält. Es gibt schlicht und einfach eine berechtigte Angst vor dem Islam. Er ist eine verkannte Religion, in deren Namen Barbaren die scheußlichsten Verbrechen begehen.« Bencheikh hatte damals das Tun der »Bewaffneten Islamischen Gruppe« GIA im Blick: »Und Algerien ist kein weit entferntes Land ... Selbst in Frankreich wurden Morde im Namen des Islam begangen. Wie soll man also nicht an einem möglichen friedlichen und brüderlichen Zusammenleben zweifeln?« Bencheikh, Sohn algerischer Eltern, sah im Vorgehen der

GIA zwischen 1992 bis 2001 kein lokales algerisches Ereignis, bei dem einige übereifrige Fanatiker sich austobten, die ansonsten mit dem Islam nichts zu tun hätten. Noch vor dem Anschlag auf das World Trade Center schrieb er: »Das Ausmaß der im Namen des Islam begangenen Barbarei muss ernsthafte Fragen zum gesellschaftlichen Status des Islam hervorrufen: Wie kann der Islam zur Standarte ebenso unterschiedlicher wie widersprüchlicher politischer Forderungen werden? Diese Barbarei offenbart vor allem die immense Diskrepanz, die zwischen dem Bedürfnis, heutzutage seinen Glauben zu leben, und einer überalterten Theologie existiert, die zu einer Zeit elaboriert wurde, die nicht mehr die unsere ist. Der religiöse Extremismus wird mit Sicherheit Denker und Theologen ermutigen, die es wagen werden, das muslimische Recht – Bencheikh meint die Scharia – zu entsakralisieren, um es mit der Intelligenz unseres Jahrhunderts neu zu interpretieren.« Bis heute verweigern die Islam-Instanzen diese grundlegende Arbeit – und dies angesichts all dessen, was seit den Worten Bencheikhs »im Namen des Islam« geschehen ist. Weil nicht das Geringste in dieser Richtung unternommen wurde, hat sich die koranische Ambivalenz zugunsten der fundamentalistischen Seite verstärkt, hat sich »Algerien« ausgebreitet. 18 Jahre nach Soheib Bencheikhs Worten über die damalige »Barbarei« erklärte der algerische Schriftsteller Boualem Sansal das Echo, das sein Roman »2084 – Das Ende der Welt«, in dem eine religiöse Diktatur beschrieben wird, in Europa fand: »Der Westen wird gerade von meiner Welt bedroht. Da ist es normal, dass man mir zuhört.« Wer ihm nicht zuhört, das sind die Islamverbände. Keine politische Partei, keine kulturelle Institution, die derartige Monstrositäten hervorbrächte wie derzeit der Islam, könnte sich erlauben zu behaupten, sie habe mit alledem nichts zu tun. Der Islam aber darf beharrlich verweigern, was Soheib Bencheikh schon vor zwanzig Jahren forderte: eine »theologische Reflexionsarbeit«, um das »Universelle am Islam herauszuschälen« und es von den überholten Traditionen »einer wenig entwickelten Gesellschaft« des siebten Jahrhunderts zu trennen. Der Islam verweigert dies mit Zustimmung des gesamten politischen Spektrums Deutschlands, außer dem rechtspopulistischen Lager. Es gibt mal die eine oder andere

Ermahnung in diese Richtung, aber eine klare und nachdrückliche politische Forderung an die Islamverbände wird nicht daraus. Auch die Kirchen halten sich recht bedeckt. Das wird auf die Dauer nicht gut gehen, weil die Bevölkerungsmehrheit es auf Dauer nicht mitmachen wird. Auch der 2014 verstorbene Islamologe Abdelwahab Meddeb forderte bereits 2003 die Schaffung »einer unüberwindlichen Distanz zwischen dem zu rettenden Kern des Islam und dem Übel, das ihn zu zerfressen droht, bis zur Vernichtung.« Erst wenn diese »unüberwindliche Distanz« theologisch sichtbar würde, wäre das, was Aiman Mazyek, Vorsitzender des Zentralrats der Muslime in Deutschland, in der Fernsehtalkshow »Menschen bei Maischberger« am 26.07. 2014 forderte, nämlich »die Rückkehr des Islamismus mit dem Islam zu bekämpfen«, auch glaubwürdig. Der gleichfalls anwesende österreichische Islamkritiker Oliver Jeges sah im Vorgehen des »Islamischen Staates« jedoch »Ur-Szenen des Islam« selbst, die sich im IS »fast identisch« wiederholen, worauf Aiman Mazyek dem österreichischen Islamkritiker entgegenhielt, er greife »die fundamentalistische Lesart des Islam« auf. Diese gibt es aber doch angeblich in einem Islam, der mit dem Fundamentalismus »nichts zu tun« hat, gar nicht. Wenn es aber eine »fundamentalistische Lesart des Islam« doch gibt, gehört sie dann nicht doch zum Islam, auch wenn sie offiziell »mit dem Islam nichts zu tun« hat? Sie würde erst dann nicht mehr zum Islam gehören, wenn ihr von der islamischen Theologie die Grundlage entzogen, wenn »der zu rettende Kern des Islam von dem Übel, das ihn zu zerfressen droht«, getrennt würde.

2003 gab es die Attentate auf jüdische und »verwestlichte« Einrichtungen in Casablanca, die 45 Personen das Leben kosteten. Vor den Attentaten hatte in Tanger einer der radikalsten Salafisten Marokkos gepredigt, Mohammed al-Fizazi. Nach den Attentaten wurde er wegen ideologischer Unterstützung der Anschläge zu dreißig Jahren Gefängnis verurteilt, aber 2011 von König Mohammed VI. begnadigt. Seitdem ist er vorsichtiger in seinen Äußerungen geworden und gibt sich als friedlicher Moralprediger. Mohammed al-Fizazi ist ein Beispiel dafür, wie leicht es sich im Islam zwischen Islamismus-Islam und Nicht-Islamismus-Islam hin und her spazieren lässt, und auch dafür, dass Gläubige den Islamismus-Islam keineswegs als Fremdkörper empfinden, sondern als den »wahren« Islam verehren. Ein Jahr nach den Attentaten von Casablanca fanden die Attentate auf die Vorortzüge von Madrid statt. 191 Personen wurden getötet, 2051 verletzt, 82 davon schwer. »Schwer« bedeutet meist zerfetzte Gliedmaßen. Zwei der Attentäter von Madrid stammten aus Tanger. Einer von ihnen, Jamal Zougam, liebte Mohammed al-Fizazi, der den Dschihad gegen den »Westen« predigte, wie einen zweiten Vater. In einem dicht bewohnten Stadtteil voller hässlicher Mietskasernen und staubiger Straßen steht die Moschee, in der al-Fizazi bis 2003 predigte. Händlerkarren, klapprige Autos und Trauben herumlungernder Männer, vollverschleierte Frauen, drei bis fünf Kinder dabei, das war das Viertel Beni Makada, als ich es nach den Anschlägen von Madrid besuchte. Ich fragte einen Straßenmetzger, was er von al-Fizazi halte: »Wenn der Scheich durch die Straßen ging, knieten die Leute praktisch vor ihm nieder«, antwortete der Mann, »dann krümmte er selbst seinen alten Rücken, um sich uns gegenüber demütig zu zeigen. Wenn er vorbeikam mit seinem langen Bart, wirkte er wie eine Art Prophet von heute, wie ein Messias.«

Zuvor hatte Mohammed al-Fizazi in Hamburgs Al-Quds-Moschee »Lektionen« in islamischer Lebensführung erteilt, von denen Romuald Kamarkar 2006 in seinem Film »Hamburger Lektionen« deren zwei nachstellte. Hauptlektion: Tötung aller Westler. Als Wähler von Regierungen, die Muslime unterdrückten, seien sie »Krieger«, deshalb umzubringen, ihre Frauen zu erbeuten, ihre Häuser zu zerstören. »Ich bin der Terrorisierer der Ungläubigen«, soll Fizazi sich gerühmt haben. Drei der vier Selbstmordpiloten vom September 2001 hatten ihm in Hamburg zugehört, darunter Mohammed Atta. Kamarkars Film über al-Fizazis Lektionen, auf der Berlinale 2006 gezeigt, fand eineinhalb Jahre keinen Verleiher in Deutschland. Die »Zeit« vermutete, der Film sei nicht willkommen, da er die bestehenden Ängste vor dem Islam verstärken könne. »Was der Imam bei uns in der Moschee gesagt hat, war das wahre Wort Gottes und des Propheten«, sagte mir ein junger Mann, der auf dem Holzbrett seines Handkarrens Erdbeeren zum Verkauf ausgebreitet hatte, »die Moschee war immer voll.« Niemand von al-Fizazis einstigen Zuhörern in Tanger wäre es in den Sinn gekommen, den Inhalt seiner Predigten nach gutem Islam und bösem Islamismus zu unterteilen. Al-Fizazis Wort war für sie Islam pur – wie zuvor für seinen Zuhörer Mohammed Atta in Hamburg. Als ich damals Mohamed Boulif, einen Funktionär der »gemäßigten« islamistischen »Partei für Gerechtigkeit und Entwicklung« PJD – damals in der Opposition, seit 2012 an der Regierung – fragte, womit er sich die Anziehungskraft eines Predigers wie al-Fizazi erkläre, antwortete er: »Die jungen Leute begreifen den Islam seit den Anschlägen von New York als globale Kraft, die dem bösen Westen gegenübersteht. Für sie ist der Westen böse.« »Wissen Sie, wie Al-Qaida zu Leuten wie Zougam redet? Die sagen ihnen: ›Ihr seid die Crème der islamischen Weltgemeinde, aber ihr lasst euch von Europa aufsaugen‹«, erklärte mir damals, 2004, der marokkanische Journalist und Islamismus-Experte Abdelhak Najib und fuhr fort:»›Dabei könntet ihr der muslimischen Gemeinschaft nützlich sein, indem ihr die Maßstäbe durchsetzt, die ihr für richtig haltet.‹ So funktioniert das. Das ideologische Sprungbrett von Al-Qaida ist die Umma, die weltweite muslimische Gemeinde. Sie muss gegen die Kreuzzügler aus dem Westen antreten. ›Der Westen‹ hat uns ausgeplündert‹, sagt Al-Qaida, ›er hat uns durch den Dreck gezogen‹, so die Rede, ›er entfremdet uns uns selbst‹, heißt es, ›und er greift uns an‹. Der israelisch-arabische Konflikt wird bis zum Äußersten ausgereizt, mal zu Recht, mal auf wahnwitzige Weise. Die jungen Leute sind Feuer und Flamme für diese Ideologie und sehen sich als die modernen Heilsbringer der Gewalt und des Terrors.«

Auf welchen Widerstand aber jeder Versuch stößt, sich mit der religiösen Legitimierung der Gewalt im Islam auseinanderzusetzen, zeigte die »Affäre Assid« 2013 in Marokko. Ahmed Assid, ein marokkanischer Intellektueller und Schriftsteller, der sich für die Rechte der Berber einsetzt und zudem Forscher am »Institut Royal de la Culture Amazigh« (IRCAM) ist, hatte auf einem von der marokkanischen Menschenrechtsvereinigung »Association marocaine des droits de l'homme« (AMDH) in Rabat organisierten Treffen zum Thema »Der Islam und das marokkanische Unterrichtswesen« gesprochen. Dabei lenkte er die Aufmerksamkeit auf einen Brief des Propheten, den dieser einigen Königen der damaligen Zeit schickte, um sie aufzufordern, sich zum Islam zu bekehren. Assid sah in der »Aslim Taslam« genannten Briefpassage einen »Anreiz zum Terrorismus«. Vor allem wandte er sich dagegen, dass diese Passage sich in den marokkanischen Schulbüchern befand. Den jungen Leuten werde damit eine terroristische Botschaft des Islam nahegebracht, denn sie stamme aus einem Kontext, in dem der Islam »mit dem Schwert verbreitet« worden sei: »Man kann den Schülern nicht mehr einen der höchsten Werte des Islam als eine Botschaft beibringen, die lautet: ›Konvertiere oder du wirst sterben‹«, so Ahmed Assid. Der Glaube sei heutzutage eine »persönliche Entscheidung des Einzelnen«. Der marokkanische Premierminister Abdellilah Benkirane von der »gemäßigten« islamistischen »Partei für Gerechtigkeit und Entwicklung« PJD ließ wenig später seinem Zorn über die Äußerungen Ahmed Assids freien Lauf – auf dem 5. Jugendkongress seiner Partei. »Es sind die Prinzipien des Islam, die dieses Land erbaut haben ... Wenn bestimmte Personen keine scharfen Äußerungen gegen sich hören wollen, sollen sie den Glauben der Umma respektieren ... Es ist nicht annehmbar, der Person des Propheten Sidna Mohammed, Botschafter Allahs, Frieden und Heil seien mit Ihm, dem besten der Menschen, mit Beleidigung zu begegnen. Das ist nicht annehmbar. Und wir werden das nicht akzeptieren«, erklärte der »gemäßigte« marokkanische Regierungschef vor einer ihm erregt zustimmenden Menge »gemäßigter« junger Leute. Die Reaktion von Gläubigen, die weniger »gemäßigt« waren, ließ nicht lange auf sich warten. Hassan El Kettani, Präsident der Vereinigung für Bildung und Predigt »Al Bassira« bezeichnete auf seiner Facebook-Seite Assid als einen »Verbrecher« und einen »Feind Gottes«. Noch weniger »gemäßigte« Salafisten sprachen Todesdrohungen gegen den Intellektuellen aus. Im Übrigen seien die Berber, für die er sich einsetze, »Agenten im Sold der Juden, Söhne von Affen und Schweinen.«

Hat das alles nichts mit dem Islam zu tun?

Habe ihn das »Ausmaß an Hass« auch überrascht, so Ahmed Assid, so sei dennoch die Reaktion Benkiranes am überraschendsten gewesen: »Der Regierungschef müsste normalerweise neutral bleiben und nicht die Position der Extremisten einnehmen. Aber ich glaube, er wollte – pragmatisch wie er ist – die Gelegenheit nutzen, sich eines Intellektuellen zu entledigen, der stört. Darüber hinaus hat Benkirane den Salafisten ein positives Signal schicken wollen. Sie haben für seine Partei gestimmt, und er hofft, sie als Verbündete zu behalten.«

Auch an der »Affäre Assid« lässt sich gut beobachten, wie ungehindert hier innerhalb des Islam einem jeden der Weg vom »gemäßigten« zum »extremistischen« Islamismus offensteht. Er reicht vom Staatsislam-Premier Marokkos bis zu den Salafisten. Mit-Wanderer auf diesem Weg sind im Falle Marokkos eine Mehrheit der Gläubigen, die diesen Weg keineswegs als etwas dem Islam Fremdes empfinden. Den verschiedenen Etappen auf diesem Weg vom »friedlichen, toleranten« bis zum »extremistischen« Islam entsprechen dann auch die Positionen, die Muslime auf ihm einnehmen können. So erklärt sich ihre bunte Skala, die in den letzten 15 Jahren ins europäische Blickfeld gerückt ist: Da gibt es die große Mehrheit der friedlichen Muslime, deren Friedlichkeit permanent betont wird, so als wäre sie nicht selbstverständlich; es gibt die integrierten Muslime, die nicht integrierten Muslime, die gemäßigten Muslime, die radikalen Muslime, in neuester Variante auch die selbst-radikalisierten, die salafistischen, aber nur missionierenden, und die salafistischen und terrorisierenden Muslime. Schon, dass eine solche breite Skala unter den Christen nicht existiert, zeigt den unterschiedlichen Zustand beider Religionen in der Gegenwart. Jede der genannten Positionen des Muslimseins beruft sich auf den Koran. Welcher Muslim sagt da welchem Muslim, welches Muslim-Sein ihm der Koran warum erlaubt? Wo bleibt in diesem Glaubensfeuerwerk der kontrollierende Feuerwerker?

Ahmed Assid wurde nur von einigen Vereinigungen der Zivilgesellschaft verteidigt. »Warum gibt es jedes Mal, wenn jemand eine abweichende Meinung zum Islam formuliert, diese ganze Gereiztheit?«, wurde Ahmed Assid gefragt. Seine Antwort: »Weil die Religion immer noch eines der großen Tabus des Staates und der Gesellschaft ist, denn sie wird überall instrumentalisiert. Einerseits, um Interessen zu schützen, andererseits um dieselben Strukturen aufrechtzuerhalten und die Kontinuität einer Situation zu rechtfertigen, die wir seit Jahrzehnten hinter uns gelassen haben müssten.« Auf eine Äußerung Assids allerdings hatten weder der »gemäßigte« Islamist und Regierungschef Benkirane noch seine weniger »gemäßigten« Gleichgesinnten reagiert. Sie lautete: »Der Islam ist heute überholt, denn die universellen Werte der Gegenwart sind das Beste, was die Menschheit erreicht hat.« Diese Worte sollten keinerlei ernsthafter Betrachtung würdig erscheinen.

»Auf die Menschenrechte pissen wir«, hieß es im Leserkommentar eines Farid al-Anfori zu einem Artikel über die Assid-Affäre, »Koran und Sunna reichen uns. Wenn der Prophetenbrief zur Sprache kam, dann nur, weil sich Laizismus-Kranke wie Sie ausbreiten.« »Sie dürfen ruhig Ihr Glas Whisky trinken«, so ein anderer Leser, »aber unterschätzen Sie die Reaktion der Marokkaner nicht. Ich würde keinen zweiten Jelloun-Mord beweinen.« Am 18. Dezember 1975 war in Casablanca der Gewerkschafter, linke Politiker und Journalist Omar Ben Jelloun von der »Chabiba islamya«, der »Islamischen Jugend«, ermordet worden. Angesichts der Hasspredigten und Mordaufrufe 38 Jahre später gegen Ahmed Assid in den Moscheen von Kenitra, Meknes, Salé und anderswo schwiegen die Behörden Marokkos.

Die »Affäre Assid« veranschaulicht die von dumpfer Religiosität durchtränkte Atmosphäre, in der muslimische Dissidenten nicht nur in Marokko Fragen zum Islam zu stellen versuchen. Erst vor diesem Hintergrund wird deutlich, wie verantwortungslos die Islamverbände Westeuropas handeln, die ihre Freiheit, die Gewaltfrage in einem (noch) nicht so erstickenden Klima stellen zu können, nicht nutzen. Wie feige, wie bräsig selbstzufrieden wirken sie doch, wenn man liest, was der marokkanische Journalist Ahmed Tourabi über den Islam als Ursache für den »Islamischen Staat« schrieb (und den Thesen Jürgen Todenhöfers und der Linken widersprach): »Über die Machtspiele und die Strategien der verschiedenen Regionalmächte hinaus gibt es eine Tatsache, eine Evidenz, die man nicht außer Acht lassen darf: der Fanatismus gehörte immer zur Geschichte des Islam, wie im Übrigen zu allen anderen Religionen. Die Kämpfer des IS – die die Köpfe ihrer Gegner abtrennen, Zivilisten massakrieren, vor den Leichen posieren und Enthauptungs-Szenen filmen – sprechen und handeln im Namen des Islam und im Innern seiner Texte und

Geschichte. Sie reproduzieren Modelle, die bereits existiert haben, lesen und interpretieren den Koran nach ihrer Auffassung und Weltanschauung. Sie sind ebenso Muslime wie Sie und ich…« Welcher muslimische Verbandsfunktionär in Deutschland würde sich diese Worte zu eigen machen, welcher Linke sie unterstreichen, um Islamkritik zu fordern? Sie alle glauben sich klüger als ein Muslim, der solches in der konservativ-dogmatischen und extremismusschwangeren Gesamtatmosphäre eines islamischen Landes zu schreiben wagt. Sie nehmen solche Leute nicht ernst. Das wird sich rächen.

In Marokko gibt es drei »rote Linien«, die niemand überschreiten darf: Religion, Monarchie und Vaterland. Dafür sorgt der »Makhzen«, der königliche Macht- und Kontrollapparat, dessen Netz sich bis in den letzten Winkel des Landes spannt – seit der Unabhängigkeit 1956. Niemand überschreitet diese Linien, ohne die Folgen zu spüren zu bekommen. Mohammed Sokrat, ein marokkanischer Blogger, tat es dennoch und forderte die Abschaffung der zwei einschneidendsten dieser »roten Linien«: der der Unantastbarkeit der absoluten Monarchie und der der Unantastbarkeit des Staatsislam, weil beiden die Willkür innewohne. Das war 2011. König Mohammed VI. hatte eine neue Verfassung angekündigt, um der im Königreich nach der tunesischen Arabellion entstandenen »Bewegung des 20. Februar« rechtzeitig den Wind aus den Segeln zu nehmen. Der »20. Februar« Marokkos trat für eine parlamentarische statt der absoluten Monarchie ein. In der »Académie Royale«, einem prunkvollen Palast, hörten sich Berater des Monarchen Vorschläge eingeladener Vertreter der marokkanischen Gesellschaft an, die zugleich für eine Fernsehsendung interviewt wurden. Unter den Geladenen war auch der junge Mohammed Sokrat: »Ich bin der Einladung gefolgt, weil ich sehen wollte, ob der König einen wirklichen Reformwillen oder nur die Absicht hat, eine kosmetische Änderung vorzunehmen«, erklärte er im Interview, das nie ausgestrahlt wurde. »Ich war gegen die Verfassungsklausel, die besagt, dass der Islam Staatsreligion ist und die Monarchie ein System, das nicht in Frage gestellt werden darf. Mit diesen zwei Bestimmungen wird eine wirkliche Änderung des politischen Regimes verhindert.« Darüber hinaus forderte der Blogger, dass Abgeordnete auch dann ihre Immunität nicht verlieren dürften, wenn sie den Islam oder die Monarchie kritisierten. Erst dann sei ihnen möglich, frei zu sprechen. Einige Wochen später wurde Sokrat wegen angeblichen Haschisch-Handels zu zwei Jahren Gefängnis und 5000 Dirham Geldstrafe verurteilt, die im Revisionsverfahren auf sechs Monate reduziert wurde: »Die Gefängnisstrafe wundert mich nicht. Ich wusste, dass ich die roten Linien überschreite.« In Deutschland dagegen vertritt die SPD die Meinung, dass es einen »politischen« Islam nicht gibt. Währenddessen werfen die Rechtsgelehrten des marokkanischen Staatsislam mit Todes-Fatwas gegen »Apostaten« und »Atheisten« um sich. Sie haben zudem eine Neuerung verhindert, die König Mohammed VI. 2011 in der neuen Verfassung zu verankern versprach. Deren erster Entwurf enthielt das Recht auf Gewissensfreiheit. Dies sei ein Angriff auf die »Islamität« des Königreiches, erklärten die konservativen religiösen Kreise. Auf ihren Druck hin wurde die Passage wieder gestrichen. »Sie stopften die Verfassung mit schwammigen Begriffen wie ›unveränderliche Konstanten der Nation‹ voll, betonten das Dogma, um es als Instrument verdeckter moralischer Zensur nutzen zu können, das den Ulemas das Recht einräumte, in öffentlichen Debatten Entscheidungen in ihrem Sinn herbeiführen zu können«, schrieb der marokkanische Journalist und Schriftsteller Driss Ksikes über den endgültigen Verfassungsentwurf. Frage: Ist die Verweigerung von Gewissensfreiheit im Namen des Islam ein Politikum oder nicht?

Dass die konservativen religiösen Kreise sich durchsetzen konnten, führte Driss Ksikes – und an diesem Punkt wird die Stimme aus Marokko für die westeuropäische Islamdiskussion besonders interessant – auf die Nachgiebigkeit der übrigen politischen Kräfte zurück: »Sogenannte liberale Parteien, in ein enges Identitätskorsett gezwängt, ohne ausdrückliches religiöses Etikett zwar, sind dennoch bereit, bei passender Gelegenheit gleichfalls gegen ›unsaubere Kunst‹ ... und den muslimischen Mainstream verstörende ›inkorrekte‹ Medien zu protestieren. Kommt ein Angriff von islamistischen Parteien, wahren sie eine passive und schuldbewusste Neutralität ... Durch ihre ideologische Zurückhaltung in Fragen der Säkularisierung, ihre Unfähigkeit, in Fragen von Freiheit und Pluralismus Profil zu zeigen, bieten diese politischen Formationen den Fundamentalisten auf goldenem Tablett die Möglichkeit dar, bestimmte Themen als allein religiös zu bewertende hinzustellen.« Damit ist für Islamisten schon die Hälfte gewonnen – Stopp! Religion! Hände weg! Unsere Sache! Dieser erste Sieg lässt sich leichter als gedacht auch in Westeuropa realisieren, im Namen der »Religionsfreiheit«, mit deren Toleranzgebot fundamentalistisch orientierte Kreise den Säkularismus zurückzudrängen und ihre sakrale Weltsicht zu etablieren versuchen – gern auch mit der Verbreitung des Kopftuches im staatlichen Raum.

»Wir haben ein Recht, normal zu leben«, erklärte der algerische Schriftsteller Kamel Daoud 2016. Versteht einer von den islamblinden Politikern in Westeuropa, wie weit es gekommen sein muss, bis jemand so etwas zur öffentlichen Forderung macht – ein normales Leben? Daoud erhebt diese Forderung ja nicht in einem kriegsgeschüttelten Land, sondern im waffenruhigen Algerien. Die Waffe, die einen wie Daoud bedroht, ist die Allmacht des Religiösen, die keinen Winkel im Land mehr verschont. Kamel Daoud hat »wir« gesagt, nicht »ich«, denn er spricht im Namen Hunderttausender Muslime Nordafrikas. Sie trauen sich nicht, das Recht auf Freiheit von der Religion außerhalb der Moschee öffentlich einzufordern. Sie passen sich an, ersticken ihren Groll, gewöhnen sich daran. Wer ist schon seelisch in der Lage, in permanentem Konflikt mit seinem gesellschaftlichen Umfeld zu leben? Ein ähnlicher Prozess spielt sich in vielen muslimischen Communities Westeuropas ab. Was Deutschland betrifft, so hat die Schriftstellerin und Journalistin Güner Balci Bedrückendes darüber berichtet. Auch der Algerier Kamel Daoud gehört zu jenen muslimischen Dissidenten, die die These, der Islamismus habe »mit dem Islam nichts zu tun« ablehnen: »Ich weigere mich, an Diskursen teilzunehmen, die sagen, wir, in der arabischen Welt, können nichts dafür, dass es den ›Islamischen Staat‹, den Terrorismus und das wirtschaftliche Versagen gibt. Der ›Islamische Staat‹, das müssen wir begreifen, ist auch ein Teil von uns. Wir sind selbst schuld an dem, was passiert. Und wir sind diejenigen, die etwas ändern können.«

Wirklich? Solange die politischen Verantwortlichen Westeuropas fein säuberlich zwischen Islam und Islamismus trennen, bleibt das selbst für die mutigsten muslimischen Dissidenten unmöglich. Sie können warnen, sie können Verbündete finden, aber solange die Politik sich blind stellt und solange der Islam nicht für den Islamismus zur Verantwortung gezogen wird, weil er »nichts mit ihm zu tun hat«, so lange ist der Islam der beste Schutz für den Islamismus. Zwei Tage nach dem Anschlag auf das Satiremagazin »Charlie Hebdo« erklärte der französische Staatspräsident François Hollande, die Attentäter »haben nichts mit der muslimischen Religion zu tun«. »Diese Killer haben nichts mit dem Islam zu tun«, wiederholte drei Tage später Laurent Fabius, der damalige Außenminister Frankreichs. Diese und viele gleich lautende Stimmen, befand »Le Monde«, entsprängen zwar der löblichen Absicht, »dem tödlichen Amalgam zwischen Islam und Terrorismus vorzubeugen«. Doch könnten sich diese Erklärungen bei genauem Nachdenken als zweischneidig erweisen, so das linksliberale Blatt: »Denn zu behaupten, dass die Dschihadisten nichts mit dem Islam zu tun haben, hieße der Ansicht sein, dass die muslimische Welt in keinerlei Weise etwas mit den Fanatikern zu tun hat, die sich auf den Koran berufen. Das hieße, allen muslimischen Intellektuellen in den Rücken fallen, die sich im Innern des Islam selbst schlagen, um dem politischen Islam den spirituellen Islam entgegenzusetzen, der Ideologie die Hoffnung.« Selbst für die in Sachen Islam mit äußerster Umsicht agierende »Le Monde« ist der »politische« Islam, der in Deutschland allein dem Islamismus zugeschrieben wird, Teil des Islam und nicht etwas dem Islam Fremdes und von ihm Abgetrenntes. »Le Monde« forderte deshalb zur Unterstützung jener »neuen Denker des Islam« auf, die weit davon entfernt seien zu behaupten, »dass der Islamismus nichts mit dem Islam zu tun hat«. Auch für »Le Monde«, der man wahrlich keine »Islamophobie« wird nachsagen können, ist der Islamismus Teil des Islam. Die Zeitung schreibt: »Die beste Form, gegen den Islamismus zu kämpfen, ist einzuräumen, dass der Islam sich im Krieg mit sich selbst befindet. Dass er sich seit nunmehr Jahrhunderten zwischen dogmatischer Verkrampfung und spiritueller Bestimmung, zwischen politischem Zwangseisen und Suche nach Weisheit zerrissen findet.« Wolle man etwas zum Besseren verändern, liege die »Dringlichkeit« nicht darin, »den Einfluss des Islamismus auf einen großen Teil der muslimischen Welt zu leugnen, sondern alle ihm widersprechenden, oft isolierten, wenn nicht bedrohten Stimmen tatkräftig zu unterstützen, die dafür kämpfen, dem spirituellen Islam wieder eine Chance zu geben.« Dies bedeute also einem Islam der einfachen Gläubigen eine Chance geben, so »Le Monde«, deren Glauben nicht aus der »Unterwerfung unter ein Ensemble immer wahnsinnigerer Vorschriften« bestehe, sondern aus einer »inneren Pilgerfahrt«. Um dieses Ziel zu erreichen, solle man, statt der Öffentlichkeit die Idee einzuhämmern, der zufolge der Islam mit seinen monströsen Veränderungen »nichts zu tun« habe, »wie es die höchsten Instanzen des Staates tun«, lieber die Muslime unterstützen, die sich ihre Religion wieder aneignen und »den Islam endlich von seinen islamistischen Ketten befreien« wollen. Wann fangen Linke, Grüne, SPD, das Kanzleramt, die Kirchen und die Islamverbände hierzulande endlich an, solche Zeilen ernst und die Stimmen, auf die sie verweisen, in ihre Mitte zu nehmen? Auf was warten sie? Auf das nächste Attentat, für das in den Schubladen bereits die nächste Erklärung bereitliegt, dies habe »nichts mit dem Islam« zu tun und jetzt dürfe es »keinen Generalverdacht gegen Muslime« geben, »denn das ist es, was die Terroristen erreichen wollen«? Würden sie den muslimischen »Freiheitssuchern« die nötige Aufmerksamkeit schenken und ihnen politische Unterstützung zusichern, wäre es bald aus mit dem »Generalverdacht gegen Muslime«.

Erst wenn der Zusammenhang zwischen Islam und Islamismus eingeräumt und nicht weiter geleugnet wird, kann die Verbindung zwischen beiden theologisch gekappt werden. Etwa indem man die Gedanken des Theologen Mahmoud Muhammad Tata ernst nähme, der 1985 im Sudan wegen seiner Ideen öffentlich gehenkt wurde. Er hatte vorgeschlagen, die orthodoxe Regelung, nach der spätere Koranverse aus der Medina-Zeit des Propheten die früheren Verse aus seiner Mekka-Zeit annullieren, zu revidieren. Die späteren Verse sind die kriegerischen und rigiden, die früheren sind die milderen und spirituelleren. »Diese Unterscheidung macht die Rechtfertigungen der Sklaverei, der Polygamie, des Schleiers, des nach Geschlecht unterschiedlichen Erbrechts, des Weinverbots hinfällig; exit die hudud, die körperlichen Bestrafungen (wie das Handabschneiden bei Dieben, das Steinigen von Ehebrecherinnen usw.); exit der Dschihad...«, so Abdelwahab Meddeb.

Aber nichts rührt sich. Im Gegenteil. Ein Islamkritiker wie Hamed Abdel-Samad kann mittlerweile selbst in Begleitung von Bodyguards bestimmte Berliner Stadtteile mit hohem muslimischem Bevölkerungsanteil nicht mehr betreten, ohne um sein Leben fürchten zu müssen: »Hat alles nichts mit dem Islam zu tun«, diesem Zynismus der Verbände und der Linken muss ein »Hat sehr wohl alles mit dem Islam zu tun« der muslimischen und westeuropäischen Aufklärung entgegengesetzt werden. Und auch ein: »Wenn Sie das nicht zur Kenntnis nehmen, kriegen Sie es mit uns zu tun!« Die Angst muss das Lager wechseln. Sind die 130 Personen, die am Abend des 13. November 2015 in Paris kaltblütig ermordet wurden, schon vergessen? Sie hatten dem Islam kein Haar gekrümmt. In ihrem Namen und im Namen einer weitaus größeren Zahl von Muslimen, die Opfer einer außer Rand und Band geratenen Religion geworden sind, ist eine theologische Neu-Ausrichtung des Islam mit Blick auf die Allgemeinen Menschenrechte das Mindeste, was in Europa fällig ist. Sicherheitskräfte allein können auf die Dauer nicht mit einem zügellosen Islam fertig werden. Dazu braucht es eine öffentliche Atmosphäre, die den Dschihadisten klarmacht, wie sinnlos ihr Unterfangen ist. »*Den* Islam gibt es nicht«, erwidern Islamverbände und Politiker jedes Mal, wenn die Forderung nach einem Gegensteuern an sie herangetragen wird. Das ist ja gerade das Problem. Ihr Mantra, dass es *den* Islam nicht gebe, bestätigt nur, dass jeder mit dem Islam machen kann, was er will. Damit das aufhört, muss der »Islam vom Islamismus befreit« werden, wie es die aufklärerischen Kräfte unter den Muslimen fordern. Außerdem müssen Islamverbände und theologische Instanzen der muslimischen Welt zugleich einräumen, dass es *den* Islam in einer Hinsicht doch gibt, dann nämlich, wenn es um seine menschenfeindlichen Züge geht. Von Afghanistan bis Algerien liegen sie aller Welt vor Augen: Aufteilung der Welt in Gläubige und Ungläubige, Minderstellung der Frau im Namen Gottes, Diskriminierung religiöser und kultureller Minderheiten im Namen der »besten Gemeinschaft, die Gott jemals geschaffen hat«, Verfolgung Homosexueller, Blasphemiker und Apostaten, Verweigerung der Gewissensfreiheit und der Trennung von Staat und Religion. *Den* Islam gibt es. Seine Unterschiede liegen lediglich in der Härte der jeweiligen Bestrafung, Ausgrenzung und Unterdrückung derjenigen, die seinen Geboten nicht folgen, doch die Prinzipien, nach denen bestraft wird, sind die gleichen, und sie sind sehr wohl *dem* Islam eigen. Sollen die Verbände doch, wenn sie sich von dieser Feststellung beleidigt fühlen, das Gegenteil bewirken. *Der* Islam brauchte dann keinen »Generalverdacht« mehr zu fürchten. Gemeinsames Fastenbrechen dagegen hofiert nur den theologischen Status quo, der in islamischen Ländern das Verprügeln, Bespucken und Festnehmen von öffentlichen Fastenbrechern erlaubt, die für die Gewissensfreiheit demonstrieren, wie auch 2016 wieder in Algerien. Die Harmonie, die bei diesen »In Vielfalt miteinander vereint«-Zeremonien unter Beteiligung deutscher Politiker jedes Jahr neu inszeniert wird, kann die Mehrheit der Bevölkerung nicht davon überzeugen, dass der Islam »eine Religion wie alle anderen ist«. Will man behaupten, dass jene 55 bis 70 Prozent der Bevölkerung, denen der Islam Furcht einflößt, allesamt »fremdenfeindlich«, »reaktionär« oder gar »faschistoid« sind? Oder die Franzosen, bei denen die Prozentzahlen in dieser Hinsicht ähnlich hoch sind? Oder die Niederländer, Dänen und Schweden, die für Linke noch weniger faschismusverdächtig sein müssten, haben sie doch kein Drittes Reich geschaffen? Wie bei einer tektonischen Verschiebung von Erdplatten spürt die Bevölkerungsmehrheit in Deutschland, mit welcher Gewalt die Political Correctness und die in ihr eingebetteten Politiker und Opinion Leaders ihr den Boden unter den Füßen neu auszurichten versuchen. Dieses Grundgefühl einer unausgesprochenen Werteverschiebung durch Werterelativierung ist es, aus dem sich auch ein Großteil der politischen Verschiebung »nach rechts« in Westeuropa erklärt. Die Mehrheit Westeuropas will eine solche Werteverschiebung zugunsten des Islam in seiner heutigen Ausprägung nicht. Denn es ist eine Werteverschiebung zugunsten des *fundamen-*

talistisch orientierten Islam. Alle Erscheinungen wie das Frauen-nicht-die-Hand-Geben, die Kopftuch-Präsenz im staatlichen Bereich, Schwimmunterricht-Teilnahmeverbot für Mädchen, Verschleiern von Kopf bis Fuß, Geschlechtertrennung und Gebetsraumanforderungen am Arbeitsplatz sind Symptome einer fundamentalistischen Religionspraxis. Das zu beobachten hatte ich zehn Jahre lang in Nordafrika Gelegenheit. Es gab damals eine Mehrheit von Muslimen, die in dieser Hinsicht völlig tolerant war. Das hat sich durch den gewalttätigen fundamentalistischen Islam verändert. Angesichts des Eifers der Linken, der Sozialdemokratie und der Grünen samt Teilen des Kanzleramtes, einem unreformierten, unaufgeklärten Islam den roten Teppich auszurollen, vertrauen die Bürger in ihrer Mehrheit den Versicherungen der Politik, man werde dafür sorgen, dass der Islam sich an das Grundgesetz halte, nicht mehr. Diese Bürger halten die weltweit zu beobachtenden fundamentalistischen Tendenzen im Islam für stärker als deren Respekt vor einem deutschen Grundgesetz, einem Gesetz der »Ungläubigen«. Sie fragen sich, was ein solcher Islam mit diesem Grundgesetz anstellen würde, wenn er nicht mehr wie derzeit noch in unserem Land nur eine kleine Minderheit darstellen würde. Sie glauben nicht, dass allein mehr »präventive Sozialarbeit« den Fundamentalismus, den der Islam mit sich schleppt, in die Schranken weisen kann. Sie merken, dass ein salafistischer Prediger wie Abou Nagie, wenn er die »Ungläubigen«, die »Kuffar«, unter denen er lebt und von denen er üppige Sozialhilfe bezog, als »Affen und Schweine« bezeichnet, von der Linken nicht als »rassistisch« bezeichnet wird, sie dagegen sehr wohl, sobald sie den Islam kritisieren. Sie glauben einer Katrin Göring-Eckardt nicht, wenn diese angesichts der Übergriffe von Köln erklärt, es gebe in Algerien und Marokko zwar »Ausprägungen frauenfeindlichen Verhaltens«, was aber nicht heiße, »dass die Kultur dieser Länder grundsätzlich frauenfeindlich ist«: Bullshit also, was eine Fatima Mernissi in der islamischen Welt und islamischen Geschichte erforscht, ein Kamel Daoud in Oran, Algier, Constantine, Annaba und eine Mona Eltahawy in Ägypten und der gesamten arabischen Welt beobachtet haben und alle Frauenrechtlerinnen von Casablanca bis Kabul täglich erleben. Frau Göring-Eckardt ist religiös. In der Kirche stand Frauenverachtung lang in mildem Licht. Was den Islam und Frauen betrifft, können vor allem Linke, Grüne und Sozialdemokraten nicht bis drei zählen. Kein Hauptschüler würde mit einer solchen Lernverweigerung über die fünfte Klasse hinauskommen. Dieser Linken gibt nicht die Realität recht, sondern ihre Ideologie, die sich um die Wirklichkeit nicht schert. Solch neurotische Traumtänzerei aber wird allmählich gemeingefährlich angesichts fundamentalistisch ausgerichteter Tendenzen des Islam, die westliche Werte nie und nimmer akzeptieren werden, und jede Gelegenheit nutzen, sich an deren Stelle zu setzen. Es ist das ständige Abwiegeln zugunsten eines menschenrechtlich rückständigen Islam, das einem Großteil der deutschen Bevölkerung auf die Nerven geht, und zwar derart, dass sogar Teile der bürgerlichen Mitte mit rechten Populisten zu liebäugeln beginnen, worauf sie prompt zur »enthemmten Mitte« erklärt werden, wie 2016 in einer Studie der Universität Leipzig. Die »enthemmte Linke« hingegen bleibt ungeschoren, die seit 15 Jahren alles gesundbetet, was ein Fethi Benslama und ein Abdelwahab Meddeb für Symptome einer schweren Erkrankung des Islam halten. Es ist die hemmungslose Diffamierung der Islamkritik, die in der »enthemmten Mitte« nun ihr Echo findet.

Deshalb sei noch einmal festgehalten: Mord gehörte von Beginn an zur Geschichte des Islam. Drei der vier ersten Kalifen wurden umgebracht. Die Geschichte des Islam ist in großen Teilen von Gewalt gekennzeichnet. Hier einige der wichtigsten Befürworter von Gewalt im Namen des Islam, damit auch im Blick auf die Geschichte des Islam klar wird: der Islamismus kommt mitten aus ihm selbst.

Ibn Hanbal (780–855), der die buchstabengetreue Befolgung des Korans verteidigt, auf die sich die Fundamentalisten berufen, stammte aus dem Islam und nicht aus einem Islamismus. Er hat eine der vier Schulen des sunnitischen Islam gegründet.

Ibn Taymiyya (1263–1328), der syrische Theologe, radikaler Schüler Ibn Hanbals, wendet sich noch energischer als sein Vorbild gegen die geringste Interpretation des Buchstabens, verbietet jeden philosophischen Gedanken, bekämpft den Sufismus. Sein Buch »Die Politik im Namen des Göttlichen Rechts zur Einführung der richtigen Ordnung in den Angelegenheiten des Hirten und der Herde« –

da ist er, der »politische« Islam, »Islamismus« genannt, der angeblich »mit dem Islam nichts zu tun hat« – gibt jedem Fundamentalisten von heute recht, fordert die strikte Anwendung der Scharia, sieht im Kampf gegen die »Ungläubigen« eine Hauptaufgabe des Islam und fordert von jedem Muslim die strikte Befolgung seiner Gebote und Verbote. Ibn Taymiyya ist ein Vorbild für jeden Dschihadisten.

Mohammed Ibn Abdelwahab (1703–1792) bezieht sich in seinen Predigten sowohl auf den Rigoristen Ibn Hanbal wie auf den noch rigoroseren Ibn Taymiyya. Auf der Arabischen Halbinsel geboren, schließt er sich dem Stamm der Saud an. Sein Purismus kommt zwei Jahrhunderte später in Saudi-Arabien zur Geltung und wird von dort in die muslimische wie nicht muslimische Welt exportiert. Obwohl das Ursprungsland dieses Fundamentalismus nie kolonialisiert wurde – Kolonialismus gilt Linken ja als ein Grund für den Islamismus –, ist es die Basis islamischer Radikalität. »Was seine Lehren betrifft, so blieb der Wahhabismus mit seiner gewalttätigen Polemik und dem Zwang seiner Vorschriften innerhalb des Begriffsfeldes des Islam«, stellt der Islamologe Abdelwahab Meddeb ausdrücklich fest: also wohlgemerkt »innerhalb des Begriffsfeldes des Islam«, nicht irgendeines »Islamismus«.

Auch Hassan al-Banna (1906–1949), Gründer der Muslimbruderschaft, ist ein Produkt des Islam und nicht eines »Islamismus«. Seine Lehre ist eine einzige anti-westliche Kampfschrift.

Sayyid Abu Ala Mawdudi (1903–1979) ordnet den gesamten politischen Bereich dem göttlichen Raum unter, in dem Parlamente, Parteien, kurz, die Demokratie nichts zu suchen haben. Den Westen erklärt er für gottlos.

Keiner der Genannten wird von den Islam-Instanzen als nicht dem Islam zugehörig betrachtet.

3. Die Hängebrücke oder von der Grausamkeit des Alltagsislam

Ich gehörte nicht zur »enthemmten Mitte«, sondern zur Linken, als ich mit dem Islam Bekanntschaft machte. Ich war nicht nach Nordafrika gegangen, um den Islam zu kritisieren. Mich hatte die politische Aufbruchstimmung in Algerien interessiert und die Frage, ob sie auf die übrige arabische Welt ausstrahlen würde. Deshalb hatte ich die Gründung eines ARD-Studios in Algier angeregt. Ich hielt damals noch Politik für mächtiger als Religion. Eine Islamdebatte fand in jenen Jahren weder in den muslimischen Ländern noch in Europa statt. Samuel Huntington sollte seinen »Clash of Civilisations« erst Jahre später schreiben. Ein 9/11 hatte es noch nicht gegeben. So etwas war damals für niemanden vorstellbar. Selbst als der islamische Terror in Algerien begann, 1992, hielt ich ihn zunächst für eine vorübergehende Erscheinung. Viel mehr betroffen gemacht hatte mich der »normale Islam«, der Alltagsislam. Es hatte mich gewundert, welche Vorsichtsmaßnahmen Frauen trafen, mit denen man sich am helllichten Tag zu einem Interview verabredet hatte, beispielsweise mit einer Bankmanagerin, damit keine Kollegen von diesem Treffen etwas mitbekämen. Man musste sich zwei Straßen vom Arbeitsplatz entfernt treffen. Es war unmöglich, Journalistinnen einer bekannten Tageszeitung abends zum Essen einzuladen. Nur Männer kamen, brachten aber nie ihre Frauen mit. Informelle Treffen waren aber in einem Land, in dem die Regierung und ihr Fernsehen nicht auch nur annähernd das wahre Geschehen berichteten, unerlässlich. Bis man mir klarmachte, dass die Schwierigkeit, weibliche Mitarbeiterinnen von Zeitungen oder anderen Unternehmen außerhalb ihrer Büros zu treffen, mit der Religion zusammenhinge, mit dem Islam. Wie zerstörerisch sich aber dieser milde Alltagsislam auf das Leben von Frauen auswirken konnte, lernte ich durch eine Begegnung in Marokko 1994.

Damals fand in Marrakesch eine internationale Konferenz statt, über die ich berichtete und für die mir, um nicht stets das schwere Kameramaterial ans Konferenzgebäude tragen zu müssen, ein hochgestellter marokkanischer Regierungsfunktionär ausnahmsweise eine für Autos hochrangiger Konferenzteilnehmer gedachte Plakette an die Windschutzscheibe heftete, sodass wir mit dem Material bis vor das Konferenzgebäude fahren konnten. Bei meiner Akkreditierung als Korrespondent in Marokko hatte man mir im Kommunikationsministerium nahegelegt, nicht über Prostitution und vor allem auch nicht über die Armut auf dem Land zu berichten. Deshalb nahmen Kameramann Youssef und ich die Gelegenheit wahr, mithilfe dieser Plakette den Sicherheitsring der Gendarmerie Royale um Marrakesch herum zu passieren, ohne dass unser Auto durchsucht und dabei die Kamera entdeckt würde. Wir wollten in Richtung Hoher Atlas fahren, um das Leben auf dem Land zu filmen. Es klappte.

Die schneebedeckten Gipfel des Hohen Atlas vor uns, die roten Mauern von Marrakesch hinter uns, ging es kurvig aufwärts. Lehmhäuser an Hängen aus roter Erde, hölzerne Strommasten am Straßenrand, Männer in braunen Burnuskapuzen, Kleintransporter mit Landarbeiterinnen, Mofas und Eselskarren, bis es einsam wurde. Tief unten ein kleiner Fluss. Nach etwa dreißig Kilometern ein unverputztes, aber solides Gebäude mit der Aufschrift »Amnampour. Hotel. Restaurant«. Eine Treppe führte durch das Haus nach unten auf eine Terrasse über dem rauschenden Fluss. Wir waren die einzigen Gäste.

»Womit kann ich Ihnen dienen?« Unbemerkt hatte sich der Ober genähert. Ein schmales Gesicht, bartlos. Die Kleidung tadellos, weißes Hemd, schwarze Weste, schwarze Hose. Mein arabischer Kameramann, erfuhr, dass er am Hang auf dem gegenüberliegenden Flussufer wohnte. Ob wir ihn zu Hause filmen dürften? »Da gibt es nichts zu sehen. Aber wie Sie wollen. Im Augenblick ist hier nichts los, mein Kollege schafft das allein.« Der Ober, er hieß Abdallah, fuhr mit uns bis zu einer Stelle, von der aus eine Hängebrücke sich über den Fluss spannte. Die Brücke hing hoch in der Luft. Zwei Drahtstränge mit quer gelegten Trittplanken bildeten den Boden. Zwei Drahtschnüre an jeder Seite dienten als Geländer. »Früher gab es hier eine Brücke aus Stein«, sagte Abdallah, »sie wurde vom Hochwasser

weggerissen. Die Behörden haben nichts getan, wir mussten uns selbst helfen und haben diese Hängebrücke gebaut. Sie sind der erste Ausländer, der auf meine Talseite herüberkommt, seit ich hier wohne«, sagte Abdallah. »Und seit wann wohnen Sie hier?« »Seit meiner Geburt, seit 25 Jahren.«
Jenseits der Hängebrücke herrschte Stille. Ein Maultier ging grasbeladen, dass man nur noch seine Beine sah. Auf dem grünen Ballen lag eine rote Decke. Ein Mädchen saß darauf. In das dunkle Haar hatte es einen Knoten gebunden. Hinter ihm ging eine Frau mit safrangelbem Kopftuch, das ihr Haar nicht vollständig verdeckte. Sie trug ein Baby auf dem Rücken. Links säumten Laubbäume den Pfad. Rechts eine Wiese, kleine Felder und Gemüsebeete. Aus hohem Gras ragte ein Bubenkopf. Durch Zweige blickten ein Paar Kinderaugen, als seien sie aus dem Boden gewachsen. Wir überholten eine alte Frau in rotem Rock mit gelben Streifen. Alles leuchtete. Ein Rhythmus aus Schritten, Maultieren, Frauen, Wind, Gras und Blättern. Der Weiler oben am Hang bestand aus ein paar braunen und grauen übereinander gestaffelten Bauten mit flachen Dächern und kleinen viereckigen Fenstern. Der Pfad wurde nun zu einem Hohlweg durchs Unterholz. Es ging steil bergauf. Der Pfad endete an einem Bachlauf. Wir sprangen von Stein zu Stein. Weiter oben begann er wieder. Dort war der Blick frei in das langgezogene Tal bis zu den weißen Gipfeln des Hohen Atlas. »Sehen Sie diesen Strommasten?«, sagte Abdallah. »Bis hierher reicht die Stromleitung schon. Bald, hoffe ich, haben wir Elektrizität.« Der Pfad führte nun schräg den Hang entlang bis zu Abdallahs Haus. Es war das höchst gelegene des Weilers. Unterhalb des Hauses standen zwei Mädchen. Dicke Wollstrümpfe kamen unter den Kleidersäumen hervor. Das weiter oben stehende Mädchen hatte ein Sprungseil in den Händen. Es hatte dichtes Haar und dunkle Augen, die uns Ankommenden reglos betrachteten. Das unterhalb stehende Mädchen lächelte zaghaft. Es trug ein weißes Kleid mit eingewebten roten Blüten, stand als heller Fleck auf dem dunkelbraunen Boden. »Das sind meine beiden Schwestern. Die oben heißt Zhora, die andere Khadidja. Sie ist ein wenig verrückt. Sie macht sich über alles lustig«, sagte Abdallah, »sie respektiert nichts.« Die Mädchen rührten sich nicht von der Stelle,

als wir an ihnen vorbeigingen. Wir begrüßten Abdallahs Vater, der neben dem Haus stand und sich auf einen Stock stützte. »Er ist sehr krank«, sagte Abdallah. Der Eingang befand sich auf der Rückseite des Hauses, führte von der Steilhangseite durch einen niedrigen Türrahmen aus Holz in einen leeren Raum und sogleich wieder ins Freie nach vorn hinaus, auf eine Terrasse, deren vorderer Rand von einem niedrigen Mäuerchen begrenzt wurde. Von dort blickte man über das Unterholz zum Fluss hinunter und sah die Hängebrücke und die Autostraße auf der anderen Seite, an der das Restaurant lag, in dem wir Abdallah begegnet waren. Talaufwärts die Schneekette des Atlas-Gebirges. Von der Terrasse ging es in das Zimmer der Mädchen, in Abdallahs Zimmer und das der Eltern. Unter der Terrasse lag der kleine Stall. Nun tauchten die beiden Mädchen auf, legten Kissen für den Kameramann und mich auf das Mäuerchen, brachten ein großes rundes Tablett mit vielen kleinen Gläsern, in die Abdallah aus der hochgehaltenen Kanne in langem Strahl Pfefferminztee eingoss. Dann kam Abdallahs Mutter, ein faltiges Gesicht ohne Lächeln. Zhora, die ältere Schwester Abdallahs, trug ein dunkles Kopftuch. Keine der beiden Frauen sagte einen Ton, während der Vater verschwunden blieb und die jüngere Schwester irgendwo im Haus sein musste. Dann zeigte Abdallah uns einen kahlen fensterlosen Raum, in dem zwei Matratzen lagen: »Hier schlafen meine Schwestern.« Die Wände waren grau, denn Abdallah hatte mit Zement gebaut statt mit Lehm und Steinen. Es sei alles seiner und seiner Freunde Hände Werk, sagte er. Ein zweiter Raum war zartgrün verputzt, hatte ein Fenster mit Blick auf die fernen schönen Gipfel, eine viereckige Abstellnische in der Wand, in der ein Kofferradio stand. Nach Steinen, Wiesen, Unterholz, Lehm, nach dreißig Kilometern kargster Umwelt: ein Kofferradio! Dazu ein richtiges Bett mit Bettdecke. »Ich habe schon alles vorbereitet«, sagte Abdallah, »im ganzen Haus«, und zeigte auf die Leitung für den erwarteten Strom. Die Glühbirne war schon angeschraubt. »Das ist mein Zimmer«, sagte Abdallah. Gestaltungswille, dachte ich, hier gab sich jemand nicht auf. Ich bat meinen arabischen Kameramann, Abdallahs Zimmer zu filmen. Ob wir auch noch ein kleines Interview mit ihm machen dürften, fragte ich. Abdallah schien erfreut, dass ihn jemand über seine Lebensumstände befragen wollte. Während Youssef Abdallahs Zimmer aufnahm, ging ich auf die Terrasse, um ein paar Fragen für das Interview zu überlegen, sah einen Eingang, durch den wir nicht gegangen waren, und betrat einen dunklen, überraschend langen Gang. Man erkannte das, obwohl kein Licht war, weil am Ende ein Feuerschein leuchtete. Ich machte einige Schritte in diese Richtung und erschrak. Der helle Fleck stand vor mir, und zwei Hände hielten mir etwas entgegen, das ich als flaches, rundes Brot erkannte. Die jüngere Schwester Abdallahs bot mir wortlos das Brot an, das sie im Ofen hinten gebacken hatte. Sie schaute so freundlich, dass ich leicht verwirrt »Danke, das ist sehr nett« sagte, schnell wieder auf die Terrasse hinausging und das Interview mit Abdallah begann: »Was soll aus Ihren zwei Schwestern werden?«, fragte ich. »Ich will versuchen, hier in der Gegend einen Ehemann für sie zu finden.« »Wäre es nicht besser, wenn die beiden sich ihren Ehemann selbst aussuchen würden?« »Wie das, Monsieur?«, erwiderte Abdallah, »meine Schwestern treffen doch keine Männer! Wir sind eine muslimische Gesellschaft, Monsieur. Der Islam hat uns Gesetze gegeben. Danach bin ich der Tutor meiner Schwestern, da mein Vater sich um nichts mehr kümmern kann. Meine Aufgabe ist es, Ehemänner für die beiden zu finden. Es müssen Ehemänner hier aus der Gegend sein. Die beiden müssen hier in der Gegend bleiben, denn sie können nicht lesen und nicht schreiben. Da mein Vater schon lange krank ist, konnten sie nicht auf die Schule gehen, sondern mussten sich um die Felder und die Tiere kümmern. Außerdem gibt es hier keine Schule. Ich bin der Einzige, der hier Geld verdient.« »Verdienen Sie genug?« »Nein«, antwortete Abdallah, »es reicht nicht. Deshalb will ich nach Casablanca gehen. Mein Problem sind die Schwestern. Wer kümmert sich dann um sie?«

Da es für's Filmen allmählich zu dunkel wurde, verabredeten wir uns für den übernächsten Tag, an dem Abdallah frei hatte. Wir gingen den Pfad schräg am Hang hinunter, dann wieder über die Steine im Bach, bis wir das abschüssige Stück Pfad im dunklen Hohlweg erreichten. Plötzlich stand das helle Gesicht wieder vor mir. Youssef und Abdallah waren schon ein Stück voraus. Das Mädchen deutete auf das Kamerastativ, das ich über der Schulter trug, und dann auf sich: »Ich trage das!« Wieder deutete sie auf sich und auf das Stativ. Warum wollte Khadidja mir das schwere Gerät abnehmen? Man ahnte die zarten Schulterblätter unter dem weißen Kleid mit den roten Blütentupfern. »Das ist zu schwer für Sie, vielen Dank«, sagte ich. »Nein, mein Herr, das ist nicht schwer«, antwortete das Mädchen und pochte erneut auf das Gestänge. Durch Lücken im Geäst über uns fiel noch etwas Abendlicht. Das helle Gesicht mit den geröteten Wangen war ein einziger lächelnder erwartungsvoller Hilferuf, der alles beiseiteräumte, den Unterschied zwischen Mann und Frau, zwischen alt und jung, zwischen fremd und vertraut und nur die Bitte eines Lebewesens an ein anderes übrig ließ, ihm diesen einen Wunsch zu erfüllen, der ihm alles zu bedeuten schien, ein Blick, über alle Grenzen hinweg. War es das, was Abdallah mit seinem »Sie respektiert nichts, sie ist verrückt« gemeint hatte, als er von Khadidja gesprochen hatte? Aber warum schaute sie mich jetzt gerade hier so an, in diesem Hohlweg, um ein läppisches Stativ zu tragen? Ich werde es ihr gleich wieder abnehmen, dachte ich, tief getroffen von der Wucht aus Verzweiflung und Hoffnung, die das 17-jährige Geschöpf offenbart hatte, und gab Khadidja das Stativ. Sie schulterte das sperrige Ding als sei es federleicht, ging schnellen Schrittes den Hohlweg hinab bis zu einer Biegung, hinter der sie als heller Fleck verschwand. »Du lässt das sofort stehen, sofort«, hörte ich nun Abdallahs Stimme durch das Buschwerk, »Gib das her, und mach, dass du nach Hause kommst. Niemand hat dich gebeten, mitzukommen. Schnell, sage ich dir, schnell zurück ins Haus!« Als ich bei Abdallah und Youssef eintraf, war das Mädchen schon nicht mehr da.

»Sie wollte unbedingt das Stativ tragen«, sagte ich. Abdallah sollte nicht denken, dass ich seine Schwester zum Lastenschleppen benutzt hätte. »Das weiß ich, Monsieur«, erwiderte Abdallah, »aber ich habe Ihnen schon gesagt, sie ist verrückt. Sie respektiert nichts. Ich weiß nicht, was ich mit ihr machen soll.« »Vielleicht wollte sie nur freundlich sein«, wagte ich einzuwerfen. Ich wollte Abdallah nicht zu nahetreten. »In Europa spricht man viel von der arabischen Gastfreundschaft.« »Das war keine Gastfreundschaft«, sagte Abdallah, »das war eine List!« »Was für eine List?« »Das ist ein anderes Thema«, erwiderte Abdallah kurz angebunden, sodass ich nicht insistierte.

Als Youssef und ich im Auto saßen, zurück auf dem Weg nach Marrakesch, fragte ich ihn: »Kannst du dir erklären, warum die Kleine unbedingt das Stativ tragen wollte?« »Sie wollte damit über die Hängebrücke auf die große Straße«, antwortete er. »Sie durfte die Hängebrücke noch nie überqueren. Sie dachte, mit dem Stativ und in unserer Begleitung würde sie es schaffen. Abdallah hat mir das gesagt. Er will nicht, dass sie auf die Touristenstraße kommt. Wegen der Männer, die sich dort herumtreiben und keinen Respekt vor Frauen haben. Du musst wissen, dass bei uns im Islam die Jungfräulichkeit eine große Rolle spielt. Abdallah geht es um die Ehre Khadidjas.« »Das heißt?«, fragte ich. »Das heißt, das heißt«, erwiderte Youssef etwas unwirsch, »das heißt, dass eine nicht mehr intakte Frau wie eine aufgerissene Coladose ist. Da war schon jemand dran. Die will keiner mehr.« »Die Männer könnten sich entsprechend benehmen«, erwiderte ich, »und die Frauen in Ruhe lassen.« »Stimmt«, sagte Youssef, »da gebe ich dir recht. Aber bei uns gilt eine junge Frau, die allein durch die Gegend läuft, als sittenlos, besonders in einer Gegend wie hier. Sie verstößt gegen die Religion. Deshalb sehen die Typen sie als Beute, die selbst dran schuld ist, wenn ihr was passiert. Alle wollen nur Jungfrauen zum Heiraten, aber bis es so weit ist, entjungfern sie, wo sie können. So ist das nun einmal im bled schizo.« Bled hieß Heimat, und mit schizophren war das Leben zwischen jahrhundertealten religiösen Vorschriften einerseits und der Wirklichkeit von heute andererseits gemeint. »Bled schizo« war ein beliebter Ausdruck in Marokko und Algerien, weil er das Schlingern zwischen »halal«, erlaubt, und »haram«, verboten, auf den Punkt brachte. Insbesondere auf sexuellem Gebiet erlaubten junge Männer sich das Verbotene und gaben den Frauen die Schuld, es ihnen erlaubt zu haben. Abdallah wollte nicht, dass Khadidja ein »Schizo«-Opfer würde. »Warum überquert Khadidja die Hängebrücke nicht einfach, wenn Abdallah bei der Arbeit ist?«, fragte ich. »Weil sie sich das nicht traut. Da bekäme sie eine gewaltige Abreibung von ihrem Bruder, denke ich, und würde noch mehr oben am Hang im Weiler eingesperrt, damit sie möglichst nicht in die Nähe der Hängebrücke unten käme. Abdallah hat allen Leuten im Weiler gesagt, dass sie ein Auge auf Khadidja haben sollen, und das weiß sie.

Von da oben sieht man alles. Und von den Feldern unten auch. Deshalb das Stativ.«

»Zu allen Zeiten haben die Frauen in der arabischen Welt von der Welt jenseits der Mauern geträumt und wollten die Grenzen überschreiten«, sagte mir Fatima Mernissi, die ich zur gleichen Zeit, in der ich Khadidja begegnete, in Rabat, der Hauptstadt Marokkos, getroffen hatte, in deren Altstadt es immer noch imposante Beispiele für jene Mauern gibt, hinter denen die Frauen früher ihr Leben zu führen hatten, so wie Khadidja das ihre jenseits der Hängebrücke verbringen sollte. »Unablässig kreiste ihr Denken um die Welt jenseits des Tores«, so Fatima Mernissi.

Es war spät, als wir im Hotel »Es Saadi« ankamen. Welche Pracht, die glänzende Halle, das funkelnde Licht überall, die schönen Teppiche. So etwas hat Khadidja noch nie gesehen, dachte ich. Wer von den Gästen hier wiederum vermutete ein Lebewesen wie sie in einem Bergweiler weit draußen? Und wer schon dessen Blick, dem keine Religion standhielt?

Zwei Tage später holte uns Abdallah an der Hängebrücke ab. Kaum saßen wir auf der Terrasse, kam Khadidja mit einem altmodischen Parfumflacon. Wir sollten die Hand aufhalten, damit sie deren Innenseite besprengen konnte. »Ein alter Brauch«, sagte sie. Sie hatte sich einen rosa Streifen Tuch über dem Haar zusammengeknotet und trug einen weißen Pullover. Zhora dagegen hatte ihr Haar ganz in schwarzes Tuch gehüllt, saß bei uns, ohne ein Wort zu sagen, und auch die Mutter schwieg, nachdem sie uns begrüßt hatte. Khadidja brachte einige Blätter aus einem Zeichenblock herbei – wo hatte sie die her? –, auf die einige Reihen von Kreisen und Kringeln unterschiedlicher Größe gemalt waren. Die Finger des Mädchens hüpften von einem Kreis zum anderen: »Das sind die Felder am Fluss.« Abdallah schaute schweigend zu. Schließlich zeigte uns Khadidja die schon leicht zerknitterte Seite einer marokkanischen Zeitschrift für Innenarchitektur – wo hatte sie die gefunden? – mit dem Foto einer schönen Frau, deren Mund und Augen Khadidja schwarz umrandet und der sie von der Unterlippe das Kinn hinunter einen roten Streifen aufgemalt hatte wie einen Faden Blut: »Das bin ich«, sagte sie.

»Ich habe Ihnen ja gesagt, dass sie verrückt ist«, bemerkte Abdallah nun und schlug vor, den Soukh zu filmen, der in einem Dorf flussabwärts stattfand. »Mit mir zusammen können Sie die Leute dort ohne Probleme interviewen. Wir haben hier inzwischen einige Bärtige, die Stimmung gegen Ausländer machen. Aber die Leute auf dem Markt kennen mich.« Khadidja ließ die Arme hängen, als wir gingen. Wir sollten ihr erst ein Jahr später wieder begegnen.

In diesem Jahr ging Abdallah wie angekündigt nach Casablanca, wohnte in einem Raum, der zum verrotteten ehemaligen spanischen Konsulat gehörte. So etwas Heruntergekommenes hatte ich noch nie betreten. Das Eingangstor war verrostet, in der Eingangshalle lagen Müll und kaputte Mofas, die Wände des düsteren Wohnraumes waren feucht. Hier lebte Abdallah mit acht anderen jungen Männern, die, von Bierflaschen auf dem Boden umgeben, in Richtung flimmerndes Fernsehbild starrten. Er arbeitete nun, picobello gekleidet, nicht mehr als Kellner, sondern sogar als Oberkellner in einem Nobelrestaurant des feinsten Geschäftsviertels der marokkanischen Wirtschaftsmetropole am Atlantik, in dessen glitzernden Glasbauten sich Palmen spiegelten. Ich besuchte ihn mehrmals, filmte ihn bei der Arbeit, lud ihn in Cafés an der Corniche ein, weil wir gern auf die heranrollenden Wogen schauten, die ungebändigten, und zahlte ihm kleine Informationshonorare, die er mit einem »Vielen Dank, es wird meinen Schwestern helfen«, quittierte. Ob ihn nicht störe, dass die Gäste in seinem Restaurant für ein einziges Essen ein Drittel dessen ausgäben, was er in einem Monat verdiene? »Ich bin froh, dort zu arbeiten. Es ist besser als in einem Billigschuppen«, meinte er. Was er von den Islamisten halte, die im Namen des Islam mehr soziale Gerechtigkeit versprächen? »Sie würden als Erstes dieses Restaurant schließen, alle Touristen verjagen, sodass auch die Gaststätten im Tal schließen müssten. Sie sind gegen die Fremden.« »Aber sie sind für mehr Islam in der Gesellschaft«, sagte ich. Damals begannen die Islamisten in Marokko von sich reden zu machen. »Sie sind für mehr Macht für sich«, erwiderte Abdallah, »die Religion haben wir auch ohne sie. Dafür brauche ich diese Typen nicht. Warum glauben die, vom Islam mehr zu verstehen als ich?« Ob er schon einen Ehemann für Khadidja gefunden habe? »Nein, aber eine neue Bleibe für mich. Ich konnte den Uringestank auf dem Platz vor dem Konsulat nicht mehr aushalten, die Drogendealer, wenn sie sich stritten, verprügelten und nachts herumschrien, sodass ich nicht schlafen konnte.«

Abdallah wohnte nun mit nur drei anderen Männern in einem zwanzig Quadratmeter großen Raum für umgerechnet damals 500 Mark, der trocken war und sogar zwei Fenster hatte. Jeder der vier Bewohner hatte in der Ecke über dem Bett einen Haken, an dem ihre Kleidung hing. Dusche und Stehtoilette lagen außerhalb, waren beides in einem und für sämtliche Bewohner des Stockwerks. Gut sah es darin nicht aus. Er habe eine Freundin, teilte Abdallah mir eines Tages auf eine entsprechende Frage mit, und er habe einen Mann für Khadidja in Aussicht, aus einem Dorf im Tal. Ich erinnerte mich, dass mir Khadidja an jenem Vormittag, als sie uns mit Parfum besprengt hatte und wir später den Stall im Untergeschoss des Hauses filmten, auf meine Frage, wie sie sich einen möglichen Ehemann vorstelle, geantwortet hatte, es dürfe kein Mann aus dem Tal sein, sie wolle einen Mann aus der Stadt.

Ob es nicht allmählich an der Zeit sei, die jüngere Schwester etwas an die Außenwelt zu gewöhnen?, fragte ich Abdallah. Sie werde als Ehefrau doch vielleicht einmal die eine oder andere Besorgung machen, zum Arzt oder zu Behörden gehen müssen. Ob er sie nicht über die Hängebrücke gehen lassen wolle, sodass sie sich mit dem Leben jenseits des Flusses vertraut machen könne? »Das geht nicht, solange ich in Casablanca arbeite, aber ich will hier wieder weg und habe eine gute Stelle im größten Ort am Eingang des Tales in Aussicht. Dann wohne ich wieder bei mir. Ich rufe Sie an, wenn es so weit ist.« Abdallah hatte Vertrauen gefasst. Er wusste, dass Youssef und ich nichts gegen seinen Willen unternehmen würden.

Als es so weit war und Khadidja zum ersten Mal über die Hängebrücke gehen sollte, standen Youssef, Abdallah und ich mit der Kamera auf der Seite der Touristenstraße und warteten auf ihr Erscheinen. Es war ein schöner, heller Vormittag. Durch das Gespinst aus dünnen Drähten und Brettern hoch über dem Wasser blickte man talabwärts in die Flusslandschaft. »Das ist ein historischer Moment, das müssen wir festhalten«, hatte der arabische Kameramann gesagt. Wir sahen Khadidja an der Wiese unter den Bäumen entlanggehen. Sie trug wieder ein weißes Kleid mit roten Blütenmustern, an dem aber eine dunkle Knopfleiste auffiel, die von oben bis unten reichte und dem Gewand etwas Hoheitsvolles gab. Schon von Weitem blickte sie aus den Feldern zu uns herüber, ehe sie die letzten Meter zu rennen begann, die wenigen Steinstufen vom Pfad zum Brückenanfang hochsprang und innehielt. Zweifelnd, lächelnd schaute sie um sich und zu uns, ehe sie graziös, die Hände in anmutiger Ruderbewegung links und rechts des Drahtgeländers streifen lassend und dabei immer wieder zu uns herüberschauend, voranschritt. Einmal nur, wohl wegen der Lücken zwischen den Brettern, bewegte sie sich ganz vorsichtig, bis sie dann wieder zielstrebig vorwärtsstrebend, die Landschaft von der einen Uferseite zur anderen als heller Fleck durchquerend, mit großen Schritten bei uns ankam.

Sie stieg ins Auto, als sei sie so schon immer in Autos gestiegen, obwohl Abdallah keines hatte. Wir fuhren ins »Amnampour«, in dem Abdallah früher gearbeitet hatte. Zhora, die inzwischen ebenfalls eingetroffen war, fuhr mit. Auch den ersten Besuch in einem Restaurant wollten wir festhalten, sodass Youssef die beiden Mädchen bat, erst auf ein Zeichen ihres Bruders auszusteigen, während er sich mit der Kamera auf halber Höhe der Treppe postierte, die von der Eingangstür durch das Gebäude hinab zur Terrasse führte, auf der wir Abdallah kennengelernt hatten. Da war kein Zaudern und Zögern. Khadidja schritt die Stufen hinab, als sei sie nichts anderes gewohnt, während ihre ältere Schwester ängstlich und bedrückt hinter ihr her tappte. Khadidja betrat die große viereckige Terrasse über dem Fluss, als hätte sie sie schon immer betreten, lief zum Geländer vor, schaute kurz zum Fluss hinunter, setzte sich an einen der Tische, als hätte sie schon immer hier Platz genommen, und blickte dann zu Youssef, Abdallah und mir, als wollte sie sagen: Kommt her, auf was wartet ihr noch? Niemand sonst war auf der Terrasse, denn die Touristen aus Marrakesch waren um diese Zeit noch auf dem Weg hierher. »Gut, das reicht, wir gehen«, sagte Abdallah, der wahrscheinlich nicht wollte, dass eine künftige Ehefrau sich an den Besuch öffentlicher Lokale gewöhnte. Khadidja sagte nichts, ging aber noch einmal zum Geländer vor und betrachtete den Fluss, während Zhora noch immer an der Tür zur Terrasse verharrte, die sie nicht betreten hatte. »Bist du verrückt oder was!«, rief Abdallah nun in Richtung Khadidja, »ich habe gesagt, wir gehen!«

Dennoch konnten wir Abdallah überreden, uns einige Tage später mit Khadidja und Zhora, die sich in Kürze verheiraten würde, nach Marrakesch fahren zu lassen. »Die beiden haben noch nie eine Stadt gesehen«, hatte Youssef zu Abdallah gesagt, »es ist besser, sie wissen Bescheid. Du weißt, dass wir auf sie aufpassen.« Wir mieteten eine Pferdekutsche und fuhren durch die Stadt. Die Schwestern waren missmutig. Vielleicht, weil es heiß war, und Marrakesch in grellem Mittagslicht viel von seinem Zauber verliert, wahrscheinlich aber, weil die beiden Schwestern sich nichts zu sagen hatten und unter dem Nebeneinander auf der Kutschenbank litten. Wir beschlossen, einen guten Eissalon zu besuchen, fanden auch einen mit großen dunklen Vorhängen und viel Platz zwischen den glänzenden Tischen. Sofort blühte Khadidja auf. Sie trug ein schmales schwarzes Stirnband mit hellen Punkten. Sie nahm die Karte, als sei sie es gewohnt, Eiskarten zu studieren, betrachtete die Fotos der angebotenen Eis-Variationen, tippte auf eines und zeigte uns ihre Wahl. Zhora trug eines ihrer dunklen Kopftücher und fühlte sich sichtlich unwohl. Hatte man ihr beigebracht, dass Frauen in einem öffentlichen Lokal nichts verloren hätten? Youssef, der die Szene filmte, hatte seine Rayban-Sonnenbrille auf dem Tisch liegen, schwupp, setzte Khadidja sie auf und blickte selbstbewusst in die Runde, das zarte Näschen vorn, das Stirnband hinten ins Haar geschoben, drehte den Kopf ein wenig nach links, ein wenig nach rechts: Passt schon! Ich machte ein Foto, ließ es entwickeln und gab es ihr einige Tage später bei einem Besuch im Weiler, ehe wir Abdallah an seinem neuen Arbeitsplatz im Tal filmten. Danach brachten wir Abdallah in den Weiler zurück. Khadidja traf ich im Stall. Der Boden war mit Zweigen und Blättern bedeckt. Irgendwo piepten Küken. Khadidja sprach im Halbdunkel mit den zwei Kälbchen. In einer viereckigen Nische auf halber Höhe der Stallwand stand ein Handspiegel. Auf dem Spiegel lehnte das Foto aus dem Eissalon in Marrakesch an der Mauer. »Das bin ich«, sagte Khadidja und zeigte auf das Foto. Ich nahm den unbeobachteten Moment wahr, um sie wieder zu fragen, wie sie sich einen Ehemann vorstelle. »Er muss Lust haben, mit mir zu reden; er muss viel Zeit für mich haben, auch zum Reden«, antwortete sie.

Zwei Jahre später standen Youssef und ich wieder mit der Kamera genau an der Stelle der Touristenstraße, an der die Hängebrücke über den Fluss ging und an der wir Khadidja drei Jahre zuvor bei ihrem ersten Brückengang gefilmt hatten. Wir wollten sie genau dort noch einmal filmen. Sie hatte dasselbe weiße Kleid mit dem roten Blütenmuster und der schwarzen Knopfleiste an. Wieder ging sie ohne Kopftuch und hatte nur ein helles Stirnband über ihr Haar gestreift. Im Hintergrund dieselbe sonnige Landschaft. Sie ging langsam, schweren Schrittes, in grobschlächtigen Latschen statt der Schuhe von damals, den Kopf gesenkt, in sich zusammengeknickt, zupfte an einer Blüte in ihrer Hand und blickte nicht zu uns herüber, während sie sich vorwärtsschleppte. Abdallah hatte ihr eine Ehe arrangiert, mit einem Mann aus dem Nachbarweiler flussabwärts. Kurz vor der Hochzeit hatte sie alle entsprechenden Dokumente zerrissen, sich im letzten Augenblick geweigert, den Mann zu heiraten. Abdallah fühlte sich im Tal blamiert.

Als wir nach dem Brückengang den Hang hochgingen zum Haus, sagte Khadidja: »Ich hatte den Mann nur einmal beim Erntedankfest gesehen. Er sagte: ›Ich will mich verheiraten. Ich will dich.‹ Dann kam er mit Mutter und Schwester zu Besuch, und der Vertrag wurde gemacht.« Khadidja sagte das mit einer dumpfen, harten Stimme, wie ich sie noch nie bei ihr gehört hatte: »Aber das ist mir egal.« Oben auf der Terrasse, auf der Khadidja uns drei Jahre zuvor mit Parfum besprengt und uns ihre Zeichnungen gezeigt hatte, trafen wir Abdallah: »Eine Woche vor der Heirat hat sie die Papiere zerrissen. Sie wollte niemanden von uns sehen und sagte: ›Ich habe keine Mutter, keinen Vater und keinen Bruder.‹ Wir waren ihr alle egal.« Khadidja lachte, als ihr Bruder das sagte. »Sie ist völlig verrückt geworden«, fuhr Abdallah fort und befahl der Schwester, ein Kopftuch umzubinden. Khadidja wickelte sich widerstrebend ein schwarzes Tuch um. Man merkte, sie tat es nur aus Angst vor dem Bruder, den sie vor uns wohl auch nicht blamieren wollte. »Meine Schwester ist jetzt völlig verrückt geworden«, wiederholte Abdallah, »haben Sie gesehen, was sie gemacht hat?« Sie hatte den Holzrahmen der Eingangstür rot angemalt. »Statt Zucker einzukaufen, hat sie das Geld für rote Farbe ausgegeben«, berichtete Abdallah, während Khadidja aufstand und in ein Zimmer ging, das sie jetzt allein bewohnte. Zhora war fort, sie hatte geheiratet. Es war ein kleiner Raum mit nackten Wänden, aber mit einem Fenster. Abdallah hatte ein Stück von der Terrasse weggenommen und den Raum dazugebaut. Auch der Fensterrahmen war rot angemalt. An einem Haken an der Decke hingen die Schuhe, die Khadidja bei ihrer ersten Brückenüberquerung getragen hatte. Es waren Schuhe mit halbhohen Absätzen. Die Absätze hatte sie rot angemalt. Als der Kameramann und ich eintraten, löste Khadidja die grobschlächtigen Sandalenlatschen von ihren Füßen, nahm die Schuhe mit den roten Absätzen vom Haken, zog sie an, lehnte sich an die kahle Zimmerwand, schloss die Hände über dem weißen Kleid mit den roten Blumen zusammen, sagte keinen Ton, und sah uns an. Dann ging sie wieder vor die Tür auf die Terrasse, wo die Mutter losschimpfte: »Tu die Schuhe sofort wieder auf dein Zimmer!«, und Abdallah ihr zornig befahl: »Lass den Blödsinn, zieh' die Schuhe wieder aus!« Khadidja lehnte sich nun außen an die Betonmauer, blickte zu uns herüber, hob die Arme in einer Geste, die sagen wollte: Nichts zu machen, aus, vorbei.

Seitdem habe ich Khadidja nicht mehr gesehen. Das war vor zwanzig Jahren. Ich weiß von Abdallah, dass sie sich Jahre später von einem Mann scheiden ließ, den sie schließlich auf Drängen des Bruders zu ehelichen eingewilligt hatte, der ihr aber zu grob, zu dumm, zu sehr Säufer und zu gewalttätig war. Zweimal hatte das Mädchen aus dem Bergweiler schon »Nein« gesagt, ehe eineinhalb Jahrzehnte später »Die Marokkaner(innen), die nein sagen«, dieses Recht öffentlich einfordern sollten (siehe Kapitel 9, Seite 197). Khadidja hatte »Nein« gesagt, obwohl sie, anders als die späteren Neinsager(innen), als Analphabetin in der Abgeschiedenheit zwischen Fluss und Haus am Hang nie »Westliches« wahrgenommen, von keinem Fernsehen »westlich beeinflusst« worden war. Keine der Wäscherinnen am Fluss oder der Bäuerinnen auf den kleinen Feldern hatte ihr einen »unislamischen« Lebenswandel vorgelebt. So lernte ich durch Khadidja, dass »Westen« auch in jedem Lebewesen ist, so man ihn ihm nicht von Kindesbeinen an austreibt. Khadidja hatte nie eine Schule besuchen können und auch keine Moschee. Das war es vielleicht, was sie so »verrückt« hatte bleiben lassen. In dieser jungen Frau war etwas »Westliches«, das niemals mit dem »Westen« in Berührung gekommen war. Es widersprach den Ideologen, die den Unabhängigkeitswillen von Musliminnen stets auf den Einfluss des »dekadenten« Westens zurückführten. Khadidja lebt heute als Putzfrau in Marrakesch. „Bitte holen Sie mich nach Deutschland", sagte sie mir vor einem Jahr, als es mir gelang, sie telefonisch zu erreichen.

Unendlich triste erschien mir aufgrund dieser Erfahrung – der noch andere folgen sollten – die deutsche Linke, die von diesem Selbstsein-Wollen im Denken und Fühlen muslimischer Menschen nichts begriff, indem sie einen Islam des verordneten Muslimseins unterstützte, wie ihn die Verbände repräsentierten und die Imame predigten. Eine Identität ist erst eine eigene, wenn sie sich frei herausbilden konnte und einem nicht von Kindesbeinen an als Zwangsjacke aufgedrückt wird.

Die Linke aber unterstützt »kultursensibel« jenen Islam, der alle Khadidjas von Afghanistan bis Marokko zerstört.

Im gleichen Jahr, in dem ich Khadidja kennenlernte, 1993, nahm König Hassan II. von Marokko am 10. September eine geringfügige Änderung an der Moudawana vor, dem Gesetz, das die Stellung von Mann und Frau in der Familie regelt. Von nun an durfte ein Ehemann nicht mehr einfach zum Adoul, zu einem der Notare laufen, wie sie in ihren kleinen Kontoren in der Nähe von Moscheen anzutreffen waren, um dort zu Protokoll zu geben, dass er seine Frau verstoße. Von nun an musste er die Frau im Voraus von seiner Absicht, sie zu verstoßen, informieren, einen Versöhnungsversuch durch einen Richter hinnehmen und eine Kaution für drei Monate Versorgung der Verstoßenen hinterlegen, die danach nichts mehr von ihm bekommen würde. Eine weitere Neuregelung verpflichtete Ehemänner, die sich eine zweite Frau nahmen, ihre erste Frau davon zu unterrichten sowie die zweite davon, dass es bereits eine erste gab, und dies vor einem Notar in Anwesenheit der beiden Frauen. Fragten Youssef und ich Adouls zu diesem Gesetz, schlugen sie uns die Bretterflügel ihrer verschlagsähnlichen Bretterkontore vor der Nase zu oder äußerten sich erbost. Wir fuhren von Rabat nach Fes und bogen in Richtung des Dorfes Maaziz ab, um die Stimmung auf dem Land bezüglich der Moudawana-Änderungen zu erkunden. Als wir Maaziz erreichten, hatte es geregnet. Die Straße war matschig. Eine hochgewachsene Frau mittleren Alters schob mit wuchtigen Schritten eine Schubkarre über die Straße, das Gefährt so abweisend vor sich her bewegend, als sei ihr bewusst, dass es in diesen Zeiten nicht mehr normal sei, so primitiv leben zu müssen zwischen lauter Bruchbbuden, in einem Königreich voll dummer Männer. Ihr ovales, vornehmes Gesicht schien starr vor Zorn. Andere Frauen gingen jedoch ohne jeden Ausdruck von Missfallen und in sich gekehrt ihren täglichen Gang. In einer Kurve stand am Rand der Hauptstraße ein eiserner Ofen unter freiem Himmel. Aus seinem hohen Abzugsrohr quirlte bläulicher Rauch.

Um diesen Herd hatten sich viele Männer geschart und tranken Tee. Hier starteten wir unsere Befragung. An die fünfzig Männer umringten uns sofort. Ich fragte: »Was halten Sie von der Moudawana?«, während der arabische Kameramann drehte. »Diese Moudawana ist gegen den Islam«, rief ein Mann, das Gesicht in die Spitzkapuze seines Burnus gehüllt. »Diese Moudawana ist nicht gut für Marokko«, ertönte eine andere Stimme. »Im Koran steht: Frauen müssen ihren Männern gehorchen. Das ist die Wahrheit! So will es der Islam!«, schimpfte ein Hüne neben dem Ofenrohr. Schließlich trat ein kleiner, gesetzter Typ in abgewetzter Jacke und Schlabberhose vor und rief: »Nach unten mit der Frau, auf den Boden mit der Frau, auf den Boden mit der Frau!«, während er mit dem Daumen auf den Matsch unter seinen Füßen deutete. Niemand widersprach.

Maaziz ist kein Schnee von gestern. Warum sonst hätte es 18 Jahre nach dem dortigen »Die Frau nach unten! Die Frau auf den Boden!« anlässlich des Frauentages vom 8. März 2012 eines »Aufrufes der arabischen Frauen für Würde und Gleichheit« bedurft? Ein Aufruf gegen Gesetze, »die die elementarsten Rechte und grundlegenden Freiheiten der Frauen und Mädchen verletzen durch die Erlaubnis zur Polygamie, die Verheiratung Minderjähriger, die Ungleichheiten in Sachen ehelicher Rechte, Scheidung, Vormundschaft für die Kinder oder Zugang zu Eigentum und Erbe... Diese Gesetze erlauben es der männlichen Verwandtschaft sogar, Frauen und Mädchen zu töten und dafür in den Genuss mildernder Umstände im Rahmen der Ehrenmorde zu kommen«.

Die erste Frau aber, die die Praxis der Ehrenmorde in Deutschland bekannt und zum gesellschaftlichen Thema gemacht hatte, Necla Kelek, war vom linken und linksliberalen Mainstream als »Aufklärungsfundamentalistin« bezeichnet worden.

Im Gegensatz zur deutschen Linken forderten die arabischen Frauen in ihrem Aufruf »die Denunzierung der Stimmen, die sich da und dort erheben, um die Frauen im Namen einer rückschrittlichen Interpretation religiöser Vorschriften zu diskriminieren«. Unterzeichnerinnen des Aufrufes waren Bochra Belhadj Hmida, tunesische Anwältin, Mitbegründerin und Ex-Vorsitzende der tunesischen Vereinigung demokratischer Frauen, Shahinaz Abdel Salam, ägyptische Bloggerin, Nawel El Saadawi, ägyptische Psychiaterin und Schriftstellerin, Tahani Rached, ägyptische Filmemacherin, Samar Yazbek, syrische Schriftstellerin, Azza Kamel Meghur, libysche Anwältin für internationales Recht und Mitglied des libyschen Menschenrechts-Rates und Wassyla Tamzali, algerische Feministin, Essayistin und ehemalige Unesco-Mitarbeiterin. Schon 2009 hatte Wassyla Tamzali in ihrem Buch »Une Femme en colère. Lettre ouverte aux Européens désabusés« (»Eine Frau im Zorn. Offener Brief an die ihr Selbstbewusstsein verlierenden Europäer«) geschrieben:»Natürlich hatten wir gehofft, unsere meist linksintellektuellen Freunde auf unserer Seite zu finden, Männer und Frauen, mit denen wir seit so langen Jahren in Berührung standen und mit denen wir so viele Dinge geteilt haben: die Freiheit für die kolonialisierten Völker, den Frieden, die Demokratie, Südafrika, Palästina, Chile, das Recht auf Abtreibung, Bosnien, Ruanda, die illegalen Einwanderer, die Parität. Gehörte die Frage der Frauen in den islamischen Gesellschaften nicht ganz offensichtlich in die Kontinuität dieser Kämpfe, ging es doch auch hier um Freiheit und Würde? Standen wir nicht seit langem gemeinsam in einer Reihe an dieser Front? Und ganz besonders mit den europäischen Feministinnen? Was die sexistischen Diskriminierungen betraf, kamen wir zur selben Diagnose und Analyse, was den Beitrag der Religion zur Erniedrigung der Frau betraf. … Diese Gemeinsamkeiten wurden durch den Rückzug auf das Identitäre und durch die Rückkehr des Religiösen in Frage gestellt. … Immer deutlicher wird die Erwartung meiner europäischen Gesprächspartner, dass unter der Bezeichnung ›algerische Frau‹ eine ›Araberin‹, eine ›Muslimin‹ zu sprechen hat, von der sie eine genaue Vorstellung haben. Muss ich von nun an verschleiert sein, um gesehen zu werden?«

Nicht bei der deutschen oder westeuropäischen Bevölkerungsmehrheit muss sich eine Wassyla Tamzali verschleiern, um gehört zu werden, ganz im Gegenteil. Das muss sie lediglich bei linken und grünen Politikern sowie »kultursensiblen« Intellektuellen. Die Mehrheit der Deutschen wäre froh, einer muslimischen Intellektuellen wie Wassyla Tamzali zu begegnen, da sie, genauso wie diese selbst, nicht versteht, warum man Menschen verhüllen muss, sobald sie eine Frau sind. Dieselbe Mehrheit der Deutschen findet sich aber damit ab, weil man ihr beigebracht hat, dass sie sich im Namen der Religionsfreiheit damit abfinden muss. Dass die muslimische Religion das Kopftuch gar nicht verlangt, sagt ihr praktisch niemand. Der Mehrheit gefallen auch andere Sachen am Islam nicht, aber man sagt ihr seit 15 Jahren, dass diese sowieso nichts mit dem Islam zu tun hätten. Außerdem gehöre es sich nicht, eine fremde Religion zu kritisieren. Erstens handele es sich um eine Weltreligion und zudem habe Kritik an Fremdem letztlich zu Auschwitz geführt. Der Bevölkerung ist beigebracht worden, dass Kritik an Fremden Diffamierung bedeutet – siehe die deutsche Geschichte – und schließlich zur Vernichtung des Kritisierten führen kann. Die Mehrheit möchte aber nicht als potentieller Mörder dastehen und zwingt sich deshalb, gut zu finden, was sie eigentlich nicht gut findet. Aber sie hält weitgehend den Mund und applaudiert sogar, wenn in Talkshows der Islam von heute als »Bereicherung« verteidigt wird. Sie will zeigen, dass sie keine »Vorurteile« hat, und behält ihr eigentliches Urteil für sich. Hauptsache, Abgrenzung zum »Dritten Reich«, Hauptsache, nicht fremdenfeindlich erscheinen, sondern »Willkommenskultur« zeigen, egal, was da kommt an Kultur. Denn man zählt kulturell nicht als Deutscher. Man muss froh sein, wenn einen die Fremden, die nach Deutschland kommen, akzeptieren, bei der Vergangenheit, die man hat. Unsere Gegenwert hat keinen Wert. Wie Claudia Roth von den Grünen es uns vormachte, das Verschwinden als Deutsche, während 2015 die Flüchlinge nach Deutschland strömten: »Es gibt keine Deutschen, es gibt nur Nicht-Migranten.« Für die Migranten aber gab es nur Deutsche. Die Migranten wollten nicht zu den »Nicht-Migranten« in Ungarn, Tschechien, Polen und Frankreich. Claudia Roths, der grünen Vizepräsidentin des Deutschen Bundestages »Willkommenskultur« galt allen auf der Welt, nur nicht der eigenen Bevölkerung, weil diese den Fehler hatte, »deutsch« zu sein, statt wie Claudia Roth von einem Amt ins andere zu migrieren, um diesen Fluch loszuwerden.

4. »Islamophobie« aus deutscher und algerischer Sicht

Die Mehrheit der Deutschen und Westeuropäer ist im Gegensatz zu den Warnungen und Ermahnungn von grüner und linker Seite nicht islamophob, sondern lediglich gewalto-phob, fanato-phob, mysogino-phob, homophobo-phob und intoleranto-phob. Der Ausdruck »islamophob« insinuiert jedoch, sie hätte etwas gegen den Islam als einer fremden Religion. Doch in Sachen Religion ist Deutschland, ist Westeuropa mittlerweile um Lichtjahre der muslimischen Welt voraus. Mit fremden Religionen hat Deutschland kein Problem. Religion als ein Weg zu Gott wird als eine Selbstverständlichkeit akzeptiert. Da kann jeder den Weg wählen, der ihm der liebste ist. Deutschland ist ein Land der Religionsfreiheit. Gegen den Islam als einem Weg zu Gott gibt es keinen Einwand. Erst wenn der Weg zu Gott ein Gewaltweg wird, stößt er auf Ablehnung. Mit einem solchen Weg fremdelt eine Mehrheit in Deutschland und Westeuropa. Solches Fremdeln mit fremdenfeindlich gleichzusetzen, ist ein im Interesse der Multikulti-Ideologie konstruiertes Amalgam, das die Linke braucht, um für Multikulti-Kratzer stets die biodeutsche Bevölkerung verantwortlich zu machen. Einem Islam der Menschenrechte jedoch stünden in Deutschland und Westeuropa Tür und Tor sperrangelweit offen! Nicht, weil er etwas Fremdes ist, wird der Islam gefürchtet. Genau das Gegenteil ist der Fall. Die Deutschen und Westeuropäer lehnen am Islam nur das allzu Bekannte ab: Gewalt gegen Frauen, frei denkende Menschen, Homosexuelle, Anders- und Ungläubige. Es ist ihnen aus ihrer eigenen Geschichte nur allzu gut in Erinnerung. Westeuropa und insbesondere Deutschland sind froh, Gewalt und Überheblichkeit im Namen einer Weltanschauung einigermaßen hinter sich gelassen zu haben. Lang genug haben sie dazu gebraucht. Nun wollen sie nicht, dass sie durch ein religiöses Hintertürchen zurückkommen und sich unter dem Schutzschirm der Religionsfreiheit wieder bei ihnen breitmachen. Je toleranter eine Gesellschaft wird, umso sensibler wird sie für Intoleranz. Diese Sensibilität in »Islamophobie« umzudeuten ist ein Falschspiel, für das der Linken noch die Rechnung präsentiert werden wird.

Eine Mehrheit nicht muslimischer Deutscher vermisst genauso wie die muslimischen Dissidenten eine klare Grenzziehung zwischen Islam und Islamismus. Wenige Tage nach dem Anschlag auf »Charlie Hebdo« und den jüdischen »Hyper Casher«-Supermarkt in Paris veröffentlichte die »Süddeutsche Zeitung« eine Umfrage der Bertelsmann-Stiftung, die bereits im Herbst 2014 erhoben worden war. Danach empfanden schon vor diesen Attentaten und den darauf folgenden auf das Jüdische Museum in Brüssel mit weiteren vier Toten sowie der Enthauptung eines französischen Geschäftsmanns in der Nähe von Lyon und der Ermordung von 38 Touristen am Badestrand von Sousse 57 Prozent der nicht muslimischen Deutschen den Islam als bedrohlich. Die Leiterin der Bertelsmann-Studie, Yasemin El-Manouar, nannte als einen der Gründe dafür: »Viele Leute wissen außerdem nicht genau, wo sie die Grenze ziehen sollen zwischen Islam und Islamismus.« Als wüsste es der Islam! Die Studienleiterin hingegen erweckte den Eindruck, mangelndes Wissen bei nicht muslimischen Deutschen führe bei 57 Prozent von ihnen zu einem Gefühl der Bedrohung, das bei besserer Informiertheit schwände. Möglicherweise wäre das Gegenteil der Fall, wären den sich damals bedroht fühlenden 57 Prozent die anti-westliche Matrix der Muslimbrüder oder die Feindschaft des Wahhabismus gegen Demokratie und Menschenrechte en détail vor Augen geführt worden.

Die Überschrift zum Artikel in der »Süddeutschen Zeitung« lautete nicht: »Warum die Deutschen den Islam immer bedrohlicher finden«, sondern: »Warum die Deutschen immer islamfeindlicher werden«. Der Akzent war auf die Islamfeindlichkeit der Deutschen und nicht auf die Bedrohlichkeit des Islam gelegt. Diese Akzentuierung insinuiert einen friedlichen Islam, der nur Unbedarften bedrohlich erscheint, die »nicht genau wissen, wo sie die Grenze ziehen sollen zwischen Islam und Islamismus«. Weiter führte die Studienleiterin als Grund für das schlechte Image des Islam an: »Das Bild des

Islam wird stark von Berichten über Islamismus und Terror geprägt.« Nicht der Islam ist von Islamismus und Terror geprägt, sondern sein Bild. Dies, so die Studienleiterin, liege auch daran, »dass die Leute in vielen Gegenden Deutschlands gar keinen Kontakt zu Muslimen haben.« Als könne der Kontakt zu hierzulande friedlich lebenden Muslimen etwas an den bedrohlichen Strömungen im Islam ändern. »Unter diesen Umständen Vorurteile abzubauen, ist schwer ...«, folgerte die »Süddeutsche Zeitung« in der darauf folgenden Frage an Yasemin El-Manouar und verwandelte wie nebenbei das Bedrohungsgefühl in ein »Vorurteil« gegenüber dem Islam. »Das stimmt«, bestätigt denn auch die Studienleiterin, »ein stückweit hat sich das negative Bild des Islam einfach festgesetzt.« Einfach festgesetzt, statt sich mit Blick auf den Zustand der islamischen Welt aufzulösen.

Das negative Ergebnis für das Islam-Image scheint an negativen Eigenschaften der Befragten zu liegen, nicht an solchen des Islam. Von da ist es ein gedanklicher Katzensprung zum Rassismus-, Islamophobie- und Rechtsextremismus-Vorwurf. Wie aber verträgt sich dieser Vorwurf damit, dass nach der gleichen Bertelsmann-Studie der Anteil der Deutschen mit rechtsextremem Weltbild in den letzten zwölf Jahren von 9,7 auf 5,6 Prozent gesunken war? Käme als Erklärung für das schlechte Image des Islam nicht auch in Frage, dass die Witterung für reaktionäres Gedankengut, auch religiös drapiertes, um 4,1 Prozent feiner geworden war?

In Deutschland erzählen Islamverbände, Sozialdemokratie, Alt-68er, Linke und Grüne seit eineinhalb Jahrzehnten die Mär von einem Islamismus, der nichts mit dem Islam zu tun hat, verbreiten diese Mär in der gefühlt eintausendsten Talkshow unters Volk, das die Sache ganz anders empfindet. Der Islamwissenschaftler Marwan Abou Taam, der das Landeskriminalamt in Rheinland-Pfalz berät, erklärte, es sei so schwer, die Hassnarrative der Islamisten zu widerlegen, »weil die Mehrheit dieser Narrative aus der islamischen Orthodoxie stammt.« Der »Islamische Staat« beziehe sich auf Ibn Taymiyya (1263–1328) als wichtigsten islamischen Gelehrten. »Die Dschihadisten können deshalb oft auf ein solidarisierendes, verständnisvolles Umfeld hoffen«, so Marwan Abou Taam.

Die Killer des »Islamischen Staates« berufen sich ebenso auf den Islam, wie es bereits die Killer von der »Bewaffneten Islamischen Gruppe« GIA zwanzig Jahre zuvor in Algerien getan hatten. Deren Opfer waren Hammam-Betreiber, Friseurinnen, Weinhändler, Staatsbeamte, Polizisten, junge Rekruten, Schauspielerinnen, Sänger, Schriftsteller, Journalisten, Malerinnen, unverschleierte Frauen, Satiriker, Blasphemiker, Apostaten, Atheisten, Lehrerinnen, Mädchen, die als Sexsklavinnen verschleppt wurden, Schülerinnen und Schüler, die gemeinsam im Schulbus saßen und deshalb mit den Bussen verbrannt wurden. Die Köpfe Enthaupteter wurden auf Zaunpfähle gespießt wie später ähnlich im »Islamischen Staat« und wie es auch 2015 beim Attentat auf einen Betrieb für Industriegase in der Nähe von Lyon geschah. Nur die Verbreitung des Terrors per Video gab es noch nicht. Chawki Amari, ein algerischer Satiriker, hat damals viele seiner Kolumnen den Taten der »Tollwütigen« gewidmet. »Es ging darum, den Horror auf Distanz zu halten, sich nicht von ihm unterkriegen zu lassen. Ein Allgemeinplatz lautet, Humor habe eine therapeutische Wirkung, aber das ist richtig.« Seinem ironischen Mix aus tagesaktuellen »Meldungen« ließ der muslimische Satiriker jeweils den Satz eines Bürgers, Politikers, Künstlers oder Islamisten zur Lage im Land als Zitat folgen. Etwa den Satz: »Diejenigen, die sich auf diese Straße trauen, haben eine Fifty-fifty-Chance, lebend durchzukommen.« (Ein überlebender Anwohner zwischen dem Ortsausgang von Baraki und dem Eingang nach Sidi Moussa). *Die Aussage des Anwohners bezieht sich auf die vielen »falschen Straßensperren«, an denen als Polizisten oder Antiterror-Kräfte verkleidete Islamisten standen. Auf das jeweilige Zitat folgte dann Chawki Amaris Kommentar, der nicht nur die Terroristen auf's Korn nahm, sondern auch die Plattitüden der Regierung karikierte, mit denen diese das Grauen begleitete, wenn sie überhaupt etwas von sich gab.*

Der Kommentar:
»Wie der Weg zur Hölle ist die Straße nach Sidi Moussa mit guten Absichten gepflastert. Die Kehlendurchschneider schneiden in gutem Glauben Kehlen durch, die Kidnapper junger Frauen kidnappen in gutem Glauben, die Armee entwaffnet in gutem Glauben. Ersetzte

man den guten Glauben durch eine milde Skepsis, würde man viele Menschenleben verschonen. Da aber die wirklichen Skeptiker an allem zweifeln, selbst an ihren Zweifeln, käme man wieder an den Ausgangspunkt zurück. Also geht das Fest weiter.«

Sonntag, 31. August 1997. Die Meldungen:
Nach den Massakern vom 28. August in El-Rais in der Gemeinde von Sidi Moussa, wo über dreihundert Personen umgekommen sind, flüchten Tausende von Bewohnern aus der Region. Die achttausendfünfhundert Taxifahrer von Oran streiken für eine Vereinheitlichung der Steuersätze. Air Algérie eröffnet die Verbindung Tamanrasset-Agadès-Niamey.«

Der Satz:
»Die anderen Mädchen waren eindeutig viel schöner als sie.« (Ein Zuschauer, enttäuscht von der Preisträgerin der Wahl zur Miss Moretti 97)
Moretti ist ein Badeort rund dreißig Kilometer westlich von Algier, dessen Strand, abgetrennt vom »einfachen Volk«, damals vor allem die Bessergestellten besuchten.

Der Kommentar:
»Letzten Donnerstag, genau eine Stunde, bevor die bestialischen Horden das Dorf El-Rais stürmten, wird der Startschuss zur Wahl der Miss Moretti gegeben. Die jungen Mädchen defilieren in drei unterschiedlichen Kategorien: 8 bis 10 Jahre, 12 bis 14 Jahre, über 18 Jahre.
In El-Rais nehmen die Opfer als eine einzige Kategorie teil, und die Siegerliste reiht der Regierungsbilanz zufolge 98 Tote aneinander, 300 bis 400 Tote den Toten zufolge...
Algerien ist ein Land der Kontraste, gesponsert von Daewoo-GIA-Enterprises. Die Sommerfestivitäten sind nach Themen geordnet, und man kann ebenso gut einem Rai-Festival wie einem Genozid beiwohnen, einem Schönheitswettbewerb oder der Explosion einer Autobombe.
Alles Geschmackssache. Ihre Reiseagentur wird Sie weisen...

Ansonsten geht's. Coca Cola hat endlich seine 30cl-Flaschen auf den Markt gebracht, aber Hamoud Boualem (älteste Limonadenmarke Algeriens) widersteht dem Eindringling noch immer.
Was bringt uns morgen? In den Kulissen der Macht spricht man bereits von einer scharfen Gegenoffensive Pepsis...«

Montag, 1. September. Die Meldungen:
Zweiunddreißig Personen nahe Tissemsilt ermordet. (300 Kilometer südwestlich von Algier). Neunzehn in Algiers Stadtteil Bologhine. Vierzehn an einer falschen Straßensperre am Ortsausgang von Khemis Miliana die Kehle durchgeschnitten. Sechs anderen in Sidi Oudah in der Wilaya (Département) Boumerdès.«

Der Satz:
»Die Laizisten und Befürworter einer Politik der Ausrottung sind Faktoren für das Andauern der terroristischen Aktionen in Algerien.« (Mahfoud Nahnah, Politik-Analytiker)
Mahfoud Nahnah (sprich Nachnach) war damals Vorsitzender der als »gemäßigt« bezeichneten islamistischen HMS-Partei (»Gesellschaftliche Bewegung für den Frieden«). Der einstige Anhänger der Muslimbruderschaft lehnte die Islamische Heilsfront FIS ab und gründete seine eigene Partei, die im Unterschied zur FIS nicht verboten wurde. Er gehörte zum Lager der »Versöhner«, die für Gespräche mit der FIS eintraten. »Ausrotter« nannte man damals in Algerien den harten Flügel des Militärs, der jeden Kompromiss mit der Islamischen Heilsfront ablehnte und die Eliminierung des militanten islamistischen Untergrundes betrieb.

Der Kommentar:
»Mahfoud Nahnah zufolge, dem Leader der HMS-Boys-Band, gehen die terroristischen Aktionen weiter, weil die Laizisten ihre Ausrottung wünschen. Wenn es keine Ausrotter mehr gäbe, gäbe es keine terroristischen Aktionen mehr. Wir könnten entgegnen, dass, wenn die terroristischen Aktionen aufhören würden, es keine Ausrotter mehr gäbe.
Aber bleiben wir in der Logik dieser Analyse und stellen wir uns das von der HMS gewünschte ideale Szenario vor: Die laizistischen

Ausrotter werden dank des Eingreifens der vereinigten Kräfte der GIA, der AIS und der FIDA (bewaffnete islamistische Untergrund-Gruppen) religiös ausgerottet.

Die Emire schicken ihr qamis (Langhemd) zur Reinigung, ihre Waffen zur Wartung, vermieten ihre Kasematten an ausländische Firmen (weil die am besten zahlen) und nehmen ein Taxi zum Sitz des Präsidenten.

Da der Taxifahrer eine unverschämte Summe fordert, zerstören die Terroristen seinen Zähler und schneiden ihm die Kehle durch, denn sie haben das Geld nicht dabei. Er wird das vorletzte Opfer des Terrorismus in Algerien, und ein großer Boulevard in der Hauptstadt wird seinen Namen tragen.

Einmal an Ort und Stelle, bekommen die Emire Kaffee, Plätzchen und die Macht angeboten.

Sie trinken den Kaffee, bewerfen sich lachend mit den Plätzchen (denn sie sind trotz allem Kinder geblieben) und überprüfen, ob die Macht auch wirklich total ist.

Die Machtübergabe geschieht im Lärm des Staubsaugers, mit dem eine Putzfrau die Kekskrümel auf dem Teppichboden verschwinden lassen will. Da ihm das Geräusch des Apparates auf die Nerven geht, leert ein Emir sein Magazin Richtung Staubsauger; eine verirrte Kugel tötet die Putzfrau, die das letzte Opfer des Terrorismus in Algerien sein wird. Da es sich aber nicht um Mord, sondern fahrlässige Tötung handelt, wird ihr Name keinem Boulevard gegeben, sondern einem neuen Staubsauger-Modell, das in Rouiba von Daewoo-SNVI (staatliches Unternehmen, das Industriefahrzeuge herstellt) fabriziert wird.

Die Lage normalisiert sich nun, und das Leben nimmt seinen Lauf. Nach der Operation Turbo-Rahma (Turbo-Barmherzigkeit) werden allen Terroristen Posten im Öffentlichen Dienst angeboten. Eines Tages will ein Bürger auf der Post seine Mindestrente abholen und erkennt den Schalterbeamten wieder: Es ist der Mann, der sechs Monate zuvor seine ganze Familie per Stichwaffe umgebracht hat. Der Terrorist seinerseits erkennt den Kunden wieder und beide brechen in großes Gelächter aus. ›El hamdoullah (Gott sei Dank) sind wir heute alle Brüder‹, sagt der Schalterbeamte zum Schluss. Nachdem sie farbenfrohe Aufkleber mit Koranversen ausgetauscht haben, die sie beide sammeln, trennen sie sich und verdrücken dabei eine Träne. Oben aus dem Himmel schauen die hunderttausend Opfer des Terrorismus zu. Das Paradies ist ein wunderbarer Ort, wo es sich gut sterben lässt. Aber ein nicht weichen wollendes Ekelempfinden verdirbt ihnen ein wenig das Vergnügen.«

Zwei Jahre nach diesem Kommentar von Chawki Amari, 1999, wurde Abdelaziz Bouteflika (mit Hilfe des Militärs) zum Präsidenten gewählt. Er gehörte zu den »Versöhnern« und ließ die Gesetze über die « zivile Eintracht« und die «Nationale Versöhnung« verabschieden, in deren Rahmen alle Terroristen, die die Waffen niederlegten, amnestiert wurden (wie auch die Sicherheitskräfte, die für das »Verschwinden« einer großen, unbekannten Zahl von Personen verantwortlich sind). Jetzt waren Szenen, wie Chawki Amari sie phantasiert hatte, ausdrücklich erwünscht. Heute betreiben ehemalige Untergrundislamisten florierende Geschäfte, treten im Fernsehen auf, sind Gesprächspartner der Politik. Sie haben zwar die militärische Schlacht verloren, doch die kulturelle gewonnen. Zurzeit ist Algerien islamisierter denn je.

Während ihrer Terrorherrschaft hatten Mädchen sich schon ab vier Jahren verschleiern müssen, durfte niemand ein Glas Wein oder Bier trinken oder rauchen. Der Einwohner des Dorfes Sidi Hamed, in dem in einer Nacht über hundert Personen umgebracht worden waren, fragte, mit einer Zigarette im Mund, einen amnestierten zurückgekehrten »Terro«, der nun mit flotter Frisur, flottem Auto und stark nach After Shave duftend durch den Ort fuhr: »Sag' mir Bruder, hat man jetzt das Recht zu rauchen?« »Gestern war gestern und heute ist heute«, erwiderte der »Reumütige« ohne ein Lächeln und gab Gas. Auch er hatte sich ohne Glaubensqual vom Kalaschnikow-Islamismus in den Bergen zum friedlichen Islam mit After Shave bekehrt. Islam ist machbar.

Mittlerweile wird an der Bucht von Algier auf Geheiß des »Versöhners« und Staatspräsidenten Abdelaziz Bouteflika die höchste Moschee Nordafrikas gebaut. Ihr Minarett soll über zweihundert Meter hoch werden, wahrscheinlich auch, um das Minarett der

»Moschee Hassan II.« in Casablanca zu übertreffen, nach der Devise: Mein Muslimsein ist noch größer als deins. Eine gesellschaftliche Debatte aber über den »verfluchten Teil des Islam« (Ahmed Tourabi), wie er sich während der »zehn schwarzen Jahre« ausgetobt hatte, ist in den 17 Jahren der Bouteflika-Präsidentschaft vermieden worden. Man wird in der neuen Moschee für 20.000 Gläubige kein Wort über dieses Übel verlieren. Chawki Amari jedoch entdeckte es – im Koran, wo es weder die algerischen Imame noch die Islamverbände oder die Politik und Kirchen in Deutschland bis heute aufgespürt haben.

Mittwoch, 3. September 1997. Die Meldungen:
Dreiundfünfzig bewaffnete Islamisten von den Sicherheitskräften während einer großen Operation in den Bergen von Sidi Youcef nahe Sidi-Bel Abbès erschossen. Der UNO-Generalsekretär ruft zu einer »dringenden Lösung« auf, um der Gewalteskalation in Algerien ein Ende zu setzen. Der Kolumnist feiert seinen 29. Geburtstag.

Der Satz:
»Ich bin Muslim und stolz, es zu sein. Im Koran spricht man von Liebe und man spricht von Sex.« (Cheb Khaled, Sänger und Autodidakt in Islamischer Wissenschaft)

Der Kommentar:
»Khaled liebt den Koran, weil darin von ›Sex‹ die Rede ist. Und schon ist er stolz, ein Muslim zu sein. Neugierig geworden durch diese Erklärung des Sängers auf der Mostra von Venedig, haben wir versucht, die Koranverse zu finden, die den Star so zu begeistern scheinen. Hier sind drei davon: ›Und welche von euren Frauen etwas Abscheuliches begehen, so verlangt, dass vier von euch Männern gegen sie zeugen, dann haltet sie im Haus fest, bis der Tod sie abberuft oder Gott ihnen eine Möglichkeit schafft, ins normale Leben zurückzukehren.‹ (4:15) ›Und lasst euch nicht auf Unzucht ein. Das ist etwas Abscheuliches.‹ (17:32) ›Wenn Frau und Mann Unzucht begehen, dann verabreicht jedem von ihnen hundert Peitschenhiebe. Und lasst euch im Hinblick darauf, dass es um die Religion Gottes geht, nicht von Mitleid mit ihnen erfassen, wenn anders ihr an Gott und den jüngsten Tag glaubt.‹ (24:2)

In der Tat geht es hier also sehr wohl um ›Sex‹, aber in einer Weise, die nicht so recht zur Philosophie Khaleds passt. Es scheint uns dennoch nützlich, darauf hinzuweisen, dass im islamischen Recht, wenn vier Zeugen genügen, um die genannten Martern zuzufügen, es gleichermaßen reicht, wenn die des Ehebruchs beschuldigte Frau viermal schwört, unschuldig zu sein, um ihnen zu entgehen; sie vermeidet so die Strafe der Männer und setzt sich dem göttlichen Zorn aus, falls sie gelogen haben sollte.«

Hier sehen wir, welche Gefahr eine fragmentarische Lektüre des Korans in sich bergen kann. Der Scheich von Al-Azhar, Dr. Said Tantaoui, hat dazu aufgerufen, die Urheber der Gemetzel in Algerien zu bestrafen. Um dies zu tun, hat er den folgenden Koranvers zitiert: »Die Strafe für diejenigen, die gegen Gott und seinen Propheten Krieg führen und Unordnung auf der Erde säen, soll sein, dass sie umgebracht oder gekreuzigt werden, oder dass ihnen wechselweise rechts oder links Hand und Fuß abgehauen wird oder dass sie des Landes verwiesen werden.«

Das aber ist genau auch der Vers, auf den sich diejenigen berufen, die die »Gottlosen« mit ihren Frauen und ihren Kindern ausrotten (und auf den sich, 19 Jahre nach diesen Zeilen Chawki Amaris, auch der IS bei der Kreuzigung von »Häretikern« auf öffentlichen Plätzen und der bestialischen Hinrichtung von Khaled Assad berufen konnte, dem Hüter des Weltkulturerbes Palmyra, der, nachdem ihm der Kopf abgeschnitten und zwischen die Beine geklemmt worden war, an einem Strommast vor seinem Museum gekreuzigt wurde).

Es wäre derart viel einfacher zu sagen: »Es ist nicht gut, dass man die Leute tötet.«

Sonntag, 7. September. Die Meldungen:
Sechs Personen, darunter zwei Kindern, wurde in Sidi M'barek bei Saida die Kehle durchschnitten, als sie Wasser aus einem Brunnen schöpften, ebenso drei anderen Personen an einer falschen Straßensperre in Oued Djer nahe Miliana. Die Massaker-Psychose hat sich in den Vierteln der Hauptstadt installiert, wo die Bewohner Wache halten mit Knüppeln und Messern. Der Herausgeber sowie eine Jour-

nalistin der Tageszeitung El Watan werden mehrere Stunden in einem Kommissariat von Algier verhört wegen eines Artikels, der die Passivität der Ordnungskräfte beim Massaker von Sidi-Youcef kritisierte.

Der Satz:
»Ich habe 70 Stockschläge wegen Rauchens bekommen.« (Ein Überlebender des Mini-Massakers von Moulay Larbi)

Der Kommentar:
»Acht Terroristen in Bab El Oued erschossen, sieben Bürger in Moulay Larbi die Kehle durchtrennt. Leichter Vorsprung für die Ordnungskräfte, aber die Kräfte der Unordnung verteidigen grimmig ihren Titel. Die Massaker werden nun mit einem Hauch Pädagogik versehen: Das Kehledurchschneiden wird von einer Anti-Raucher-Kampagne mit schlagenden Argumenten begleitet. Wenn die bewaffneten Gruppen nun die Arbeit des Gesundheitsministeriums erledigen und die Bürgerwachen die der Polizei, wann wird der Staat sich dann arbeitslos melden? Aber man spricht schon von der Nachkriegszeit, und die Schweizer Botschaft hat wissen lassen, dass sie bald ihre Türen wieder zu öffnen wünscht, um sich ihrer Lieblingstätigkeit zu widmen: den Algeriern die Ausstellung von Visa zu verweigern.«

Es folgen drei weitere Meldungen Chawki Amaris aus den folgenden zwölf Tagen mit insgesamt 313 getöteten Zivilisten, davon allein 250 in der ländlichen Ortschaft Bentalha bei Algier, sowie 13 getöteten Islamisten.

Sonntag, 28. September. Die Meldungen:
Zwölf Lehrkräften, darunter elf Frauen an einer falschen Straßensperre in Sfisef im Westen des Landes, die Kehle durchtrennt. Abdelkader Hachani, Kamel Guemazi, Ali Djedi und Abdelkader Boukhamkhem, Mitglieder der FIS-Führung, rufen zum Waffenstillstand auf. Zweihundert vor Terroristen geflohene Bürger im Transitlager von Bourouba in El-Harrach demonstrieren vor dem Sitz des Gouvernorats von Algier und verlangen Wohnungen. Die südkoreanische Firma Daewoo-Motors kündigt an, ab 1998 jährlich hundert-

tausend Fahrzeuge in Algerien herstellen zu wollen. Nominierung eines neuen Direktors bei der ENTV, dem staatlichen und einzigen Kanal des algerischen Fernsehens.

Der Satz:
»Die Welt muss wissen, dass alles Gemetzel, alle Massaker, alle Umsiedlungen der Bevölkerung, alle Entführungen von Frauen eine Opfergabe für Gott sind.« (Antar Zouabri, virtueller Terrorist)
Chawki Amari nennt den GIA-Chef virtuell, obwohl er durch seine Grausamkeiten nur allzu bekannt war, man sich aber gleichzeitig fragte, wer möglicherweise hinter diesem einstigen FIS-Aktivisten steckte, der seit 1996 die »Bewaffnete Islamische Gruppe« führte.

Der Kommentar:
»Es wäre gut, wenn man ein für alle Mal die auf Ungläubige angewandten islamischen Gesetze zur Kenntnis nähme:
›Jede Frau und jeder Mann, die sich des Ehebruchs schuldig gemacht haben, werden mit hundert Peitschenhieben bestraft.« (Sure ›Das Licht‹)
Wenn der Delinquent ein Sklave ist, bekommt er fünfzig Peitschenhiebe.
Wenn der Schuldige verheiratet ist (Moh'san), ob Mann oder Frau, wird er zu Tode gesteinigt.
Wie die Sanktion auszuführen ist:
Man gräbt ein Loch, das so tief ist, dass es bis auf Brusthöhe reicht, tut den Delinquenten hinein und steinigt ihn bis zum Tod in Anwesenheit des Emirs oder seines Bevollmächtigten sowie einer Gruppe von Gläubigen, die mindestens vier sein müssen.
Bei Diebstahl ist die Sanktion die Amputation. Man trennt die rechte Hand auf Höhe des Handgelenks ab.
Die Blutstillung erfolgt, indem man den Stumpf in kochendes Öl taucht.
Es ist gut, die abgeschnittene Hand dem Dieb eine Weile als abschreckendes Beispiel um den Hals zu hängen.
Hier sei noch einmal die Strafe für diejenigen genannt, die in einen offenen Kampf gegen Gott und seinen Propheten treten und

Unheil auf Erden verbreiten: sie ›soll darin bestehen, dass sie umgebracht oder gekreuzigt werden, oder dass ihnen wechselweise rechts oder links Hand und Fuß abgehauen wird oder dass sie des Landes verwiesen werden.‹ (5:33)
So weit die Empfehlungen Gottes. Anzuwenden oder nicht, das ist Ihre Entscheidung. Eine Islamische Republik wäre willkommen, würde aber zweifellos viele Flecken auf den Teppichboden machen ...«

Zehn Jahre nach diesen Zeilen, 2007, wurde Algier »Kulturhauptstadt der arabischen Welt«. Ich flog hin, um zu sehen, welche Konsequenzen der algerische Staat, der das Ereignis inszenierte, geistig aus dem Gewaltausbruch des Islam gezogen hatte. Zur Eröffnung des Kulturjahres gab es einen großen Umzug den Boulevard de la Mer entlang. Ein halbwüchsiges Mädchen und ein halbwüchsiger Junge eröffneten ihn. Sie gingen zu Fuß. Ihnen folgte eine Kette von rund dreißig LKWs, auf deren Ladeflächen die Kultur Algeriens, Nordafrikas und der arabischen Welt szenisch dargestellt wurde. Wie würde der Wagen, der für die Intellektuellen, Künstler, Sänger, Schriftsteller, kurz, die muslimische Aufklärung, bestimmt war, wohl aussehen? Sie hatten ganz oben auf den Todeslisten der Untergrundislamisten gestanden. Wie würde das Regime zeigen, dass man des Fundamentalismus nicht allein mit militärischen Mitteln Herr werden konnte? Zumal die Kultusministerin Khalida Messaoudi-Tumi hieß, die als unerschrockene Feministin zu den wortgewaltigsten Gegnerinnen nicht nur der Islamisten, sondern auch des freiheitstötenden Regimes während der 90er Jahre über die Grenzen ihres Landes hinaus bekannt geworden war. Auch Alice Schwarzers »Emma« hatte ihr viele Seiten gewidmet. Als ich einmal während der Korrespondentenzeit mit ihr in ein Restaurant gefahren war und sie aus dem Auto stieg, sagte ein Passant: »Voilà, der einzige Mann Algeriens!« Das entsprach dem Ruf der Mutigen im Land. Inzwischen hatte sie das Lager gewechselt und war Präsident Bouteflikas Ministerin geworden. Dennoch, dachte ich, die Liquidierung der algerischen Kulturszene während des »schwarzen Jahrzehnts« durch die Islamisten konnte ihr nicht gleichgültig geworden sein.

Das der Wagenkolonne vorausgehende Mädchen hielt die eine Ecke, der mit ihr gehende Bub die andere des von ihnen getragenen Porträts von Staatspräsident Bouteflika, Danach der erste LKW mit einem mächtigen schwarzen Kubus auf der Ladefläche, einer Nachbildung der Kaaba von Mekka. Auf dem zweiten Umzugswagen saßen lächelnde Algerierinnen in einem Wohngemach, in lange Gewänder gekleidet, mit verhülltem Haar – wie im 19. Jahrhundert. Und so weiter und so fort, Postkartenansichten der arabischen Welt bis zum letzten Wagen mit drei Pappmaché-Pyramiden. Präsidentenkult plus Religion plus Tradition. Kein Bild der weltberühmten algerischen Autorin Assia Djebar mit offenem Haar, kein Buchtitel des »Nedschma«-Autors und allerersten Warners vor dem Fundamentalismus, Kateb Yacine, geschweige denn des Aufklärers Boualem Sansal. Keine Nachbildung der höchstens fünf oder sechs Buchhandlungen in der Dreimillionenstadt, aus denen noch keine Pizzeria geworden war. Keine Erinnerung an den sarkastischen Schilderer geistloser Parteibonzen und lebenslustiger Frauen, Rachid Mimouni, der nach der Flucht vor dem islamistischen Terror im marokkanischen Exil starb, kein Hinweis auf den herrschaftskritischen Gesellschafts-Seismographen Tahar Djaout, der vor seiner Haustür erschossen wurde, oder auf den feinfühligen Totalitarismus- und Religionskritiker Said Mekbel, der beim Mittagessen am Restauranttisch niedergestreckt wurde. Nicht ein einziger Refrain der Rai-Sänger, die in Oran getötet wurden, kein Gedenken an die Theaterleute, Wissenschaftler, Filmemacher und Journalisten, die um ihr Leben gebracht wurden oder ins Ausland fliehen mussten. Jede Erinnerung an die Intellektuellenmorde der »schwarzen Jahre« von 1991 bis 2001 fehlte. Ein bunter Kulturkarneval von gespenstischer Amnesie zog das Meer entlang. So bekämpft der Staatsislam den Islamismus. Ähnliches Desinteresse am Schicksal islamischer Aufklärung gibt es nur noch in linken Kreisen Deutschlands und bei den Islamverbänden.

»Diejenigen, die nicht an unsere Zeichen glauben, werden wir dereinst im Feuer schmoren lassen. Sooft dann ihre Haut gar ist, tauschen wir ihnen eine andere dagegen ein, damit sie die Strafe richtig zu spüren bekommen. Gott ist allmächtig und weise«, heißt es in Sure 4, Vers 56. Und in Sure 22, Verse 19–22: » ... Für diejenigen aber, die ungläubig sind, sind Kleider aus Höllenfeuer zugeschnitten. Sie müssen sie sich anlegen, während ihnen heißes Wasser über den Kopf gegossen wird, wodurch zum Schmelzen gebracht wird, was sie im Bauch haben und ebenso außen am Körper die Haut. Und Stöcke aus Eisen sind für sie da, mit denen man sie ins Höllenfeuer treibt. Sooft sie in ihrer Bedrängnis aus ihm herauskommen wollen, werden sie mit Schlägen wieder hineingebracht. Und zu ihnen wird gesagt: Ihr bekommt jetzt die Strafe des Höllenbrandes zu spüren.«

Es scheint, als hätten sich die IS-Schergen beim Verbrennen des in einen Käfig gesperrten jordanischen Kampfpiloten Muaz al-Kasaesbeh von diesem Höllenbild inspirieren lassen, obwohl der Überlieferung nach der Prophet gesagt haben soll: »Niemand darf mit dem Feuer bestrafen außer Gott.« Die IS-Henker berufen sich jedoch auf den Umgang des Propheten mit einem arabischen Stamm, der zunächst zum Islam übergetreten, dann aber wieder von ihm abgefallen sei. Daraufhin habe Mohammed befohlen, den Abtrünnigen glühende Eisen in die Augen zu stechen und sie so lange zu verstümmeln, bis sie stürben. Als Kampfpilot sei auch Kasaesbeh ein vom Islam Abgefallener. Das heißt: Der Islam (und nicht – auch hier sei noch einmal darauf hingewiesen – irgendein »Islamismus«) beinhaltet eine Gewalt, die für »Ungläubige« bereits zu Lebzeiten die Hölle bedeutet. Wer in Deutschland setzt sich damit auseinander? Erinnert sei an das schon erwähnte »Der Stammtisch wird ihm applaudieren!« in der »taz«, als 2014 der damalige EKD-Vorsitzende Nikolaus Schneider von den Islamverbänden eine »tiefergehende Auseinandersetzung mit Ansatzpunkten für die Legitimierung von Gewalt im Koran und in der islamischen Tradition« anzumahnen wagte. Dabei liefern die IS-Henker einen dieser Ansatzpunkte sogar frei Haus: Sie beriefen sich bei der Verbrennung des Jordaniers auf eben jenen Ibn Taymiyya (1263–1328), den auch Marwan Abou Taam als ihren Lieblingstheologen nennt. Ibn Taymiyyas Buch »Die Politik im Namen des Göttlichen Rechts zur Einführung der richtigen Ordnung in den Angelegenheiten des Hirten und der Herde« liest sich wie eine Charta des Fundamentalismus. Nicht nur hält er den Heiligen Krieg für ebenso bedeutend wie das Gebet, er besteht auch auf der wortwörtlichen Auslegung des Korans, verbietet die Trennung von Religion und Staat, gebietet letzterem sogar, alle seine Mittel in den Dienst der Religion und des Dschihad zu stellen, rechtfertigt die körperliche Züchtigung, die Steinigung, das Auspeitschen, das Hand- und Fußabschneiden, die Kreuzigung. Siebenhundert Jahre her? Nein, Gegenwart. Der Wahhabismus Saudi-Arabiens hat große Teile von Ibn Tamiyyas Rechts- und Glaubensauffassung übernommen, praktiziert sie täglich im eigenen Land und exportiert sie mithilfe seiner Erdölmilliarden in die westliche Welt: ein Kreuzzug, dem die westeuropäische Linke nichts entgegensetzt. Ibn Tamiyyas »Stimme ist die des Zensors, kriegerisch, theatralisch, die über die Jahrhunderte hinweg bei den fundamentalistischen Brandstiftern Gehör finden wird. Der erste von ihnen wird der Begründer des Wahhabismus sein«, so Abdelwahab Meddeb in seinem Buch »Die Krankheit des Islam«. Meddeb hielt es nach den Anschlägen von New York schon 2002 für »unumgänglich, den Weg des Prozesses zurückzuverfolgen, der schließlich die Ungeheuer hervorbrachte, die das Ziel des Daseins aus den Augen verloren und eine auf dem Prinzip des Lebens und dem Kult des Genusses fußende Tradition in eine trostlose Fahrt in den Tod verwandelt haben.«

Es ist deshalb kein ironisches Gerede, wenn man fordert, der Islam müsse endlich seinen Gott unter Kontrolle bringen, wie es auch das Christentum machen musste. Am 3. Dezember 2014, einen Monat vor dem Attentat auf »Charlie Hebdo« und den jüdischen »Hyper Casher«-Supermarkt vom 7. Januar 2015, erklärte der algerische Schriftsteller Kamel Daoud im französischen Fernsehen: »Wenn wir in der arabisch genannten Welt uns weiterhin vor einer Klärung unseres Gottesbildes drücken, werden wir auch unser Menschenbild nicht rehabilitieren, werden wir nicht weiterkommen. Die religiöse Frage wird lebensentscheidend für die arabische Welt. Man muss in dieser Frage zu einer Lösung kommen, man muss, um weiterzukommen, nachdenken.« Daraufhin sprach der algerische salafistische Imam Abdelfattah Hamadache Zeraoui – ohne von der Regierung in die Schranken gewiesen zu werden – eine am 16. Dezember 2014 auch über Facebook verbreitete Fatwa gegen Kamel Daoud aus, die zu dessen Ermordung ermunterte: »Würde die Scharia in Algerien angewandt, wäre die Strafe der Tod für Apostasie und Häresie.« Daoud, so der Imam, habe »den Koran in Zweifel gezogen wie auch den heiligen Islam. Er hat die Muslime in ihrer Würde beleidigt und hat ein Loblied auf den Westen und die Zionisten gesungen. Wir fordern das algerische Regime auf, ihn öffentlich wegen seines Krieges gegen Gott, gegen seinen Propheten, gegen den Koran, gegen die Muslime und gegen ihre Länder zum Tod zu verurteilen.« Der Imam konnte diese Drohungen ungehindert in den Fernsehsendern der populistischen algerischen Zeitungen »Ennahar« und »Echourouk« wiederholen. 87 Jahre zuvor schrieb Sigmund Freud 1927 in »Die Zukunft einer Illusion«, man werde ihm wegen seiner Religionskritik »Seichtigkeit, Borniertheit, Mangel an Idealismus und an Verständnis für die höchsten Interessen der Menschheit« vorwerfen: »In früheren Zeiten war es anders, da erwarb man sich durch solche Äußerungen eine sichere Verkürzung seiner irdischen Existenz und eine gute Beschleunigung der Gelegenheit, eigene Erfahrungen über das jenseitige Leben zu machen. Aber ich wiederhole, jene Zeiten sind vorüber.«

Imam Hamadache Zeraoui rief nicht nur zur Ermordung Kamel Daouds auf, sondern auch zu Solidaritätsdemonstrationen für die Mörder von »Charlie Hebdo« und für den Killer im jüdischen »HyperCasher«-Supermarkt. Außerdem forderte er die Schließung aller Bars, aller noch existierenden christlichen Glaubensstätten und deren Umwandlung in Moscheen, die Einrichtung einer Botschaft des »Islamischen Staates« in Algier sowie Sittlichkeitsbrigaden gegen leichte Strandbekleidung. Ein muslimischer Sigmund Freud, der heute den muslimischen Glauben als »Illusion« darzustellen versuchte, riskierte noch vor Fertigstellung seines Werkes umgebracht zu werden, würde ruchbar, an was er da arbeite; er wäre nirgends mehr sicher, weder in Kairo noch in Kopenhagen, anders als der Sigmund Freud des Jahres 1927.

5. Rick's Café in Deutschland

Die Allah-Zone weitet sich in Deutschland und in Westeuropa immer weiter aus. Eine bis zwei Millionen Flüchtlinge, die meisten aus muslimischen Ländern, sind zu uns »Ungläubigen« gekommen, weil es in ihren Ländern für sie nicht mehr auszuhalten war. Erinnern wir uns, wie es anfing: Tausende, Zehntausende, Hunderttausende Muslime aus dem Orient auf dem Marsch in den Okzident; einer aus der Flüchtlings-Kolonne, die den Budapester Ost-Bahnhof in Richtung Westen verließ, trug die blaue EU-Fahne mit dem Sternenrund voran: »Wer sich selbst und andere kennt / wird auch hier erkennen: Orient und Okzident / sind nicht mehr zu trennen« – unvorstellbar, dass Goethes Zeilen sich einmal so inszenieren würden, 14 Jahre, fast auf den Tag genau, nach »9/11«. Unvorstellbar auch, dass sich die politisch-sozialen Unfähigkeiten eines außer Kontrolle geratenen Islam einmal in einem schier endlosen Flüchtlingsstrom in die westlichen Demokratien manifestieren würden.

Muslime trugen Abbildungen Angela Merkels um den Hals: Deutschland wurde »Rick's Café«, Berlin »Casablanca« und die deutsche Kanzlerin, indem sie den zwischen den Fronten schwankenden Polizeichef Louis Renault alias Viktor Orban ausspielte, Humphrey Bogart, oder sagen wir es mit den Worten des algerischen Historikers und Leiters des »Orientierungsrates für das (neue) Museum für Immigrationsgeschichte« in Paris, Benjamin Stora: »Ich habe im Fernsehen die Bilder der jungen Syrer, Männer und Frauen, die Hände zum Protest erhoben gesehen, so wie sie diese auch vor zwei Jahren in Aleppo oder Homs gegen die Assad-Diktatur erhoben hatten. Es sind dieselben. Geflohen vor Diktatur und religiösem Obskurantismus. Sie haben die Gesichter der chilenischen oder vietnamesischen Flüchtlinge der 1970er Jahre.«

Doch die Flüchtlingssituation 2015 hatte ein ganz neues Gesicht: Wo hatte man in den vergangenen dreißig Jahren gesehen, dass Muslime von Nichtmuslimen mit Beifall und Willkommensrufen begrüßt wurden, wo hatte man Muslime mit dem Victory-Zeichen antworten sehen? Als gäbe es sie endlich nicht mehr, die Grenze zwischen nicht muslimischer und muslimischer Welt, die in den letzten dreißig Jahren stets deutlicher gezogen wurde von Theokraten, Islamisten, Dschihadisten. Sie war weg, die Grenze zwischen »Gläubigen« und »Ungläubigen«, verschwunden in finsterer, prähistorischer Zeit, zusammengebrochen unter der Wucht des Lebendigen. Der Blick auf die Frau mit dem Kind im Arm, froh, in Deutschland zu sein, auf den Münchener Bürger, glücklich, dem syrischen Buben Schokolade hinzuhalten – ein wahrhaft historischer Moment, wie es ihn in der unseligen Geschichte zwischen Morgenland und Abendland fast nie gegeben hat, und noch unvorstellbar wenige Tage zuvor. Und dennoch hat er seinen Grund in der schon zu lang andauernden Unfähigkeit der islamischen Welt, Rechts- und Sozialstaat, Meinungs- und Glaubensfreiheit zu verwirklichen, sodass viele ihrer Bewohner seit Jahrzehnten in Länder mit Sicherheit und Perspektive fliehen.

Dass aber Deutschland einmal auf so überschwängliche Weise zu diesen Ländern gehören würde, verglichen mit anderen, wer hätte das gedacht, als die rote Fahne 1945 auf dem Reichstag gehisst wurde? Welche Chance für Muslime und Nichtmuslime! Welche Möglichkeit, den Ballast der Vergangenheit loszuwerden, welche Möglichkeit auch, sich gemeinsam zu fragen, wodurch die heutigen Ungeheuer des Islam hervorgebracht wurden und wodurch verhindert werden kann, dass sie auch die europäischen Länder, die den Muslimen nun Sicherheit bieten, unsicher machen können.

Wurden die chilenischen und vietnamesischen Flüchtlinge noch entsprechend ihrer politischen Anschauungen und Einstellungen, die sie mitbrachten, empfangen – von Pinochet verfolgte kommunistische und linksextreme Chilenen mögen doch bitte draußen bleiben, während die vor dem Kommunismus fliehenden Vietnamesen willkommen seien –, wird nach den religiösen Anschauungen und Einstellungen der Muslime, die seit Herbst 2015 vor allem nach Deutschland strömten, nicht gefragt. Warum auch? Es schien doch selbstverständlich, dass sie Nicht-Ausgrenzung mit Nicht- Ausgrenzung, Gleichberechtigung der Frau mit Gleichberechtigung, Gewissensfreiheit mit Gewissensfreiheit, Trennung von Religion und Staat mit Trennung von Religion und Staat beantworten würden, hatten sie doch soeben am eigenen Leib erfahren, welche Wohltat Gemeinwesen sind, die nach diesen Prinzipien funktionieren.

Aber wenn das nicht so selbstverständlich wäre? Wenn ein Teil der muslimischen Zuwanderer zu fremdeln begänne angesichts der Zumutungen eines modernen Deutschlands und Westeuropas, oder gar gegen sie aufbegehrte? Die Frage zu stellen kam in der damaligen Euphorie einem Sakrileg gleich, doch sie muss heute gestellt werden. Und mit ihr wäre dann auch die Stunde all jener Muslimminnen und Muslime gekommen, die seit langem einem außer Kontrolle geratenen Gott Grenzen der Vernunft und der Menschenrechte zu setzen versuchen, die dafür verfolgt und von der westeuropäischen Linken allein gelassen werden in der islamischen Welt. Es sind unsere muslimischen Freunde. Sie könnten dabei helfen, verschleierte Augen zu öffnen. Es wäre die Stunde der Islamkritik in »Rick's Café«: »Play it again, Sam!«

Wie gut ich die Flüchtlinge verstehen kann, die in »Rick's Café« nach Deutschland oder Westeuropa flüchten! Hatte ich doch selbst in Nordafrika immer den Fluchtpunkt Europa vor Augen. Ich wusste, wenn es einmal ganz schlimm kommen würde, könnte ich das nächste Flugzeug nehmen und verschwinden.

Es war die Verzweiflung meiner muslimischen Freunde über den Zustand ihrer Gesellschaft, die meine Sicht auf Europa veränderte. Ich begann mich zu fragen, wie dieses Europa es geschafft hatte, sich der politischen und religiösen Bevormundung zu entledigen und die Vorstellung zu entwickeln, es gehe auch ohne. Was für eine Leistung, dachte ich angesichts der entmutigenden Atmosphäre um mich herum, die jeden Gedanken an Veränderung aussichtslos erscheinen ließ. Europas Geschichte erschien mir nun nicht mehr so selbstverständlich wie früher, sondern eher wie ein Wunder, wie eine Ausnahme. Europa sah auf einmal kostbar und zerbrechlich aus. Was für ein Mann, dieser Voltaire, dachte ich, der gegen die Herrschaft der Religion in Gestalt der katholischen Kirche rebellierte, als die ganze Welt noch religiös war, als es noch nirgendwo einen religionsfreien

Raum als Vorbild gab! Und: Wie hatte jemals so etwas aufkommen können wie die Renaissance? Manchmal fuhr ich nach Tipaza, um dem im Terror-Koma liegenden Algier zu entkommen. Einfach einmal raus aus dem Theater tödlicher Ideologien, unbeirrbarer Machthaber und religiöser Fanatiker. In Tipaza, auf den Hängen am Meer, zum Teil unter Pinien, zum Teil unter freiem Himmel, stehen römische Ruinen. Frei. Allein. Kein Tourist, damals. Säulen, von Baumwurzeln bedrängt, Bögen, zwischen denen Schafe weideten, ein kleines Amphitheater, zweitausend Jahre alte helle Steinquader, die ans Meer führten, Blüten und Buschwerk um mosaikverzierte Villenböden im mediterranen Licht. Keine Hinweistafeln, keine Gängelung. Säulen wie Ausrufezeichen zwischen Himmel und Erde. Etwas entfernt von Ruinen und Meer eine Bretterbude, in der Limonade verkauft wurde. Ein freundlicher junger Mann bediente, während ein Lied von Cheb Khaled, dem »König des Rai« erklang:

Wo ist die Jugend hin?
Wo sind die Mutigen?
Die Dicken fressen sich voll.
Die Armen schuften.
Die islamischen Scharlatane
zeigen ihr wahres Gesicht.
Welche Lösung also?
Wir werden Bescheid sagen.
Du kannst derweil weinen oder
dich beklagen gehen.
Oder fliehen.
Aber wohin?

Das war 1994, als der islamische Terror Algerien im Griff hatte und die Küstenstraße von Algier nach Tipaza zeitweise als »sicher« galt. 22 Jahre später, im März 2016, befand ich mich ziemlich genau Tipaza gegenüber am nördlichen Ufer des Mittelmeeres, diesmal nicht nur von einem, sondern von vielen jungen Muslimen freundlich aufgenommen, nicht in einer Bude, sondern in Marseille, in einem der nördlichen »schwierigen Viertel«. Wieder wurde ich bedient, diesmal sogar kostenlos. Die jungen Leute boten mir Tee und Limonade an, weil ich etwas mitgenommen aussah. Am Vortag war es spät geworden. Sie waren sehr entgegenkommend. »Hitler ist mein Freund«, sagte einer von ihnen, nachdem ich mich als Deutscher zu erkennen gegeben hatte. Am Vorabend hatte ich in Montpellier Zuschauer eines Auftritts von Dieudonné interviewt, jenes »Komikers«, der für seine Verhöhnung der Shoah, seine sonstigen antisemitischen Tiraden und seine »quenelle«, den nach unten gedrehten Nazigruß, berühmt geworden ist. Das Publikum, circa 3000 junge Leute, strömte aus der Vorstellung und berichtete enthusiastisch, wie sehr der Mann ihre Sache, die Sache der vom »System« und seinen Parteien Ausgegrenzten vertrete. Junge Muslime und Le Pen-Anhänger fielen sich gegenseitig vor Begeisterung und Bewunderung ins Wort, bescheinigten dem Mann, die »Wahrheit« zu sagen, die sonst alle anderen verschwiegen. Welche das sei, fragte ich. Das sei doch klar, Dieudonné sage die Wahrheit »über diejenigen, die die Fäden ziehen, die die Politik manipulieren, die die Presse in der Hand haben, die das Land beherrschen.« Wer das sei, fragte ich weiter. Vielsagende Blicke, vielsagendes Lächeln. Ich sei Deutscher, sagte ich, kein Franzose. »Dann müssen Sie doch wissen, wer das Übel ist«, war eine der Antworten. Bemerkenswert zu erleben, wie die vorbeiziehende Masse von Muslimen und Rechtsradikalen im Hass auf den internationalen »Strippenzieher« eine Einheit bildete. Am nächsten Tag, in Marseille, im rein muslimischen Viertel um den Flohmarkt, nannte man »das Übel« offen beim Namen: »Aber das sind die Juden, Monsieur! Das wissen doch alle«, war die Antwort. Sie kam ganz locker, ohne Wut, als Selbstverständlichkeit, so als wolle man mir, dem hinter dem Mond Gebliebenen, auf die Sprünge helfen. Einem Deutschen gegenüber, hatte ich den Eindruck, war man glücklich, ohne Bedenken von der Leber weg frei reden zu können. Woher sie wüssten, dass es die Juden seien, fragte ich. Alle Welt wisse das, wiederholten sie, aber wenn ich ihnen nicht glaube, solle ich doch Alain Soral fragen. Den rechtsextremen Denker zu interviewen hatten mir am Abend zuvor bereits fast alle Dieudonné-Fans, rechtsextreme wie muslimische, nachdrücklich empfohlen: »Den müssen Sie besuchen! Es lohnt sich. Der ist der Beste!« Was sie von den Attentaten auf »Charlie Hebdo« und das »Bataclan« sowie die Caféterrassen hielten?«, fragte ich. Damit hätten die Muslime nichts zu tun, so die coolen Youngster. Das werde Muslimen von bestimmten Kreisen in die Schuhe geschoben. Aber es sei doch eindeutig festgestellt worden, wer die Täter gewesen seien, erwiderte ich. »Glauben Sie nicht dem äußeren Anschein, alles das kommt von einer Regierung, die manipuliert wird«, meinte eine im Auto sitzende Frau ruhig und freundlich. »Von wem manipuliert?«, fragte ich. »Von Kreisen, die ein Interesse daran haben, Muslime ins schlechte Licht zu rücken.« »Die Zionisten haben die Macht in Frankreich«, sagte mir eine andere junge Muslimin, gleichfalls ohne Kopftuch. »Glauben Sie mir, ich habe nichts gegen Juden als Person, überhaupt nicht, ich habe nur etwas gegen den Zionismus. Der Zionismus ist unser Feind, nicht der einzelne Jude, wir sind keine Rassisten, Monsieur!« Einen Nachmittag lang machte ich Interviews, die Antworten liefen immer wieder auf dasselbe hinaus: jüdische Weltverschwörung, öffentlich diffamierter, weil die Wahrheit sagender Dieudonné, intellektuelle Schutzmacht Alain Soral. Der junge Mann, der Hitler einen »Freund« genannt hatte, ließ sich zwischendurch immer wieder blicken und fragte nach meinem Befinden. Ob er etwas für mich tun könne, mir ein Mineralwasser bringen? Ob es mir auch wirklich gut gehe? Selten war ich bei Interviews über so kritische Fragen derart freundlich behandelt worden. Die jungen Frauen und Männer wirkten weder wie dumpfbackige Rechtsradikale noch wie Ostentativ-Fundamentalisten. Keiner trug den langen Prophetenbart oder das qamis, das Langhemd. Von anderen jungen Leuten unterschieden sie sich lediglich durch eines: Sie waren für die Außenwelt nicht mehr erreichbar. Wie in eine ebenso unsichtbare wie undurchdringliche Blase eingehüllt, drangen andere Meinungen nicht mehr zu ihnen durch. Sie lebten unter sich und für sich und hatten die Außenwelt als feindlich abgeschrieben. Ich befand mich in einer »Parallelgesellschaft« und hatte nachfühlen dürfen, wie angenehm es ist, dazuzugehören. Denn ich, der Deutsche, war von ihr akzeptiert – ich war in sie »integriert« worden, ging es mir plötzlich durch den Kopf. Wie gut das tat, durfte ich einen Nachmittag lang erleben: Freundlichkeit, Schulterklopfen, der Altersunterschied und die

Hautfarbe spielten keine Rolle, ich, der Deutsche, war einer der ihren. Wie schwer es jeder »Mehrheitsgesellschaft« in Westeuropa fallen dürfte, jungen Muslimen aus Parallelgesellschaften ein gleiches Wohlgefühl zu liefern, konnte ich in Marseille einen Nachmittag lang selbst erleben. Eine muslimische »Parallelgesellschaft« mit dem Feindbild Zionismus und dem Feindbild Westen schien für die jungen Leute ungleich attraktiver als jener Teil der Gesellschaft, der diese Feindbilder nicht nur nicht teilte, sondern sich ihnen widersetzte. Welche Wärmestube, solch ein Flecken »Parallelgesellschaft«! Was für ein sicheres Terrain! Von daher das Selbstbewusstsein, die Ruhe und die Coolness, mit der die jungen Musliminnen und Muslime mir begegnet waren. Doch um welchen Preis! Ihr vom Rest der Welt Abgetrenntsein, die unsichtbare Blase, die sie taub für jeden Gedanken von außen machte, hatte mich am meisten verstört. Wie weit sie doch weg waren von Cheb Khaleds Worten in Tipaza 22 Jahre zuvor: »Welche Lösung also? / Wir werden Bescheid sagen. / Du kannst derweil weinen gehen oder dich beklagen gehen. / Oder fliehen. / Aber wohin?« Die jungen Muslime, die ich damals in Algerien kennengelernt hatte, waren noch offen für die Welt außerhalb ihrer eigenen gewesen – von den »Bärtigen« und ihren Adepten einmal abgesehen. Diese hier in Marseille aber waren geflohen, geflohen innerhalb Frankreichs, in das Innere eines vertrockneten Islam. Zwanzig Jahre Islamisierung des Islam, will heißen, zwanzig Jahre Fernhalten des Islam von jedem anderen Gedankengut – denn das ist das Wesen von Islamisierung – zeigen mittlerweile überall Wirkung in Westeuropa. Mit verantwortlich dafür ist jener linke und linksliberale Mainstream, der den Islam seit zwanzig Jahren ungeschoren seine Pathologien entwickeln lässt. So darf es in »Rick's Café« in Deutschland nicht zugehen.

Wer, Muslim oder Nichtmuslim, Frankreich kennt, weiß, wie schnell man sich dort ausgegrenzt fühlen kann, in der Tat. Es gibt jedoch Muslime, und zwar tief gläubige, die von Frankreich ausgegrenzt wurden, dieses ausgrenzende Frankreich aber nicht zum Vorwand nahmen, um ihrerseits aufgeklärtes Gedankengut auszugrenzen. Zum Beispiel Hamdan Khodja (1773–1842), Sohn eines islamischen Rechtsgelehrten, Berater des Dey von Algier und Statthalter des Osmanischen Reiches in der Stadt an der Küste Nordafrikas, die dem damaligen Europa als »unbezähmbar« galt wegen deren Korsaren im Mittelmeer, die seine Schiffe kaperten und ihre Besatzungen als Sklaven verschleppten. In Algier als Kind einer Familie türkischer Abstammung geboren, hatte Hamdan Khodja arabische Philosophie, islamische Theologie und Naturwissenschaften studiert und Europa bereist, ehe er zu einem der reichsten Geschäftsleute und einflussreichsten Politiker Algiers geworden war. Khodja, in der islamischen Kultur verwurzelt, war zugleich ein Anhänger der Aufklärung und der Menschenrechtserklärung von 1789, die verabschiedet wurde, als er 16 Jahre alt war. Sie war noch ganz neu auf der Welt. Als die französische Armee jedoch 1830 in Sidi Fredj bei Algier an Land ging, begann sie die Stadt zu verwüsten. Moscheen wurden in Krankenhäuser, Warenlager oder Kirchen umgewandelt, Friedhöfe aufgewühlt, Knochen als Heizmaterial abtransportiert, die Straßen umbenannt, Häuser der Einheimischen abgerissen und im nahen Blida Massaker begangen. »Ich bin sicher, dass alle diese Dinge ohne Wissen der französischen Regierung geschehen, denn wenn sie alle diese inhumanen und verfassungswidrigen Maßnahmen kennen würde, ohne deren Urheber zu bestrafen, ließe sich sagen, dass sie das Verbrechen ermutigt und die Übergriffe begünstigt; in diesem Fall würde ihr Verhalten den liberalen Prinzipien und der Meinung widersprechen, die ich mir vom französischen Volk gebildet habe«, schrieb Hamdan Khodja in seinem Buch »Le Miroir« (»Der Spiegel«). Für ihn gab es damals vier verschiedene Frankreichs: das »ideale Frankreich« der Aufklärung und der Menschenrechte, das »staatliche Frankreich«, das diese zumindest zum Teil verkörperte, aber wirtschaftliche und politische Interessen zu verteidigen hatte, das »Besatzungs-Frankreich«, das sich in zwei weitere unterteilte: in jenes, das sich mit der Besatzung der Stadt Algier zufriedengeben würde, und jenes, das die provisorische Besatzung in eine definitive Kolonisation des ganzen Landes verwandeln wollte. Der Berater des Dey von Algier setzte auf das Frankreich der Aufklärung (»Ich habe in Europa gelebt, ich habe die Frucht der Zivilisation genossen, und ich gehöre zu denen, die die

Politik einiger Regierungen bewundern«), zumal es im damaligen Frankreich eine starke antikolonialistische Strömung gab. Khodja verlangte die Einsetzung einer Untersuchungskommission »aus unparteiischen Persönlichkeiten, die nicht den Wunsch haben, die Algerier zu berauben, die von den edlen Gefühlen der Gerechtigkeit beseelt sein sollten und keinerlei Ungerechtigkeit hinnehmen werden.« Die Forderung Khodjas, der auch Mitglied des Stadtrates von Algier war, blieb unbeantwortet. Daraufhin schickte er am 10. Juli 1833 eine Kopie an den König von Frankreich und verlangte dessen Eingreifen: »Ich bitte Eure Majestät nicht zu dulden, dass gesagt und in der Geschichte wiederholt werde, dass während der Herrschaft Louis Philippes verwerfliche und willkürliche Handlungen begangen worden sind.« Von der Einsetzung einer »Sonderkommission« zur Untersuchung der Lage in Algier ermuntert, wandte der Berater des Dey sich am 27. August im Namen der Notabeln Algiers erneut an den König, um ihn zu bitten, »als Stütze und Verteidiger der Algerier ihnen bei ihrer Emanzipation zu helfen.« Erneuter Appell am 16. September 1833, drei Jahre nach der Landung in Sidi Fredj: »Es wäre des Königs der Franzosen würdig, die Algerier zu emanzipieren... Die Algerier haben ebenfalls Rechte, sich der Freiheit und aller Vorteile zu erfreuen, derer sich die europäischen Nationen erfreuen.«

Über ein halbes Jahrhundert nach der Vertreibung Frankreichs aus Algerien und der Unabhängigkeit des Landes 1962 genießen algerische Bürger diese Freiheiten noch immer nicht. Im Unterschied zum Islam eines Hamdan Khodja – und das ist noch bemerkenswerter – hat der Islam von heute in Algerien weder an den Menschenrechten von 1789 noch an einer »Emanzipation« der Bevölkerung Interesse. Ganz im Gegenteil, algerische Imame verkünden beim Freitagsgebet: »Werdet nicht wie die Leute im Westen!« Wer aber erzählt den jungen Muslimen, meist Kindern eingewanderter Algerier, in Marseilles »schwierigen Stadtteilen« vom tief gläubigen Muslim Hamdan Khodja? Welcher Imam regt sie an, »Le Miroir« zu lesen? Wer bringt ihnen bei, dass der Verrat an den Menschenrechten durch Frankreich, wie ihn der Berater des Deys von Algier erlebte, keine Annullierung von deren Wert an sich bedeutet?

Wer erklärt ihnen, warum Hamdan Khodja, der Muslim, an ihnen festhielt und sie zur Verteidigung gegen diejenigen anführte, die sie verrieten, obwohl er angesichts des Wütens der französischen Soldateska hatte feststellen müssen: »Die Türken waren Despoten, aber mit weniger Perfektion«?

Frankreich entschloss sich zur »definitiven Kolonisation« Algeriens, beging dabei an der muslimische Bevölkerung Massaker, die denen des »Islamischen Staates« heute nicht nachstehen, führte einen absoluten Vernichtungskrieg gegen seinen Hauptgegner, Abdelkader ben Muhieddine, der als Emir Abdelkader in die Geschichte eingegangen ist, weil er der französischen Armee fünfzehn Jahre lang, von 1832 bis 1847, erbitterten Widerstand leistete, obwohl ihm keine reguläre Armee zur Verfügung stand und die Auseinandersetzungen mit verschiedenen Stämmen ihn schwächten. Von Frankreichs Kolonisatoren zur Ausrufung des Dschihad gezwungen, war er dennoch alles andere als ein Dschihadist im heutigen Sinn. Die Dschihadisten des »Islamischen Staates« berufen sich auf den muslimischen Theologen Ibn Taymiyya, während Emir Abdelkader den Sufi-Mystiker Ibn Arabi verehrte, dessen Lehren von Ibn Taymiyya ebenso bekämpft wurden, wie sie heutzutage vom IS und vom saudischen Wahhabismus bekämpft werden.

Nach seiner Niederlage gegen Frankreich und der Freilassung aus der Gefangenschaft ging Abdelkader 1855 nach Damaskus ins Exil. Dort kam es 1860 zu schweren religiösen Unruhen. Sunnitische Fanatiker griffen die christlichen Wohnviertel an, töteten über 5000 Bewohner, ohne dass der Gouverneur Ahmed Pascha etwas dagegen unternahm. Das Massaker wäre weitergegangen, hätten Emir Abdelkader und seine Anhänger es nicht gestoppt und dadurch rund 12.000 Christen das Leben gerettet. Als ein Teil von ihnen in das Wohnviertel Abdelkaders flüchtete, um Schutz zu suchen, stellte sich der Emir mit seiner Entourage unter Lebensgefahr den muslimischen Fanatikern entgegen. Dschihad gegen Frankreich, weil es sein Land besetzte und seine Bevölkerung tötete, aber kein Dschihad gegen die christliche Welt an sich, weil sie eine christliche war. Wer erklärt diesen Unterschied jungen Muslimen in Marseille? Wer berichtet den syrischen Flüchtlingen, die heute in »Rick's Café« nach

Deutschland kommen, über die lebensrettende Hilfe eines von (französischen) Christen verfolgten Muslims für von Muslimen verfolgte (syrische) Christen in Damaskus vor eineinhalb Jahrhunderten? Emir Abdelkader wurde nach seinem Tod zunächst in Damaskus neben dem Grab seines spirituellen Vorbilds Ibn Arabi beerdigt und sein Leichnam wurde später nach Algier überführt. Seine sterblichen Überreste liegen heute auf dem Friedhof El Alia.

Dort wurde auch Mohamed Boudiaf begraben, der 1954, 107 Jahre nach der Niederlage des Emir Abdelkader gegen Frankreich, erneut den Kampf gegen den Kolonisator aufnahm, vom 1. November 1954 bis zur Unabhängigkeit Algeriens 1962. Er war Gründungsmitglied der »Nationalen Befreiungsfront« FLN, Mitgliedskarte Nummer 1, und hatte, über keinerlei Armee verfügend, den Aufstand zusammen mit kleinen Angestellten, Tagelöhnern, Schafhirten, Landarbeitern, Eisenbahnern und ein paar Ärzten gegen Frankreich vorbereitet, das damals noch eine Weltmacht war.

Niemand hat die Stimmung, die sich vor dem Algerienkrieg zusammenbraute, besser geschildert als der algerische Schriftsteller Kateb Yacine in seinem Roman »Nedschma«, der 1956, zwei Jahre nach Beginn des Befreiungskrieges, in Paris und 1958 in Deutschland erschien: »An den Brachfeldern bin ich entlanggeschlichen. Dem Omnibus Autofallen zu stellen, habe ich mich geübt. Jedes Mal, wenn ich die französische Straße überquerte...« »Habe die Gewalt der Ideen verspürt. Habe Algerien gefunden, zornmütiges Land...« »Mittag, Widerschein Afrikas auf der Suche nach seinem Schatten, unnahbare Nacktheit eines imperienfressenden Kontinentes, Wein und Tabak in vollen Zügen...«

Mohamed Boudiaf, Hocine Ait Ahmed, Ahmed Ben Bella, Krim Belkacem, Mostefa Ben Boulaid, Larbi Ben M'Hidi, Rabat Bitat, Mourad Didouche und Mohamed Khider waren jene neun historischen Persönlichkeiten, neun Muslime, die in ihrem berühmten »Appel vom 1. November« 1954 an das algerische Volk als Ziele des Aufstandes nannten: »Die Wiederherstellung des algerischen, demokratischen und sozialen Staates im Rahmen der islamischen Prinzipien«. «Die Achtung aller Grundfreiheiten ohne Unterschied der Rasse und des Glaubens«.

Im Mittelpunkt der Erklärung dieser Aufständischen muslimischen Glaubens standen der demokratische Pluralismus, die Religionsfreiheit sowie der Anti-Rassismus, zentrale »westliche« Werte, obwohl diese Werte 132 Jahre lang von Frankreich den algerischen Muslimen gegenüber mit Füßen getreten worden waren. Wie für Hamdan Khodja angesichts der Verwüstung Algiers nach Landung der französischen Truppen 1830 bei Sidi Fredj hatte die Missachtung dieser Werte durch deren Begründer selbst ihren Wert an sich nicht zerstört. Im Gegenteil wurden sie von Mohamed Boudiaf, dem Kopf des Befreiungsaufstandes, erbittert verteidigt, nachzulesen in seinem Buch »Où va l'Algérie?« (»Wohin geht Algerien?«). Ein schonungsloser Angriff auf die totalitären Bestrebungen Ahmed Ben Bellas, des ersten Präsidenten Algeriens nach der Unabhängigkeit und indirekt zugleich eine Warnung an alle unabhängig werdenden Länder der »Dritten Welt«, die »westlichen« Werte zu missachten. Von Ben Bellas Schergen in die Sahara verschleppt, schrieb Mohamed Boudiaf das Buch dort in einer Kasematte. Darin heißt es, die gesamte Entwicklung Algeriens – und nicht nur dieses Landes der arabischen Welt – voraussehend: »Man darf sich nicht täuschen, die Diktatur richtet sich ein. Einige flagrante Beispiele, die niemand ignorieren oder leugnen kann, reichen aus, um das zu beweisen:

– Totale Abwesenheit von Ausdrucks- und Meinungsfreiheit: Das Regierungsdekret, das bis auf die ›Nationale Befreiungsfront‹ FLN jede Vereinigung politischen Charakters verbietet, ist lediglich die nachgelieferte Legitimation für eine lang beschlossene Richtung.

– Absolute Kontrolle über die Presse und alle Propagandamittel (nationaler Rundfunk, Fernsehen, Algérie Presse Service): Auf diese Weise wird dem Land eine Einbahnstraßen-Information im reinsten Stil totalitärer Länder aufgezwungen.

– Verstärkung des Polizeiapparates: In dessen Innern die Existenz von vielfältigen und konkurrierenden Parallel-Hierarchien, von verschiedenen Geheimdiensten und ihren Gangstermethoden, die keinerlei Kontrolle unterliegen und denen keinerlei rechtlicher Rahmen gesetzt ist.

- Existenz und Verstärkung eines Militärapparats: unvereinbar mit den wirtschaftlichen Möglichkeiten des Landes. (Boudiaf konnte nicht wissen, dass das Land einst Milliarden Dollar mit Erdöl verdienen würde; das Sahara-Erdöl war erst kurz vor der Unabhängigkeit und also noch unter französischer Herrschaft 1956 entdeckt worden.)
- Demagogischer Dauerappell an die Massen: deren Gefühle man ausbeutet, anstatt das algerische Volk über den Weg zu wirklich demokratischen Reformen zu konsultieren.
- Rückgriff, bei jeder Schwierigkeit, auf Ablenkungsmanöver: Komplotte, Aufpeitschen der Menge, Einschüchterungen.

Ein Regime, das sich derartiger Methoden bedient, ist binnen kurzem zur Alternative verurteilt: schändlich untergehen oder mit Gewalt an der Macht bleiben«.

Was der Muslim und Freiheitskämpfer Mohamed Boudiaf damals durchsetzen wollte, war nicht ein »Islamischer Staat«, sondern nichts anderes als das, was man im Westen unter einem demokratischen Rechtsstaat versteht. Für Mohamed Boudiaf und Ait Ahmed hatten die Menschenrechte ihre Bedeutung durch den Verrat der Kolonialherren an ihnen nicht verloren, im Gegenteil, dieser Verrat zeigte in ihren Augen, was für ein Ausmaß an Barbarei entsteht, wo die Menschenrechte fehlen – sei es unter europäischem Kolonialismus oder einheimischem Absolutismus.

Das Regime entschied sich gegen die Demokratie und für die Gewalt. Mohamed Boudiaf entging dem Tod in der Sahara-Kasematte nur, weil Ait Ahmed, der ebenso wie Mohamed Boudiaf Befürworter eines demokratischen Algeriens war, die internationale Öffentlichkeit alarmierte, sodass der Verschleppte sich nach Marokko in Sicherheit bringen konnte. Ben Bella wurde 1965 durch einen Putsch Houari Boumediennes gestürzt, der endgültig jede Hoffnung auf Pluralismus beseitigte, indem er den Islamisten das Ressort für Kultur und Bildungswesen überließ. Im Gegenzug, so der »Deal«, sollten sie seine politische Macht nicht antasten.

In einem 13-seitigen Schreiben aus dem marokkanischen Exil versuchte Mohamed Boudiaf Boumedienne klarzumachen, warum die Entmachtung der Bevölkerung dem Land schaden werde. Vergeblich. Die Folgen sind bis heute zu beobachten. Je länger die Diktatur andauerte, umso mehr fasste der Fundamentalismus Fuß mit dem Heilsversprechen: »Der Islam ist die Lösung.« Denn die Diktatur zeichnete ein Zerrbild der Moderne. Sie gab als Moderne aus, was in Wirklichkeit nur eine Maschinen-Moderne war, und unterband nach Möglichkeit die geistige Moderne. Boumedienne importierte schlüsselfertige Fabriken für die Industrialisierung des Landes und Lehrer aus der Muslimbruderschaft Ägyptens für die Bildung der Jugend. Das Schlüsselwort der Moderne, die Freiheit, war, wie Boudiaf in seinem Buch »Où va l'Algérie?« erkannt hatte, vom ersten Tag der Unabhängigkeit an gestrichen worden. So war der Wahlsieg der »Islamischen Heilsfront« FIS 1991 nur logisch. Jetzt aber wollten die Islamisten den Deal mit den Generälen – euch die Macht, uns Kultur und Bildung – nicht mehr einhalten, sie hatten ja die demokratischen Wahlen gewonnen. Das Militär annullierte die Wahlen und holte – um sich ein Alibi zu verschaffen – den 30 Jahre zuvor verjagten Demokraten Mohamed Boudiaf aus dem marokkanischen Exil zurück und ernannte ihn zum Präsidenten des »Hohen Staatskomitees«. Der integre Boudiaf von einst sollte den Militärs als demokratisches Feigenblatt dienen. Man hoffte wohl, der 71-Jährige, der eine Ziegelei in Marokko betrieb, werde über die Freude, endlich wieder zu Hause und obendrein im Präsidentschaftspalast El Mouradia zu sein, sich mit den Verhältnissen arrangieren. Doch Boudiaf erklärte, er wolle den »Saustall ausmisten«, sprach von der »politisch-finanziellen Mafia« und erklärte öffentlich, er hätte nie geglaubt, dass es so schwer wäre, in einem Land von 30 Millionen Einwohnern 60 ehrliche Menschen als Mitarbeiter zu finden. Das konnte den Militärs nicht gefallen. Den Islamisten, von denen nach den abgebrochenen Wahlen viele ohne Verfahren in Sahara-Internierungslager verschleppt worden waren, konnte ihrerseits nicht gefallen, dass Boudiaf die Lager nicht auflöste, sondern erklärte, notfalls noch mehr Personen zu internieren, um dem Rest der Bevölkerung Ruhe zu verschaffen. Am 29. Juni 1992 hielt der neue Präsident eine Rede im Kulturhaus von Annaba. Man hörte ein Klicken. Der alte Mann mit dem stets ein wenig empörten Gesichtsausdruck, eine halbe

Sekunde irritiert, blickte fragend zur Seite, und sprach weiter. Beim Wort »Islam« dann das Rattern einer Maschinenpistole. Die Zuhörer duckten sich wie ein Mann. Schüsse von überall. Hinter dem Podium einige Männer. Zwischen ihnen ein blutiges Etwas. Welche Seite Mohamed Boudiaf umgebracht hat, die Machthaber oder die Islamisten, ist bis heute nicht geklärt. Klar ist nur, dass beide Seiten keinen Demokraten an der Macht gebrauchen konnten. Ebenso klar zeigt die Geschichte Algeriens seit der Unabhängigkeit, dass ein Islam, der, wie gesagt, vor der Begegnung und Auseinandersetzung mit aufgeklärtem Gedankengut geschützt wird, sich in Richtung Fundamentalismus entwickelt, und, je fundamentalistischer er wird, für die Beseitigung aller verbleibenden Reste von Aufklärung sorgt – zunächst auf kulturellem Gebiet, um dann, wenn er ideologisch genug Einfluss gewonnen hat, nach der politischen Macht zu greifen. Dasselbe wird er auch in Europa versuchen, wobei es wohl ein Zusammenspiel zwischen dem friedlichen, konservativen Islam in seinem Gang durch die Institutionen und dem gewalttätigen Fundamentalismus insofern geben wird, als die friedlichen Islamverbände nach jedem Anschlag mehr Mittel und Einfluss fordern, um den gewalttätigen Fundamentalismus zur Sicherung der Gesamtgesellschaft besser bekämpfen zu können. Doch das können sie dadurch nicht. Im Gegenteil. Solange sie das Islamismus-Potential im Islam leugnen, leisten sie dem Fundamentalismus vielmehr noch Vorschub. Deshalb darf ihr Einfluss keinesfalls zunehmen. Die Muslime unter den ein bis zwei Millionen Flüchtlingen in »Rick's Café« sollten stattdessen mit der Islamkritik muslimischer Aufklärer in Deutschland Bekanntschaft machen dürfen.

Als der Sarg des Mannes, der einen »radikalen Bruch« mit dem bisherigen System gewollt hatte, durch die Straßen Algiers gefahren wurde, riefen Zehntausende junger Leute in Sprechchören: »Boudiaf!«, »Boudiaf!«, »Es lebe Algerien!« Manche hatten Tränen in den Augen, andere ballten die Fäuste gen Himmel.

Boudiaf, dessen historische Leistung und dessen Einsatz für ein demokratisches Algerien kaum einer dieser jugendlichen Trauernden kannte – das Regime hatte dies totgeschwiegen –, war allein durch das Aussprechen der Tabu-Worte »politisch-finanzielle Mafia« ihr Präsident geworden, wie zuvor bereits die Islamisten durch Denunzierung von Korruption und Willkür der Machthaber als Freunde erschienen waren. Das zeigt, wie sehr demokratisches und weltliches Engagement für Gerechtigkeit die Versprechen der Fundamentalisten in der breiten Bevölkerung muslimischer Länder aushebeln könnte, von führenden Gottesstaats-Ideologen natürlich abgesehen. Durch seinen Tod wurde Boudiaf bei der Jugend so populär wie nie zuvor, denn er gehörte nun zu denjenigen, die, ganz wie sie selbst, von den Machthabern des Landes fertiggemacht worden waren. Wäre damals eine neue, demokratisch gesinnte und von den Generälen unabhängige Regierung aus integren Leuten eingesetzt worden, der islamistische Untergrund hätte wahrscheinlich weit weniger Zulauf erhalten, als er nach der Ermordung Boudiafs bekam.

Der LKW mit dem Sarg erreichte die breite Straße entlang der Bucht von Algier – ganz in Weiß gekleidete Gardesoldaten auf der Ladefläche als Ehrenformation –, die zum Friedhof El Alia führt. Plötzlich der dumpfe, langgezogene Klang von Schiffssirenen. So endete der Weg des Mannes, der am Allerheiligentag 1954 den Befreiungskrieg für Algerien begann. Wo ist er geblieben, der Islam eines Hamdan Khodja, eines Emir Abdelkader, eines Mohamed Boudiaf? Wo verbreitet der Islam heute Zuversicht? Wo setzt er sich für Demokratie und Gleichberechtigung ein? Wo schützt er Minderheiten, wo mobilisiert er Mehrheiten gegen die Verletzung von Menschenrechten? Wo sendet er Signale einer globalen Ethik in eine ratlose Welt? Nein, er macht in Klein-Klein. Das Kopftuch ist ihm wichtiger als die Erhellung der Köpfe. Für das Kopftuch zieht er vor Gericht, nicht jedoch für die Rechte Homosexueller und die Gleichberechtigung der Frau.

6. Der finstere Islam der Islamverbände

2006 traf ich für einen Film über das islamische Kopftuch Asiye Köhler, damals Lehrerin an einer Schule in Nordrhein-Westfalen. Frau Köhler hatte die Gründung des »Koordinationsrates der Muslime« KRM unterstützt, dessen erster Sprecher ihr Ehemann Ayyub Axel Köhler wurde, der von 2006 bis 2010 Vorsitzender des Zentralrats der Muslime in Deutschland war. Frau Köhler trug ein sehr eigenwillig aus zwei Teilen, einem hutartigen und einem Tuchteil, zusammengefügtes Kopftuch, das aber auch Hals und Schultern bedeckte – comme il faut. »Wann kriegen Sie denn Ihre Frau mal ohne Schleier zu sehen?«, fragte ich Ayyub Axel Köhler beim Treffen in der Wohnung.

»Wenn Sie weg sind!«

»Also nur im Haus?«

»Im Haus, ja, selbstverständlich. Und unter Angehörigen, aber man tut das nicht draußen vor fremden Leuten. Aber jetzt zeige ich Ihnen erst einmal etwas, da sind wir besonders stolz drauf. Schauen Sie sich das mal an. Die nordrhein-westfälische Regierung gibt ihr eine Ehrenurkunde.«

Herr Köhler reichte mir das Dokument und ich las: »Ehrenurkunde der Landesregierung Nordrhein-Westfalen für treue Pflichterfüllung während 25-jähriger Tätigkeit im öffentlichen Dienst«.

Einige Lehrer der Schule, an der Frau Köhler unterrichtete, zeigten sich allerdings beunruhigt über das starke Engagement der Kollegin für das Kopftuch-Tragen, da es die jungen Schülerinnen beeinflusse. Eine Schülerin, die das Kopftuch erst seit kurzem zu tragen begonnen hatte, konnte ich treffen. Asiye Köhler selbst brachte mich mit ihr auf dem Schulhof zusammen und war bei dem Gespräch mit ihr dabei. Das Mädchen war in der siebten Klasse.

»Foujia möchte sprechen, wenn es für Sie interessant ist«, sagte Frau Köhler.

»Ja bitte«, wandte ich mich an die Schülerin, die einen etwas eingeschüchterten Eindruck machte – im Film wird das sichtbar –, »erzähle doch mal ein bisschen.«

»Also wie es so mit dem Kopftuch ist? Also seitdem ich das trage, ist es eigentlich ... Zuerst war es ein bisschen schwer, weil es ungewohnt ist, aber danach ging's wieder, weil, da haben mich alle wieder so akzeptiert wie ohne Kopftuch. Also es wurde dann wieder ganz normal.«

»Ab wann haben Sie denn angefangen, das Kopftuch zu tragen?«, fragte ich und wechselte, unsicher über das genaue Alter der Kleinen, vom Du zum Sie.

»Seit dieser Jahrgangsstufe, Anfang der Sieben.«

Ich überlegte, ob möglicherweise die beginnende Pubertät der Schülerin für den Zeitpunkt ausschlaggebend gewesen sein könnte, wie ich es in Nordafrika gelernt hatte.

»Und warum gerade ab dieser Jahrgangsstufe?«, fragte ich.

»Eigentlich ist es keine bestimmte Altersstufe. Nur ... also ich hatte Interesse daran, es jetzt so zu tragen. Also ich wurde nicht dazu gezwungen. Ich hatte Interesse daran.«

Wie kam ein schätzungsweise 13-jähriges Mädchen dazu, plötzlich »Interesse« am Kopftuch zu entwickeln? Nachdem Frau Köhler und Foujia gegangen waren, machten mich Lehrer mit einer anderen, etwa gleichaltrigen und ebenfalls Kopftuch tragenden Schülerin bekannt, die – wie Foujia – einen bedrückten Eindruck machte, was im Film gleichfalls gut zu sehen ist: »Klassenausflüge, die darf ich mitmachen, nur Schwimmen, da bin ich nicht mitgegangen wegen der Kopfbedeckung, ja, und jetzt gehe ich auch nicht mit schwimmen.«

»Aber man kann doch zum Schwimmen auch mit einer Kopfbedeckung gehen«, gab ich zu bedenken, »da gibt es doch diese Hauben ...«

»... Ja, aber da sind jetzt auch Jungen und Mädchen gemischt, und das darf man bei der Religion auch nicht, dass man bei Jungen und Mädchen gemischt mitschwimmt.« Bei diesen Worten blickte die Kleine fragend auf.

»Aber die Jungen sind doch alle nett!«, sagte ich.
»Ja schon, nett sind die …«, antwortete das Mädchen leise.
»Hast du auch Unterricht bei der Frau Köhler?«, fragte ich.
»Ja. Religionsunterricht. Da machen wir auch über den Islam.«
»Hast du denn mal gesprochen mit ihr über dieses Problem mit dem Schwimmen?«
»Ja, zuerst habe ich mit ihr gesprochen, und dann hat sie gesagt, es ist okay, dass ich nicht mit schwimmen gehe, ja und dann …« – die Stimme des Mädchens wurde wieder leise – »… das war's also.«
»Bitte?«, frage ich nach, weil die letzten Worte kaum zu verstehen waren.
»Da hat die Frau Köhler auch gesagt, dass sie das gut fand, dass ich nicht mit schwimmen gehe. Ich wollte auch nicht mit schwimmen gehen, wegen der Religion.«

Draußen, vor dem Tor zum Schulhof, hatte ich mich mit einem weiteren Lehrer verabredet. Als ich ihn traf, verließ auch Asiye Köhler gerade das Gelände, sodass ich mit beiden zugleich ein Gespräch über Kopftuch, Schwimmen und Klassenfahrten begann.

Der Lehrer: »Wenn ein Kind hier aufwächst, das hier Freundinnen hat, aber am Schwimmen nicht teilnehmen darf, an der Klassenfahrt nicht teilnehmen darf, das geht meines Erachtens nicht. Da hört für mich auch die Toleranz auf. Weil ich sehe, wie sehr die Kinder darunter leiden, die selber gern mitfahren möchten. Also da hört für mich der Spaß auf. Toleranz erwarte ich von beiden Seiten, nicht nur von einer Seite.«

Asiye Köhler: »Also es ist so. Ich denke da etwas anders. Die Schule, unsere Gesellschaft, hat jetzt Pluralismus. Also der Islam ist eine Religion, die nicht mehr wegzudenken ist aus Europa, ist ein Teil dieser Gesellschaft. Ich finde, die Schulen sollten nicht die islamischen Werte ignorieren. Man muss ein vielfältiges Angebot anbieten. Man kann den Mädchen ja auch allein Schwimmen anbieten. Ich bin dafür, dass man alles mitmacht, aber man muss Vertrauensmaßnahmen entwickeln. Deutschland hat sich leider nicht so entwickelt. Deutschland ist unvorbereitet gewesen. Jetzt müssen wir unsere Gesellschaft verändern, neu ordnen. Es ist völlig normal. Überall ist was Neues. Die Welt ist klein geworden. Auch die Deutschen müssen umdenken. Diese Werte, die der Islam mitbringt, braucht diese Gesellschaft. Es würde Verjüngung bringen, würde Familien stabilisieren, das muss man auch sehen...«

»... Er sieht es nicht so, oder?«, warf ich im Hinblick auf den neben Frau Köhler stehenden Kollegen ein.

Der Lehrer, zu Frau Köhler gewandt, erwiderte: »Nein, nein, an der Stelle widerspreche ich Ihnen, das wissen Sie. Da bin ich anderer Meinung. Ich bin der Meinung, dass wir nicht durch die Hintertür... Also unsere Vorfahren, die Frauen, die Arbeiterbewegung, haben für Rechte gekämpft, die können wir nicht durch die Hintertür, unter einer religiösen Verbrämung, wieder aufgeben. Ich denke, wir können hinter die Menschenrechte nicht zurück. Und da sind für mich Menschenrechte betroffen, Menschenrechte gefragt. Das ist ein Frauenbild, das für mich da deutlich wird, gerade im Blick auf den Schwimmunterricht, im Blick auf die Klassenfahrten usw., welches ich nicht teilen kann. Da würde für mich eine Grenze sein, und da würde ich der Frau Köhler auch ganz klar sagen: Die Toleranz, die von mir gefordert wird, erwarte ich auch von der anderen Seite!«

Asiye Köhler: »Toleranz ist das, was die Andersartigkeit der anderen akzeptiert. Mit der Arbeiterbewegung etc. habe ich nichts zu tun, kann ich nichts anfangen. Wir haben eine andere Geschichte. Ich finde, man sollte der Frau die Freiheit lassen, dass sie einfach mit Männern als erwachsene Frau nicht schwimmt. Menschenrecht ist auch Religionsfreiheit. Die Frauen zu zwingen, sich auszuziehen, die Frauen zwingen, ihre Hüllen fallen zu lassen... Ich möchte nicht oben ohne rumlaufen. Es ist für mich ohne Kopftuch oben ohne.«

Soll das so weitergehen, dachte ich, dass Kopftuchlehrerinnen kleinen Mädchen diesen Unsinn beibringen: Eine Frau, die ohne Kopftuch geht, geht nackt? Ein Mädchen, das mit Jungen schwimmt, versündigt sich gegen Gott? Es wird so weitergehen. Das Bundesverfassungsgericht hat inzwischen Kopftuch tragenden Lehrerinnen einen Freibrief für die Kopftuch-Präsenz im Klassenzimmer erteilt, im Namen der Religionsfreiheit. Wo aber bleibt die innere Freiheit heranwachsender Mädchen, wie ich sie an der Schule in Nordrhein-Westfalen getroffen hatte? Auch diese innere Freiheit gehört zur Menschenwürde, die zu schützen die deutsche Verfassung sich verpflichtet. Eine Erwachsene, die im Namen der Religionsfreiheit mit Kopftuch auftritt, unterstützt von Islamvereinigungen und deren Rechtsanwälten, ist in einer wesentlich stärkeren, auch seelisch stärkeren Position als eine Heranwachsende gegenüber ihrer Lehrerin. Eine Missionierung verbietet das Bundesverfassungsgericht zwar, aber ist die ostentative Präsenz des Kopftuches einer Autoritätsperson gegenüber Minderjährigen nicht bereits eine Form der Missionierung? Auch wenn die Lehrerin nicht verbal missioniert, kann sie zur Verbreitung des Kopftuchs beitragen, durch dessen Verharmlosung: »Ein Kleidungsstück wie jedes andere.« Welches Mädchen ermisst schon, was das Kopftuch an Weltanschauung und Frauenbild bedeutet? Die Lehrerin weiß es. Deshalb trägt sie es. Neutral ist da nichts. Das Bundesverfassungsgericht hat schon in seinem ersten Kopftuch-Urteil klargestellt, dass auch religiöse Bekleidungsvorschriften unter den Schutz des Artikels 4 fallen – unabhängig von der Frage, inwieweit der Islam die Verschleierung wirklich vorschreibt. Massgeblich sei allein, ob die jeweilige Trägerin diese Vorschrift als für sich verbindliche Regel ihrer Religion betrachtet, so Andreas Wirsching am 12. 08.2016 in der FAZ. Was bedeutet das in der Praxis? Es bedeutet für das Hier und Heute, dass der fundamentalistischen »Landnahme« (Heinz Buschkowsky) Tür und Tor geöffnet sind. Die Religionslehrerin einer Klasse von Vierzehnjährigen des »Lycée Abdelkader«, des größten Gymnasiums von Algier und benannt nach dem Emir Abdelkader, trug übrigens kein Kopftuch, ließ ihr lockiges braunes Haar auf die Schultern fallen, zeigte die Beine vom Knie ab unbedeckt und trug Pumps. Das war Anfang der 90er Jahre. Der Islam verlangt kein Kopftuch. Der Fundamentalismus schon. Rücksicht auf andere ist ihm fremd. Auch im Klassenzimmer. Dass die deutschen Verfassungsrichter ihm dabei recht geben, ist ein Fehler, der uns noch zu schaffen machen wird. Als die deutsche Verfassung entworfen wurde, gab es keinen Islam in Deutschland. Es gab Religionen, die in ihrer Entwicklung mehr oder weniger abgeschlossen waren, übersichtlich, einschätzbar. Das alles ist der Islam nicht. Er ist voller Konvulsionen, innerer Sprengkraft, nirgendwo eindeutig definiert, akzeptiert keine anderen Religionen, bekämpft auch die innere Religionsfreiheit, schert sich nicht um

Minderheitenschutz, verneint die Gleichberechtigung, droht seinen Kritikern den Tod an, kurz, ist schon als normaler Staatsislam alles andere als eine »friedliche, tolerante« Religion wie das Christentum oder andere Religionen. In seiner fundamentalistischen Variante wird er außerdem zur ideologischen Kampfmaschine. Das ist weltweit zu beobachten. Behandelt die Verfassung einen solchen Islam wie die anderen, harmlosen Religionen im Land, verletzt es eine andere Verfassung, die zwar keine juristische, aber letztlich eine genau so wichtige ist: die seelische Verfassung dieses Landes. Die Mehrheit will einen solchen unberechenbaren, mit sich selbst nicht im Reinen befindlichen Islam nicht in staatlichen Institutionen sehen. Sie möchte wenigstens dort von ihm verschont bleiben. Sie fürchtet seinen freiheitstötenden Einfluss. Aufgeklärte muslimische Denker geben der Bevölkerung recht, teilen ihre Ängste, können sie aus den Erfahrungen, die sie in ihren muslimischen Heimatländern machen, bestätigen, warnen die Europäer. Wenigstens im staatlichen Bereich möchte die Mehrheit von ihnen deshalb keiner Autoritätsperson mit Kopftuch begegnen, solange dieses Kopftuch den finsteren Exegeten des Islam als absolutes Siegeszeichen gilt, von Herren wie Erdogan bis hin zu Herren wie al-Baghadi, das sie jeder Frau in ihrem Herrschaftsbereich aufdrängen, die einen durch massive Propaganda, die anderen durch Androhung des Todes. Frau Köhler sagte: »Die Welt ist klein geworden«, und spielte damit auf die Globalisierung an. Eben. Man möge uns also ein wenig Raum lassen ohne dieses Kopftuch. Dass es hierzulande freiwillig getragen wird, ist ja das Beunruhigende.

Michael Müller, Regierender Bürgermeister von Berlin, gab dem Kopftuch 2016 im Wahlkampf enormen Raum: auf grossflächigen Wahlplakaten sah man eine Kopftuchträgerin mit leuchtend rosa Tuch oben an einer Rolltreppe stehen, während ihr Müller auf der Gegenseite unten von der Rolltreppe entgegen blickt. Das Kopftuch beherrscht das Bild, Müller ist ganz klein. »Khomeiny-Müller«, bemerkte eine iranische Bekannte trocken. »Aber euro-kultursensibel«, erwiderte ich, »rosa ist das Kopftuch, zerbrechlich-zart, leicht über die Schulter geworfen statt festgezurrt wie sonst. Von der ideologischen Gewalt, die von Pakistan über Iran und den Sudan bis nach Algerien und Marokko dahinter steckt, ist nichts mehr zu spüren: ein feiner Bär, der den Berlinern da aufgeschwatzt wird.«

Es sind Minderheiten, die sich gegen die (auch muslimische) Mehrheit durchsetzen wollen, notfalls mit Gewalt, wie es schon vor Jahren entsprechende Flugblatt-Drohungen an der Berliner Rütli-Schule bewiesen. Es sind fundamentalistische Minderheiten. Kopftuch und Geschlechtertrennung, wie sie Frau Köhler vertrat, stehen weltweit ganz oben auf der fundamentalistischen Agenda und wurden bereits 1991 von der »Islamischen Heilfront« FIS in Algerien gefordert, deren Ziel die Errichtung einer »Dawla Islamiyya«, eines »Islamischen Staates« war. »El Mounqid« (»Der Retter«), die Zeitschrift der »Islamischen Heilfront« schrieb dazu: »Wenn man unter ›Gemischtheit‹ versteht, dass Frauen und Männer sich begegnen und vermengen können, dann zweifeln wir daran, dass ein mit Vernunft begabter Mann (oder eine Frau) eine derart hassenswerte Sache akzeptieren könnte. Gemischte Strände sind nach der islamischen Erziehung verboten. Es widerspricht der Scham und der Moral, eine Frau sich völlig nackt, in einem zweiteiligen Badeanzug, zur Schau stellen zu lassen, um die europäische Frau nachzuahmen, die oberflächlich ist wie jene bestimmte Sorte Frauen, deren Sittlichkeit sich bekanntlich verflüchtigt hat. Sie tun dies unter dem trügerischen Vorwand, die algerische Frau habe doch sogar am nationalen Befreiungskampf teilgenommen. Sie verliert aber durch solches Verhalten die Authentizität ihres Glaubens, ihrer arabisch-islamischen Persönlichkeit, wird zu einer Entwurzelten und zu einem Lustobjekt. Alles dies widerspricht unseren Werten und unseren edlen und gesunden Traditionen.«

Nach Geschlechtern getrennte Strände seien notwendig, so »El Mounqid«, denn »die Frau ist eine unwiderstehliche Versuchung, vor allem, wenn sie am Strand völlig nackt unter Männern ist. ... Die Promiskuität muss deshalb in unserem Land mit allen Mitteln unterdrückt werden. Um das moralische Niveau unseres Volkes wieder zu heben, muss nach und nach die Scharia praktiziert werden, das einzig radikale Heilmittel. Mögen auch bestimmte Eliten die Moral in allen ihren Feinheiten verinnerlicht haben, die große Mehrheit unserer Massen hat nur eine vage und ungenaue Vorstellung davon.«

»El Mounqid« täuschte sich nicht. Wie »vage und ungenau« die Vorstellung der algerischen »Massen« von der moralischen Überlegenheit der Geschlechtertrennung und des Kopftuches war, konnte ich 1992 mit eigenen Augen vor Ort beobachten. Es war heiß, die Strände waren überfüllt. Im Wasser des Mittelmeeres plantschten junge Frauen und junge Männer – Musliminnen und Muslime – durcheinander. Es schien ihnen Spaß zu machen. Die jungen Frauen trugen normale Badeanzüge oder hatten sich weite Hemden über die nackte Haut gezogen, die auf der Mitte der Oberschenkel endeten und, klatschnass, ihre Körper mit allen seinen Formen bis in die Einzelheiten nachzeichneten, während sie im Wasser herumturnten oder sich gegenseitig bespritzten. Eine Szene des damaligen Strandlebens von Algier werde ich nie vergessen: Im Sand saß eine dunkelhaarige Schöne im roten Bikini, leicht nach hinten gebeugt, ihr langes Haar kämmend und direkt neben ihr verharrte, leicht nach vorn gekauert und verdrießlich auf das glitzernde Wasser schauend, eine junge Frau, bis auf das Gesicht ins weiße Tuch ihres Hidjabs verpackt. »Welches Klischee!«, das mein arabischer Kameramann festhielt, denn es war die Wirklichkeit. Es war eine Momentaufnahme des Islam auf seiner Wanderung Richtung Islamismus. Die Hidjabs waren damals noch in der Minderheit, doch sie wurden mehr. Die »Feinheiten« der islamischen Moral waren noch nicht erdrückend. Es blieb noch einiges zu tun in jenem Algerien Anfang der 90er Jahre, um Geschlechtertrennung, Kopftuch und Körperverhüllung zum Markenzeichen gläubiger Musliminnen zu machen. Doch in den folgenden zehn Jahren leisteten die Islamisten gute Arbeit. Der rote Bikini verschwand.

Die Kopftuch- und Verschleierungspropagandisten verlassen sich darauf, dass die meisten Westeuropäer nie lang genug in muslimischen Ländern gelebt haben, um die Wanderung des Islam Richtung Islamismus mit eigenen Augen beobachtet haben zu können. Der Islamismus-Islam wird von seinen Verfechtern als Ausdruck des Muslimseins schlechthin ausgegeben: Nichts zu ändern, das war schon immer so. Was Gott erlaubt, kann der Mensch nicht verbieten. Basta. Verstanden?

Waren aber jene Algerierinnen, die in den 30 Jahren seit der Unabhängigkeit 1962 das Kopftuch nicht getragen hatten, allesamt ungläubige Musliminnen gewesen, obwohl der Islam seit drei Jahrzehnten Staatsreligion war? Etwa die Arbeiterinnen und Angestellten der »Société Nationale des Véhicules Industriels« SNVI, von denen ich Aufnahmen im Archiv des algerischen Fernsehens entdeckt hatte? Die SNVI in Rouiba bei Algier war die größte Lastwagenfabrik Afrikas. Auf den Filmaufnahmen von ihrer Einweihung 1975 durch Staatspräsident Boumedienne ist unter Hunderten Frauen in der großen Fabrikhalle nicht eine einzige mit Kopftuch zu sehen. Ich ging die Aufnahmen Reihe für Reihe mit der Lupe durch, weil ich sie für einen Bericht in den »Tagesthemen« verwenden und mir nicht von einem muslimischen Verbandsfunktionär nachsagen lassen wollte: »Doch! Da war eines! Das Kopftuch war auch an diesem Ort präsent! Antimuslimischer Eifer hat den Berichterstatter blind gemacht!« Also ging ich die Reihen mehrmals mit der Lupe durch, um auch nicht ein halb hinter einem anderen Kopf verdecktes Kopftuch zu übersehen. Es blieb dabei: kein einziges Kopftuch. Die Frauen in der ersten Reihe waren von Kopf bis Fuß zu sehen. Sie waren in normaler ziviler Kleidung zur Einweihungszeremonie gekommen. Ihre Kleider reichten knapp über's Knie. Von dort an abwärts waren die Beine unverhüllt. Es waren Beine gewöhnlicher Musliminnen. Nicht Beine algerischer Schriftstellerinnen, Filmemacherinnen, Musikerinnen, Malerinnen, Journalistinnen, deren Nichtverhüllung man als Ausdruck »dekadenter Verwestlichung« dieser Spezies von Musliminnen hätte einstufen können. Nein, es waren Beine von Arbeiterinnen, Sekretärinnen, Kantinenköchinnen, Ingenieurinnen, Betriebsärztinnen, Gewerkschafterinnen, Beine von gewöhnlichen Frauen, die bei einem Quasi-Staatsakt vor einem muslimischen Präsidenten unverhüllt zu sehen waren. Kein Donnerschlag ertönte, kein Blitz fuhr vom Himmel, kein Teufel tanzte vor Freude, nur ein Präsident redete und redete, wie immer durch nichts aus dem Konzept zu bringen.

Unmöglich, dass diese vielen Frauen in der großen Halle sämtlich Atheistinnen gewesen sein sollten und dem Islam abgeschworen hätten. »Unislamisch« waren sie nur für die Islamisten, von denen sie in der Folgezeit gezwungen wurden, ihren Glauben nach den Präzepten von »El Mounqid« zur Schau zu tragen. Die Gläubigen von 1975 hatten offensichtlich noch nicht das geringste Bedürfnis danach. Mag der Koran auch das ewige, unveränderliche Wort Gottes sein, diese Bilder zeigten mir, wie unterschiedlich damit umgegangen werden kann, oder, um es ganz einfach und etwas flapsig zu sagen: Der Islam ist machbar, Herr und Frau Nachbar, und zwar in die eine oder in die andere Richtung – in die der Fundamentalisten oder in die der muslimischen Freiheitssucher. Gerade jetzt, wo ein Attentat nach dem anderen dem Fundamentalismus zum Endsieg verhelfen will, sollte das Hoffnung machen!

Fand es die Lehrerin Asiye Köhler unzumutbar, »oben ohne« (ohne Kopftuch) zu gehen, befand der Vorgänger ihres Ehemannes als Vorsitzender des Zentralrates der Muslime in Deutschland, Nadeem Elyas, das »unten ohne« unerträglich, das muslimischen Jungen an deutschen Schulen zugemutet werde. Auch ihn interviewte ich zur Kopftuch-Frage. Nadeem Elyas war unzufrieden: Nicht nur würden Kopftuchgegner das Schamgefühl muslimischer Frauen verletzen, deutsche Schulen verletzten überdies das Schamgefühl muslimischer Jungen, für die es beim Sportunterricht keine extra Umkleidekabinen gebe. Ich verstünde nicht, antwortete ich, an deutschen Schule gebe es doch Umkleideräume für Mädchen und für Jungen. »Aber keine Extra-Kabinen für muslimische Jungen«, entgegnete Nadeem Elyas. Muslimische Schüler müssten sich gemeinsam mit nicht muslimischen deutschen Schülern in denselben Räumlichkeiten für den Sportunterricht umkleiden, wobei die nicht muslimischen Jungen nicht darauf achteten, bestimmte Körperteile vollständig zu bedecken, sodass muslimische Jungen deren Anblick oder Teil-Anblick ausgesetzt seien, was deren Schamgefühl verletze.

Zum Zeitpunkt dieser Interviews, einige Jahre nach der Rückkehr aus Nordafrika, begann mir allmählich zu dämmern, dass es in Deutschland Funktionäre von Islamverbänden gab, die den Islamisten, die ich in Algerien kennengelernt hatte, ideologisch näherstanden als vielen Musliminnen und Muslimen, die ich in Algerien und

Marokko getroffen hatte. Verwundert, um nicht zu sagen mit einer gewissen Bestürzung, merkte ich, dass die Hoffnungen dieser muslimischen Freiheitssucher auf die Herausbildung eines zeitgerechteren Islam in Europa – des von Bassam Tibi propagierten »Euro-Islam« – bei Deutschlands Islamverbänden kein Echo fanden, obwohl diese Verbände hier alle Freiheit haben, »den Islam vom Islamismus zu befreien«, wie es der algerische Schriftsteller Boualem Sansal fordert, eine Freiheit, die es in der islamischen Welt nicht gibt. Nicht in Nordafrika, sondern in Deutschland begann nun die bedrückendste Zeit meiner Begegnung mit dem Islam, deprimierender als in den zehn »schwarzen (Terror-)Jahren« in Algerien. Dass die Fundamentalisten dort alles, was sie für Islamkritik hielten, angriffen und zu vernichten suchten, war nicht verwunderlich. Ihnen gegenüber standen jedoch die muslimischen Freunde, die Freiheitssucher. Dass Islamkritiker aber in Deutschland angegriffen würden, und zwar nicht nur von Islamverbänden und Fundamentalisten, sondern auch von Alt-68ern, Linken und Grünen war ein Schlag, der mich völlig unvorbereitet traf. Das war schlimmer als Nordafrika. Das machte die Sache hoffnungslos. Denn woher, wenn nicht aus Europa, sollte der Widerstand gegen die Islamisierung des Islams in Richtung auf ein alles »Unislamische« bekämpfendes Denksystem kommen? Die Linke aber förderte diese Entwicklung nach Kräften. Es waren allein die Texte von Necla Kelek und Seyran Ates, an denen ich mich damals wie an Rettungsringen im Meer linker und grüner Feindseligkeit festhielt. Diese Islamkritikerinnen waren die Zielscheibe von für mich damals unvorstellbaren Angriffen, hatte ich es doch für selbstverständlich gehalten, dass Linke und Grüne Verbündete der Aufklärung und damit der Islamkritik wären.

Aber nein, Linke und Grüne rannten im Namen der Toleranz auch noch dem letzten Obskurantismus hinterher, gerührt von ihrem eigenen Sich-Schicken ins Unvermeidliche, und rechtfertigten dies zudem noch mit der geschichtlichen Lehre, die es aus Auschwitz zu ziehen gelte: Keine Diskriminierung von niemandem. Was für eine Perversion! Die Toleranz für eine Religion der Intoleranz wurde bis an die Schmerzgrenze strapaziert. Ein Paradebeispiel dafür war der Film »Die Freischwimmerin«, der 2014 in der ARD lief. Hier erreichte die Unterwerfungskultur einen Höhepunkt, der einen Tiefpunkt an Selbstbewusstsein markierte: Verständnis für das Kopftuchtragen einer türkischen Schülerin namens Ilayda auch beim Schwimmunterricht, weil ihr Glaube das so will, Verständnis für deren Weigerung, im normalen Badeanzug am Schwimmunterricht teilzunehmen, Verständnis dafür, dass die Gläubige sich deshalb nicht an die Schulregeln halten kann, Verständnis für ihre Angst, deswegen eine Fünf im Schwimmen einzukassieren, Verständnis dafür, dass die Regelverletzerin androht, deshalb lieber von der Schule abzugehen, Bemühen der Lehrerin, ihr Verständnis durch weiteres Verstehen noch verständnisvoller zu gestalten, indem sie sich nach der Arbeit in Schriften zum Islam vertieft, Bemühen, eine Ausnahmeregelung zu erreichen, denn, so die Lehrerin: »Wenn ich Ilayda nicht helfe, wer dann?« (Vielleicht sie selbst, indem sie sich klarmacht, dass sie sich im Schwimmbad einer öffentlichen deutschen Schule und nicht in einer Moschee befindet? Zu heikel, der Gedanke, zu verletzend für religiöse Gefühle; der Film verzichtet auf eine Erörterung.) Schließlich flehendes Bitten der verständnisvollen Lehrerin an die verständnislose Schülerin: »Könntest du nicht einmal eine Ausnahme machen und einen Badeanzug anziehen?« Nein, die Gläubige droht, sich lieber eine Arbeit zu suchen, als ohne Kopftuch schwimmen zu gehen. In der Tram sitzend, sieht die verständnisvolle Lehrerin die verständnislose Schülerin auf dem Weg zu einer Arbeitsstelle, steigt aus, rennt ihr hinterher und gibt erneut flehentlich zu bedenken: »Du versaust dir das ganze Leben!« Es ist dieses Flehen und Hinterherrennen der Lehrerin hinter einer Muslimin, die bar jeden Verständnisses für die Regeln eines nicht muslimischen Landes ihre religiösen Überzeugungen allerorten durchsetzen möchte, das den Film kennzeichnet. Das Kopftuchtragen dieser jungen Gläubigen und ihr Beharren auf Körperverhüllung selbst im Schwimmbad bleiben dem Film sakrosankt. Kein kritisches Wort über ihr Religionsverständnis zwingt die Schülerin zum Nachdenken. In Zweifel zieht sich nur die deutsche Lehrerin. Der Film schien mir typisch für die Atmosphäre, in der man sich in Deutschland mit dem Islam auseinandersetzt: Hier das Juwel islamischer Gläubigkeit, dort das Schuldbewusstsein der Ungläubigen, diesem Juwel möglicherweise nicht die passende Fassung zu bieten im Rahmen der Religionsfreiheit, die zum Gesetz Allahs in Deutschland wird.

»Das Kriterium der Religiosität ist nicht die Zahl der Gebete, die Länge des Bartes oder das Tragen eines Kopftuches, auch nicht, ob man sunnitisch oder schiitisch ist, ob man zu dieser oder jener Denkschule gehört. Das Kriterium ist, ob man an die Würde, die Freiheit und die Vernunft des Menschen glaubt – also an das Menschsein. Nur so kann der Mensch ein Medium der Verwirklichung von Gottes Liebe und Barmherzigkeit sein«. Diese Sätze stehen im Buch »Gott ist Barmherzigkeit« des muslimischen Theologen Mouhanad Khorchide, der in Münster das »Zentrum für Islamische Theologie« leitet, das muslimische Religionslehrer für den Unterricht an deutschen Schulen ausbildet. Auch die folgenden Sätze stehen in Mouhanad Khorchides Buch: »Die damaligen Götzen erscheinen heute in anderen Formen: Heute werden Gelehrte bzw. Traditionen zu Götzen gemacht. Sie werden verherrlicht, und die Menschen unterwerfen sich ihnen bedingungslos. ... Gott aber interessiert sich nicht für Überschriften wie ›Muslim‹, ›Jude‹, ›Christ‹, ›gläubig‹, ›ungläubig‹ usw. ... Gott sucht nach Menschen, durch die er seine Intention, Liebe und Barmherzigkeit, verwirklichen kann, Menschen, die bereit sind, seine Angebote anzunehmen und zu verwirklichen.«

Mouhanad Khorchide wendet sich in »Gott ist Barmherzigkeit« auch gegen die traditionelle muslimische Religionspädagogik der Angstmacherei: »Eine solche Pädagogik ist Ausdruck einer Diktatur, die im Menschen selbst errichtet wird, einer Diktatur, die sich in erster Linie gegen den Menschen selbst richtet. Denken, geschweige denn kritisches Denken, ist in einem solchen Kontext nicht erwünscht ... All das widerspricht jedoch dem Koran.«

Khorchide schreibt: »Die Scharia ist ein menschliches Konstrukt.«

Als Bundespräsident Gauck am 28. November 2013 das »Zentrum für Islamische Theologie« in Münster besuchte und vor vierhundert Gästen in der Universitätsaula dessen Arbeit würdigte, blieb der Vorsitzende des Zentralrates der Muslime Aiman Mazyek der Veranstaltung demonstrativ fern. Damit aber nicht genug der Missbilligung. Kaum war Khorchides Buch »Gott ist Barmherzigkeit«

erschienen, ließen die vier größten Islamverbände Deutschlands erklären, Mouhanad Khorchide bewege sich nicht auf dem Boden islamischer Theologie. Sie kündigten ein Gutachten an, das dies belegen werde, um seine Absetzung zu erreichen. In dem Gutachten, mit dem die Islamverbände, darunter der Koordinationsrat der Muslime, die Türkisch-Islamische Union der Anstalt für Religion e. V. (DITIB) sowie der Islamrat für die Bundesrepublik Deutschland e. V., die Entfernung Khorchides von seinem Posten als Ausbildungsleiter erreichen wollten, heißt es: »Es scheint sich um eine dem Zeitgeist entgegenkommende Lesart der Heiligen Schrift zu handeln ... Das Buch zielt darauf hinaus, bei einem dem Christentum entstammenden Publikum auf Akzeptanz zu treffen ... Khorchide wirft den Gelehrten vor, sich nicht mit den inneren Werten auseinanderzusetzen und nur nach Äußerlichem zu richten. Anschließend beansprucht er, religiöse Aufklärung bezüglich der inneren Werte zu betreiben. Jedoch wiederholt er die in der islamischen Theologie bereits bekannten und anerkannten Vorstellungen und stellt sie als seine eigenen vor. ... Khorchides Postulat, die Zehn Gebote beinhalteten die einzige Kernbotschaft der Religionen, zeigt, wie sehr er um die Gunst seiner europäischen und majoritär christlich geprägten Rezipienten ringt. ... Die Zitierung von seine Position vermeintlich unterstützenden Belegstellen und die gleichzeitige Auslassung dieser Position entgegenstehender Koranverse zeigt Khorchides Grundtendenz zur Täuschung seiner Rezipienten.«

Als ich Mouhanad Khorchide besuchte, beharrte er auf seinen Positionen: »Die Hauptkritik des Korans am Menschen war: Sagt nicht dauernd, wir vertreten nur das, was wir von unseren Vätern und Großvätern gehört haben, sondern hört euch das Neue an. Vielleicht bringt euch das ein Stück weiter. Bleibt nicht in dieser Starre.«

Das Neue aber konnte Bekir Alboga, Sprecher des Koordinationsrates der Muslime, bei Khorchide nicht erkennen, als ich ihn zum Versuch der Verbände, den Ausbildungsleiter zu entmachten, befragte. Khorchides zweifelhafte, dürftige Theologie disqualifiziere sich vor allem durch eines: Sie gehe am »muslimischen Mainstream« vorbei.

Bekir Alboga: »Also die Streitkultur, das ist nicht das Thema. Sondern wir brauchen eine gute solide Theologie erstmal, die an den

Universitäten aufgebaut wird. Auf der Grundlage dieser guten Basis sollten dann die Meinungen aufeinanderprallen.«

Frage: »Dann ist also Herr Khorchide keine solide Säule?«

Alboga: »Wir brauchen eine solide Säule der islamischen *Theologie!*«

Frage: »Er ist für Sie kein Theologe?«

Alboga: »Er ist Soziologe.«

War dem Koordinationsrat das Zeugnis der Beiruter Imam-Fakultät für Islamische Studien entgangen, das Khorchides Theologiestudium bezeugte? Wieso hatten die vier im Koordinationsrat vertretenen Verbände dann 2010 der Berufung Khorchides zum Leiter des Zentrums für Islamische Theologie dennoch zugestimmt? Um nun plötzlich per Gutachten sein theologisches Denken als unsolide und unwissenschaftlich zu verwerfen? Warum gerade nach Erscheinen des Buchs von Khorchide?

Alboga: »Mit dem Gutachten wollten wir sein Werk verstehen. Wir wollten feststellen, was er gesagt hat, nachdem er mit dieser Aufgabe beauftragt wurde.«

Beauftragt worden war Khorchide von den Verbänden vier Jahre zuvor. Und nun erst wollten sie wissen, was er dachte, mittels eines Gutachtens, das nur dem besseren Verständnis und nicht der Amtsenthebung Khorchides dienen sollte? Dann hätten sie ihn doch nur selbst befragen brauchen. Sie hätten dieselbe Antwort bekommen, die er auch mir gab: »Ich schreibe das, um es nochmal zu betonen, dass es nicht reicht, dass jemand sagt, jetzt bin ich Muslim, jetzt bin ich Christ, ich komme in den Himmel, in die ewige Glückseligkeit, der Rest ist mir egal: wie mein Verhalten ist in der Gesellschaft, wie meine Einstellung ist, wie mein Handeln ist, das ist mir egal. Hauptsache, ich habe die richtige Überschrift.«

Daraufhin Bekir Alboga: »Dann sollten wir ehrlich sein und sagen, wenn jemand ein guter Mensch ist, dann ist er ein guter Mensch. Er muss sich nicht Muslim nennen.«

»Muslimsein« – das Einmalige, Besondere daran schien Mouhanad Khorchide verwässert statt hervorgehoben zu haben, etwa mit der Aussage, die zehn Gebote enthielten die »einzige Kernbotschaft der Religionen«. In der Blütezeit des Islam vom neunten bis zwölften

Jahrhundert, so Khorchide, habe es die heutigen Berührungsängste gegenüber fremdem Denken nicht gegeben. Das war die Zeit, in der der Islam auch Europa bereicherte. Es war die Zeit der Gedankenvielfalt auch im Islam, schreibt er. Ursula Nelles, Rektorin der Westfälischen Wilhelms-Universität Münster, die die Hälfte der Beiratsmitglieder des Islamzentrums stellt – die andere Hälfte stellen die Verbände –, zeigte sich über das Verhalten der Islamfunktionäre gegenüber Khorchide betroffen: »Ich glaube, das ist nicht so antizipiert worden, dass die Verbände das ihnen nach der Verfassung zustehende Recht, Stellung zu nehmen, gleichzeitig dazu benutzen, um – so werte ich das – um die politische Deutungshoheit des Islam in Deutschland zu kämpfen. Das überrascht uns, dass das immer mehr eskaliert.«

Diese Eskalation verunsicherte die Studierenden im Zentrum für Islamische Theologie. Der Konflikt zwischen Khorchide und den Islamverbänden ließ sie um ihre Chancen fürchten, für den Islamunterricht eingestellt zu werden. Sie seien auf das Wohlwollen der Verbände angewiesen, werde ihnen klargemacht. Dem hielt Rektorin Ursula Nelles entgegen: »Wir versuchen den Studierenden deutlich zu machen, dass es der Staat ist, der diese Lehrer einstellt, und dass das mit Sicherheit, so wie die Stimmung im Land ist und wie der Beirat des Schulministeriums aufgestellt ist – der hat ja auch einen Beirat für die Inhalte –, nicht negativ für sie werden wird.«

Die Auseinandersetzung um Mouhanad Khorchide zeigte die gleiche Grundtendenz der Verbände zu einem immobilen, dogmatisch-konservativen, aufklärungsfeindlichen Islam wie die Aussagen der Lehrerin Asiye Köhler und des einstigen Zentralratsvorsitzenden Nadeem Elyas. Sie verdeutlichte, dass von den Islamverbänden nichts zu erwarten ist, um den »Islam vom Islamismus zu befreien«, wie es die muslimischen Aufklärer fordern. Die Verbände werden den »Kopftuch-Islam«, wie ihn der Islamwissenschafter Bassam Tibi nennt, mit Klauen und Zähnen verteidigen – bei jeder Gelegenheit.

Schon 1998 hatte der Großmufti von Marseille, Soheib Bencheikh, sich an die Muslime Frankreichs gewandt, um ihnen den Laizismus zu erklären. Er erteilte als höchster Rechtsgelehrter der 46 muslimischen Gemeinden der Stadt ihren Muslimen sozusagen schon vor 18 Jahren einen »Integrationskurs«, indem er ihnen etwas erklärte, das es in muslimischen Ländern nicht gibt, den Laizismus: »Der moderne Staat hat keine Religion. Dagegen kann er eine oder mehrere Religionen anerkennen; er kann sich verpflichten, sie zu respektieren, aber er kann sich selbst nicht zu einer Religion konvertieren. … Die Anerkennung der Religion darf nicht zu Lasten der existentiellen Entscheidungen von Individuen oder Minderheiten erfolgen, die das Ideal des Islam nicht teilen, denn der moderne Staat repräsentiert alle Bürger gleich und trifft keine Entscheidung in ihren metaphysischen Divergenzen. Diese Enthaltsamkeit des Staates den Religionen gegenüber ist keine Frucht der Verachtung, im Gegenteil bringt diese Nichteinmischung ein Mehr an Respekt zum Ausdruck.«

Das zu begreifen, kann den Flüchtlingen, die in »Rick's Café« Deutschland und Westeuropa Schutz und Hilfe suchen, nicht erspart bleiben. Begriffen aber hatten es beispielsweise jene Flüchtlinge nicht, die im August 2015 im thüringischen Suhl einen Flüchtling verfolgten, weil dieser Seiten aus dem Koran gerissen und in die Toilette geworfen haben sollte. Dass sie sich darüber aufregten, ist nachzuvollziehen, obwohl sich selbst dann mit mehr Zurückhaltung und Souveränität hätte reagieren lassen, anstatt lynchbereit auf den »Ungläubigen« einzustürmen, beseelt von religiösen Gefühlen, die vor nichts Halt machten. Rund hundert Flüchtlinge verfolgten eine junge Polizistin und einige ihrer Kollegen. Sie warfen mit Steinen. Glasgefäße flogen haarscharf an den Ordnungskräften vorbei. Als es zum Prozess kam, meinte einer der Angeklagten, in Afghanistan drohe Menschen, die den Koran schändeten, Gefängnis. Dort säße er nicht auf der Anklage-, sondern auf der Zeugenbank.

Die religiösen Gefühle schienen auch jene Muslime überwältigt zu haben, die nicht ertragen wollten, dass während des Ramadan 2016 Nichtmuslime nicht mitfasteten, sondern auch tagsüber etwas zu essen wünschten. Zeynep Celik, Sozialarbeiterin an einer Berliner Schule, beklagte 2014 die Versäumnisse der Muslimverbände, Klarheit zu schaffen. Das Treiben der radikalen Muslime nehme im Stadtteil Neukölln immer mehr überhand. Wer den Mund aufmache und ein Vorgehen dagegen verlange, werde zum »Islamfeind« erklärt.

Im gleichen Jahr (2014) hieß es in einem behördeninternen Papier über die Zustände an Schulen im Hamburger Stadtteil Mümmelmannsberg: »Schüler werden unter Druck gesetzt, wenn sie kein Kopftuch tragen oder am Schwimmunterricht teilnehmen. Lehrer berichten von religiös motivierter Gewaltandrohung, von Diskriminierung und ständigem Ärger ›wegen des Essens, des Sportunterrichts, der Gebetsmöglichkeiten an Schulen‹ sowie den Inhalten des Religionsunterrichts. Mädchen dürfen plötzlich im Unterricht der Grundschule weder tanzen noch spielen, Schüler fahren nicht mit auf die Klassenreise, in Freundschaftsbüchern findet sich salafistische Propaganda, die besonders radikal ist ...« Man stelle sich vor, es wären Rechtsradikale, die einen derartigen Druck im Namen ihrer Überzeugungen auf Schüler ausübten, die Linke sähe den Faschismus auf dem Vormarsch und würde nach ihrem Lieblingsmotto »Wehret den Anfängen« zu Protestdemonstrationen aufrufen. Doch rechts und reaktionär ist für die deutsche Linke nur, was aus der deutschen rechten Ecke stammt, während der Islam, aus dem Unschuldsbereich der Welt jenseits des Westens kommend, niemals rechts oder reaktionär sein kann. Obwohl er, wenn es beispielsweise gegen die Ehe für Homosexuelle oder den Gender-Unterricht geht, in Frankreich gern mit den reaktionärsten Katholiken und Rechtsradikalen Protestdemonstrationen dagegen veranstaltet oder zum Schulboykott aufruft.

Die deutsche Linke fällt aus, wenn es um die Abwehr reaktionärer Tendenzen geht, die nicht aus Mecklenburg-Vorpommern oder Sachsen stammen, sondern aus Kabul, Kairo, Ankara, Teheran, Riad, Rakka, Algier oder Tanger. Da es dort kein Auschwitz gegeben hat, scheinen der »Islamische Staat«, Al-Qaida und der Wahhabismus weniger aus einer bedrohlichen Tiefenströmung der muslimischen Geschichte zu kommen als der Pegida-Demonstrant in Leipzig, dem die Linke zutraut, den deutschen Faschismus, den sie offensichtlich nur als vorläufig gebannt sieht, wieder in Stellung zu bringen. Pegida und AfD stehen in den Augen der Linken in der Tradition faschistischer Diskriminierungs- und Rassenpolitik. Der saudi-arabische Internet-Aktivist Raif Badawi muss unter Peitschenhieben nachvollziehen, was die deutsche Linke aus dem Dritten Reich gelernt hat.

2010 erhielt der marokkanische Schriftsteller Abdellah Taia für seinen Roman »Der Tag des Königs« in Frankreich den »Prix du Flore«. Der Roman schildert eine homosexuelle Liebesbeziehung. Abdellah Taia ist der erste Intellektuelle Marokkos, der sich als Muslim öffentlich zu seiner Homosexualität bekannt hat. Als, wie eingangs schon erwähnt, der Dekan der Fakultät von El Jadida 2012 eine Vorlesung über Taias Werk genehmigte, wäre er dafür von einer wild gewordenen Horde von Studenten und Predigern um ein Haar gelyncht worden. »Die Fakultät gehört den Studenten und nicht den Homosexuellen!«, brüllten die jungen Leute aus meist gutem Elternhaus und die zusammen mit ihnen vorwärts stürmenden Prediger, als sie den Dekan zu fassen versuchten. In ihren Augen war die Vorlesung über das Werk des homosexuellen Schriftstellers bereits homosexuell: »Meinungsfreiheit heißt nicht Sittenlosigkeit!«, riefen sie. Die Studenten witterten hinter der geplanten Vorlesung »Israel« und den »Zionismus« am Werk, um »diese westliche Krankheit« unter Marokkanern zu verbreiten und die »Reinheit der arabisch-muslimischen Identität« zu beflecken.

»Von da an wollte eine größere Anzahl marokkanischer Schriftsteller nicht mehr mit meinem Namen in Verbindung gebracht werden«, berichtete Abdellah Taia. »Einige haben mir das sogar schriftlich mitgeteilt. Meine Homosexualität war für sie eine Schande, vor der sie sich schützen wollten. Diese Haltung bestimmter marokkanischer Intellektueller, die sich für große Geister halten, hat mich nicht überrascht. Aber sie hat mir weh getan. Was in El Jadida geschah, ist schlimm, aber das Schweigen der marokkanischen Machthaber, der Universitätskreise und des literarischen Milieus ist noch schlimmer. Sie halten es nicht für besonders wichtig, homosexuelle Individualität in Marokko zu verteidigen. Das ist ein Irrtum. Einen arabischen homosexuellen Schriftsteller zu attackieren, um die eigene sogenannte Reinheit zu beweisen, ist das Einfachste von der Welt. Wer in Marokko ist jetzt als Nächster dran? Muss ich daran erinnern, dass eine Gesellschaft erst dann als gerecht anzusehen ist, wenn sie zuvörderst und vor allem ihre in der Minderheit befindlichen Mitglieder verteidigt?«

Man muss auch daran erinnern, dass die Reinheitsbeschwörung der Studenten, Prediger, Universitätsangehörigen und Intellektuellen Marokkos im Namen des Islam erfolgte, der in den Augen der deutschen Linken und der Islamverbände damit »nichts zu tun« hat.

Abdellah Taia zeigte einen Mut, bei dem man sich fragt, welche deutschen Intellektuellen ihn heutzutage aufbrächten, um angesichts einer lynchbereiten Öffentlichkeit gegen ein gesellschaftliches Tabu anzugehen, wie es die Homosexualität in islamischen Ländern ist. Hierzulande ist Homosexualität kein Tabu mehr, dagegen aber der Islam, sobald er mit Homosexuellenfeindlichkeit in Verbindung gebracht wird.

Fürchteten die Kollegen Abdellah Taias in Marokko, ihre Reinheit vor dem Islam zu verlieren, fürchten linke Kreise in Deutschland, ihrer Reinheit als Beschützer fremder Kulturen, insbesondere aber der islamischen, verlustig zu gehen, räumten sie deren reaktionäre Anteile ein. Geht es um den Islam, sind nicht dessen reaktionäre Inhalte reaktionär, sondern diejenigen, die auf sie verweisen. So kritisierte die Schriftstellerin und Journalistin Carolin Emcke auf einer Veranstaltung in der Berliner Schaubühne zum Thema Homophobie in der muslimischen Welt, dass das Verhältnis zur Sexualität zum Lackmustest für die Aufgeklärtheit und Modernefähigkeit einer Gesellschaft und eines Milieus gemacht werde. Islamgegner, so Carolin Emcke, beriefen sich daher in jüngster Zeit auf die Homophobie des Islam, um Ressentiments zu schüren.

Es waren jedoch nicht Islamgegner, sondern die vehementen Islambefürworter der »gemäßigt« islamistischen Regierung Marokkos, die die Homosexualität zum »Lackmustest« machten. Kaum hatten Unterstützer Abdellah Taias in einem Video zur Entpönalisierung der Homosexualität im Königreich aufgerufen, hieß es seitens der Regierung von der »gemäßigt« islamistischen »Partei für Gerechtigkeit und Entwicklung« PJD: »Gesetzesbruch«, »Verletzung der religiösen Grundlagen Marokkos«, »Angriff auf unsere Verfassung, die den Islam als Staatsreligion festschreibt«, »Destabilisierung der marokkanischen Gesellschaft«. Amina Maa Elainine, eine junge PJD-Abgeordnete mit streng gebundenem Kopftuch, kriegte sich kaum noch ein vor Empörung über diesen »Angriff auf das muslimische Wertesystem«. Die Verteidigung von Rechten für Homosexuelle überschreite eine rote Linie. Wie um dies zu unterstreichen, wurden gleichzeitig sechs Männer wegen angeblich »homosexueller Praktiken« im Provinznest Fqih Bensaleh zu ein bis drei Jahren Gefängnis ohne Bewährung verurteilt. Die »Islamgegner«, die sich nach Meinung Carolin Emckes auf die »Homophobie des Islam« berufen, »um Ressentiments zu schüren«, kommen aus dem Staatsislam selbst. Sie »schüren« die »Ressentiments« nicht nur, sie machen aus ihnen Gesetze, um Menschen ins Gefängnis zu werfen. Gnadenlos. An der Reaktion Caroline Emckes jedoch, die für weite Kreise der Linken steht, wenn es um den Schutz des Islam vor jeder Kritik geht, zeigt sich auch diesmal: Er darf keine reaktionären Flecken bekommen, er darf, auch wenn es um die Unterdrückung und Verfolgung von Minderheiten geht – sonst stets ein Anliegen der Linken – nicht ins Visier geraten.

Im Gegensatz zur deutschen Publizistin Carolin Emcke beschuldigt der muslimische Schriftsteller Abdellah Taia niemanden, »Ressentiments zu schüren«, der in dem Verhältnis der muslimischen Gesellschaft zur Sexualität einen »Lackmustest für ihre Modernefähigkeit« sieht. Für ihn bedeutet Kritik am Islam diesbezüglich nicht, »Ressentiments zu schüren«, sondern Muslime vor den Ressentiments zu schützen, die im Namen des Islam geschürt werden. Warum richtete Carolin Emcke ihren Vorwurf des Schürens von Ressentiments nicht gegen den Islam, unter dessen Homophobie Millionen homosexueller Muslime und Musliminnen leiden? Wann endlich begreifen Linke wie sie, dass Kritik am Islam Schutz für Muslime bedeutet, nicht Angriff auf sie? Wann werden Linksintellektuelle die Sache endlich einmal umdrehen und nicht länger fragen, ob ein Abdellah Taia islamophob ist, sondern fragen, warum der Islam Taia-o-phob ist? Warum ist ihnen der Islam stets sakrosankter als das Leben eines vom Islam verfolgten Menschen? Wann werden sie fragen, warum der Islam in 1400 Jahren nicht zu einer Erkenntnis gekommen ist, die der marokkanische Schriftsteller in 41 Lebensjahren gewinnen konnte? Warum ist der deutschen Linken das Menschen- und Weltbild des Korans schutzwürdiger als das eines Menschenfreundes wie Abdallah Taia? Weil sie »Muslime nicht diskriminieren« wollen? Welche Muslime wären das?

In Larache, dem kleinen Fischerhafen an Marokkos Atlantikküste, achtzig Kilometer südlich von Tanger, verbrachte Jean Genet die letzten zehn Jahre seines Lebens. Hier steht sein Haus, hier wurde er 1986 begraben. Der Ort profitiert von den Touristen, die deshalb hierher kommen. Über Genets Homosexualität möchten die Einwohner nicht sprechen: »Die Religion verbietet das.« Als es während des Arabischen Frühlings auch in Larache Demonstrationen gegen Marokkos absolute Monarchie gab, wurde dabei ein als »gay« bezeichneter Jugendlicher von Umstehenden fast gelyncht. Daraufhin veranstalteten linke marokkanische Aktivisten einen Marsch für die Rechte der Homosexuellen, obwohl einige aus ihren Reihen von einer öffentlichen Debatte über das Thema abgeraten hatten: »Die Gesellschaft verurteilt, was sie sieht, aber solang du dich diskret verhältst, lässt sie dich machen«, war ihr Argument. Ähnlich argumentierte auch die muslimische Schriftstellerin und Journalistin Hilal Sezgin während der oben erwähnten Debatte in der Berliner Schaubühne über Homosexualität und Islam: »Wenn man mit seiner Familie Kontakt halten will, muss man ihr ja nicht alles sagen.« Dieses vorsintflutliche Versteckspiel aus Angst vor dem Islam macht ein Abdellah Taia nicht mit. Er ist davon überzeugt, dass der Arabische Frühling, wenn auch (außer in Tunesien) von den Islamisten politisch besiegt, geistig in seinen Zehntausenden von jungen Protagonistinnen und Protagonisten überlebt und einen »Wandel der Mentalitäten« in Gang gesetzt hat: »Genet wird eines Tages bei uns ein Heiliger sein.« Dann erst wird der »Lackmustest für die Aufgeklärtheit und Modernefähigkeit« des Islam überflüssig.

7. Amina oder der nackte Widerstand

Amina Tyler, eine junge Tunesierin, mit wahrem Namen Amina Sboui, hatte 2013 auf ihren nackten Busen geschrieben: »Dieser Körper gehört mir. Er ist niemandes Ehre« und als Foto auf Facebook veröffentlicht. Nackte Brüste als Befreiungsakt, um die angesammelte Schicht schmutziger Blicke frustrierter junger Männer loszuwerden: nackter Widerstand. Jetzt blitzte auf, was da täglich beschmutzt wurde. Eine Sintflut von Beschimpfungen ergoss sich über die junge Frau. Dann griff Abdelwahab Meddeb zur Feder, Sohn eines großen Theologen der im neunten Jahrhundert gegründeten islamischen Zitouna-Universität von Tunis. In »Le Monde« vom 13. Juni 2013 forderte er »Solidarität mit Amina«: »Wenn wir diesen Kampf gewinnen, wird die Welt gewinnen, wenn wir verlieren, wird mit uns die Welt verlieren.« Meddeb verlangte die sofortige Freilassung der jungen Muslimin, während ein salafistischer Prediger und ein wütender Mob ihre Steinigung forderten. Kein Islam-Funktionär in Deutschland, kein deutscher Intellektueller, kein Grünen-Politiker, sonst bei Menschenrechtsverletzungen immer gleich zur Stelle, hatte sich damals dem Aufruf des Islamgelehrten angeschlossen.

Abdelwahab Meddeb gab dem Satz »Dieser Körper gehört mir. Er ist niemandes Ehre«, den Amina in Arabisch auf ihren Busen geschrieben hatte, eine Dimension, wie sie ihm nur ein Muslim geben konnte, der das menschenrechtliche Elend muslimischer Gesellschaften zur Kenntnis nimmt: »Ihre Handlung beruft sich auf den habeas corpus [»Sei Herr deines Körpers«]. Amina will mit ihrer Geste dem Grundrecht, frei über den eigenen Körper zu verfügen, zum Durchbruch verhelfen. Ihre Handlung ist eine des Subjekts ... Das souveräne Individuum ist nicht länger der Knechtschaft der Gemeinschaft unterworfen.« Abdelwahab Meddeb hob das Revolutionäre an der Geste der jungen Tunesierin hervor: »Zu ihrer Forderung nach Achtung des habeas corpus kommt die nach Gewissensfreiheit, die die Islamisten sich weigern, in den tunesischen Verfassungsentwurf aufzunehmen. [2013 waren in Tunesien die Muslimbrüder von »Ennahda« an der Macht.] Die Geste Aminas bewegt sich im Herzen eines historischen Moments, den Tunesien erlebt. Ihr Bestreben ist es, gegen die arabische Norm der ›awra‹ anzugehen, jene Norm, die das Verschleiern des weiblichen Körpers unter dem Vorwand bestimmt, er rufe die ›fitna‹ hervor, jene Verführung, die durch den durch sie ausgelösten Aufruhr Unordnung in das Gemeinwesen bringt. Eine solche Haltung muss entweder dazu führen, den Islam aufzugeben oder aber ihn so zu interpretieren – und das ist die Interpretation Amina Tylers –, dass er sich der Evolution der Sitten anpasst. Diese Interpretation nimmt dem Islam den patriarchalischen Boden, auf dem die Frauen unterdrückt werden und den Amina ablehnt, indem sie sich weigert, ihren Körper jener Ehre zu überlassen, deren Wächter die ihr durch das Blut verbundenen männlichen Wesen sind.«

In wenigen Sätzen hatte der Islamologe das Wesen des Kopftuches, das in Wirklichkeit Bedeckung der Frau bis zu den Knöcheln bedeutet, vom Gesicht abgesehen, auf den Begriff gebracht: Es ist das Bekenntnis, ob freiwillig oder erzwungen, dass der weibliche Körper nicht der Frau, sondern den Männern ihrer Gemeinschaft gehört. Es signalisiert den Besitzanspruch der Umma auf deren Körper und stigmatisiert ihn zugleich als Gefahr, die durch Verhüllung unter Kontrolle gebracht wird. Den Kritikern Aminas begegnete Meddeb mit einer Überraschung: »Den vielen, die meinen, dass die politische oder künstlerische Inszenierung der Nacktheit ein Eindringen der westlichen Gesellschaft ist, werde ich die Augen öffnen. Ich lade Sie ein, sich an dem Gemälde ›Shirin im Bad‹ zu erfreuen, das Sultan Mohammed in Tabriz gegen 1540 komponierte, um eine Episode der ›Khamseh‹ des Dichters Nizami zu illustrieren: Oberkörper nackt, die Brüste unter den herabfallenden Zöpfen entblößt.«

Schaut man sich das von Meddeb erwähnte Bild aus dem 16. Jahrhundert an, tut sich eine unverschleierte muslimische Welt auf: ein Bach, eine Zypresse, ein zarter Blütenbaum, und rechts davon, auf einem eleganten weißen Pferd ein Mann mit weißem Turban, den

Finger fragend an den Mund gelegt angesichts der Schönen, die links von Zypresse und Blütenbaum freundlich dem Reiter entgegenblickt, mit nacktem Oberkörper und langem schwarzem Haar, dessen zwei enge zopfartige Strähnen die nackten Brüste kaum bedecken. Sie hat ihre Kleidung über einen Ast des Blütenbaums gehängt. Daneben steht ihr schwarzes Pferd, nicht minder schön als das des Ankömmlings. Alles hell, nichts grell. Die Farben – Ocker, Hellbraun, Rot – sind weich, die Linienführung der Äste, der langhalsigen Pferde und der Gestalten von Reiter und badender Frau so fein, dass alle Atmosphäre von Gewalt, Verachtung, Unterwerfen und Unterwerfung fehlt. Gleichwertig alles, die Bäume, die Tiere, der Mann, die Frau. Es gibt keinen Unterschied.

Abdelwahab Meddeb erinnert in seinem Aufruf »Solidarität mit Amina« an ein gleichfalls im 16. Jahrhundert entstandenes und ebenso berühmtes Gemälde. Es zeigt Gabrielle d'Estrées, die Geliebte Heinrichs IV., mit Brüsten, wie sie nackter nicht sein könnten. Das Bild hatte den Dichter Agrippa d'Aubigné begeistert: »Wie wunderbar diese Frau, von deren extremer Schönheit nichts Laszives ausgeht.« Dem Wort des französischen Betrachters fügte Abdelwahab Meddeb, der muslimische Betrachter, hinzu: »Das Gleiche kann man von Amina sagen und damit jenen eine Antwort erteilen, die ohne Urteilsvermögen Nacktsein mit Sex gleichsetzen.«

Auch damit hatte Meddeb ins Schwarze getroffen: In der muslimischen Welt ist die Schönheit weiblicher Nacktheit kein Wert an sich. Deshalb würde eine Venus von Botticelli dort ebenso verhüllt, wie im Vatikan noch bis vor einiger Zeit nackte Skulpturen zugehängt wurden, um einen hohen Besucher aus dem Iran nicht zu kränken. Deshalb die Bezeichnung von Frauen in Röcken, mit nackten Armen oder mit Ausschnitt als »Schlampen« und »Huren«. Deshalb die Selbstverständlichkeit, mit der die jungen Männer in der Silvesternacht von Köln auf Frauen zugriffen. Das Kopftuch, bzw. die Verhüllung, erklärt die Frau zum Geschlechtsorgan auf zwei Beinen. Enthüllt sie etwas von ihrem Körper, enthüllt sie ihr Geschlecht, outet sie sich als »schamlos« und muss mit entsprechender Behandlung rechnen. Das Kopftuch, indem es die Frau verhüllt, offenbart ein männliches Bild von ihr, das sexistischer nicht sein könnte. Die Burka oder der Niqab sind nur zugespitzte Varianten dieses vom Kopftuch verkörperten Sexismus. Im Kopftuch aber drückt sich das Prinzip dieses Frauenbildes aus, es ist daher auch keineswegs harmloser als Burka und Niqab, im Gegenteil, es ist die Grundlage für dessen Derivate.

Agrippa d'Aubigné pries die nackte Schönheit einer Gabrielle d'Estrées in einem damals tief religiösen Frankreich. Wo waren vier Jahrhunderte später in der muslimischen Welt die Stimmen, die die Schönheit von »Shirin im Bad« priesen, das Werk eines Sultans? Oder die Schönheit der Geste einer Amina Tyler aus Tunis? Stattdessen: »Steinigt sie!« Die das riefen, haben zumindest in Tunesien derzeit politisch verloren. Aber ihre Freunde haben sich gerächt, am Strand von Sousse, dem »Bordell«, wo es ihnen zu nackt zuging und sie 38 Personen erschossen. Zur gleichen Zeit, als Salafisten-Horden in Tunesien die Steinigung Aminas forderten, hängte die Volkshochschule in Berlin-Hellersdorf »mit Rücksicht auf Muslime« sechs Aktbilder der Künstlerin Susanne Schnüffel ab, die harmloser, zarter nicht hätten sein können, da »Muslime sich bei ihrem Anblick unangenehm berührt fühlen könnten«, so der stellvertretende Volkshochschulleiter. Kein Blick auf die Bilder, kein Blick auf die Zusammenhänge. Nedjma, eine jungen Mitarbeiterin im Kulturzentrum von Algier, sah diese Zusammenhänge schon 1991, als ich sie fragte, warum die Islamisten auf die Verhüllung der Frau drängten: »Weil die Frau für sie gefährlich ist.«

22 Jahre bevor Amina Tyler in Tunis »Mein Körper gehört mir« auf ihren Busen schrieb, malte die Kunststudentin Nadia S. ein Bild, das leicht abstrakt, aber erkennbar Frauen in einem Hammam zeigte, die nur ein Handtuch um die Hüften trugen. Das Thema ihres Kurses war der »Umgang mit dem weiblichen Körper bei den Griechen, den Römern, im Christentum und im Islam«. »Ich könnte in einer entsprechenden Gesellschaft auch nackt gehen, das würde mich nicht genieren«, sagte sie. In Algier begannen Islamisten gerade, die Spiegel in den Dampfbädern zu zerschlagen, da das Betrachten des eigenen nackten Körpers Sünde sei. Nach einer Ausstellung ihrer Frauen-Bilder zwei Jahre später erhielt Nadia Todesdrohungen. Sie ist nach

Frankreich geflohen. Der Direktor der Kunsthochschule wurde erschossen, als er eines Morgens das Gelände der »Ecole des Beaux Arts« betrat. Sein ihn begleitender Sohn wurde mit erschossen. Deshalb verbietet es sich, in Deutschland Aktbilder abzuhängen, um Muslime nicht zu »beleidigen«.

Die einzige Deutschlehrerin des »Lycée Abdelkader«, des größten Gymnasiums von Algier, hatte nur einen Deutschschüler und unterrichtete ihn deshalb in der Schulbibliothek, die sie zugleich betreute. Auf der großen Tafel stand mit Kreide auf Deutsch: »Die Partei der Grünen will die Natur schützen«, als ich Madame Boumidha im Sommer 1991 aufsuchte. Sie steckte in üppigem braunem Tuch, das bis zu den Füßen reichte und nur das Gesicht frei ließ. Die pausbäckige Frau um die Dreißig strahlte mich voller Wohlwollen an und sprach ein phantastisches Deutsch. »Der einzige Nachteil des Hijab ist, dass man nicht merkt, wenn man dicker wird«, sagte sie auf meine Frage, ob ihr nicht zu warm sei, während der Schüler sich trollen durfte. Eine Frau, die in so lockerem Tonfall über einen so heiklen Stoff reden konnte, schien mir ein Glücksfall. Wir verabredeten uns für den nächsten Morgen zum Interview. Als ich mich erhob, berührte Madame Boumidha mich am Arm – keine selbstverständliche Geste für Hijab-Trägerinnen, die Männern öfter auch mal nicht mal die Hand gaben – und fragte: »Stimmt es, dass es seit der Wiedervereinigung in der Ex-DDR so viele Pornoläden gibt?« Und ob es zutreffe, dass in den Pornofilmen keinerlei Schamgrenzen eingehalten würden? Ich antwortete mit geringer Sachkenntnis, hatte ich in Algerien doch von der Zeit nach der deutschen Wiedervereinigung nichts mitgekriegt, und erzählte von Beate Uhse und war gerade dabei, mich auf den Reiz des Verbotenen herauszureden, als mich jemand an der Schulter packte und im Befehlston sagte: »Sie beenden sofort dieses Gespräch! Sie verlassen sofort diesen Raum!«

Ohne dass ich es bemerkt hatte, war ein etwa 25-jähriger Mann in die Bibliothek gekommen, hatte sich hinter uns gestellt und zugehört. Der krause Backenbart sprießte ihm nur schütter in eher welken Fäden. Der Mann konnte nur die Worte »Sexualität« und »Porno« verstanden haben, denn Madame Boumidha und ich unterhielten uns auf Deutsch. Ich sagte: »Madame Boumidha hat mir eine Frage gestellt, und es wäre sehr unhöflich, ihr nicht zu antworten. Solange mir Madame Fragen stellt, werde ich Madame antworten.« Doch Madame stellte keine Fragen mehr. Wir verabschiedeten uns und machten für das Interview acht Uhr am nächsten Morgen aus. Am nächsten Morgen aber war die Bibliothek leer. »Madame Boumidha ist die Treppe hinuntergefallen und hat sich ein Bein verletzt«, erfuhr ich im Lehrerzimmer. Beim Verlassen der Schule sah ich eine Gruppe bärtiger Lehrer im Schulhof tuscheln und zu meinem Kameramann und mir herüberspähen. »Aha!«, dachte ich, näherte mich tags drauf – unangemeldet – wieder um acht der Bibliothek, öffnete – während der Kameramann die Kamera laufen ließ – die Tür, und siehe da, Madame Boumidha stand an der Tafel, putzmunter ihren einzigen Schüler unterrichtend.

»Guten Morgen«, sagte ich.

»Guten Morgen«, erwiderte sie freundlich.

»Wie geht es?«, fragte ich.

»Gut«, sagte sie, »aber ich habe großes Mitleid mit Ihnen, weil ich Ihnen das Interview nicht geben kann.«

»Warum nicht?«

»Darüber kann ich leider nicht sprechen. Aber ich kann Ihnen das Interview leider nicht geben. Glauben Sie mir, ich habe großes Mitleid mit Ihnen.«

»Und ich habe großes Mitleid mit Ihnen, weil man Sie daran hindert, Ihr Versprechen zu halten«, erwiderte ich.

»Ich weiß, aber ich kann jetzt nichts mehr sagen. Bitte verstehen Sie mich.«

Zwei Monate später packte mich in der Kasbah von Algier wieder jemand von hinten an der Schulter: »Sie haben sie doch gefilmt, gegen ihren Willen!« Es war der junge Mann mit dem schütteren Islamistenbart.

»Gegen ihren Willen? Gegen ihren Willen hat Frau Boumidha das Interview nicht geben dürfen. Das war gegen ihren Willen!«, erwiderte ich.

»Aber Sie haben sie gefilmt!«, erwiderte der Mann wütend.

»Woher wollen Sie das wissen?«

»Wir haben die Kassette Ihrer Sendung bekommen. Wehe, Sie tun so etwas noch einmal!«, und schon war der Unbekannte in der Menge verschwunden.

Damals lernte ich, dass hinter dem Kopftuch Männer stehen, dass das Kopftuch nicht der Lust und Laune dieser oder jener Frau entspringt, sondern Teil eines fundamentalistischen Gesellschaftsprojektes ist, und dass die Männer, die es betreiben, international vernetzt sind. Ich berichte das, nicht um in alten Erinnerungen zu kramen, sondern um vor ähnlichen Entwicklungen im Deutschland von heute zu warnen. Das Kopftuch ist kein »Stück Stoff wie jedes andere«.

Das Kopftuch symbolisiert nicht nur ein Frauenbild, sondern auch ein Menschenbild, das dem westlichen zumindest seit der Renaissance völlig entgegengesetzt ist. Es steht für ein hermetisch geschlossenes Menschenbild, das sich nicht mehr transzendiert. Alles in ihm ist geregelt und gehorcht festen Gesetzen. Das Geheimnis des Menschen besteht jedoch darin, dass es keine erschöpfende und ewig gültige Definition seiner Natur und seines Wesens gibt und geben kann, denn der Mensch ist das einzige Geschöpf dieser Welt, das sich fortwährend selber transzendiert und im Augenblick, da er eine erschöpfende Formel seiner Natur gefunden zu haben glaubt, eben diese Formel zum Gegenstand seiner Selbstreflexion macht und sie damit wieder ins Ungewisse auflöst. Dieses Offene des Ungewissen wird durch das Kopftuch förmlich abgeschnürt und deshalb wirkt es selbst auf den wohlwollendsten westlichen Betrachter, der sich nach Kräften bemüht, es im Namen der Religionsfreiheit zu mögen und es als »Bereicherung« zu empfinden, so erstickend. »Islamisierung« bedeutet in diesem Fall die Absage an jede Form der Transzendierung des jeweils Seienden als eines Vorübergehenden, das immer neuen, »aufgeklärteren« Vorstellungen weichen muss. Dieser Grundtendenz westlichen Denkens setzt jedes Kopftuch ein sichtbares Stoppschild entgegen, so wie es auch der derzeitige Islam insgesamt tut. Seine transzendentale Immobilität und das westliche Transzendieren des Hier und Jetzt vertragen sich nicht. Es ist diese innere Unbeweglichkeit, die den Islam derzeit – und man traut sich dies kaum zu sagen angesichts seines Aktionismus, der immer blutigere Formen annimmt – so langweilig macht.

Auf dem weiten Pausenhof des Lycée Abdelkader trug damals etwa die Hälfte der Mädchen rosa, grüne, braune, weiße, blaue Hijabs, die andere ihr glänzendes Haar offen, oft als hochgesteckte Strudel. Die meisten plauderten freundschaftlich miteinander. Doch von Jungen bekam ich zu hören: »Die Mädchen müssen Kopftuch tragen. Wir wollen nicht, dass sie so werden wie eure Vagabundinnen im Westen«, bemerkte ein 14-Jähriger mit erstem Bartflaum. Ein 15-Jähriger: »Der Hijab ist gut für die Frau, weil Gott es so gesagt hat. Also ist er Pflicht. Einem Mädchen, das sagt, ich werde ihn später anziehen, wenn ich heirate, dem sage ich: Nein, den Hijab muss man ab zwölf Jahren anziehen.« »Ich bin total dagegen«, rief eine Schülerin, die bisher im Hintergrund zugehört hatte. »Das Wichtige ist, was man im Kopf hat, und nicht, was darauf. Nicht um Äußerlichkeiten sollten wir uns kümmern, sondern darum, wie wir aus unserem Land etwas machen können, und zwar auf fortschrittliche Weise.« Das Mädchen sprach schnell, aufgeregt, als habe es Angst, mit seinen Worten nicht zu Ende zu kommen. Dann fügte es hinzu: »Wir sollten uns mit der Idee befreunden, dass wir alle gleich sind, ob Muslime oder Christen. Wir sind alle menschliche Wesen.«

Keiner und keine der Umstehenden sagte etwas dazu. Es gab nicht einmal ein zustimmendes Kopfnicken. Muslime und Christen auf die gleiche Stufe zu stellen, schien selbst auf diesem so tolerant wirkenden Schulhof des Algier von 1991 nicht angesagt. Jedenfalls wagte sich niemand, diesem Gedanken vor den anderen beizupflichten. »Wir sind für Demokratie«, sagte das Mädchen nun, »sei sie islamisch oder etwas anderes...« »Nein, nein und noch einmal nein!«, unterbrach sie ein etwa 17-Jähriger. »Wir wollen keine westliche Demokratie. Das, was Gott gesagt hat, muss unsere Richtschnur sein. Unsere Demokratie ist der Islam. Die Partei, die uns sagt, dass sie auf Seiten des Islam ist, ist unsere Partei. Und die Partei, die uns sagt, kein Islam, von der wollen wir nichts wissen.« Schon die Nervosität, mit der die »Fortschrittliche« zuvor gesprochen hatte, schien ein Zeichen dafür, dass ihre Meinung in der Minderheit war und dass sie diese möglicherweise nur im Schutz der fremden Kamera zu äußern gewagt hatte. Ein Mädchen im weißgrauen Hijab trat hinzu. In ihrem blassen Gesicht fielen die großen dunklen Augen umso mehr auf. Sie sprühten in einer Mischung aus Mitleid mit dem unwissenden Fremden und aus Angriffslust: »Jede Muslimin muss dieses Kleidungsstück, den Hijab, tragen, mein Herr. Seien Sie willkommen und seien Sie überzeugt, dass der Islam die Religion der Toleranz ist.« Fünfzehn Jahre später hörte ich ähnliche Antworten, als ich wieder einen Film über das Kopftuch drehte, aber diesmal in Deutschland, in der Berliner Rütli-Schule, deren Direktorin Brigitte Pick Todesdrohungen erhielt, sollte sie es wagen, etwas gegen das Kopftuch-Tragen zu unternehmen.

»Auch im kulturellen Bereich wird ein politischer Kampf geführt«, schrieb der algerische Schriftsteller Kateb Yacine, dessen Roman »Nedschma« zur Weltliteratur gehört, bereits 1983 in der algerischen Kulturzeitschrift »Voix Multiples«: »Wir haben gesehen, was die Muslimbrüder jüngst angerichtet haben, wie ihre Studentenheim-Komitees Terror verbreiten, Mädchen angreifen. Sie gehen sogar so weit, Frauenarbeit mit Prostitution gleichzusetzen. Schuld ist die ideenmäßige Leere; man stürzt die algerische Jugend in einen wahren Abgrund. Wo sie nichts anderes findet, treibt es diese Jugend in die Moscheen, sie wird zu Anhängern der Muslimbrüder. Noch hat sie ihren kritischen Geist nicht verloren, hat Durchblick. Als wir noch die echte Unterstützung des Kultusministeriums hatten, eine totale, vorbehaltlose Unterstützung und in keiner Weise zensiert wurden, standen die Muslimbrüder überall, wo wir hinkamen, völlig lächerlich da, sie wurden zu der kläglichen Minderheit, die sie sind. Wir haben das in Algier erlebt, in Bab Ezzouar [Fakultät in Algier], in El Harrach [Vorort von Algier, später Islamisten-Hochburg], in Constantine [später gleichfalls eine FIS-Hochburg] – überall. Wo immer wir auftraten, standen die Muslimbrüder lächerlich da und wussten nicht weiter. Ganz zufällig kehrte die Leere zurück, als wir ins Abseits verbannt wurden, nach Sidi Bel Abbès [Sahara] ... Wie kommt es«, fragte Kateb Yacine, »dass das Fernsehen keine verständlichen Wissenschaftssendungen bringt, die den Leuten klarmachen, dass Regen, Donner und viele andere Naturphänomene eine natürliche Erklärung haben? Wie kommt es, dass die Muslimbrüder unwidersprochen die Islamische Republik für Algerien fordern und ein Vierzehn-Punkte-Dokument dazu vorlegen dürfen? Diesen Text hätte man in ganz Algerien verbreiten und in allen Schulen zur Diskussion stellen müssen, um zu zeigen, wes Geistes Kind die Muslimbrüder sind. Das ist es, was man tun muss, will man sie ideologisch wirklich bekämpfen. Doch bei uns bekämpft der Staat sie auf heuchlerische Art und Weise – halb Feige, halb Weintraube –, weil er sich selber der Religion bedient und dadurch zum Komplizen wird. Es musste erst zu den Handgreiflichkeiten auf der Buchmesse in Algier kommen, ehe die Verantwortlichen das begriffen. Die kulturelle Wüste, sollte es sie wirklich geben, ist eine künstliche Wüste. Es ist die Wüste der Bürokraten und Parasiten, die sich in der Kultur breitmachen ... Man muss sich also nicht wundern, dass das, was im Fernsehen kommt, schlecht ist. Was rausgeschnitten wird, ist das, was gebracht werden müsste, weil, was kitzelt und was kratzt, interessiert und Fragen aufwirft. In Algerien macht man die Beziehung zum Publikum kaputt ...Wir werden von der Last nichtssagender, rein formaler Beziehungen des Staates zum Bürger erdrückt und enden in einer totalen ideenmäßigen Leere, deren Ergebnis der Rückzug in die Moschee, in die Arme der ›Brüder‹ ist.«

Vieles an diesem Text, seien es die Worte über den Terror gegen Frauen, den Umgang der Politik mit dem Islam oder den der Medien mit Islamkritik, ist 33 Jahre später auch für den Umgang mit dem »Islam, der inzwischen auch zu Deutschland gehört«, bedenkenswert.

1984, ein Jahr nach diesen Worten Kateb Yacines verabschiedete das Parlament der algerischen Einheitspartei FNL ein Scharia-inspiriertes Familiengesetz, das die Algerierin zum abhängigen Anhängsel ihres Ehemanns machte. Eine Bekannte, eine Deutsche in Algier, erfuhr, was der Einfluss der Scharia auf die Frauengesetzgebung bedeutete. Sie war mit einem erfolgreichen algerischen Künstler verheiratet. Nach einem Autounfall ihres Mannes wollte die Polizei diesen gerade als tot wegschaffen, als sie am Unfallort eintraf und sich dem widersetzte. Sie hatte in dem blutigen Klumpen, der da lag, noch Leben gespürt und orderte über ihre Versicherung ein Rettungsflugzeug nach Algier an, um den scheinbar Toten über das Mittelmeer in ein französisches Krankenhaus fliegen zu lassen. Die Frau, eine junge Lehrerin, hatte es geschafft, algerische Behörden daran zu hindern, ihren Ehemann ins Leichenschauhaus abzutransportieren, sie hatte es geschafft, in Windeseile einen Flug ins bürokratisch komplizierte Algier zu ermöglichen, schaffte aber eines nicht, als sie mit dem behördlicherseits für tot gehaltenen Körper ihres im Koma liegenden Mannes am Flughafen Algier eintraf: die beiden gemeinsamen Kinder mitzunehmen auf den Flug. »Für die Ausreise der Kinder brauchen Sie die Einwilligung Ihres Ehemannes«, wurde der Ehefrau beschieden. »Sie sehen doch, dass er die nicht geben kann!«, erwiderte sie und musste die Kinder zurücklassen. Es war kein Islamismus, der das befahl, es war ein ganz normaler, ordentlicher, von den offiziellen Instanzen abgesegneter Staatsislam, der das entsprechende Gesetz hervorgebracht hatte.

»Ich habe keinen Text gefunden, der die Frau verpflichtet, sich das Haar zu bedecken. Der Kampf, den die Muslime für das Tragen des Schleiers führen, betrübt mich, denn er vermittelt ein negatives Bild von der Art und Weise, wie der Islam die Frau wahrnimmt«, so Tareq, der Imam von Bordeaux in einem Interview für die französische Wochenzeitung »L'Express«. Der französische Imam und Islamgelehrte marokkanischer Herkunft tritt für einen weniger »ins Auge fallenden« Islam ein, für eine »diskrete Sichtbarkeit« und ruft zu einer Anpassung der rituellen Praktiken an die Realitäten einer nicht muslimischen Gesellschaft auf. »Diese Tendenz, alles zu ritualisieren, bringt bestimmte Gläubige dazu, mehr über die Praxis als von Gott zu sprechen«, bedauert er. Der Sohn eines marokkanischen Lehrers, erzogen in muslimischer Tradition, aber auch in Berührung mit der westlichen Moderne, zögert nicht, sich mit den »Ignoranten« anzulegen, »die heute bestimmen wollen, was orthodox ist«. Als Autor des Buches »Un imam en colère« (»Ein Imam im Zorn«) wendet sich Oubrou energisch gegen den »Islam der Äußerlichkeiten«. Das Wichtigste, so Tareq Oubrou, sei nicht der Look, sondern vielmehr der Glaube: »Man ist Muslim, wenn man den Glauben hat: Es ist die Gnade Gottes, die rettet.«

»Die Glaubenspraktiken sind gestaltbar«, predigt der Imam von Bordeaux den Gläubigen, und dass »der Islam eine Religion ist, die sich mit der Entwicklung der Gesellschaft weiterentwickelt.« Gebete zum Beispiel könnten auch nach der Arbeit verrichtet, das Fasten im Ramadan bei Krankheit verschoben werden. Tareq Oubrou kritisiert, dass bei vielen Gläubigen starre Benimmregeln inzwischen für den Ausdruck islamischer Ethik gehalten würden, für die Essenz der Religion: »Mit dem halal-Essen und dem Schleiertragen sind wir noch nicht im Heiligen.« Der muslimische Theologe versichert, dass der Hijab und seine Derivate Niqab und Burka absolut »nichts Heiliges« hätten. Der Imam von Bordeaux beschwört die Muslime, nicht Religion und Identität zu verwechseln, und fordert sie deshalb auf, nicht zu allererst durch Sichtbarmachen ihrer Gläubigkeit in einer nicht muslimischen Gesellschaft auffallen zu wollen: »Die Muslime müssen ihre Gesten mit ihrem Glauben in Übereinstimmung bringen, ohne das Funktionieren der Gesellschaft durch übertriebene Forderungen zu stören, auch wenn sie dafür auf eine bestimmte Visibilität verzichten.« Waren die theologisch-kanonischen Reflexionen des Imams von Bordeaux über die Ausdrucksweisen religiöser Praxis in einem säkularen Umfeld dem deutschen Verfassungsgericht bei seinen Beratungen über die Präsenz des Lehrerinnen-Kopftuches im Klassenzimmer bekannt? Sie hätten die Insistenz der Lehrerin auf eine solche als deren persönlichen Willen und nicht als ein Gebot ihrer Religion erkennen lassen. Der Islam lässt der Lehrerin die Freiheit, während des Unterrichtes auf ihr Kopftuch zu verzichten. Auch für Imam Tareq Oubrou ist Islam machbar: den Umständen entsprechend. Warum nicht auch für eine muslimische Lehrerin in Deutschland, warum nicht für ein Bundesverfassungsgericht?

In Berlin-Kreuzberg aber sagen einem die jungen Musliminnen: »Allah möchte das so. Das ist unsere Religion. Wir tun das für Allah!« Beeindruckend, wie sicher sie sich da sind, dass es das ist, was Allah möchte, prangende Kopftücher. Wer hat sie so sicher gemacht? Wer hat sie davon überzeugt? Hört man sie sprechen, ist es, als hätten sie einen direkten Draht zu Gott. Doch hat außer Gott noch jemand anders auf sie Einfluss genommen? Auf ihre freudige Überzeugung?

Leuchtend und funkelnd sprüht diese Freude über die eigene Gläubigkeit aus ihren Augen. Sie blühen, und man selber fühlt sich welk wie eine verdorrte Blume. »Aufklärung!«, was soll das? Man fühlt sich hier in dieser strahlenden, jungen, frischen Glaubenswelt wie eine Gouvernante aus längst vergangenen Zeiten. Man fühlt sich als Anachronismus. In Kreuzberg.

Anders damals in Marokko, wenn man mit Fatima Mernissi, der Pionierin islamkritischer Feldforschung, durch die Gegend fuhr und sie einem von Soukaina, der Urenkelin des Propheten und Tochter des Imam Hussein erzählte, die sich nie verschleierte. Sie sei von absolut weiblicher Eleganz gewesen, heißt es, und habe ihre Schönheit durch eine besondere Frisur in Szene gesetzt, die den Namen »al hurra al sukeyniya«, »die lockigen Haare der Soukaina« trug. Eines Tages nahm Fatima Mernissi mich in den Mittleren Atlas mit. Sie wollte Teppichknüpferinnen besuchen, die eine Kooperative gebildet hatten und ihre Produkte in Eigenregie vertrieben, Marokkanerinnen vom Land, die sich wirtschaftlich selbstständig machten, um weniger von ihren Männern abhängig zu sein. Wir fuhren durch eine ebenso schöne wie menschenleere Landschaft. Marokko ist – ohne die annektierte Westsahara – so groß wie das wiedervereinigte Deutschland plus noch einmal die Fläche der einstigen DDR dazu und hat nur rund 34 Millionen Einwohner. Weite Talmulden, Hänge mit knorrigen Bäumen, Blütenwiesen. Bäuerinnen in buntgestreiften Gewändern mit einem Bündel Holz auf dem Kopf bewegten sich unter dem weiten Himmel durch hohes Gras. Dann ein baumloser Platz, dessen heller Lehmboden so grell in der Mittagshitze von vierzig Grad lag, dass einem die Augen weh taten. Ein Soukh hatte sich hier installiert – auf dem Boden eines ausgetrockneten Sees? –, der mit Autoersatzteilen, Plastikgeschirrr und billigen Kleidungstücken übersät war. Männergruppen wanderten hin und her. Die leuchtenden Farben der Wollhaufen, das Rot, Gelb, Braun, Blau und Grün dieses sanften Materials waren eine Wohltat. Vier Frauen mittleren Alters und ein junges, etwa fünfzehnjähriges Mädchen saßen neben den Wollhaufen unter einer Plane. Die Frauen freuten sich, von dem Fremden angesprochen zu werden, nachdem

Fatima Mernissi mich vorgestellt hatte. Sie erklärten mir, dass sie Wolle für Teppiche produzierten und selbst verkauften. Dann fragte ich sie, ob ihre Kopftücher ihnen in der Mittagshitze nicht zu schaffen machten. Da griff das Mädchen in einen der Wollhaufen. Sie zog eine Handvoll hellbrauner Wollfäden heraus und hielt sie über ihr in Tuch eingebundenes Haupt. Nun fielen die Wollfäden über Kopf, Hals und Schultern an ihrer Verhüllung herab. »So würde ich mein Haar gern tragen«, sagte sie. Dieses Mädchen aus dem Mittleren Atlas fällt mir immer ein, wenn ich daran denke, wie freudig die Grünen-Politikerin Katrin Göring-Eckardt das Kopftuch-Urteil des Bundesverfassungsgerichtes begrüßte. Es sei schön, wenn sich Menschen zu ihrem Glauben bekennen würden, hatte sie sinngemäß gesagt. Manche fänden es dagegen schön, wenn sie sich zu ihrem Haar bekennen dürften.

Glauben ohne Kopftuch! »Die Frau ohne Kopftuch ist wie eine Zwei-Euro-Münze, sie geht von einer Hand zur anderen.« Man muss Hani Ramadan, dem Bruder von Tariq Ramadan und Direktor des »Islamischen Zentrums« von Genf, dankbar für diese Äußerung sein, die er, nachdem er von einer Lehrerin des Genfer »Centre de la transition professionnelle« eingeladen worden war, vor 15–17-jährigen Schülern tat. »Die Frau ist wie die Perle in einer Muschel. Wenn man sie zeigt, ruft sie Neid hervor. Hier ist die Frau ohne Schleier wie eine Zwei-Euro-Münze. Für alle sichtbar, geht sie von einer Hand zur anderen.« Dankbar muss man Hani Ramadan für sein Statement sein, weil es klar macht, ob 1991 im Lycée Abdelkader von Algier oder 2016 vor Schülern in Genf, dass die energischste Verteidigung des Kopftuches ungebrochen aus der fundamentalistischen Strömung im Islam kommt, die in den muslimischen Ländern wie auch in Westeuropa zunehmend an Boden gewonnen hat. Sie offenbart erneut, wie sehr das Kopftuch die Frau zum reinen Sexualobjekt degradiert. Als solches wird sie umso mehr abgewertet, als es die Begierde der Männer weckt und diese von der Frau abhängig macht, eine Abhängigkeit, die dem Männlichkeitsbild widerspricht und durch Kontrolle der Frau gemindert werden soll. Aus diesem Bedürfnis heraus erklärt sich auch Hani Ramadans Rechtfertigung der Steinigung ehebrecherischer Frauen: »Weil es sich um einen ausdrücklichen Befehl Gottes handelt, ist die Strenge dieses Gesetzes für die Muslime selbst schwer zu ertragen. Sie stellt eine Strafe dar, aber auch eine Form der Reinigung«, erklärte er im September 2002 in »Le Monde«. Die Steinigung der Frau reinigt den Mann von der Angst, die Kontrolle über sie zu verlieren und von ihr abhängig zu werden. Rolf Pohl, Professor für Soziologie und Sozialpsychologie an der Universität Hannover, hat in seinem Buch »Feindbild Frau« (2004) die Ursachen männlicher sexueller Gewalt ausführlich analysiert. Er kommt zu dem Schluss, dass dieser Gewalt eine ambivalente bis feindselige Haltung der Frau gegenüber zugrunde liegt, die bei fast allen Männern aller Gegenden und Kulturen der Welt nachweisbar sei. Man erinnere sich an das Deutschland der 50er Jahre, an die Überheblichkeit weiter Teile der männlichen Gesellschaft gegenüber Frauen, an ihren gewalttätigen oder ihren freundlich-arroganten Patriarchalismus dem »schwachen« Geschlecht gegenüber. Dennoch hatte diese angsterfüllte Abwertung nicht mehr Gott auf ihrer Seite und konnte daher auch nur die eigene Macht, aber nicht mehr die göttliche gegen das Weib einsetzen, wie es heute im Namen des Islam geschieht.

2004 nahm Mohammed VI. von Marokko gegen den erbitterten Widerstand der Islamisten eine Änderung der Familiengesetzgebung vor, in der es hieß: »Der Gehorsam der Ehefrau gegenüber dem Ehemann ist abgeschafft.« (Auch daran sieht man: Islam ist machbar.) Diesen Kontrollverlust wollten und wollen viele Männer im Königreich nicht hinnehmen. Entweder eine kontrollierte Frau oder lieber gar keine: Diese Haltung begegnete mir bei einem Besuch im Botanischen Garten der marokkanischen Hauptstadt Rabat. Es war in der Zeit, als das neue Familiengesetz noch zur Debatte stand, einige Monate, bevor es verabschiedet wurde. Der Botanische Garten war einige Kilometer außerhalb der Stadt gelegen. Er bestand aus vielen kleinen Teichen mit Seerosen. Pfade führten durch einen Dschungel seltener Pflanzen und Bäume. Vom dunklen Ende eines von roten Blüten überwölbten Pfades her hörten mein arabischer Kameramann und ich es aus einer dicht umwachsenen Laubhöhle murmeln und kichern. Ehe wir es uns versahen, waren wir auf ein heimliches Liebespärchen gestoßen, das sich dort versteckte. Kaum hatten wir die zwei schemenhaft im Dunkel ihres Liebesnestes erkannt, rief ich ihnen zu: »Pardon! Es tut uns leid, wir wollten Sie nicht stören! Wir wollten nur den Botanischen Garten filmen. Wir gehen. Noch einmal: pardon!« Doch die beiden waren schon aufgestanden und kamen uns gemächlich und freundlich entgegen, die junge Frau in schwarz glänzender Lederjacke und hellem, leicht gemustertem Kopftuch, der junge Mann in blauem, offenen Hemd und einem schwarzen Oberlippenbart, so dicht wie ein Stück Moos. »Kein Problem«, rief er uns freundlich zu, während die Freundin zwei Schritte hinter ihm lächelnd die Szene betrachtete, »ich will sie heiraten, aber ihre Eltern sind dagegen, weil ich arbeitslos bin.« Die Kamera störte den jungen Mann nicht im Geringsten. Ob wir die Begegnung aufnehmen dürften? Das Thema sei doch sehr aktuell. »Kein Problem«, war wieder die Antwort.

»Warum sind denn die Eltern so streng?«, fragte ich. »Genügt es denn nicht, dass zwei sich lieben, auch wenn das Geld am Anfang noch nicht reicht?« Die junge Frau mit ebenmäßigen, wenn auch etwas grobschlächtigen Zügen, trat nun einen Schritt vor und sagte: »Meine Eltern erlauben es nicht, solang er mich nicht ernähren kann«, worauf ihr Freund sogleich nachschob: »Klar muss der Mann seine Frau ernähren.«

Lächelnd zeigte der junge Mann uns nun die Eintrittskarten für den Botanischen Garten, die seine Freundin bezahlt hatte: »Sehen Sie, wir sind zum dritten Mal hier. Das erste Mal hat sie mir nur das Eintrittsdatum auf die Karte geschrieben. Sonst nichts. Das zweite Mal«, fuhr er fort, während die junge Frau ihm im Licht- und Schattenspiel unter dem Blütengeäst amüsiert zuhörte, »das zweite Mal schrieb sie mir ein großes ›Bonjour‹ und das dritte Mal ›Wenn du keine Arbeit findest, sieht es für unsere Beziehung schlecht aus‹.« Deshalb, so erklärte der junge Mann ebenso freundlich wie energisch, habe er die Islamisten gewählt. Nur sie täten etwas gegen Korruption und Nepotismus, nur sie könnten ihm Arbeit verschaffen.

»Aber die Islamisten mögen solche Rendezvous wie Ihres hier überhaupt nicht, für die ist das Sünde«, wandte ich ein.

»Diese Rendezvous brauchen wir nicht mehr, sobald ich Arbeit habe und wir heiraten können. Deswegen bin ich ein Islamist, und ich bin auch ein Islamist, weil ich gegen die Besserstellung der Frau bin. Die Frau soll jetzt richtig begünstigt werden. So wollen es die Reformer. Wenn die Frau mehr Rechte bekommt, sind die Marokkaner erledigt!« Der junge Mann beendete seine Worte mit einem strahlenden Lachen. »Die Reformer wollen, dass die Frau sich selbst ihren Mann aussucht! Also stellen Sie sich mal vor, ich wäre eine Frau und ginge zu meinem Vater und sagte, ich will nur den! Das ist gegen den Islam!«

»Aber es wäre doch günstig für Sie«, sagte ich, »stellen Sie sich vor, Ihre Freundin würde Ihrem Vater sagen, ich will nur den!« Ich zeigte dabei auf ihn, den jungen Mann im blauen Hemd, der sogleich den Kopf schüttelte und erwiderte: »Das wäre gegen den Islam. Deshalb bin ich ein Islamist!«

Zehn Jahre später kritisierte Abdellah Benkirane, marokkanischer Ministerpräsident und Chef der islamistischen Regierungspartei PJD – Partei für Gerechtigkeit und Entwicklung – die zunehmende Berufstätigkeit von Marokkanerinnen: »Es gibt ein Problem in Bezug auf die Rolle der Frau in der modernen Familie«, erklärte er 2014 im marokkanischen Parlament. »Seit die Frauen das eheliche Zuhause verlassen haben, ist es dunkel in ihm geworden. Sie alle hier sind in Häusern erzogen worden, in denen es Kronleuchter gab. Diese Kronleuchter waren ihre Mütter. … Wir sind stolz, denn Gott hat uns damit beehrt, diese Dimension zu verteidigen.« Denn nun hätten die Frauen »keine Zeit mehr zu heiraten, Mutter zu werden und ihre Kinder zu erziehen«, seit sie für ihren Beruf aus dem Haus gingen. Es gelte »die heilige Rolle der Hausfrau« zu wahren. Das »europäische Modell« sei eine Gefahr für das muslimische Land.

Kommentar der marokkanischen Wochenzeitung »Tel Quel«: »Die in ihrem Haushalt glücklichen Frauen, die freudig die Rückkehr der Kinder aus der Schule und der Ehemänner nach einem langen Arbeitstag erwarten, ist ein reines Phantasiegebilde. Die Geschichte der marokkanischen Familie besteht auch aus Männerherrschaft, Gewalt und vor allem wirtschaftlicher und rechtlicher Abhängigkeit von den Männern. Die Scheidung wurde als Schande empfunden, und eine Frau musste Demütigungen und Schikanen ertragen, um nicht verstoßen zu werden. ... Dank des Zugangs zu Bildung und Arbeit beweisen die marokkanischen Frauen jeden Tag, dass sie nicht ›geringer an Intelligenz und Frömmigkeit‹ sind, wie die irrige Auslegung eines berühmten Hadiths [überlieferter Ausspruch des Propheten] meint, das oft von aus der Fassung geratenden männlichen Wesen auf ihrer Suche nach künstlicher Überlegenheit zitiert wird. Die Frauenarbeit ist nicht nur eine wirtschaftliche Notwendigkeit für die Familien in einer Zeit, in der alles teurer wird, sie ist auch ein moralischer Imperativ.« Der marokkanische Islamisten- und Regierungschef indes sah durch diesen »moralischen Imperativ« die nationale und religiöse Identität Marokkos durch »fremde Werte« gefährdet: »Fremde Werte West« – für Islamisten der Hauptfeind seit eh und je.

»Benkiranes retrograde Vision werden wir niemals akzeptieren! Wir wehren uns gegen diese Demütigung seitens eines Mannes, der die Frauen als ›Kronleuchter des Hauses‹ betrachtet«, erklärte die Familienministerin der Vorgängerregierung Abbas al-Fassi, Nouzha Skalli, die sich als erste Ministerin für das Recht auf Abtreibung in bestimmten Fällen eingesetzt hatte.

Rund zweihundert Marokkanerinnen – Musliminnen – hatten sich nach der Erklärung Abdellah Benkiranes vor dem Parlamentsgebäude in Rabat eingefunden, mit Kochlöffeln auf Kochtöpfe geschlagen und dazu gerufen: »Benkirane, es reicht!« und »Benkirane, mach dich fort von hier, denn Marokko gehört nicht dir!« Mit seiner »Eingrenzung der Frau auf ihre biologische Reproduktionsfunktion und die Hausarbeit« bettele der Regierungschef »um die Wählerstimmen salafistischer und konservativer Strömungen«, kommentierte »Tel Quel«.

Dass es bei Kopftuch und Schleier allein um die Kontrolle der Frau auf Erden geht, um den Mann nicht seiner Abhängigkeit von ihr gewahr werden zu lassen, beweist ein Ort, an dem diese Verschleierung entfällt und der Blick auf »schwellende Brüste« frei wird – das Paradies. Dort dürfen die Frauen sich ohne Verhüllung ihrer Weiblichkeit bewegen, denn dort gibt es für sie keine Möglichkeit des Entkommens mehr. Kontrolle überflüssig. Alle sind Jungfrauen:

Sure 56, Vers 35–37: »Wir haben sie regelrecht entstehen lassen und sie zu Jungfrauen gemacht, heiß liebend und gleichaltrig…« Sure 55, Vers 56–58: »Darin [d. h. in den Gärten] befinden sich, die Augen sittsam niedergeschlagen, weibliche Wesen, die vor ihnen weder Mensch noch Dschinn entjungfert hat. Welche von den Wohltaten eures Herrn wollt ihr denn leugnen? Sie sind so strahlend schön, wie wenn sie Hyazinthe und Korallen wären.« Sure 56, Vers 22 und 23: »Und großäugige Huris haben sie zu ihrer Verfügung, in ihrer Schönheit wohlverwahrten Perlen zu vergleichen.« Es sind die »Perlen«, die Hani Ramadan auf Erden im Schleier verwahren möchte, da sie sonst als »Zwei-Euro-Münzen von Hand zu Hand« gehen. Sure 78, Vers 31–34: »Die Gottesfürchtigen haben Glück zu erwarten, Gärten und Weinstöcke, Gleichaltrige mit schwellenden Brüsten und einem Becher Wein, bis an den Rand gefüllt.« Sure 52, Vers 20: »Sie liegen auf Ruhebetten, die in Reihen angeordnet sind. Und wir geben ihnen großäugige Huris als Gattinnen.« In Sure 83, Vers 22–24 leuchtet der Widerschein dieser offen dargebotenen weiblichen Pracht: »Die Frommen befinden sich in einem Zustand der Wonne, auf Ruhebetten liegend, und lassen dabei ihre Blicke unbehindert umherschweifen. Die Glückseligkeit der Wonne, in der sie sich befinden, sieht man ihnen am Gesicht an.«

»Gibt es mehr Tod als den, ein Mädchen von vier Jahren zu verschleiern oder auch ein zehnjähriges oder zwölfjähriges?«, fragte die tunesische Zeitung »Le Temps« im April 2013 angesichts des ungehemmten Treibens der Salafisten im Land. Die gleiche Verschleierung kleiner Mädchen ist inzwischen auch in Deutschland zu beobachten, nicht nur bei Salafisten, sondern sogar auf Feiern von Islamverbänden. Was tun die »freiwilligen« Kopftuchträgerinnen dagegen? Fängt die Gewalt, mit der der Islam »nichts zu tun« hat, erst beim IS an oder schon in der Tatsache, dass kleinen Mädchen beigebracht wird, sich ihrer Weiblichkeit, ihres kleinen weiblichen Körpers zu schämen? Man sagt den kleinen Mädchen, ihre Religion wolle das so, Gott wolle das so. »Denken Sie an den betrübenden Kontrast zwischen der strahlenden Intelligenz eines gesunden Kindes und der Denkschwäche der durchschnittlichen Erwachsenen«, schrieb Sigmund Freud. »Wäre es ganz unmöglich, dass die religiöse

Erziehung ein großes Teil Schuld an dieser relativen Verschlimmerung trägt? Ich meine, es würde sehr lange dauern, bis ein nicht beeinflusstes Kind anfinge, sich Gedanken über Gott und die Dinge jenseits dieser Welt zu machen. … Man führt ihm die religiösen Lehren zu einer Zeit zu, da es weder Interesse für sie hat noch die Fähigkeit, ihre Tragweite zu begreifen. … Verzögerung der sexuellen Entwicklung und Verfrühung des religiösen Einflusses, das sind die beiden Hauptpunkte im Programm der heutigen Pädagogik, nicht wahr?« Das wurde vor 89 Jahren geschrieben, 1927 in Westeuropa, wird aber auch dort inzwischen wieder ignoriert, sobald es um den Islam geht: »Wenn das Denken des Kindes erwacht, sind die religiösen Lehren bereits unangreifbar geworden. Meinen Sie aber, dass es für die Erstarkung der Denkfunktion förderlich ist, wenn ihr ein so bedeutsames Gebiet durch die Androhung der Höllenqualen verschlossen wird?« Diese Frage eines Sigmund Freud wird heute »kultursensibel« tabuisiert. Was werden aus diesen Mädchen für Frauen? Welchen Blick werden sie auf unsere Gesellschaft werfen?

Heiko Maas, der deutsche Justizminister, äußerte 2016 die Idee, erotische Reklame zu verbieten, um sexuelle Übergriffe wie in Köln künftig zu verhindern. Warum gibt es diese Übergriffe aber gerade dort, wo es diese Reklame nicht gibt, in den muslimischen Ländern? Kein Mann dürfte es hierzulande wagen, eine Frau gegen ihren Willen anzufassen, wie es in muslimischen Ländern auch verschleierten Frauen dauernd passiert. Die europäische Frau hat ein Selbstbewusstsein als Frau, das so etwas nie dulden würde, und die Gesellschaft, die sie umgibt, bildet einen unsichtbaren Schutzschleier um sie, der so weit ist wie Westeuropa und vor dem sie sich als Frau zeigen kann, wie sie will. Dieser Schutzschleier zivilisatorischer Art fehlt den Frauen in der muslimischen Welt. Er wäre vielen von ihnen lieber als der Schleier, den sie jeden Morgen anlegen müssen. Die europäische Frau muss sich ihres Körper nicht (mehr) schämen, sie schämt sich der Erotik nicht, die er ausstrahlt, sie ist sich ihrer bewusst und darf sich ihrer bewusst sein, weil es unseren westeuropäischen Gesellschaften endlich gelungen ist, das Sexuelle aus der Schmuddelecke herauszuholen, in die es jahrhundertelang verbannt war, und in die es ein Verbot erotischer Reklame wieder verbannen würde, um jenen gerecht zu werden, die im weiblichen Körper nichts als ein Befriedigungsobjekt zu sehen imstande sind. Die Verhüllung, die Beschämung und die Verleugnung des Weiblichen in der muslimischen Welt hat einen Teil ihrer männlichen Bevölkerung den Umgang mit weiblicher Erotik verlernen lassen. Niemand lehrt sie, dass weibliche Ausstrahlung keine Einladung zu sexueller Gewalt ist. 2012 inszenierte die Marokkanerin Naima Zitane eine Adaption der »Vagina-Monologe« in Casablanca. Titel: »Die Meine«. Gemeint war die Vagina. Bühnendekor: eine Wäscheleine mit Frauenslips aller Art. Dutzende von Berichten marokkanischer Frauen verschiedenster Berufe und sozialer Schichten flossen in das Stück ein, darunter auch solche über die Brutalität von Männern in der Hochzeitsnacht, die manches Schlafzimmer zum Schlachtfeld mache. Über den Jungfräulichkeitszwang wurde gesprochen, über das Blut auf den Laken. Dem westlichen Panerotismus stehe der Pansexualismus der islamischen Welt gegenüber, so der französische Philosoph Alain Finkielkraut.

Was in der Silvesternacht in Köln passierte, passiert jetzt, in diesem Moment, und wie selbstverständlich am helllichten Tag hunderttausendfach in Nordafrika und in der arabischen Welt: Frauen werden sexuell belästigt, gedemütigt, und, so sie wagen, sich den Übergriffen zu widersetzen, als »Schlampen« oder »Huren« beschimpft. Die Silversternacht von Köln hat ans deutsche Tageslicht gebracht, was die ägyptische Schriftstellerin und Feministin Mona Eltahawy unter der Überschrift »Die arabische Welt hasst die Frauen« in »Le Monde« vom 2. Mai 2012 so formulierte: »Ja: sie [die Männer der arabischen Welt] hassen uns. Es muss endlich gesagt werden ... Die Frauen der ganzen Welt haben Probleme; stimmt, die Vereinigten Staaten haben noch keine Frau zur Präsidentin gewählt; und richtig, in vielen ›westlichen‹ Ländern (ich lebe in einem von ihnen) werden Frauen weiterhin wie Objekte behandelt. Das ist im Allgemeinen der Punkt, an dem das Gespräch beendet wird, wenn Sie versuchen, über die Gründe zu diskutieren, aus denen die arabischen Gesellschaften die Frauen hassen. ... Nennen Sie mir den Namen arabischer Länder, und ich werde Ihnen eine Litanei an Beispielen für den schlimmen Umgang – er ist tausend Mal schlimmer als Sie denken – mit Frauen rezitieren, der von einer giftigen Mischung aus Kultur und Religion angefacht wird, mit der sich anscheinend nur wenige auseinandersetzen wollen, aus Angst, der Blasphemie beschuldigt zu werden oder zu schockieren.«

Der Vulkanausbruch von Köln war jedoch derart heftig, dass sich die »giftige Mischung aus Kultur und Religion«, die er mit einem Schlag zum Vorschein brachte und die Mona Eltahawy in ihrem Buch »Warum hasst ihr uns so? Für die sexuelle Revolution der Frauen in der arabischen Welt« detailliert darlegt, nicht länger leugnen und verdrängen lässt, auch wenn das von linker und muslimischer Seite stets erneut versucht wird. So sprach die »taz« angesichts der Empörung über die Übergriffe von der »Reproduktion des rassistischen Bildes der unschuldigen weißen Frau, die vor dem aggressiven muslimischen Mann geschützt werden muss«. Es war allerdings eine nicht »weiß«, sondern asiatisch aussehende junge Frau, die ausführlich schilderte, wie sie von Dutzenden von Händen überall betatscht wurde: »Ich fand, sie([die Männer] hatten nicht den Eindruck, dass sie was Falsches tun.« Bei Mona Eltahawy könnte die »taz« erfahren, warum die jungen Muslime kein Unrechtsbewusstsein zu haben schienen, doch ist zu befürchten, dass auch sie, obwohl Muslimin und Ägypterin, dann als »rassistisch« eingestuft würde. Der Beauftragte der türkischen Religionsbehörde für interreligiösen Dialog in Deutschland (DITIB), Bekir Alboga, warnte vor einer »Kulturalisierung von Verbrechen«, und die Islamwissenschaftlerin Lamya Kaddor befand: »Beim Oktoberfest in München und beim Kölner Karneval kommt es gehäuft vor, dass stark alkoholisierte Männer Frauen sexuell bedrängen und belästigen. Das wird dann gern als Kollateralschaden dieser Veranstaltungen abgetan. Es gibt keinen Unterschied zwischen der einen sexuellen Gewalt und der anderen.«

Wirklich nicht? Der Unterschied liegt darin, dass die sexuelle Gewalt in Nordafrika und im Nahen Osten zum Alltag gehört und dass in dieser Hinsicht permanent »Oktoberfest« und »Karneval« ist, denen sich keine Frau entziehen kann, indem sie diese Veranstaltungen meidet. Die Gewalt beginnt vor der Haustür auf der Straße. Nawel, eine algerische Mitarbeiterin, berichtete mir von regelmäßigen Übergriffen im Bus. Obwohl sie eigentlich die Verschleierung ablehnte, verhüllte sie sich für die Fahrt mit einem Hijab. Das hielt Männer im Gedränge nicht davon ab, sich durch Reibung an Natels Körper Befriedigung zu verschaffen. Rachida, eine marokkanische Mitarbeiterin, musste ich eines Tages von meinem Grundstückswächter per Fahrrad abholen und heimbringen lassen. Sie hatte beschlossen, die lange Djellabah abzulegen und war daraufhin von Männern mit Messern verfolgt worden. Nun wurde sie, mit wippendem Haar und in Jeans auf einer Fahrradstange sitzend, an ihren Peinigern vorbeigefahren.

Sexuelle Übergriffe sind in islamischen Ländern die Regel und nicht Ausnahmen. Eine Muslimin kann in Deutschland den Bus nehmen, ohne befürchten zu müssen, begrabscht zu werden, eine Europäerin in Nordafrika kann das nicht. Davon konnte ich mich während meines zehnjährigen Aufenthaltes in Algerien und Marokko überzeugen. Eine Muslimin kann in Deutschland auf den Markt gehen, ohne plötzlich Männerhände am Hintern zu spüren, eine Europäerin kann das in Nordafrika nicht. Westliche Frauen gelten bei vielen jungen Nordafrikanern als halbe Huren, weil »sie es ja schon vor der Ehe mit vielen Männern tun«. Selbst wenn sie mit ihrem siebenjährigen Sohn an der Hand – als Mutter sozusagen eine »heilige Kuh« – weitab von allen Menschenmengen einen Spaziergang über eine Wiese machen sollte, würde es nicht lange dauern, bis junge Männer auftauchen, sich an sie drängen, nicht von ihr ablassen und ihr vulgäre Worte ins Ohr raunen. Die islamische Grundeinteilung der Welt in »Gläubige« und »Ungläubige« ermutigt zum Übergriff auf »westliche«, gleich »ungläubige« Frauen. Da hilft nur schnellste Umkehr und Verzicht auf jeden weiteren Spaziergang.

In den zehn Jahren Nordafrika habe ich zugleich viele Musliminnen und Muslime kennengelernt, die diese Sicht auf die »westliche« Frau abscheulich fanden. Sie hielten großen Abstand zu den Predigern, die die Welt auf letztlich menschenfeindliche Art in »Gläubige« und »Ungläubige« einteilten. Sie setzten sich für eine humane, weltoffene Auslegung des Korans ein, schrieben mutig und ungeschützt gegen religiösen Obskurantismus und legten sich mit den mächtigsten Männern ihrer diktatorischen Staaten an.

Frauen und Männer, Intellektuelle, Künstler, aber auch unzählige sogenannte »einfache« Leute. Ich erinnere mich an einen algerischen Mitarbeiter, der Amerikanerinnen und Kanadierinnen zeitweise als Fremdenführer durch die Sahara gedient und mit ihnen nachts das Zelt geteilt hatte: »No problem.« Das Problem aber ist, dass die meisten maßgeblichen Islam-Instanzen in den muslimischen wie den nicht muslimischen Ländern den Diskurs darüber verweigern, wie man die fatale »Gläubig«/»Ungläubig«-Dichotomie überwinden und das Verhalten undogmatischer Muslime in den Islam integrieren könnte.

Was für eine schöne, intelligente, zauberhafte Welt es heute noch in Nordafrika gibt und wieder geben könnte, würde der elende Entschuldigungsdiskurs für dessen zerstörerische Islamismus-Islam-Geister endlich ein Ende finden, würde die Intelligenz Europas sich ein Bild machen, was da an Schönem derzeit zerstört wird, und – so wie sie es einst im Hinblick auf Osteuropa tat – denen zur Seite stehen, die die vielfältige, tolerante, widersprüchliche und inspirierende Kultur zwischen Tamanrasset und Tanger, zwischen Casablanca und Constantine, zwischen Tablat und Tunis, die es einst zusammen mit der Gläubigkeit an Allah gab, wieder zum Blühen bringen möchten. Niemand hat sie besser porträtiert als Kateb Yacine in seinem Roman »Nedschma«, 1956 in Paris und 1958 bei Suhrkamp erschienen: »Das junge Mädchen trägt, trotz der Kälte, ein leichtes Kleid, knapp bis ans Knie, vom Wind gebläht; sie hat lange, feuchte Wimpern; sie reißt die Augen auf, rund, grün, gelb, grau – Vogelaugen. Beim Gehen wirft sie sich in die Brust, immer wie die Vögel, und man sieht ihre kleinen rosa Krallen durch das geflochtene Schuhzeug.« Noch in den 90ern waren diese Mädchen anzutreffen, nicht nur in den Großstädten, sondern an Bachufern, auf den Pfaden zwischen Schilfstauden, mit Schulranzen, auf dem Weg nach Hause, lachend, plaudernd und keineswegs erschreckt von dem Fremden, der da plötzlich entlangkam, sondern eher neugierig. Wo immer die Kamera auftauchte, sprudelten die Frauen los, offensichtlich froh, dass jemand sie mal zu ihren Ansichten befragte – bis Männer erschienen: »Was erzählt ihr da dem Fremden? Wer hat euch das erlaubt?«

Es gibt sie noch, diese Mädchen, aber sie haben Angst und spazieren frei nur in der Dämmerung, beispielsweise einer Oase, fernab von Männerblicken. Doch selbst verschleiert, als wandelnde Gespenster in Weiß, mit nur noch einem einzigen schwarzen Augenloch im total verhüllenden Tuch, wie in der Wüstenstadt Bou-Saada, traut sich das eine Auge den blitzenden freundlichen Blick zum Fremden; es sieht ja keiner.

»Prachtstück, man spürt ihren Körper, wie er verdampft«, heißt es in Kateb Yacines Roman »Nedschma«. Selbst heute noch ist er zu spüren, unter dem Schleier.

»Land der Kuttenmädchen und der Schicksalsfrauen«. Kutten aller Art, noch nicht festgezurrt zur einzig wahren Identität. Schicksalsfrauen, gewiss, dass nichts mehr sein würde wie früher.

»Noch wisst ihr nicht zu gehen und schon kniet ihr: gleich ist es die Ehe, die Kaserne, die Predigt, die Moschee, ist es die Werkstatt des langsamen Todes.« Die Werkstatt hat sich erheblich erweitert, der Tod ist schneller geworden, liest man bei Boualem Sansal, dem Nachfolger Kateb Yacines, heute, sechzig Jahre später.

»Duft von Zitronen und von frühem Jasmin strömt zusammen mit dem Fieberhauch des genesenden, noch winterlich weißen Meeres; aber die ganze Stadt klammert sich an den Eifer der Blätter, die, beim Nahen des Frühlings, vom Winde der See dahingerissen scheinen.« Es ist die große Moschee für 20.000 Gläubige, die mit ihrem zweihundert Meter hohen Minarett am Meer in Algier über ein halbes Jahrhundert später nun allen die Richtung weisen soll; es wird nicht klappen.

Wegen des flachen, zähen Bodenbewuchses, der keine Spuren annahm, konnte ich bei einer Fahrt über die Hochebene vor der Sahara den weiteren Verlauf der Piste nicht mehr erkennen. Wohin? Ich sah zwei Punkte vom Horizont näherkommen. Es war still. Endlose Weite in alle Richtungen. Darin ich und die zwei Unbekannten. Die zwei kamen schneller heran als gedacht. Sie würden den Weg wissen. Beide saßen auf hohen grau-weißen Pferden. Ich winkte, damit sie nicht vorbeiritten. Die Gestalten lenkten ihre Pferde nun direkt auf mich zu. Beide hatten ihr Haupt bis auf die braun gegerbten Gesichter in weißes Tuch gehüllt. Der Ältere mit hoher Stirn, ausgeprägten Backenknochen und gebogener Nase, ein Aristokrat der Wüste, beugte sich ein wenig vom Pferd herab: »Haben Sie eine Marlboro?« Ich hatte, und er wusste, wie es weiterging. Heute muss man in der gleichen Gegend mit Pickups und Kalaschnikow-Dschihadisten rechnen, die Raucher verprügeln und Ungläubige töten. Islam ist machbar, Herr und Frau Nachbar. Gegen diese Leute. Man müsste es nur wollen in den bräsigen Verbandszentralen Westeuropas und den Palästen von Riad.

Als ich einer marokkanischen Bekannten aus Rabat einmal die Kleinmarkthalle in Frankfurt zeigte, bemerkte sie zu meiner Überraschung: »Das ist der schönste Soukh, den ich je erlebt habe.«

»Unsere Kleinmarkthalle?«, erwiderte ich. »Ohne die Farben Marokkos, ohne das Karminrot und Safrangelb der Gewürzpyramiden?«

»Ohne das Blau von Ellenbogen, die sich Ihnen ganz zufällig derart in die Brust rammen, dass Sie vor Schmerz aufschreien könnten. Ohne das Grün von Kniffen und Griffen sonst wohin. Stimmt, diese Farben Marokkos hat Ihre Kleinmarkthalle nicht.«

»In der Kleinmarkthalle haben die Frauen das Sagen und nicht der Koran«, entfuhr es mir. »Pardon, ich wollte den Koran nicht beleidigen. Ich weiß, dass im Koran steht, dass auch die Männer ihre Augen niederschlagen sollen, wenn sie einer Frau begegnen, und nicht nur die Frauen, wenn sie Männern begegnen«.

»Sie brauchen sich nicht zu entschuldigen«, erwiderte die Bekannte, »denn der Koran wird schon ewig von Männern ausgelegt. Die nehmen sich, was ihnen passt. Zum Beispiel Sure 4, Vers 34: ›Die Männer stehen über den Frauen, weil Gott sie ausgezeichnet hat.‹ Oder Sure 2, Vers 228: ›Die Männer stehen eine Stufe über ihnen. Gott ist mächtig und weise.‹ Oder Sure 2, Vers 223: ›Eure Frauen sind euch ein Saatfeld. Geht zu eurem Saatfeld, wo immer ihr wollt…‹ Das sitzt. Das gilt zwar nur für das, pardon, ›Besäen‹ von Ehefrauen, ist aber längst auf die unverheirateten Männer übergeschwappt, die es jeden Tag auch zum ›Säen‹ drängt, weil sie arm sind und ihnen das nötige Geld zum Heiraten fehlt. Nicht meine Schuld, sagen die sich, und gehen sich ihr täglich Stück Frau grabschen.«

»Klingt nicht gut«, sagte ich.

»Was sollen junge Leute machen?«, fuhr die Besucherin aus Rabat fort, »Sex vor der Ehe ist bei uns gesetzlich verboten, denn er gilt im Islam als Unzucht. Einer unserer religiösen Scheichs hat neulich sogar öffentlich gezeigt, dass er sich des Problems bewusst ist. Scheich Abdelbari Zamzani hat per Fatwa den unverheirateten Marokkanerinnen die Karotte empfohlen! Als er daraufhin verspottet wurde, konnte er das nicht verstehen, er habe doch als Feminist gesprochen. Obendrein hat Zamzani sogar die Hymen-Reparatur erlaubt – nach einem Unfall! Aber ist die Karotte ein Unfall? Wissen Sie, es ist dieser undurchdachte Mischmasch aus religiösen Geboten und heutiger Lebenswirklichkeit, der bei den Männern zu permanentem sexuellen Notstand führt – von den Frauen redet dabei übrigens niemand.«

Mit der zunehmenden Islamisierung Algeriens und Marokkos kann schon das Tragen eines Rockes zu Übergriffen führen. So geschehen in Inezgane bei Agadir: Im Juni 2015, einen Tag vor Beginn des Ramadan, gingen zwei junge Marokkanerinnen namens Sanaa und Siham im Soukh von Inezgane einkaufen. Die beiden Frauen trugen Röcke, die etwas oberhalb der Knie endeten. Als ein Soukh-Händler die beiden erblickte, bemerkte er zu den Umstehenden, diese Art der Kleidung verletze das Schamgefühl aller Marokkaner, worauf sich sogleich eine Menschenmenge um die beiden Frauen scharte, sie als Schlampen beschimpfte, junge Männer sich an die beiden Mädchen drängten, sie anfassten und vulgäre Gesten machten. Die zwei Frauen, Friseusen aus Agadir, waren über den gewalttätigen Auflauf entsetzt und flohen in den Soukh-Laden eines Kosmetik-Händlers, der ihnen anbot, das Eintreffen der Polizei abzuwarten, die er zu ihrem Schutz anrief. Die Polizisten aber fanden die Kleidung Sanaas und Sihams gleichfalls schamlos, nahmen die beiden Frauen fest, behielten sie die Nacht über auf dem Kommissariat und überstellten sie am nächsten Morgen dem Staatsanwalt, der beschloss, Sanaa und Siham nach Paragraph 483 des marokkanischen Strafgesetzbuches wegen »öffentlicher Verletzung des Schamgefühls« anzuklagen, worauf in Marokko ein Monat bis zu einem Jahr Gefängnis stehen. Im selben Soukh wurden wenige Tage später – inzwischen hatte der

Ramadan begonnen – zwei für homosexuell gehaltene Männer zusammengeschlagen und gleichfalls festgenommen. Kein Ulema protestierte im einen wie im anderen Fall, während im Touristenort Agadir Schilder mit der Aufschrift »Respect Ramadan. No Bikinis« auftauchten, um Marokkanerinnen und Ausländerinnen daran zu hindern, sich am Strand zu bräunen.

Der marokkanische Schriftsteller Tahar Ben Jelloun schrieb Anfang August 2015 zu diesen Vorfällen: »Es wird Zeit, dass die Regierung auf diese neue Diktatur der Ignoranz, der Frustration und der Dummheit reagiert. Letzte Woche haben mit Säbeln und Dolchen bewaffnete Halunken am Strand von Tanger Jagd auf unverschleiert Badende gemacht. Vorsicht, das fängt mit einer Belästigung dieser Art an und endet mit einer Bombe in einem Schwimmbad oder in einem Café.«

Deshalb eine weitere Forderung an die Muslimverbände: Klären Sie das Frauenbild des Islam! Verweisen Sie darauf, dass der Kopftuch-Islam nicht die Billigung des Propheten hat! Verweisen Sie auf Sukaina, die kein Kopftuch trug, und auf die Frau des Königs von Marokko, die auch keines trägt, obwohl sie die Gattin des Führers aller Gläubigen ist! Erklären Sie, dass in der westeuropäischen Gesellschaft eine verschleierte Frau ein Anachronismus ist! Dass der beste Schleier die Achtung vor der Würde der Frau ist! Stützen Sie sich auf Artikel 1 des Grundgesetzes! Laden Sie den Imam von Bordeaux, Tareq Oubrou, zu einer Rundreise durch die wichtigsten deutschen Moscheen ein, und lassen Sie ihn erklären, warum eine »diskrete Sichtbarkeit« dem Glauben nicht schadet, dem Zusammenleben mit der nicht muslimischen Gesellschaft aber enorm guttut! Starten Sie unter Bezug auf die Moudawana Mohammed VI. die Kampagne: »Der Gehorsam der Ehefrau gegenüber dem Ehemann ist abgeschafft!« Dieser Satz findet sich nämlich im neuen marokkanischen Familiengesetz. Erklären Sie die Achtung vor der Gleichberechtigung der Frau zur sechsten, zur neuen Säule des modernen Islam unter dem Motto: Islam ist machbar! Führen Sie – Geld von Spendern bekommen Sie genug – die erste und einzige muslimische Oper auf, die es auf der Welt gibt und die Ihr Anliegen vortrefflich unterstützt! Sie heißt »Ismaels Töchter in Wind und Sturm«. Es wäre eine Premiere in Deutschland. Alle Fernsehanstalten würden darüber berichten. Der Stimmungsumschwung zugunsten dieses Islam würde dschihadistische Bürgerkriegshoffnungen zerplatzen und alle Fremdenfeinde in Deutschland verzweifeln lassen.

8. Eine muslimische Oper in Rom

Obwohl die Gattung Oper nicht zur islamischen Kulturwelt gehört, hat die algerische Schriftstellerin Assia Djebar eine geschrieben. Nichts von ihrem Inhalt ist erfunden. Alles beruht auf den Aufzeichnungen des arabischen Historikers Ibn Saad, der von 784 bis 845 gelebt hat und als glaubwürdiger Überlieferer der Aussagen des Propheten Mohammed in der muslimischen Welt anerkannt ist. Die Oper heißt »Die Töchter Ismaels in Wind und Sturm«. Sie handelt von Frauen aus der unmittelbaren Umgebung des Propheten, von seinen Wegbegleiterinnen.

Die Premiere fand in Roms »Teatro India« statt. Es liegt als ansteigende Arena unter freiem Himmel mitten in einem Industriegebiet. Während die Sonne hinter einem Gasometer unterging, begann das musikalische Schauspiel. Nach und nach wurde es von der Dunkelheit eingehüllt, bis nur noch die prachtvollen Figuren im Bühnenlicht, die schimmernden Gewänder der Wegbegleiterinnen und Wegbegleiter des Propheten zu sehen waren.

Auf der Bühne steht Fatima, die Tochter Mohammeds, der im Sterben liegt. Noch während Fatima trauert, erfährt sie, dass die Gemeinde bereits einen Kalifen zum Nachfolger gewählt hat, Abu Bakr. Er ist der Vater von Mohammeds Lieblingsfrau Aischa. Fatimas Mann Ali aber ist übergangen worden, obwohl er der Adoptivsohn des Propheten und der Vater seiner Enkel Hossein und Hassan ist.

»Dass Fatima um ihr Erbe betrogen wurde, obwohl der Prophet das vorher nicht existierende Erbrecht für Frauen erst eingeführt hatte, war der Grund für die erste tiefe Spaltung im Islam. Es war aber auch der Ausgangspunkt für die fortgesetzte Entrechtung der Frauen«, erklärte Assia Djebar und fügte hinzu: »Der Prophet jedoch war gegen die Entrechtung der Frauen. So hatte er seinen Schwiegersohn Ali daran gehindert, sich eine zweite Frau zu nehmen. Mohammed wollte damit zeigen, dass er die Polygamie aus Sicht der Frauen für keine ideale Lösung hielt.«

In weiße und rosa Stoffe gekleidet steht Fatima auf der Bühne, die Tochter des Propheten, und 450 Zuschauer hören sie »Nein« sagen, als ihr Mann sich eine zweite Frau nehmen will. Die junge Frau weiß sich dabei von ihrem Vater unterstützt.

Fatima trägt eine goldglänzende Maske, denn die Darstellung sakraler Figuren ist im Islam verboten. Also tragen auch Aischa, die Frau des Propheten, ebenso wie die als heilig geltenden Kalifen Abu Bakr, Omar und Ali eine Maske. Doch Fatimas güldene Hülle reicht nur über das halbe Gesicht, sodass ihre Anmut erkennbar bleibt. Andere Frauen, die nicht mit dem Propheten verwandt waren und deshalb auch nicht heilig, zeigen ihr Gesicht vollkommen unverhüllt. Es sind schöne Frauen in märchenhaften Gewändern. Eine dieser Wegbegleiterinnen des Propheten sagt zum Kalifen Abu Bakr: »Wenn ihr siegt, tötet nicht die Frauen und die Kinder!«

Musliminnen der ersten Stunde wandten sich bereits gegen Verbrechen, wie sie heute von Islamisten an Frauen begangen werden. Was heute, nach 1400 Jahren noch immer von muslimischen Frauen gefordert wird, klang damals, überliefert von Ibn Saad, so: »Wir Frauen gehören wie ihr Männer dem Islam an. Wir haben unsere Pflichten, wir erziehen eure Kinder. Aber wo sind unsere Rechte? Wie können wir teilhaben an euren Unternehmungen?« Wäsche dürften sie waschen und den Haushalt besorgen, aber von den Diskussionen über die Lebensfragen der Gemeinschaft blieben sie ausgeschlossen. Nach 1400 Jahren wiederholten die ersten Musliminnen im Scheinwerferlicht eines römischen Freilichttheaters ihr Aufbegehren gegen die beginnende Männerherrschaft des Islam vor einem Publikum der Gegenwart. Sängerinnen in Kostümen aus der Zeit des Propheten unterstrichen das Gesagte, betonten durch Refrains, was seit 14 Jahrhunderten von den muslimischen Religionswächtern überhört wird. Musik aus arabisch-andalusischen und afrikanischen Motiven begleitete ihren Gesang. Und apropos Musik: Schon im ersten Akt der Oper bittet der (unsichtbar bleibende) Prophet seine Frau, Musiker für eine Hochzeit bei den Nachbarn zu bestellen. So viel zu dem von IS, Taliban und Konsorten im Namen des Propheten erzwungenen Musikverbot.

Die Forderungen muslimischer Frauen nach Gleichbehandlung kommt aus der Urzeit des Islam, ist also kein »westlich-dekadenter Kulturimport«, wie von orthodox-muslimischer Seite behauptet.

Assia Djebar aber musste sich, um der Premiere beiwohnen zu können, aus Angst vor einer bedrohlichen islamistischen Reaktion auf ihr Werk unter ihrem eigentlichen, aber unbekannten Namen einquartieren: Fatima Zohra Imalayène. Sie hatte sich schon früh in Assia Djebar umbenannt, um ihrer Familie wegen ihrer Romane keine Schwierigkeiten zu bereiten. Schon im Algerien vor den Terrorjahren hatte sie das getan, also in dem sich im Aufbruch befindenden Algerien nach der Unabhängigkeit, das allerdings bereits im Begriff stand, zum Algerien des von Männern kontrollierten Staatsislam zu werden. Sie hatte Angst, der Inhalt ihrer Bücher könne ihre Familie in Verruf bringen. »Wenn Sie im Hotel ankommen, müssen Sie nach Imalayène fragen«, hatte sie mir gesagt, »unter meinem wirklichen Namen kennt man mich dort nicht.«

Zwei Tage vor der Opernpremiere war eine Schauspielerin in Algerien von Islamisten verbrannt worden, denn Schauspielerei sei »haram«. Niemand in Algerien hätte damals wagen können, »Ismaels Töchter in Wind und Sturm« aufzuführen. Der regierungshörige Hohe Islamrat hätte ohnehin kein Interesse an einer islamisch-feministischen Oper gehabt. Die Inszenierung der ersten muslimischen Oper von daher also in Rom im Jahr 2000, im Jahr danach die Inszenierung in New York: Islam ist machbar...

Später, gegen Mitternacht, in einer römischen »Cantina«, hatte Assia Djebar erzählt, wie – nach den Aufzeichnungen Ibn Saads – Mohammed seinen Begleitern gegenüber auf das Aufbegehren einer seiner Weggefährtinnen reagierte: »Hättet ihr es für möglich gehalten, dass eine Frau so spricht?« »Nein«, hätten sie geantwortet, »wir hätten das nicht für möglich gehalten.« Die meisten Religionswächter der muslimischen Welt halten es heute noch nicht für möglich.

»Es ist unsere Aufgabe, diese Quellen zugänglich zu machen und über diese enormen Mengen an Material aufzuklären. Sie werden den jungen Muslimen von heute verheimlicht. Wir dürfen nicht aus

Angst vor den Islamisten unsere Zeit mit Selbstzensur vergeuden«, sagte Assia Djebar, nachdem sie und einige Schauspielerinnen im quirligen römischen Lokal an einem langgezogenen Tisch Platz genommen hatten: »Dieser Text kommt mir vor wie ein Diamant«, fügte die schöne Algerierin hinzu. »Er könnte als ein feministisches Manifest des Islam gelten. Ich habe kein Komma an den überlieferten Texten verändert.«

Könnte, dachte ich, aber welcher Islamverband, welcher der zahlreichen Islamischen Kulturvereine in Deutschland oder Frankreich hätte das geringste Interesse daran? »Es ist unsere Aufgabe«, hatte Assia Djebar gesagt, »unsere«, und meinte damit: Der Islam ist eine viel zu ernste Angelegenheit, um sie den Islamverbänden zu überlassen. Die kosmopolitische Muslimin hat zum Einmischen aufgefordert, auch uns Europäer. Wie Abdelwahab Meddeb, wie Fatima Mernissi es getan haben, wie es die gesamte muslimische Aufklärung tut. Sonst werden sich unaufgeklärte, völkisch gesinnte, fremdenfeindliche Kräfte daran machen, den islamischen Kreuzzug zu stoppen, sodass die Islamdebatte auf ein Niveau heruntergedrückt wird, auf dem sowohl die muslimische wie die europäische Aufklärung nichts mehr zu melden haben werden. Es ist weniger als fünf vor zwölf.

Die Gesellschaft Assia Djebars in Rom, dieser selbstbewussten Algerierin, richtete mich nach damals bereits neun niederdrückenden Jahren in Algier und in der frauenfeindlichen Atmosphäre Nordafrikas wieder auf. Sie gab mir das Gefühl, mit meinem wachsenden Befremden über den vorherrschenden Islam nicht allein zu sein. Das matte Licht der Cantina schimmerte in ihrem unglaublich dichten rötlichen und üppigen Haar. Dass so etwas sein durfte! Das war ich nicht mehr gewohnt. Mitten in der Öffentlichkeit, mitten unter Leuten! Dass wir vor niemandem Angst haben mussten! Dass sie offen und laut kritisch über den Islam reden konnte, ohne sich umdrehen zu müssen, um zu sehen, ob jemand mithörte oder eine böse Miene machte. Dass hier eine Frau den Ton angab in Sachen Islam. Dass die Stadt Rom, die Stadt des Pontifex, den ersten Frauen des Islam eine Bühne verschafft hatte. Assia Djebar ließ ihre Worte jeweils mit einem langen Lächeln ausklingen wie die Brandung den

Ozean. Man spürte die Kraft dahinter, das Unzerstörbare. Um uns herum Stimmengewirr von Frauen und Männern, Gästen der Cantina, die redeten und lachten, als sei nichts dabei, als dürfe man das tun miteinander, als sei das normal zwischen Frau und Mann. Es war ein großes Erlebnis nach neun Jahren in Algier. Der Islam, der friedliche wie der gewalttätige, erlaubten dort so etwas nicht. Man hatte sich daran gewöhnt, und nun sah man, dass so etwas möglich war auf diesem Erdball! Dass Menschen dieses Miteinander als normal erlebten, ganz normale Menschen, kein abgehobener Jet-Set, der sich, abgeschirmt von den anderen, auch in muslimischen Ländern solches genehmigte, sondern einfache Bürgerinnen und Bürger in einem öffentlichen Lokal mit Holztischen, um Mitternacht, nicht weit entfernt vom Schlafzimmer des Papstes.

Selbst jetzt, nach den vielen Jahren in Nordafrika wieder zurück in Deutschland, betrachte ich die Radfahrerinnen in Berlin mit jenem »doppelten Blick«, der mir als ein Erbe aus Nordafrika geblieben ist: Sie zeigen ihre blanken Knie – unmöglich in Algier. Ich sehe eine Frau mit langen blonden Haaren, die Haupt und Rücken umwallen wie ein Königsmantel, auf dem Weg ins Büro – unmöglich in Tanger. Ich sehe zehnjährige Schülerinnen mit ihren Schulkameradinnen und mit offenem Haar in der Straßenbahn plaudern – ganz ausgeschlossen in Rabat. Ich sehe am Weißensee in Berlin ein männliches Liebespaar am Ufer Gitarre spielen – in Oran auf der Strandpromenade unter den hohen Palmen müssten sie Angst haben, zusammengeschlagen zu werden. Ich sehe Frauen allein spazieren gehen und rauchen – in Kenitra würden sie sofort belästigt. Ich sehe einen kleinen Jungen und ein kleines Mädchen auf einem Ast sitzen und gemeinsam darauf über dem Wasser eines Sees wippen – ausgeschlossen in Moulay Bousselham am marokkanischen Atlantik, wo die Mädchen den Buben beim Herumtollen im Wasser zuschauen aus vergitterten Fenstern … Ich sehe das alles mit diesem »doppelten Blick«, den ich nicht mehr los werde, und ich höre die klugen Reden der Gelehrten in den Talkshows zum Islam und frage mich, ob sie wissen, was letztendlich herausgekommen ist bei all den tausend Auslegungen der Verse des Korans, was übrig geblieben ist von den

Leuten in den Straßen, am Meer, an den Seen und in den Cafés und was übrig bleiben würde bei uns, von unseren Städten, und wie es in ihnen zugehen würde, wäre dieser Islam, der sich so weit entfernt hat von »Ismaels Töchtern in Wind und Sturm«, in ihnen zu Hause. Ich sehe die Frau, die allein spazieren geht, es gibt sie. Sie spaziert heimlich in einem Korkeichenwald bei Kenitra. Es gibt auch die männlichen Liebespaare. Sie treffen sich in ihrem Versteck, einem Hotel der Saharastadt Biskra. Es gibt die kleinen Mädchen und Jungen, die zusammen spielen. In den Träumen von Moulay Bousselham. Es gibt Frauen und Männer, die sich küssen. Sie tun es verborgen im Innern der uralten hohen Baumstämme des Botanischen Gartens in Algier. Aber in Berlin tun sie es mitten auf der Straße. Dass so etwas sein darf!? Der »doppelte Blick« hat mich gelehrt, wie sehr man selbst als Mitteleuropäer im Lauf eines jahrelangen Aufenthaltes in einer muslimischen Gesellschaft deren Sicht der Dinge verinnerlicht. Man hat ein multikulturelles Auge bekommen und weiß, dass alles, was man sieht, hier oder dort, in Berlin oder in Algier, nicht selbstverständlich ist, so wie es ist. Man muss aufpassen, dass es nicht schlimmer wird; man muss etwas dafür tun, dass es besser wird – hier wie dort. Eine Million Neu-Muslime haben nun ihrerseits die Chance, diesen »doppelten Blick« zu erlernen, dieses multikulturelle Auge, auf dem das propagierte Multikulti oft blind ist.

Assia Djebar war aus Paris nach Rom angereist, ich aus Algier. Sie hatte die algerische Hauptstadt schon seit langem verlassen, nachdem ihre Ideen dort kein Echo mehr gefunden hatten im Kultusministerium. Am Morgen nach der Opernpremiere hatte ich ihr Gepäck auf einem Wägelchen durch die »Statione Termini« geschoben, den römischen Hauptbahnhof, denn die Schriftstellerin zog es wegen ihrer Flugangst vor, mit der Bahn nach Paris zurückzukehren. Ich aber flog wieder nach Algier, das zwar genauso vom mediterranen Licht bedacht war wie Rom, aber geistig im Koma lag. Von meinem Büro aus sah man direkt gegenüber den »Tour Shakespeare«, einen noch von den Franzosen gebauten 18-stöckigen Wohnturm, in dem die einstige Wohnung von Assia Djebar lag. Diese stand nun schon seit längerem leer. »Es wäre schön, wenn Sie mir einen Mieter finden könnten«, hatte die Algerierin beim Abschied in Rom gesagt. Das war ein Jahr vor 9/11.

In Algier hat sich mittlerweile, 16 Jahre nach Assia Djebars Premiere in Rom und 16 Jahre nach einem weitgehenden, wenn auch nicht vollständigen Sieg des algerischen Militärs über den bewaffneten islamistischen Untergrund, ein Islam ausgebreitet, den Abdelwahab Meddeb wie folgt charakterisiert: »Eine Religion, die sich die letztendliche nennt, Trägerin der definitiven göttlichen Botschaft, die die prophetische Inspiration versiegelt, das, was vor ihr war, rekapituliert und rektifiziert, eine solche Religion, wortwörtlich genommen, annulliert jede Fragestellung, gründet eine absolute Wahrheit ohne möglichen Disput. Sie gibt sich von vornherein als ›abschließend‹ und beraubt den menschlichen Geist des Sinnes für die Suche, für das Ergründen, für die Ratlosigkeit, das Abenteuer ... Reduziert auf ein solches Skelett, lebt der Islam sich religiös und politisch als austrocknende, sterile, das ›akut Lebendige‹ zeitgemäßer Fragestellungen ignorierende Sicht auf die Welt aus, erhebt sich zu einem alles an sich reißenden, aggressiven ›Monologismus‹, taub für jeden Dialog, abgeschnitten von den Voraussetzungen, die die Beziehung zwischen Personen und Völkern, zwischen Bürgern und Nationen eröffnen.«

Und dieser Islam soll zu Deutschland gehören, zu Westeuropa? Es kann nur am Nichtvertrautsein der hiesigen Politiker und der hiesigen Geistesrepublik mit den langfristigen Auswirkungen dieser durch eine lange Entwicklung in der Geschichte des Islam bedingten Ausrichtung liegen, das sie in der Hoffnung belässt, ihr Entgegenkommen werde mit Entgegenkommen beantwortet. Was dieser Islam braucht, ist nicht Entgegenkommen, sondern Gegenwind, wie ihn auch die verzweifelnden muslimischen Dissidenten von Europa erwarten. Freiwillig wird die seit Jahrhunderten vorherrschende Tendenz des Islam, wie ein Bulldozer alle Kritik aus dem Weg zu räumen, sich nicht ändern. Dass die Islamverbände nicht noch robuster auftreten, als sie es bereits tun, liegt lediglich an ihrer Furcht, ansonsten gegen eine Mehrheitsgesellschaft anzulaufen, auf deren Wohlwollen sie derzeit als Institution noch angewiesen sind.

In muslimischen Ländern gewinnt genau dieser Islam in den jeweiligen staatlichen, vor allem aber auch in den von Saudi-Arabien gesponserten Fernsehsendern seit Jahren an Einfluss. Ergebnis ist der sich ausbreitende »Theo-Populismus«. Erfinder dieses Begriffs ist der in Oran lebende Journalist und Schriftsteller Kamel Daoud. Im »Quotidien d'Oran« schrieb er – noch vor seinem internationalen Erfolg als Romancier – jahrelang die Kolumne »Raika Raikoum« (»Unsere Meinung – Ihre Meinung«). Am 28. Mai 2015 stellte er dort die Frage: »Müssen wir gegen den Theo-Populismus in den Untergrund gehen?«, eine Anspielung auf den Untergrund während des Befreiungskrieges gegen Frankreich: »Zu kurzer Rock, abgewiesen in einer Fakultät von Algier, ein retrograder Rektor, der per Anstands-Fatwa seinen Wachmann gegen die Studentin unterstützt. Undenkbar vor einigen Jahrzehnten, denkbar geworden gestern und vorgestern, weil selbst ein Rektor in Algerien inzwischen binär in halal/haram [erlaubt/nicht erlaubt] denkt. Aber das ist nicht der einzige Fall des im Namen des einzigen Gottes einzig erlaubten Denkens... Der behaarte Tumor [Daoud meint den Salafismus] ist in die algerischen Riten eingedrungen, die Kleidung, den Teint und die Zahnpflege. Zeit bedeutet inzwischen Gebet und nicht mehr Pünktlichkeit, Versprechen heißt inzwischen ›inschallah‹ und nicht mehr Worthalten. Das Ziel des Lebens ist der Tod, nicht das Leben ... Die Methoden? Bekannt. Das Erwecken von Schuldgefühlen bei den progressiven Eliten und ihre Denunzierung als Zionisten, Pro-Westliche und Islamophobe. Die Vorbilder? Völlig verschleierte Frauen mit keinem einzigen Haar im Wind, um zu zeigen, dass man die Minderheit respektiert, ›reumütige‹ Rai-Sänger [früher wegen respektloser Texte orthodox Religiösen ein Dorn im Auge], den Hintern hochwölbend betende Fussballer, Fernsehstarmoderatorinnen, von ihren religiösen Ekstasen berichtend. Hinzu kommt die Islamisierung der Autorität: Scheichs und Imame werden als Quellen von Rechtsprechung und juristischen Entscheidungen präsentiert. Sie erklären Bankzinsen und Kredite für rechtens oder nicht, segnen Urkunden ab oder nicht und bauen sich als Gegenmacht auf, um dann als reale Macht gegen die formal noch säkulare Macht aufzutreten. Es ist das binäre halal/haram-Denken, das den ›Theo-Populismus‹ ausmacht: ›Kreuzzüglerisierung‹ des ›anti-muslimischen‹ Westens, Obsession eines in allem überall gewitterten jüdischen Komplotts,

Promotion des islamistischen Vorbildes in der Mode, den Riten, der Sexualität, dem Zölibat, der Ehe. Permanente Inquisition gegen jede Elite, die sich außerhalb des islamistischen Feldes zu behaupten sucht … Das Land: verschleiert, niqabisiert, gemobbt und in eine Frauenhinternüberwachungsstation verwandelt, mittels beschämender und mittelalterlicher Predigten.«

»Die Welt ist geschrumpft. Ich erkenne mein Land nicht wieder«, berichtete schon 2006 eine 40-jährige marokkanische Lehrerin, die sich aus Angst vor Islamisten nur mit ihrem Vornamen Soukaina vorstellte. Als sie zwanzig Jahre zuvor angefangen hatte, als Französischlehrerin an einem Gymnasium zu arbeiten, trug eine einzige Lehrerin den Hijab. 2006 war es umgekehrt. Alle Lehrerinnen bis auf sie trugen ihn. Es habe nie einen direkten Angriff der Fundamentalisten gegeben, sagte sie, sondern eine Zunahme von Sticheleien, etwa über kurzärmelige Blusen, rot geschminkte Lippen oder Röcke, die nicht über die Knöchel reichten. »Wie schade, einen Tag mit etwas anzufangen, das haram ist«, bekam sie von ihren verschleierten Kolleginnen zu hören. Dreimal fand sie ein rosa Kopftuch in ihrem Fach im Lehrerzimmer vor. (Da zeigte das von Michael Müller in Berlin propagierte rosarote Kopftuch seine finstere Seite.) »Es ist, als ob man Ihnen einen kleinen Kieselstein in die Tasche tut. Ein kleiner Kieselstein wiegt nichts. Und eines Tages ist er so schwer, dass Sie nicht mehr aufstehen können.« Soukaina gab auf, verließ das Gymnasium, wurde depressiv. »Ich empfand das als mein persönliches Scheitern und als Scheitern der marokkanischen Gesellschaft.« Soukaina war eine gewöhnliche Marokkanerin, keine Frau, die auf intellektuell machte, auch keine feministische Aktivistin. Sie trug dunkle Sweatshirts, verstand sich mit ihrem Ehemann, liebte ihren kleinen Sohn, kurz, sie war eine fröhliche, optimistische Frau gewesen. »Ich hätte nie geglaubt, dass jemand wie ich eines Tages an sich selbst zweifeln würde wie ein Kind«, sagte sie unter Tränen. Der Terror der anderen machte ihr nicht nur zu schaffen, sondern verunsicherte sie zugleich. Wenig später fanden die einzigen fünf nicht verschleierten Professorinnen der Hochschule für Kunsthandwerk in Meknes eine anonyme Botschaft in ihrem Campus-Briefkasten, die sie im Namen des Islam auffordere, sich endlich zu verschleiern. Vorfälle dieser Art waren charakteristisch für die zunehmende Islamisierung Marokkos, die sich 2007 im großen Wahlerfolg der »gemäßigten« Islamisten von der »Partei für Gerechtigkeit und Entwicklung« ausdrückte, die 2012 die Regierungsgeschäfte übernehmen sollte. »Das Kopftuch ist ein bedeutender Schritt auf unserem Weg zu Gott«, erklärte Meriem Yafout, die Verantwortliche für die Frauensektion der islamistischen Bewegung »Al Adl Wal Ihssane« (»Spiritualität und Gerechtigkeit«) schon vor zehn Jahren in Marokko. Doch muss dieser Weg nun auch in Deutschland, wenn er von muslimischen Lehrerinnen gegangen wird, unbedingt durch die Klassenzimmer führen? Gibt es da keinen Schutz? In Marokko und in Algerien ist das Kopftuch inzwischen zum Symbol des Psychoterrors geworden, den der »friedliche, tolerante« Islam allerorten verbreitet, so ihm politisch nicht Einhalt geboten wird. Kopftuch und Verschleierung entspringen dem Wunsch, den öffentlichen Raum religiös zu besetzen, seine aufgeklärten Strata punktuell zu durchmischen, durch ostentative Zurschaustellung des Religiösen zu relativieren, um die Welt Gottes gegen die gottlose in Stellung zu bringen. Von daher die grenzenlose Unterstützung von Kopftuchträgerinnen durch die Verbände, wenn es um die Präsenz des Kopftuches in Schulen, Betrieben, Gerichten und anderen Institutionen der nicht muslimischen Gesellschaft geht. Auch hier findet ein Kreuzzug statt, der legal voranzukommen hofft. Aber: »Der Schleier ist nicht spezifisch muslimisch: er ist es geworden«, sagt der in Frankreich lehrende Islamforscher und Professor für Ästhetik Bruno Nassem Aboudrar. »Er hat keine religiöse Funktion und Bedeutung.« Damit widerspricht der Autor des Buches »Comment le voile est-il devenu musulman?« (»Wie ist der Schleier muslimisch geworden?«) der Behauptung der vor Gericht ziehenden Kopftuchträgerinnen, es sei die Religion, die ihnen die Verhüllung gebiete. Mit dieser Falschbehauptung koppeln sie sich an die deutsche Religionsfreiheit an, um ihr Kopftuchtragen ausnahmslos überall durchzusetzen. »Der Koran erwähnt den Schleier nur dreimal«, so Bruno Nassem Aboudrar. »Das erste Mal handelt es sich um eine Art Portiere oder Vorhang: Dadurch sollen die männlichen Besucher von den Frauen des Propheten getrennt gehalten werden. Letztlich sind die

Männer hinter einem Schleier, während die Ehefrauen im Gegensatz dazu sich frei im Haus bewegen. Man muss daran erinnern, dass die Frauen des Propheten, ›die Mütter der Gläubigen‹, einen besonderen Status und eine besondere Rolle spielen. In einem anderen Vers wird den Frauen empfohlen, in Gegenwart von Fremden einen Schleier über ihren Busen zu ziehen. Das ist eine ganz allgemeine Geste der Schamhaftigkeit. Das einzige Mal, wo von den Frauen verlangt wird, einen Schleier auf dem Kopf (und nicht vor dem Gesicht) zu tragen, ist Sure 33, Vers 59.« Er lautet: »Prophet! Sag deinen Gattinnen und Töchtern und den Frauen der Gläubigen, sie sollen, wenn sie austreten, sich etwas von ihrem Gewand über den Kopf ziehen. So ist es am ehesten gewährleistet, dass sie als ehrbare Frauen erkannt und daraufhin nicht belästigt werden. Gott aber ist barmherzig und bereit zu vergeben.« Bruno Nassem Aboudrar: »Es handelt sich um eine Empfehlung, damit sie unterschieden und insofern respektiert werden. Es ist kein Rat religiöser Art, sondern einer der Zivilität.« In einer Gesellschaft, die gelernt hat, Frauen zu respektieren, ist der Schleier deshalb auch für die Muslimin überflüssig, es sei denn, sie verstünde sich als eine Frau des Propheten, die sich von anderen Frauen abheben und somit aus dem Meer »ungläubiger« Frauen hervorheben möchte. Die Frauen des Propheten wollten das nicht, sie wollten lediglich beim Austreten nicht belästigt werden. Bruno Nassem Aboudrar zufolge drückt sich in der Verschleierung kein religiöses Gebot, keine religiöse Vorschrift aus, sondern der Gegensatz zwischen westlicher und muslimischer Kultur: »Einerseits die hellenische und dann christliche, die das Sehen als einen der höchsten der Sinne betrachtet. Als Gott beschließt, sich im Körper Christi zu zeigen, öffnet sich für das Christentum die Möglichkeit des Bildes. Alles, was gesehen werden kann, bekommt eine enorme Bedeutung. In den Kulturen des Islam geschieht das Gegenteil. Man vermeidet den Blick, denn er ist der beste Verbündete der Libido. Sehen heißt, die Tore des Begehrens zu öffnen. Der Islam ist jedoch eine Kultur der Mäßigkeit. Die arabisch-muslimische Kultur beruht auf Dispositiven zur Sichtvermeidung: Abwesenheit von Fenstern und Perspektiven, unsichtbarer Gott, verborgener König usw.« Für Hani Ramadan wird die Frau ohne Schleier deshalb zum »Zwei-Euro-Stück, das von einer Hand zur anderen geht«, was aber, wie Aboudrar deutlich machte, eben nicht religiös, sondern kulturell bedingt ist.

Je strenger sich der Kopftuch-Islam durchsetzt, umso mehr blüht die Prostitution, denn normale sexuelle Beziehungen vor der Ehe sind verboten. Ganz abgesehen davon, dass sich reiche Araber aus den Golfstaaten ganze Wagenladungen Frauen in Villen kommen lassen, die sie sich in Marokko mieten – ich selbst konnte das vor einer solchen beobachten, die meinem Wohnhaus in Rabat gegenüberlag –, gibt es weitab von allen Touristenzentren einsame Dörfer inmitten von Hügeln und Feldern, an deren weißgekalkten Katen reihenweise Prostituierte in farblich geschmackvoller Kleidung und in den laszivsten Posen lehnen, eine Überraschung zwischen Mohnblumen und Olivenbäumen. Sie stehen den LKW-Fahrern zwischen Marrakesch und Casablanca, zwischen der Wüste und dem Mittelmeer sowie den Männern aus den Kleinstädten im Umkreis von fünfzig Kilometern zur Verfügung, die zu Hause ihre verschleierten Schwestern bewachen.

Als 2015 der Film »Much Loved« von Nabil Ayouch erstmals die Prostitution im islamischen Königreich zum Thema machte, wurde er sofort von der Zensur verboten, ohne dass die Zensoren ihn überhaupt gesehen hatten. Der Trailer hatte ihnen gereicht. Auch das gehört zur Kultur des Nichtsichtbarmachens. »Tötet sie!«, rief die Facebook-Gemeinde. Gemeint war die Hauptdarstellerin Loubna Abidar, die eine der Prostituierten gespielt hatte. Als »dreckige Hure« wurde sie von mehreren Männern in Casablanca zusammengeschlagen und wanderte nach Frankreich aus. »Was mich gestört hat, an dem, was mir widerfahren ist?«, antwortete sie einem Reporter in ihrer neuen Heimat. »Mich als Hure zu behandeln, in Ordnung, das stört mich nicht, weil bei mir in Marokko, rauchst du eine Zigarette, bist du eine Hure, ziehst du einen Rock an, bist du eine Hure, hast du einen kleinen Freund, bist du eine Hure, hast du Lust, anders zu sein, bist du eine Hure. Also dass ich eine Filmrolle spiele und sie mich als Hure behandeln, das ist nicht schlimm, damit bin ich großgeworden, nicht nur ich, vielen marokkanischen Frauen geht es so, wir kriegen die Hure gratis den ganzen Tag auf der Straße zu hören, daran haben wir uns gewöhnt. Aber was ich wirklich nicht verstehe, ist die Heuchelei. Zum Beispiel Marrakesch, das eine touristische

Stadt ist, es gibt nichts anderes dort, es gibt keine Fabriken oder großen Unternehmen, das sieht jeder, das Regime, der Staat sieht es, und es ist sehr gut, dass es nur das gibt, aber es wird geheuchelt. Ich schreibe gerade ein Buch über den radikalen Islam und die Frau, da ist auch ein bisschen von meiner Geschichte drin. Auch mein nächster Film wird über den radikalen Islam und die freie Frau sein. Es stört mich nicht, mein ganzes Leben lang wegen meiner Art zu leben als Prostituierte behandelt zu werden. Ich bin stolz, eine ›Prostituierte‹ dieser Art zu sein, eine Frau, die frei ist: Ja, ich esse Schinken, ja ich trinke Alkohol, ja, ich mache keinen Ramadan, ja, ich pfeife auf diesen Islam von heute. Mein Islam bedeutet, zu jedermann gut zu sein, seinen Weg zu finden und dabei niemandem etwas Böses zu tun. Das ist der Islam, den ich praktiziere. Ich werde mich dafür schlagen, ich werde mein Leben dafür einsetzen, um zu zeigen, dass der Islam von heute im Begriff ist, die muslimischen Frauen zu töten.«

Wie gut täte diese Sprache unserer Islamdiskussion, die sich stets am Gebot der Religionsfreiheit oder den Verboten des Korans ausrichtet, ohne jemals aufblitzen zu lassen, was sich tatsächlich in deren Namen abspielt. »Niemand soll sich an mir ergötzen«, so Nora Illi, die Frauenbeauftragte des Islamischen Zentralrats der Schweiz, die nur einen Sehschlitz freilässt, in »Menschen bei Maischberger« vom 9. Oktober 2012. »Die Religionsfreiheit ist eine Errungenschaft der Französischen Revolution!«, betonte Frau Illi. Ebenso wie die Freiheit *von* Religion, vergaß sie hinzuzufügen. Wie unerträglich der Druck allein schon des »friedlichen, toleranten« Islam – nicht irgendeines »Islamismus« und schon gar nicht eines »Terrorismus« – auf die Dauer wird, wenn sich nichts mehr ihm entgegenstellt, zeigte ein Aufschrei, den Marokkanerinnen und Marokkaner 2012 veröffentlichten, 18 Jahre nach dem flehentlichen Blick Khadidjas vor der Hängebrücke. Es war ein Aufschrei gegen den ganz normalen Staatsislam, nicht gegen irgendeinen »Islamismus«. Die ihn lancierten, wollten jenen Hunderttausenden, denen es heute in Nordafrika ähnlich wie ihnen geht, eine Stimme geben. Sie veröffentlichten ihren Protest unter voller Namensnennung in der marokkanischen Zeitschrift »Tel Quel« unter dem Titel »Diese Marokkaner(innen), die Nein sagen«.

9. »Diese Marokkaner(innen), die Nein sagen«

Adel Essaadani, 45, Kultur- und Eventmanager
»*Ich verstecke mich nicht beim Trinken.* Viele meiner Landsleute trinken Alkohol, stehen aber nicht dazu. Dieses Verhalten verkörpert auf seine Weise die Schizophrenie unserer fortdauernden Unterentwicklung, denn der Mensch als Individuum existiert bei uns noch nicht wirklich. Der Durchschnittsmarokkaner pflegt lieber das Bild eines ›Heiligen‹, und, erliegt er menschlichen Versuchungen, versteckt er sich lieber, als dass er andere vor den Kopf stieße und sich damit Ärger einhandelte. Ich verstecke mich nicht, wenn ich trinke. Ich benutze auch nicht die berühmten schwarzen Plastiktüten, in die die Verkäufer die Flaschen einwickeln. Sie sind ein absolutes Emblem unseres Bled schizo [Bled schizo ist ein geläufiger Ausdruck in Marokko. Bled bedeutet Heimat. Bled schizo meint das dortige Gespaltensein zwischen Gehorsam gegenüber den religiösen Geboten und tatsächlicher Lebensführung.] Alle Welt weiß, dass in den schwarzen Plastiktüten Wein, Bier oder Whisky ist, aber jeder tut so, als sähe er nichts. Schwer einschätzbar wird die Situation, wenn die Person mit der verhüllten Flasche Bullen begegnet. Die interessiert dann nicht so sehr die Dimension halal/haram [erlaubt/verboten], sondern ihr Anteil am Kuchen [der Dinarschein für's Augenzudrücken]. Schon als ich noch klein war, hatte ich was gegen den Zustand, dass man alles machen kann unter der Bedingung, nie etwas davon zu sagen oder zu zeigen. Ich beobachtete die Verhaltens-Dichotomie der Erwachsenen und verstand nicht, warum sie nicht zu einer Sache standen, über die jeder Bescheid wusste. Ich sah in diesem Unausgesprochenen und in dieser Heuchelei einen Mangel an Mut, schlicht und einfach Feigheit. Marokko ist ein Land mit vielerlei zivilisatorischen Strängen… Doch heutzutage gibt es eine Neigung, diese Stränge nach einer ganz bestimmten Werteskala in höher- und minderwertig

einzuteilen, beispielsweise, was Tradition und Moderne betrifft. Regierung und Institutionen platzieren den Islam ganz oben, machen ihn zum wichtigsten Bezugspunkt und geben damit – populistisch, wie sie sind – den praktizierenden Gläubigen das Recht, über das Verhalten anderer zu richten. Darin liegt allerhand Zündstoff, der die Grundlage für einen eventuellen ›Bürgerkrieg‹ bilden könnte, nämlich dann, wenn man anfängt, die Respektierung der Minderheiten und der individuellen Freiheiten auf die eine Seite der Waagschale zu legen und auf die andere den Islam. Von Laizismus und Säkularismus will ich gar nicht reden.«

Leyla Hayane, 36, Schriftstellerin
»Ich verstecke meine Liebschaften nicht. Ich habe ein Rendezvous mit meinem Geliebten. Als ich mein Auto einparke, dreht der junge Parkplatzwächter den Kopf in Richtung meines Balkons und sagt mit einem vielsagenden Lächeln: ›Ihr Freund ist schon seit einer Stunde da.‹ Der Parkplatzwächter eskortiert mich – mit welchem Recht? – Richtung Hauseingang. ›Du solltest warten, bis der Concierge beten geht, bevor du durch den Hausflur gehst«, sagt er. Muss ich jetzt auch noch dem Concierge Rechenschaft ablegen? Diese Geheimnistuerei kommt für mich nicht in Frage. ›Mach dir keine Sorgen um mich‹, sage ich und denke: Du siehst sehr jung aus, aber dein Blick macht dich alt. Er ist so leer wie die Rechenschaft, von der du möchtest, dass ich sie vor dir ablege, vor dem Vater, vor dem Bruder und vor den anonymen Männerhorden draußen auf den Straßen. Bis wohin wollen sie uns mit diesem Alltagsirrsinn noch treiben? Immer sollen wir unseren Wünschen ausweichen, immer euch nachgeben, immer uns selbst verleugnen bis zur Erschöpfung, bis zum Tod, das ist es, was ihr von uns wollt. Aber ich weigere mich, dieses Trauerspiel mitzumachen, weigere mich, den Blick zu senken, weil ich bei mir zu Hause ein Rendezvous mit einem Mann habe. Ich bin ich, und er ist er, nur uns beide geht das was an. Schon seit langem habe ich zu dieser Heuchelei *Stop, Safi, Baraka! [Es reicht!]* gesagt. Frei wie die Luft, als wäre das selbstverständlich, euch zum Trotz. Ich komme im Haus an, ich sage Salam zum Concierge mit dem rötlichen Ziegenbart. Von seinem Kontrollposten trifft eine Salve saurer

Blicke meine Sandalen. Sein Gesicht, eine einzige Beschwerde über die Frau, die ich bin, über das Begehren, das unter meinen Fußsohlen wippt, unter meinem Rock flattert, aus mir atmet. Ich beachte ihn nicht, gehe die Treppen hoch zu meiner Liebe.«

Ibtissam Betty Lahgar, 36, Klinikpsychologin und Psychotherapeutin
»Ich mache keinen Ramadan. Die sozio-religiöse Inquisition und die rechtlichen Bestimmungen ersticken meine Freiheit. Der Fastenmonat Ramadan zum Beispiel, auch wenn er nur die Spitze des Eisberges ist. Der von Marschall Lyautey während der Kolonialzeit eingeführte Artikel 222 sieht bis zu sechs Monate Gefängnis ohne Bewährung vor für ›jede Person, die allgemein für ihre Zugehörigkeit zum Islam bekannt ist und ostentativ in der Öffentlichkeit das Fasten bricht‹. Dieser Artikel ist von einem skandalösen Faschismus. Wer entscheidet, wer Muslim ist und wer es nicht ist? Was sind die Kriterien? Der Name? Das Gesicht? Im Übrigen bin ich nicht gläubig, bin nicht Muslimin, fühle mich also nicht betroffen. Aber ich lehne die gesellschaftlichen, also die religiösen Zwänge ab. Seit September 2009 klebt mir das Etikett ›Nicht-Ramadan-Fastende‹ an. Ich bin beleidigt worden, habe Drohungen erhalten, bin eingeschüchtert worden, nachdem ich mit anderen Mitgliedern des ›Mouvement alternatif pour les libertés individuelles«, M.A.L.I. [»Alternative Bewegung für die individuellen Freiheiten«] ein Picknick organisiert habe, das, ich erinnere daran, von uns symbolisch gemeint war. Die Drohungen und Beleidigungen kamen nicht nur von Unbekannten, sondern auch aus meinem Umfeld. Aber ich stehe zu meiner Haltung. Denn ich lehne den Eingriff in meine Entscheidungsfreiheit ab. Ich lehne die Infantilisierung ab. Die Religion gehört zur Privatsphäre und darf auf keinen Fall Angelegenheit des Staates sein. Ich bin für die Trennung von Kirche und Staat. Ich lehne die diskriminierende marokkanische Gesetzgebung ab, eine einzige Beraubung in Sachen Erbrecht für die Frau, beispielsweise. Ich lehne den Artikel 19 in der Verfassung ab, in dem es heißt: ›Mann und Frau genießen in gleicher Weise Rechte und Freiheiten unter Respektierung der Verfassungsdispositionen, der Konstanten und der Gesetze des Königreiches‹, was bedeutet ›unter Respektierung

des Islam‹. Ich lehne es als sektiererisch ab, dass eine Frau nur einen Muslim zum Mann nehmen darf. ... Ich lehne den mittelalterlichen Artikel ab, der im Namen der Religion sexuelle Beziehungen außerhalb der Ehe bestraft. Ich lehne die Gesamtheit der freiheitsberaubenden, homophoben, frauenfeindlichen und patriarchalischen Gesetze ab. Ein schleichender Archaismus, der die Gesellschaft krank macht. Ich respektiere den Glauben eines jeden, aber ich lehne es ab, dass ein Staat (in diesem Fall Marokko) mir eine Lebensweise aufzwingt, die auf religiösen Vorschriften beruht.«

Imane E. Arouet, Abteilungsleiter im Verlagswesen
»*Ich bin Atheist.* Mit vierundzwanzig habe ich mein zehntes Jahr der Apostasie gefeiert. In diesen zehn Jahren bin ich vom anfänglichen Voltaire'schen Deismus zu einem überlegten, aus philosophischer und theologischer Literatur gespeisten Atheismus gekommen. Seit zehn Jahren erlebe ich die Ablehnung durch meine Mitbürger. Je mehr ich meine Zweifel zum Ausdruck brachte, umso mehr wurde ich Opfer einer wahren Ächtung. Ich wurde nicht mehr ernst genommen. Für sie konnte ich nur ein ›heruntergekommener Typ‹ sein. Meine intellektuelle Neugier wurde als dämonisch inspirierter ›Glaubensschwund‹ hingestellt. Das ist das Schlimme in einem muslimischen Land: Sobald die intellektuelle Aufrichtigkeit und der Wille, sich nicht für etwas auszugeben, was man nicht ist, ans Religiöse rühren, gelten sie als dämonische Sittenverderbnis und schändliche Dekadenz. In Casablanca, wo die gesellschaftliche Heuchelei am größten ist, wird ohne weiteres akzeptiert, dass man ein ›schlechter Muslim‹ ist. Es ist okay, nicht zu beten, aber zu trinken und alles zu machen, was ein ›guter‹ Muslim nie tun würde. Sobald man jedoch einige grundsätzliche Fragen zur Sprache bringt, reagieren die Leute unwirsch oder offen feindselig und beleidigend, wobei manche sich nicht scheuen, einem in Erinnerung zu rufen, dass die Ermordung eines Apostaten in den Augen Gottes legitim ist. Ich stehe jedoch im Internet weiter zu meiner religiösen Skepsis, vor allem, weil ich zugleich Zustimmung seitens einer schweigenden Minderheit erfahre, die mir dankbar ist, in ihrem Namen zu sprechen. Auch im Alltag gebe ich nicht nach, aus praktischen Gründen: Diese Apo-

stasie ist für mich, da sie gesellschaftlich bekämpft wird, zu einer Hauptkomponente meiner Persönlichkeit geworden. Sie zu verstecken, hieße lügen. Ich glaube, das Recht auf ein Umfeld zu haben, das mich so akzeptiert, wie ich bin. Mein derzeitiger Freundeskreis hat damit keine Probleme. Mit der Familie ist es komplizierter. Meine sehr fromme Mutter verzweifelt an meinem Desinteresse für die religiöse Sache und hört nicht auf, mich relativ wohlwollend zur Ordnung zu rufen, in der Hoffnung, dass ich auf den Weg Allahs zurückkehre. Der Rest meiner – gläubigen – Familie hat genug Anstand, nicht zu sehr auf dem Thema herumzureiten.«

Rayan Benhayoun, 23, Student der Betriebswirtschaft
»Ich verstecke meine Homosexualität nicht. Mit zwölf habe ich gemerkt, dass ich homosexuell bin. Ich hatte nie Gefühle für ein Mädchen gehabt, ich fühlte mich nicht wie ein ›normaler‹ Junge meines Alters. Da wusste ich, dass ich anders bin. Dass ich gay war, dass ich mir das nicht ausgesucht hatte. Und ab da habe ich, denke ich, einen der größten Irrtümer meines Lebens begangen. Ich habe es verleugnet, verdrängt. Seit diesem Tag habe ich eine wahre seelische Tortur durchgemacht. Ich dachte an nichts anderes mehr. Ich fing an, mich seelisch enorm zu bearbeiten. Ich zwang mich, heterosexuell zu sein. Natürlich hat das nicht geklappt. Mit sechzehn machte ich mein ›Coming-out‹, nicht so sehr aus Mut, sondern weil ich es leid war. Ich konnte einfach nicht mehr die ganze Zeit in Heuchelei und Lüge leben. Ich hatte es satt, mein Leid zu verbergen und mich hinter der Maske ›Rayan, der ganz normale Typ‹ zu verstecken. Ich hatte keine Lust mehr, ein Feigling zu sein! Für meine Familie war es der Schock ihres Lebens. Diese Enthüllung wirkte wie eine Bombe, und ich kriegte die bedrohlichsten und schrecklichsten Dinge meines Lebens zu hören. Erst nach Jahren normalisierte sich die Beziehung wieder. In Marokko sind der Staat und die Gesellschaft homophob. Homosexualität wird mit drei Jahren Gefängnis bestraft. Ich bin sehr zornig auf mein Land, das die Menschenrechtscharta nicht respektiert, die es unterzeichnet hat, das mir nicht erlaubt, in Würde zu leben und mich in eine Dunkelzone verbannt. Ich weiß, dass es in naher Zukunft keine Rechte für Homosexuelle geben wird, vor allem in einer weit-

gehend homophoben und heuchlerischen Gesellschaft, die intellektuell nicht reif genug ist, um Toleranz gegenüber einem menschlichen Wesen, wie jeder Homosexuelle eines ist, an den Tag zu legen.«

(Sure 7, Verse 80 und 81 (Übersetzung nach Paret): »Und wir haben den Lot als unseren Boten gesandt. Damals als er zu seinen Leuten sagte: ›Wollt ihr denn etwas Abscheuliches begehen, wie es noch keiner von den Menschen in aller Welt vor euch begangen hat? Ihr gebt euch in eurer Sinneslust wahrhaftig mit Männern ab, statt mit Frauen. Nein, ihr seid ein Volk, das nicht Maß hält.‹«

Sure 26, Verse 165 und 166: »Wollt ihr euch denn mit Menschen männlichen Geschlechts abgeben und darüber vernachlässigen, was euer Herr euch in euren Gattinnen als Ehepartner geschaffen hat? Nein, ihr seid verbrecherische Leute.«)

Hind Bariaz, 35, Englischlehrerin
»*Ich habe das Recht abzutreiben, wenn ich das möchte.* Mein Körper gehört mir, und Abtreibung ist mein Recht. Ich sage das offen und laut, zumal ich damit zu tun hatte. Ich habe abgetrieben, und ich verheimliche es nicht. Diese Schwangerschaft war ein ›Unfall‹. Mein Freund und ich haben also angesichts unserer Pläne und in gemeinsamem Einverständnis als Erwachsene reagiert. Es war schwer, das nötige Geld und einen Arzt aufzutreiben, der bereit war, die Abtreibung vorzunehmen. ›Es genügt, den Frauen zuzuhören‹, erklärte Simone Veil 1974, als sie im französischen Parlament die Legalisierung der Abtreibung verteidigte. Damals trieben in Frankreich jedes Jahr Tausende von Frauen heimlich ab, wie sie es heute weiterhin in Marokko tun. Tausende von Frauen machen die Einsamkeit mit, das körperliche Leiden und die Schmähung einer ganzen Gesellschaft. Simone Veil sprach für alle jene Frauen, die in ihrer Mehrheit schwiegen. Wie bei uns. Aber sie müssen darüber sprechen. Ich tue es heute. Für alle, die abgetrieben haben. Im Namen ihrer Not. Damit sie diese schreckliche Angst und diese Schuldgefühle nicht mehr haben. Damit man keine Babys mehr in den Mülleimern findet. Damit sie nicht mehr sterben, weil sie sich mit Kräutern vergiften oder mit Stricknadeln bearbeiten, weil sie die 3000 Dirhams [etwa 300 Euro] nicht haben, um einen Arzt zu bezahlen. Für die Freiheit zu lieben.

Zu leben. Bei uns heißt es sofort Mord, wenn man von Abtreibung spricht, und man vergisst die Tausenden von Kindern, die auf der Straße dahinvegetieren ...«

Zineb el Rhazoui, 31, Journalistin
»Ich hätte einen Juden heiraten können. Klar, das hätte in einem anderen Leben passieren können. Oder genauer, in einem anderen Land. In Marokko reicht es nicht, sich zu lieben und sich für das Beste und das Schlimmste zusammentun zu wollen. Das Familiengesetz mischt sich in das Leben der Leute ein und vor allem in ihren Glauben. Selbst wenn sie es wollte, ist es einer Marokkanerin verboten, einen Mann nicht muslimischer Konfession zu heiraten, auch wenn es sich um einen Landsmann handelt. Dagegen kann ein Marokkaner die Frau seiner Wahl heiraten. Indes widerspricht dieses angeblich auf den koranischen Vorschriften beruhende Gesetz klar Vers 221 der Sure ›Die Kuh‹, die die Frage der Eheschließung mit Nichtmuslimen behandelt. Dieser Vers richtet sich an Männer und Frauen gleichermaßen, ohne einen Unterschied zwischen ihnen zu machen, und gebietet ihnen, dass es ›vorzuziehen‹ ist, eine ›gläubige‹ Person zu heiraten. Die Juden sind gläubig, soviel ich weiß! Ich meinerseits habe eine sehr schöne Geschichte mit einem marokkanischen Juden erlebt, einem Mann, der mir sehr viel bedeutet hat. Ich bin nicht gläubig, und die Religionszugehörigkeit spielt bei meiner Partnerwahl absolut keine Rolle. Ich würde mit einem meine Ansichten teilenden Juden mehr aufblühen als mit einem Muslim, an dem mir alles widerstrebt. Hätten die Umstände es nicht anders gewollt, hätte ich ihn sehr wohl heiraten können. Das ist in Marokko verboten, aber wir hätten einen juristischen Trick gefunden, damit er sich nicht einem Gefälligkeitsübertritt zum Islam hätte unterziehen müssen, wie es das Gesetz heuchlerisch verlangt. Der Film ›Marock‹ hat so viel Aufsehen erregt, weil er die Liebesgeschichte zwischen einer muslimischen jungen Frau und einem jüdischen jungen Mann erzählt. Aber so etwas ist nicht so selten, wie man denkt. Es ist auch kein auf die Jeunesse dorée beschränktes Epiphänomen. Es reicht, sich in den Hörsälen der Pariser Universitäten umzusehen, wo unsere muslimischen und jüdischen Landsleute engen Umgang mit-

einander pflegen, um festzustellen, dass über die kommunitaristischen Grenzen hinaus sich solche außerkanonischen Lieben frei entfalten. Sicher, die Dinge komplizieren sich, wenn man ins Heimatland zurückkehrt, aber ich kenne einige Paare zwischen Rabat und Casablanca, die sich die Maxime ›Lass uns glücklich leben, lass uns im Geheimen leben‹ zur Lebensphilosophie gemacht haben.«

Farah Abdelmoumni, 23, Studentin der Kommunikationswissenschaften
»*Ich bin gegen den Schleier.* Kürzlich sagte mir die Mutter einer Freundin: ›Farah, du bist ein aufrechtes Mädchen. Du hast einen schönen Charakter. Wie schade, dass du nicht verschleiert bist, sonst wärst du die perfekte Verlobte für meinen Sohn ...‹ Anfangs dachte ich, sie scherze. Aber dann merkte ich an ihrer ernsten Miene, dass das nicht der Fall war. Ich war niedergeschmettert. Nicht, dass ich an ihrem berühmten Bachelor-Sohn interessiert gewesen wäre, sondern weil ich merkte, dass der Schleier für sie ein Unterpfand für Respektabilität und Seriosität war. Da begriff ich, warum so viele absolut nicht fromme Mädchen unter dieser Montur als Frömmlerinnen enden. Um das große Los zu ziehen, versuchen sie, dem Leistungskatalog der perfekten Heiratskandidatin Buchstabe für Buchstabe nachzukommen. Ein Leistungskatalog, diktiert von einer machistischen und patriarchalischen Gesellschaft, deren einzige Sorge der garantierten Reinheit einer künftigen Ehefrau gilt, mag diese Garantie auch illusorisch sein. Den Garantieschein liefert mehr und mehr der Schleier. Doch die Mädchen, die sich verschleiern, verdammen sich und die marokkanische Gesellschaft dazu, Gefangene ihrer rückschrittlichen, konservativen Zwangsvorstellungen zu bleiben. Taha Hussein [ägyptischer Schriftsteller] hat geschrieben: ›Nur emanzipierte Frauen werden Generationen freier Menschen schaffen.‹ In Marokko sind unsere Frauen weit davon entfernt, emanzipiert zu sein. Im Gegenteil führen sie sich als Wächterinnen des Serails auf. Von Mutter zu Tochter, indem sie sich Vorschriften beugen – wie dem Schleiertragen –, die ihre Identität verneinen, die das verneinen, was sie ihrem Wesen nach sind. Frauen sind aus Fleisch und Formen gemacht, und es gibt keinen Grund, sie zu verstecken unter dem

Vorwand, dass sie Begehren und Lust wecken. Denn machen wir uns nichts vor: Diejenigen, die den Schleier verteidigen, haben vor allem ein Problem mit der Sexualität. Aber davon will die Mehrheit nichts wissen. Einen Schleier auf dem Kopf tragen, sein Haar verstecken, alle Attribute kaschieren, die der Außenwelt zeigen, dass ich ein Mädchen bin, stellt für mich eine Verirrung dar, die mitzumachen ich mich weigere. Gewiss, ich musste nicht gegen die Meinen rebellieren, denn ich bin in einem Milieu aufgewachsen, in dem die Gewissensfreiheit über allem stand. Aber jeden Tag, wenn ich, das Haar im Wind, den Körper unverschleiert, auf der Straße gehe, werde ich belästigt und angegriffen. Warum sollte man das als Frau mitmachen müssen? Und warum sollte, um in Ruhe gelassen zu werden, die einzige Lösung darin bestehen, ein Stück Stoff auf dem Kopf zu tragen? Warum sollte es nicht Sache der Männer sein, uns endlich mit anderen Augen zu sehen?«

Nizar Bennamate, 26, Journalist
»Ich lehne die Idee ab, von Geburt an Muslim zu sein. Gewiss, wir erben alle die Religion unserer Eltern. Aber es kommt ein Zeitpunkt, wo jeder sich Fragen stellen und die eigene Intelligenz gebrauchen muss, um eine Entscheidung zu treffen. Nein, die Gewissensfreiheit ist nicht die Sache einer Minderheit, sie muss die Sache von jedermann sein. Angefangen bei jenen Marokkanern, die ihre Religion ohne Bevormundung durch den Staat praktizieren wollen, der die Sunna und den malekitischen Ritus als offizielle Doktrinen festlegt, bis zu jenen, die zu einer anderen Religion übertreten oder keiner angehören wollen. Die Gewissensfreiheit geht alle an, denn sie betrifft das Innere jedes Einzelnen. ... Die Mehrheit der Marokkaner erkennt sich weder in den Fatwas von al-Qaradawi noch in den lyrischen Ausbrüchen al-Fizazis und noch weniger in den Entscheidungen des Rates der Ulemas wieder. Die Marokkaner wollen ihre Religion praktizieren, wie ihr Gewissen es ihnen sagt, ohne jede Bevormundung, mit einem Wort: selbstständig. Eines hat mich immer gewundert: Während der Alkohol bei uns für Muslime verboten ist, sind die meisten, die ihn konsumieren, Muslime. Welcher Zusammenhang, fragen Sie? Die Anerkennung der Gewissensfreiheit

würde dazu führen, dass der Staat sich nicht mehr in die Sphäre der individuellen Gläubigkeit (die zur Privatsphäre gehört) einmischte. Gesetze, die für den öffentlichen Bereich gelten, würden dann nicht mehr entsprechend der Religionszugehörigkeit angewandt. Für mich ist der Glaube per Definition eine Wahl, die nie unter Zwang stehen darf. Die Tatsache, diese Selbstverständlichkeit nicht anzuerkennen, heißt die Realität des menschlichen Wesens zu verneinen.«

Fatym Layachi, 29, Schauspielerin
»*Ich weigere mich, meinen Körper zu verstecken.* Niemals werde ich meinen Körper verleugnen. Diesen Körper, den ich in meinem letzten Film gezeigt habe, ›Femme écrite‹. Nicht aus Schamlosigkeit, Unüberlegtheit oder Leichtfertigkeit. Ganz im Gegenteil. Der Regisseur Lahcen Zinoun hat mir eine sublime Rolle angeboten, die Rolle einer Frau, die Berberin ist und tätowiert. Eine Rolle, die jenen Teil unserer Geschichte erzählt, den man auslöscht. Eine Rolle, die Geschichten erzählt, die sich ins Fleisch geschrieben haben. Natürlich habe ich mein Schamgefühl. Ich habe sogar Komplexe, dutzendweise. Ich bin das Mädchen, das im Hüfttuch bleibt. Ich bin auch das Mädchen, das in den Magazinen gelesen hat, wie man mit Farbe und Materialien flunkern kann, um Mängel zu verbergen. Ja, es stimmt, es ist nicht immer einfach, sein Fleisch zu zeigen. Ich habe es getan. Indem ich zu jeder meiner Handlungen vor der Kamera stand und meinem Regisseur weit mehr vertraute als mir selbst. Mein Körper lebt. Bringt mich zum Leben. Lässt mich fühlen. Lässt mich sein, was ich bin. Sicher bin ich nicht nur das. Aber ganz sicher bin ich das zuerst. Und ich kann nicht ich sein, wenn ich verstecke, was ich bin. Ja, ich habe ein Gesicht. Und darüber hinaus habe ich einen Beruf gewählt, in dem ich es zeige. Ja, ich habe Lippen. Und darüber hinaus spreche ich. Ich sage, was ich denke und einige Dummheiten. Ja, ich habe Augen. Und darüber hinaus liebe ich das Khôl [dunkle Augenschminke], und wenn ich mal weine, zerläuft es ein wenig. Ja, ich gehe auf hohen Absätzen, weil ich das einfach hübscher finde. Ich bin meine Verletzungen, meine Kratzer und meine Narben. Ich bin meine Haare und dieser Pony, den ich mir selbst in der Küche mit der Schere unter dem besorgten Blick meiner Freun-

din schneide. Ich bin meine Arme, die ich am liebsten das ganze Jahr über gebräunt sähe. Ich bin meine Beine, die trotz der Mode enge Jeans nicht sehr mögen. Ich bin meine Hände und meine Füße, auf die ich extrem achte, denn Selbstsicherheit gewinnt man zuweilen sogar durch den Glanz des Nagellacks. Und niemals werde ich meine Adern verleugnen, durch die mein Blut fließt. Niemals werde ich mein Fleisch verleugnen, auf dem meine Jungmädchenträume vertäut sind und meine Delirien als Heranwachsende. Sollen diejenigen, denen das nicht gefällt, den Blick senken. Denn ich werde ihn nicht senken.«

Wie die »Marokkaner(innen), die Nein sagen«, sollten auch wir Nein sagen zu einem Islam, der Menschen, wie die soeben vorgestellten, fertigmacht. In »Rick's Café« in Deutschland darf ein solcher Islam niemals tonangebend werden. Insofern wird man hellhörig, wenn die Beauftragte der Bundesregierung für Migration, Flüchtlinge und Integration, Ayman Özoguz, erklärt, das Zusammenleben mit den Flüchtlingen müsse »täglich neu ausgehandelt« werden. Eine Einwanderungsgesellschaft bedeute, »dass sich nicht nur die Menschen, die zu uns kommen, integrieren müssen«. Geld, Beruf, Karriere, Sozialhilfe liefert »Rick's Café«, versteht sich von selbst. Geben wir, brauchen euch, tun wir. Die bereitgestellten Milliarden beweisen es. Aber in was soll »Rick's Café«, das offenste Westeuropas, sich »integrieren«? Das Zusammenleben müsse »täglich neu ausgehandelt« werden. Warum glaubt die Integrationsbeauftragte, uns dazu auffordern zu müssen? Die allermeisten »Menschen, die zu uns kommen« flüchten aus dem Herrschaftsbereich des Islam. Sind die Worte der Integrationsbeauftragten etwa eine Aufforderung zum Kompromiss mit dessen Werten, die nicht nur für die »Marokkaner(innen), die Nein sagen« unzumutbar sind? Es muss deshalb ganz klar bleiben: Der Islam hat in Deutschland außerhalb der Moscheen nichts zu suchen. Da gibt es nichts »auszuhandeln«.

Zum Beispiel für Mina, die 16-jährige Afghanin, die drei Wochen vor Silvester 2015 in Berlin ankam und in einer Turnhalle in der Gürtelstraße untergebracht wurde, zusammen mit ihrem Bruder Ali, der 17-jährigen Autoritätsperson, und ihrer Mutter. Zum ersten Mal in ihrem Leben brauchte Mina keine Burka mehr überziehen. Nicht einmal ein Kopftuch musste sie sich umbinden, der Bruder gab sich mit einem Hut zufrieden. Nur das Schminken solle sie bleiben lassen. Ließ Mina aber nicht. »Rick's Café« machte es möglich. Ihre Lippen schimmerten rosa, die Augenbrauen wurden nachgezogen und an den Fingern glänzte ein Ring. Zusammen mit der Mutter hatten Mina und Ali mit einem Boot von der türkischen Küste aus die griechische Insel Lesbos erreicht, hatten schließlich Mazedonien, Kroatien, Slowenien durchquert, ehe sie in Berlin landeten. Immer aber war es nur Ali, der sprach, wenn jemand die drei fragte, wie es ihnen auf der Flucht ergangen sei. Sobald Mina oder ihre 56-jährige Mutter von den Leiden der Flucht berichten wollten, forderte der 17-Jährige sie auf, den Mund zu halten. Mina zog sich zurück, versuchte gar nicht mehr, am Gespräch teilzunehmen. Um mit ihr zu reden, musste die Reporterin der französischen Zeitung »Le Monde« sich vor der Turnhalle mit ihr verabreden und in den nächsten Supermarkt gehen. Sie werde sich aber von ihrem Bruder nicht unterkriegen lassen, sagte Mina, schließlich sei sie nun in Deutschland und nicht mehr in Afghanistan. Sie sei fest entschlossen zu studieren und selbst, wenn ihr Bruder vor Wut platze, werde sie vielleicht eines Tages einen Freund haben. Das sei nur »natürlich«. Aber die afghanischen Männer seien eben als Wächter ihrer Schwestern erzogen worden. »In Deutschland hat er nicht das Recht, mich zu schlagen. Wie froh ich bin, hier zu sein.«

Das Gefühl, in Deutschland besser vor den Männern ihrer Familie geschützt zu sein, hat auch Shakira, eine 27-jährige Afghanin. »Zuhause schlug mich mein Mann«, sagt die Mutter von zwei kleinen Kindern. »Ich habe meinem Mann gesagt, dass er mich hier nicht mehr behandeln kann wie früher. Ich bin sehr zufrieden, hier zu sein, sehr zufrieden.« Man denkt an das »Es ist nichts gut in Afghanistan« der ehemaligen EKD-Ratsvorsitzenden Margot Käßmann, aber Irrtum: Sie hatte nicht an die schlagenden Ehemänner gedacht und die mordenden Taliban, sondern an die Männer in Uniform aus Deutschland, die wenigstens den schlimmsten Gewalttätern in den Arm fallen wollten. Ihr Evangelium des Friedens und der Nächstenliebe kommt bei den Fundamentalisten dieser Welt äußerst positiv an. Nur sollte Frau Käßmann den direkten Kontakt mit ihnen meiden und sich lieber von den Frauen in der Berliner Gürtelstraße überraschen lassen. »Ich hoffe, dass meine Tochter nicht das Leid mitmachen muss, das ich erlebt habe«, sagt Shakira. »Ich will, dass sie frei ist. Dass sie von keinem Mann unterdrückt und geschlagen wird. Dass kein Typ ihr sagen kann, ich bin der Herr im Haus.«

Bei diesen Frauen aus Afghanistan läuft die Integration von ganz allein. Noch einmal: Da gibt es nichts »auszuhandeln«.

10. Eine wert(e)lose Linke als Komplize des Islamismus-Islam

Zwei Tage nach der Vernichtung der Türme in New York stellte Adrienne Goehler, damals Senatorin für Wissenschaft, Forschung und Kultur in der rot-grünen Berliner Regierung klar: »… und natürlich steht dieses World Trade Center nicht etwa für eine Zivilgesellschaft, sondern es ist das schlechthinnige Symbol für Globalisierung, für Kapitalismus, für Weltmacht. Es ist ein Weltmachtsymbol, und dieses Symbol wurde angegriffen.« Angriff auf die USA! Sofort galt die Sorge der Senatorin nicht etwa künftigen Opfern des Islamismus-Islam, sondern »einer Sündenbockbildung, die eine ganze Religion, einen ganzen Erdteil möglicherweise in Diskredit bringt«. Auch 2001 galt bereits: Alles fliegt in Stücke, nur der Islam bleibt heil.

Dem Islamgelehrten Abdelwahab Meddeb zufolge hat die islamische Welt den Verlust ihrer einstigen Weltherrschaft nie verkraftet und ist im Ressentiment gegen den Westen erstarrt. Dies würde erklären, dass der Angriff auf New York unter Muslimen kaum Bedauern, sondern viel Frohlocken, nicht nur klammheimliches, auslöste. Vierzehn Jahre nach 9/11 bekannte der marokkanische Schriftsteller Abdellah Taia: »Mein ganzes Leben lang werde ich mich an meine erste Reaktion erinnern, als ich die Nachricht von den Attentaten des 11. September hörte. Freude. Einige Sekunden lang, ungewollt, Freude. Eine Explosion von Freude. Die Muslime, zu lang schon im freien Fall, im Niedergang, waren endlich gerächt. Der übermächtige Westen würde endlich dieselbe Bitternis zu spüren bekommen, dieselbe Angst, denselben Terror wie wir.« Das sprach vielen Muslimen aus dem Herzen. Ich konnte mich in Nordafrika davon überzeugen. Doch dann erklärte Abdellah Taia diese seine Freude zu einem »schrecklichen und erschreckenden Irrtum«. Die Muslime, so der marokkanische Intellektuelle, sollten endlich damit aufhören, immer die anderen »für alles Unglück verantwortlich zu machen, das auf sie einstürzt«. Es sei höchste Zeit für die muslimische Welt, ihre erstarrte Vision von Religion und Geschichte aufzugeben, an der jede Kritik abpralle. Abdallah Taia: »Die Muslime in Unkenntnis über das bewegliche, freie Denken zu lassen, das einst in diesem Teil der Welt möglich war, ist ein wahres Verbrechen. Sich weiterhin der Religion zu bedienen, um die Völker von den Zentren der Macht fern und in Knechtschaft zu halten, ihnen weiter zu erzählen, dass sie gegenüber demjenigen, der über sie herrscht und alle Reichtümer für sich behält, ein Nichts sind, das alles ist schlimm.«

Abdellah Taias Erinnerung daran, dass es in der islamischen Welt einmal mehr Gedankenfreiheit gab als heute, nennt den Grund für ihren zivilisatorischen Niedergang. Er liegt in der Abschaffung jener Gedankenfreiheit, die der muslimische Philosoph Averroes (1126–1198) durch die Einführung der Vernunft als Instrument zur Welterkenntnis begründen wollte. In deutschen Talkshows verweist der Vorsitzende des Zentralrats der Muslime zuweilen auf die große philosophische Tradition des Islam und nennt als Beispiel gern Averroes. Dass dessen Denken vom Islam eliminiert wurde, dass seine Schriften verbrannt wurden, verschweigt er. Abdellah Taia beschreibt die Folgen: »Schon vor dem Auftauchen des Islamismus beherrschte das religiöse Feld Marokko. Die Religion wurde nicht genutzt, um dem Individuum zu ermöglichen, sich zu befreien und zu sich selbst zu finden, zu seinem Körper, zu seinem eigenen Denken, sondern eher dazu, es zu hätscheln, einzulullen und daran zu hindern, aus der Gruppe auszubrechen.« Damit erteilt der muslimische Schriftsteller jenen eine Abfuhr, die einen solchen Islam als »zu Deutschland« gehörig betrachten. Für einen Abdellah Taia gehört ein vernunftfeindlicher Islam weder in die islamische und schon gar nicht in die westeuropäische Welt, die für die Freiheitssucher Nordafrikas der einzige Lichtblick sei, ohne den sie verzweifeln würden. Die deutsche Regierung hingegen will der Bevölkerung diesen Islam als »kulturelle Bereicherung« einer »bunten Republik« schmackhaft machen, diskussionslos, par ordre du mufti.

Auch der Philosoph Peter Sloterdijk fand in Bezug auf 9/11 kein kritisches Wort für diesen Islam. Bei der Entgegennahme des Ludwig-Börne-Preises in der Frankfurter Paulskirche am 16. Juni 2013 sprach er vom Attentat auf das World Trade Center nicht von einem Terroranschlag, sondern von einem »Maximal-Stress-Ereignis«: »So heißen Situationen, die den Betroffenen eine Reaktion des Gesamtorganismus abverlangen.« In New York waren das die »Gesamtorganismen« fast dreitausend Verbrennender oder in die Tiefe Stürzender. Brausender Applaus der versammelten Kulturelite für die Deutungen des Sehers. Sein Hohn galt nicht dem Islam, sondern Amerika, das den »Vorfall« genutzt habe, um den Begriff »Terror« in die Welt zu setzen: Als »tödlicher Virus« sei dieser »aus den Labors des Pentagons ausgebrochen«. Auch für den Börne-Preisträger galt das Motto: Alles fliegt in Stücke, nur der Islam bleibt heil. Amerika habe sich an die »fieberhafte Erstellung eines Fahndungsbildes« gemacht, das, da der Feind nicht gleich zu greifen gewesen, später »unter dem Namen Al-Qaida nachgereicht« wurde: »War on terror«. Al-Qaida – kein Produkt des Islam, sondern des Westens. Doch schon zehn Jahre vor dem, so Sloterdijk, »Zwischenfall« von New York hatte der »tödliche Virus« in Nordafrika geschätzte 150 000 »Gesamtorganismen« ohne jede Beteiligung eines Pentagon-Labors ein »Maximal-Stress-Ereignis abverlangt«. Schon ein Jahrzehnt vor der Nachreichung Al-Qaidas durch Amerika hatte dessen Vorläufer GIA bereits das größte Land Nordafrikas heimgesucht. Wo Peter Sloterdijk ein »Maximal-Stress-Ereignis« wahrgenommen hatte, fragte sich der Schriftsteller Roger Willemsen in einer Talkshow, »ob das wirklich erschreckende Bilder waren«. Angesichts der »Erhabenheit der Katastrophe« habe er ein »sublimes, ich will nicht sagen Vergnügen, ein sublimes Behagen daran« gespürt, »das einen Augenblick gedacht werden darf«. Wie auch Abdellah Taia es gespürt hatte, im Namen der gedemütigten islamischen Welt, mit dem Unterschied, dass die Erkenntnis des »schrecklichen und erschreckenden Irrtums«, der in »Freude« und »Behagen« lag, allein dem marokkanischen Schriftsteller zuteilwurde. Worin dieser Irrtum lag, erklärte der tunesischstämmige Philosoph Abdelwahab Meddeb drei Jahre nach dem »Maximal-Stress-Ereignis« von New York anlässlich eines weiteren »Zwischenfalls«, diesmal des von Madrid, dessen Bilder von explodierten Vorortzügen die »Erhabenheit der Katastrophe« von

New York allerdings vermissen ließen. Es fehlte das Symbolhafte für »Kapitalismus«, »Weltmacht« und »Globalisierung«, das Adrienne Goehler in New York hatte erblicken dürfen. Es gab nur 191 Leichen und 2051 Verletzte. Abdelwahab Meddeb schrieb: »Viele sehen darin eine Form der Rache, die die Bedrückung über die unzähligen durch die westliche Hegemonie und den westlichen Druck erzeugten Ungerechtigkeiten erleichtert. Man sieht hier Drittwelt-Engagement und Linksradikalismus objektiv auf den Islamismus in seiner radikalsten Form hin konvergieren. Meine Antwort an diese Gesprächspartner ist, dass es mir unmöglich ist, im Massaker von Madrid ein Symbol zu sehen, das Achtung verdient. ... Nehmen Sie zur Kenntnis, dass diese barbarischen Taten zu einem totalitären Staat führen. Seine erste Handlung wird sein, die hinterwäldlerischen blinden Drittwelt-Engagierten und Linksradikalen physisch zu eliminieren, die ihre historische Niederlage nicht wahrhaben wollen.« Was Salman Rushdie als »seltsame Allianz« bezeichnet, stellte auch Abdelwahab Meddeb damals fest: ein aufeinander Zulaufen von westeuropäischem Linksmilieu und islamischem Extremismus. Die Urheber dieses Horrors, so Meddeb, müssten jedoch wissen, dass ihr Kampf im Voraus verloren ist. Sie hätten »keinerlei Chance, weder Europa noch Amerika zu destabilisieren«, sie müssten sich klarmachen, »dass ihr Verbrechen vom 11. September dem Islam bereits das Unglück der Kriege in Afghanistan und dem Irak zugefügt hat. Sie müssen wissen, dass die Exhumierung der Kreuzzüge als Vorwand zur Kriegserklärung ihrer Barbarei keinerlei Legitimität verleiht ...«.

Was sich bereits nach dem 11. September gezeigt hatte, sollte sich nun über eineinhalb Jahrzehnte lang ununterbrochen weiter inszenieren: die linke Exkulpierung des Islam von allen Verbrechen, die in seinem Namen begangen wurden, ebenso wie die Reduzierung aller sonstigen fundamentalistischen Regungen des Islam in westlichen Gesellschaften auf »Ausgrenzung« der Muslime. Die Frage, warum als einzige Gruppe von Mitbürgern ausländischer Herkunft allein die mit muslimischen Wurzeln sich »ausgegrenzt« fühlte, warum nur sie wegen Arbeitslosigkeit und schulischer Misserfolge sich mit dem islamischen Terror identifizierte oder gar an ihm teilzuhaben versuchte, wurde in Hunderten von Talkshows *nicht* gestellt. Es entwickelte sich ein gesellschaftliches Klima, das jedem Talk-Gast, der nicht als »islamophob« oder »ausländerfeindlich« vor einem Millionenpublikum dastehen wollte, Fragen in diese Richtung verbot, zumal auch die Talkmasterinnen und Talkmaster kein Interesse an einer solchen Fragestellung hatten. Bei den Linken galt die Sorge nicht den Opfern islamischer Gewalt, sondern dem Image des Islam und dem »Überwachungsstaat«.

Das Leid von Boston auszunützen, um populistisch die innere Sicherheit aufzurüsten, »das ist unverantwortliche Politik«, erklärte Claudia Roth von den Grünen in der »Tagesschau« vom 20. April 2013 nach den Sprengstoffanschlägen der Brüder Zarnajew, bei denen fünf Tage zuvor in der amerikanischen Stadt drei Passanten getötet und 246 verletzt wurden. Verletzt, welch verharmlosendes Wort für die Szenerie blutüberströmt und mit zerfetzten Kleidern auf dem Pflaster liegender Bürger, die dem Islam kein Haar gekrümmt hatten, nun aber in seinem Namen hingestreckt worden waren. Doch nicht diesen Islam hatte Claudia Roth im Visier, sondern den damaligen deutschen Innenminister Friedrich, der mehr Video-Überwachung gefordert hatte. Die »Tagesschau« hatte zuvor Videoaufnahmen gezeigt, aufgrund derer die beiden Täter von Boston identifiziert werden konnten.

Was staatliche Überwachung ans Licht bringen konnte über Netzwerke des dschihadistischen Islam, zeigten die 1.863 Telefonate, die der 24-jährige Dschihadist Mohammed Merah zwischen dem 1. September 2010 und dem 20. Februar 2011 geführt hatte. Der Algerier mit französischer Staatsbürgerschaft hatte im März 2012 sieben Menschen während einer Mordserie in Südfrankreich umgebracht, darunter einen Rabbiner und drei Schulkinder einer jüdischen Schule in Toulouse. Der achtjährigen Tochter des Schuldirektors war er auf dem Schulhof nachgerannt, bis er sie an den Haaren packen konnte, um sie dann zu erschießen. Eine Monster-Tat im Namen des Islam. Die Telefonate Mohammed Mehras zeigten, dass der »einsame Wolf«, als der er zunächst gegolten hatte, so einsam nicht war. 94 Nummern hatte er in Ägypten und Algerien angewählt, andere in Marokko, England, Spanien, der Elfenbeinküste, Kenia, Rumänien, Bolivien, Thailand, Russland, Kasachstan, Laos, Taiwan, in der Türkei, in Saudi-Arabien, Israel und im Himalaya-Königreich Bhutan. In Ägypten hatte er an Koranunterweisung salafistischer Prägung teilgenommen.

Als »Allianz der Angstmacher« verspottete die linke »taz« im September 2014 die Bekanntgabe der Enthauptungspläne von IS-Anhängern in Australien. Ein solches Vorgehen nutze nur dem IS und den Hardlinern auf der anderen Seite. Es gehe letztlich darum, von der Snowden-Affäre abzulenken. Drei Monate später wurden in Sidney bei einem dschihadistisch inspirierten Anschlag auf ein Café 17 Geiseln genommen. Einige der gefangenen Bürger mussten eine schwarze Fahne mit dem islamischen Glaubensbekenntnis gegen ein Fenster halten. Nachdem der Geiselnehmer den Manager des Cafés erschossen hatte, stürmte die Polizei das Lokal. Eine weitere Geisel und der Geiselnehmer kamen um.

»Gelassenheit« empfahl Volker Beck von den Grünen, als in der Talkshow »hart aber fair« vom 22.09.2014 das Auftreten von Salafisten in Wuppertal zur Sprache kam. Mehrere Männer waren in orangefarbenen Westen mit der Aufschrift »Shariah Police« durch die Stadt patrouilliert und hatten Passanten darauf hingewiesen, dass sie sich in einer »Shariah Controlled Zone« befänden, in der Alkohol, Glücksspiel, Musik, Pornographie, Prostitution und Drogen verboten seien. Solche Scharia-Zonen hatte es auch schon in englischen Städten gegeben: Dort waren Frauen in angeblich zu kurzen Röcken angepöbelt worden, sie seien eine Schande für den Stadtteil, in dem das Gesetz Allahs herrsche. Sie sollten sich gefälligst auf der Stelle fortmachen, sonst könnten sie etwas erleben. In Marokko hatten sich 2011 nach der Regierungsübernahme durch die »gemäßigten« Islamisten der »Partei für Gerechtigkeit und Entwicklung« sofort Sittenmilizen gebildet, die Restaurants, in denen Alkohol ausgeschenkt wurde, belagerten, den Zugang zu Dörfern blockierten, da sich in ihnen Prostituierte aufhalten würden, und Liebespaare verprügelten.

Die Täter waren Salafisten. Sie erklärten, dass sie gegen den Laizismus kämpften und der Scharia »ihren wahren Platz in der Gesellschaft einräumen und das Kalifat in Marokko wieder einführen« wollten. In Algier hatten Scharia-inspirierte Männer schon Anfang der 90er Jahre Frauen Säure auf die unverhüllten Beine gespritzt, in Tunis stürmten »diese Milizen einer anderen Zeit«, so die tunesische Zeitung »Le Temps«, Kinos und Kunstausstellungen, die »unislamische« Werke zeigten: Wuppertal war ein erster Versuch, es diesen Vorgängermodellen, die Volker Beck zu ignorieren schien, gleichzutun. Der in der Talkshow anwesende bayerische Innenminister Herrmann wies denn auch darauf hin, dass in Saudi-Arabien und im Iran die religiösen Sittenwächter mehr zu sagen hätten als die Polizei. Deshalb handele es sich in Wuppertal keineswegs um einen »Firlefanz«. Er wehrte sich damit gegen den Vorwurf des Grünen Volker Beck, die Politik habe auf die Scharia-Patrouillen von Wuppertal reagiert wie ein »aufgeschreckter Hühnerhaufen«, obwohl es sich doch nur um »fünf halbstarke Idioten« gehandelt habe, so Volker Beck.

Der Unterschied zwischen der Protestfreudigkeit der Linken gegen alles, was sie gesellschaftlich für »rechts«, »rassistisch« und »reaktionär« hielt, und ihrer Protestlosigkeit, sobald es um Übel im Zusammenhang mit dem Islam ging, wurde im Lauf der Jahre unübersehbar. Im Oktober 2014 vermerkte der »Tagesspiegel«, dass Linke gern gegen Barbie-Puppen und Abtreibungskritiker protestierten, nicht aber gegen die islamistischen Massaker an Kurden: »Bei allem Engagement der linken Reste: Ein leeres Tempelhofer Feld, ein geschlossenes Barbie-Haus und ungestörte Abtreibungen sind kaum etwas, was draußen in der Welt mit dem Kampf für Fortschritt assoziiert wird. Das Verhindern von Massakern durch klerikalfaschistische Banden hingegen wäre es schon«, so der »Tagesspiegel«.

Als der Deutsche Bundestag am 1. September 2014 über Waffenlieferungen an die den IS bekämpfenden Kurden abstimmte, war »Die Linke« dagegen. Gregor Gysi erklärte, es sei unerhört, »an einem Tag wie dem 1. September, dem Tag des Überfalls auf Polen vor 75 Jahren« eine solche Waffenlieferung zu beschließen. Gysi tat, als wolle Deutschland ein friedliches Syrien überfallen, sich einverleiben, seine Bevölkerung massakrieren und seine Minderheiten in KZs umbringen. Statt zu sagen: »75 Jahre nach unserem verbrecherischen Überfall auf Polen sind wir froh, wenigstens anderen ein wenig zu Hilfe kommen zu können, die heute ihrerseits von Faschisten, in diesem Fall religiösen Faschisten, überfallen werden.« Die ideologischen Bretter der deutschen Linken sind deshalb so undurchbohrbar, weil sie deren heimeliges Plätzchen jenseits einer Gut und Böse ideologisch durcheinanderwirbelnden Wirklichkeit schützen.

In Mali wurde am 29. Juli im Morgengrauen nahe der Stadt Aguelhok ein der außerehelichen Beziehung beschuldigtes Paar gesteinigt. Die Eltern eines sechs Monate alten Babys wurden bis zum Hals eingegraben und starben schnell unter den Steinwürfen, nachdem sie einige Schreie ausgestoßen hatten. Einen Monat zuvor waren in Timbuktu ein unverheirateter Mann und eine 18-jährige, im dritten Monat schwangere Frau, mit hundert Peitschenhieben bestraft worden. »Die Leute schauten zu wie bei einem Spektakel. Organisiert wurde das Auspeitschen von ›Ansar Dine‹ (›Unterstützer des Glaubens‹)«, berichtete ein Stadtbeamter. Die Islamisten wollten damals aus dem Norden Malis in den Süden vordringen. Vierhunderttausend Malierinnen und Malier flüchteten aus dem Norden ihres Landes in den Süden. Dass Dieben die Hand, manchmal dazu auch noch ein Fuß abgehackt wurde, diesen Scharia-Terror im Namen Allahs mochten diese Muslime nicht. Am 11. Januar 2013 startete Frankreich auf Wunsch der malischen Regierung mit Billigung der Vereinten Nationen die Militäroperation »Serval« (»Wüstenfuchs«), um den weiteren Vormarsch der Islamisten zu stoppen und um sie aus den eroberten Gebieten zu vertreiben. In Deutschland erklärte die Partei »Die Linke« am 27.02.13: »Wie schon in Afghanistan droht nun in Westafrika ein langwieriger Krieg mit unabsehbaren Opfern ...« Als wäre der Krieg nicht längst von »Ansar Dine« (»Unterstützer des Glaubens«), »MUJAO« (»Bewegung für Einheit und Dschihad in Westafrika«) und »AQIM« (»Al-Qaida im Islamischen Maghreb«) begonnen worden, sondern würde erst mit dem Eingreifen Frankreichs »drohen«. Mit »unabsehbaren Opfern«. Die Opfer waren längst absehbar. Ihre Bilder gingen bereits um die Welt. »Es ist ein Krieg um strategische und wirtschaftliche Interessen«, teilte »Die Linke« mit. Gemeint waren die Urananlagen des französischen Konzerns Areva in Arit, die dort im Einvernehmen mit der malischen

Regierung betrieben wurden. Keine »strategischen und wirtschaftlichen Interessen« waren dagegen für »Die Linke«, dass die Dschihadisten nicht nur diese Anlagen, sondern ganz Mali unter ihre Kontrolle bringen wollten.

Wieder einmal zeigte »Die Linke«, dass ihr außer dem ideologischen Besteck des vorigen Jahrhunderts kein neues zur Verfügung steht und dass sie damit die Konflikte der heutigen Welt nicht in den Griff bekommt. »Imperialistischer Westen« hier und eine von diesem unterdrückte »Dritte Welt« dort – dieses Schema erklärt den Islamismus nicht, der im Namen des Islam in Afrika und Asien die eigene Bevölkerung massakriert oder in die Flucht treibt. Die Begriffe »Islamismus« oder »Dschihad« kamen denn auch in Gregor Gysis Rede gegen Waffenlieferungen an die Kurden 2014 ebenso wenig vor wie 2013 im Kommuniqué der »Linken« zu Mali. Da war lediglich von »Ethnien« die Rede. In der Von-Gestern-Linken gibt es den »verfluchten Teil des Islam« nicht, wie ihn der marokkanische Journalist Ahmed Tourabi nennt, ein »verfluchter Teil«, der sowohl die »Dritte« wie »Erste«, die muslimische wie nicht muslimische Welt heimsucht und beide in ein »Kalifat« verwandeln möchte, gegen das jeder Aufenthalt in einer psychiatrischen Anstalt eine Wohltat wäre. »Die einzige Lösung besteht deshalb in einer zivilen Demokratiebewegung, die alle Ethnien umfasst«, schloss das Statement der Links-Partei. Da die Ausrottung jeglicher Demokratiebewegung zum Programm aller Islamisten gehört, wäre sie als »einzige Lösung« nicht in Frage gekommen, ohne zuvor die Islamisten Malis am weiteren Vormarsch zu hindern – ein Detail, das man am Berliner Rosa-Luxemburg-Platz übersehen hatte. Deshalb applaudierten die malischen Frauen in den Straßen Bamakos lieber den französischen Soldaten, die zu ihrem Schutz eingetroffen waren, wie einst die französischen Frauen in Paris den amerikanischen Soldaten applaudierten. Die Bilder der in Bamako den französischen Soldaten zujubelnden Frauen gingen um die Welt. Was wäre schlimm daran gewesen, wenn auch deutsche Soldaten darauf zu sehen gewesen wären? Annette Lohmann von der Friedrich-Ebert-Stiftung berichtete in der »kulturzeit«-Sendung vom 15.01.2013 live aus Bamako, die Bevölkerung sei enorm dankbar für die Entsendung der französischen Truppen.

Das islamische Marokko hatte auf Beschluss des Königs hin sogar seinen Luftraum für die französischen »Rafale«-Jagdbomber geöffnet und ihnen das Auftanken auf seiner Luftwaffenbasis Guelmin erlaubt. Die salafistischen Scheichs des Königreiches hingegen verurteilten die Operation »Serval« als einen »Kreuzzug gegen den Islam« und als »aggressives« und »verbrecherisches« Vorgehen gegen ein muslimisches Land. Salafisten-Scheich Omar Haddouchi forderte den offiziellen Hohen Rat der Ulemas Marokkos auf, per Fatwa entsprechend Stellung zu beziehen. Sogar der ideologische Think Tank der marokkanischen Regierungspartei »Partei für Gerechtigkeit und Entwicklung« des »gemäßigten« Islamisten und Ministerpräsidenten Benkirane, die »Bewegung für Einheit und Reform« (MUR), schloss sich den Salafisten an. »Die Linke« in Deutschland stand in ihrer Verurteilung des französischen Eingreifens in Mali in einer Reihe mit Salafisten und »gemäßigten« Islamisten, während der aus Tunesien stammende Imam im französischen Drancy, Hassen Chalghoumi, das Vorgehen Frankreichs gegen die Gotteskrieger begrüßte: »Sie sind Feinde der Menschheit.« Hätte es statt des französischen Eingreifens einen Flüchtlings-Exodus aus Mali Richtung Europa gegeben, »Die Linke« hätte zur »Willkommenskultur« für die Opfer aufgerufen. Opfer aus der »Dritten Welt« passen in die Ideologie der Von-Gestern-Linken, Täter aus der »Ersten« aber, die Opfer in der »Dritten« verhindern wollen, haben in ihrer Ideologie keinen Platz. Wann fängt die Linke endlich an, ihre ideologischen Scheuklappen abzulegen? Wann beendet sie ihre Ausgrenzung der Vernunft, die sich in ihrer Erklärung islamischen Terrors allein durch »Ausgrenzung« der Muslime erklärt? Amédy Coulibaly, der Muslim und Terrorist im »HyperCasher« von Paris, und der im selben »HyperCasher« arbeitende Muslim und Geiselretter Lassana Bathily stammten aus zwei nur 15 Kilometer voneinander entfernt liegenden Dörfern in Mali. Bathily war aus Mali geflüchtet, arbeitete für 1055 Euro im Monat im »Hyper Casher«, lebte in einem Pariser Arbeiterwohnheim, ein »ausgegrenzter« Muslim, der Juden half, sich vor seinem mörderischen Glaubensbruder in Sicherheit zu bringen. Auch diese zwei veranschaulichen, wie eng »friedlicher, toleranter« Islam und »islamistischer Extremismus« unter ein und demselben Glaubensdach zusammenwohnen. Bis heute hat die Linke jedoch nur in der »Ausgrenzung« der Muslime, nicht aber in der Ausgrenzung des Islamismus aus dem Islam ein Thema gesehen.

Es gibt das weltbekannte Foto jenes deutschen Wehrmachtssoldaten, der in Russland mit angelegtem Gewehr auf eine Frau zielt, die ihr Kind mit den Armen umklammert. Die Frau und das Kind stehen auf einem leeren Feld. Nur Weite, Himmel und der Deutsche in Uniform mit Wehrmachtskäppi, das Gewehr schon auf Augenhöhe. Die Frau steht mit dem Rücken zu ihm, leicht nach vorn gebeugt, die Hände schützend um das Kleine haltend. Man weiß, was gleich geschehen wird. Es gibt das Foto jener Burka-verhüllten Frau, die, an einem Bachufer in Afghanistan niedergekniet, den Genickschuss des hinter ihr stehenden Talibans erwartet. Sie soll Ehebruch begangen haben. Man weiß, was gleich geschehen wird. Auch dieses Foto ging um die Welt. Den Linken, den Käßmanns, den Augsteins, Claudia Roths dient der in Russland mordende deutsche Soldat von einst als Argument dafür, deutsche Soldaten daran hindern zu wollen, dass der Taliban abdrückt: »Nie wieder Krieg!« Der faschistische deutsche Soldat von einst besiegt mithilfe der deutschen Linken den demokratischen deutschen Soldaten von heute, sodass der Nazi in Gestalt des Taliban, des Boko-Haram-Kriegers, IS-Milizionärs und Al-Qaida-Dschihadisten ungehindert weitermachen könnte, hätte das linke Lager das Sagen. Für die Linke ist er kein Feind, wie er sich gehört, denn er ist kein »Rechter«.

Als Tunesiens neue Verfassung verabschiedet wurde, die im Gegensatz zur »gemäßigten« Ennahda-Partei der Islamisten die Frau nicht als »Ergänzung« des Mannes, sondern als ihm gleichberechtigt erklärte, schrieb die tunesische Zeitung »Le Temps«: »Eineinhalb Jahrhunderte Modernisierung in Tunesien sind die Summe enorm vieler Bemühungen der tunesischen Eliten und des tunesischen Volkes seit der Verfassung von 1861. Sie sind die Summe ihrer Anstrengungen, Tunesien an den Zug der weltweiten, vom christlichen Okzident angeführten Entwicklung anzukoppeln...« Ankopplung eines islamischen Landes »an den Zug der weltweiten, vom christlichen Okzident angeführten Entwicklung!« So etwas dürfte kein Europäer sagen, ohne von der Linken als eurozentrischer Rassist abqualifiziert zu werden. »Kulturimperialismus«, würde es seitens der Linken heißen. »Noch nie etwas von Multikulturalismus gehört?« Dabei hatte die muslimische Gesellschaft Tunesiens sich doch soeben zur Humanisierung ihrer Verfassung der Maßstäbe einer anderen Kultur bedient, um Defizite der eigenen auszugleichen. Wenn das nicht multikulturell war! Seit 15 Jahren produziert das Linksmilieu einen Irrtum nach dem anderen. Es ist für die katastrophale Entwicklung des Islam mitverantwortlich. Es hat seine letztlich aus der Aufklärung hervorgegangene Meinungsführerschaft zur antiaufklärerischen Niederschlagung jeder Islamkritik benutzt. Insofern hat es mitgewirkt an der Steinigung des Ehepaares eines frühen Morgens in Aguelhok, aber es wäscht die Hände in Unschuld. Es geht ihm nur um sein Selbstbild, um seine ideologische Reinheit. Den ideologischen Reinheitswahn hat das Linksmilieu mit dem Islamismus gemein. Wo der Islamismus mordet, leistet das Linksmilieu Beihilfe. Um ihres narzisstischen Selbstbildes willen gehen beide über Leichen: »Tod den Ungläubigen!« hier und »Keine Auslandseinsätze der Bundeswehr!« dort. »Nie wieder Krieg!« Als ob er nicht längst stattfände.

»Die fortschrittlich denkenden Intellektuellen haben mehr Angst vor der Islamophobie als vor dem Islamismus. Deshalb legen sie so viel Zaghaftigkeit an den Tag, um die politische Gewalttätigkeit zu denunzieren, die heute im Namen der Religion begangen wird«, so der amerikanische Sozial- und Moralphilosoph Michael Walzer 2015 über »die Linke, die den Islam nicht zu kritisieren wagt«. Der tunesischstämmige Psychoanalytiker Fethi Benslama sieht hier einen irregeleiteten europäischen Anti-Rassismus am Werk. Dieser verwechsele die Kritik am Islam mit Rassismus gegen Muslime: »Der anti-rassistische Kampf für das Recht und die Gleichheit wird heute durch die falsche Weichenstellung, die ihn mit einer Demütigung von Muslimen gleichsetzt, in die Verteidigung erschreckendster Identitätsmythen, die Unterstützung der Religiosität wahnhafter Verbrecher fehlgelenkt, deren Untaten er weißwäscht, indem er aus ihren Predigern Opfer unserer Denk-, Rede- und Schreibfreiheit macht. Wir sind heute in einer Situation der Segregation angelangt, in der ein Mann oder eine Frau muslimischer Kultur weniger Legitimität haben, den Islam zu kritisieren, als Europäer sie für die Kritik an Christen- und Judentum haben. Die Ersteren werden der ›Islamophobie‹ verdächtigt oder sie werden beschuldigt, objektiv Verbündete der rassistischen Rechten zu sein, während die Letzteren nur ein selbstverständliches Recht wahrnähmen.«

Die linke Blindheit für den Islam resultiert zudem aus der unbewussten Angst, bei genauerem Hinsehen möglicherweise selbst »islamophob« zu werden. Etwa, wenn die Gewalt im Namen des Islam sich nicht länger als Antwort auf die Diskriminierung von Muslimen durch westliche Mehrheitsgesellschaften erklären ließe. Dafür würde ein Blick auf afrikanische und asiatische Gesellschaften reichen, in denen sich Gewalt im Namen des Islam zunehmend ausbreitet. Wo aber die »üblichen Verdächtigen« aus dem Spiel sind, bliebe Linken und Linksliberalen nur noch der Blick ins Innere des Islam. Den jedoch fürchten sie, um ihre durch ihr Selbstbild bedingte Utopie einer Unschuldszone außerhalb der westlichen Welt nicht aufgeben zu müssen. Keine Diskriminierung! Das ist die Lehre aus der Nazizeit. Da jeder Wert einen Unwert erzeugt, also diskriminiert, ist es am besten, keine Werte mehr zu haben und diese Wertelosigkeit als höchsten Wert durch permanenten Kulturrelativismus zu verwirklichen. Allerdings nur zugunsten einer Unschuldszone der Welt, zu der der ontologisch schuldige Westen nicht gehört.

Vor drei Jahren traf ich den französischen Philosophen Alain Finkielkraut, dessen Vater in Auschwitz war und überlebt hat, sein Großvater hat es nicht überlebt. Ich fragte ihn, wie er sich die nachsichtige Haltung der deutschen Linken gegenüber dem muslimischen Antisemitismus erkläre. Finkielkraut antwortete: »Man sagt, dass man wegen des Nazismus nicht mehr die Haltung einnehmen möchte, jemanden auszuschließen. Man möchte nicht zum schrecklichen Instrument der Diskriminierung greifen. Doch währenddessen prosperiert der Antisemitismus bestens.« Wie auch die islamische Gewalt gegen Muslime selbst. Sie werden von dieser Gewalt »diskriminiert«, allerdings ohne von der Linken vor »Diskriminierung« geschützt zu werden. »Recht schlimm scheint mir … die Weigerung einer Mehrheit der Linken, diese Verbrechen zuzugeben, um eine generelle Analyse und eine umfassende Kritik des islamischen Fanatismus zu versuchen«, schreibt Michael Walzer. Auch er spricht nicht von »islamistischen«, sondern von »islamischen« Fanatikern und fragt: »Was ist das Hindernis für die Analyse und die Kritik?« Viele linke Intellektuelle, so seine Antwort, sähen den Grund für den religiösen Fanatismus nicht in der Religion, sondern im westlichen Imperialismus, in Unterdrückung und Armut. Warum aber bringen die islamischen Fanatiker Regime- und Imperialismus-kritische Intellektuelle muslimischer Länder um, die sich gegen Unterdrückung und Armut wenden? Weil sie, wie vor 25 Jahren schon in Algerien, die größte Konkurrenz in Ideen sehen, die ohne einen Gottesstaat aus der Misere führen könnten. Wie sehr muss eine Linke ihre aufklärerische Tradition aufgegeben haben, wenn sie ihr anti-imperialistisches Heil bei faschistoiden Theokraten sucht? Wie beispielsweise die linke amerikanische Philosophin Judith Butler, die – so Michael Walzer – einen Irrtum begehe, wenn sie erkläre, dass »es außerordentlich wichtig ist, die Hamas und die Hisbollahs als progressive soziale Bewegungen zu sehen, die sich links situieren und Teil einer weltweiten Linken sind.« Später, so Michel Walzer, habe Judith Butler angefügt, diese beiden Organisationen gehörten in der Tat zur Linken, da sie »anti-imperialistisch« seien, doch lehne sie mittlerweile deren Gewaltanwendung ab. Sollte Judith Butler damit nicht nur die Hamas- und Hisbollah-Gewalt gegen Israel gemeint haben, sondern auch die im Inneren von Hisbollah- und Hamas-Gebieten gegen Andersdenkende ausgeübte, müsste sie Hamas und Hisbollah in Gänze ablehnen. Die Linke hat allerdings schon immer Diktaturen die Diktatur verziehen, sobald diese »anti-imperialistische« waren. Der (westliche) Imperialismus ist verschwunden, die Diktaturen nicht.

Es liege ihm fern, den Westen für unschuldig zu erklären, so der marokkanische Schriftsteller Abdellah Taia. Er wisse um dessen Verantwortung »in den Tragödien, die sich in der postkolonialen Welt abspielen«. Dennoch mache ihn diese Erkenntnis nicht blind. Er als Muslim sei der tiefen Überzeugung, dass die Muslime nicht weiter auf der Stelle treten könnten. »In einer Endlosschleife« immer wieder die islamistischen Terrorakte zu verurteilen, reiche nicht mehr: »Von nun an ist von den Muslimen mehr zu verlangen, mehr von sich selbst und mehr von denjenigen, die sie gefangen halten.« In Deutschland wurde 15 Jahre lang, wer sich diese Forderung zu eigen machte, als »islamophob« diffamiert, und dies zum Teil auf eine brandgefährliche Art. Etwa, wenn deutsche Politiker und Fernsehmoderatoren gegen »Islamfeinde« und »Islamhasser!« zu Felde zogen. Sie merkten nicht, da sie nicht die geringste Erfahrung mit dem gewalttätigen Islamismus haben, dass in ihrem Reden der Zungenschlag jener Fundamentalisten mitklang, die gegen »Feinde des Islam« ihre religiösen Standgerichte in Bewegung setzen. Es ist eine öffentliche Brandmarkung, wie es sie auch in Algerien gab und die dort sofort als Aufforderung zum Mord an kritischen Geistern kritisiert wurde. Sie gefährdet alle Islamkritikerinnen und -kritiker, da sie den Begriff »Islamfeind« und »Islamhasser« im Ungefähren lässt, keine Begründung dafür liefert, aus welchem Grund jemand »Islamfeind« oder »Islamhasser« sein soll. Im Übrigen sei die Frage erlaubt: Warum darf man in Deutschland alles hassen, Amerika, den Kapitalismus, das Christentum, die Eltern, die Rentner, die Politiker, die Veganer, die Demokratie, den Westen, die Aufklärung – nur den Islam nicht? Dieses Verbot deutet an, welches Pulverfass Politik und Medien insgeheim in der muslimischen Religion sehen: »Hände weg vom Islam, Hochspannung, Lebensgefahr – für uns alle!« Stattdessen schießt man sich auf »Islamfeinde« und »Islamhasser« ein und signalisiert den muslimischen Communities: Bleibt bitte weiter friedlich, seht her, wir stehen auf eurer Seite, überlasst das Erledigen von Islamkritik bitte uns.

Seit 9/11 wurde der Islam in dem Maß politisch und medienpolitisch zunehmend unter Schutz gestellt, in dem die in seinem Namen begangenen Verbrechen zunahmen. Wenn Islamkritiker überhaupt in Talkshows auftauchten, dann meist gegenüber einer Überzahl von Islamverteidigern. Das ändert sich allmählich, seit die Folge dieser pluralistisch getarnten Meinungslenkung deutlich wird. Sie heißt Rechtspopulismus. Der nigerianische Schriftsteller und Nobelpreisträger Wole Soyinka stellte 2014 in einem Artikel über Boko Haram fest: »Die Sprache der Political Correctness hat es vermocht, die Taten radikalislamischer Netzwerke zu verschleiern. Jede Religion, die behauptet, ihre Gläubigen könnten den Weg der Erlösung nicht auch in einer anderen Religion suchen, übt Terror aus.« Auch der nigerianische Schriftsteller sieht den Islamismus im Islam selbst und nicht außerhalb von ihm am Werk. Indes, selbst Wole Soyinka als Vertreter des Unschuldsbereiches der Welt fand bei der Linken kein Gehör: Islamkritik macht schuldig.

Am 17. Mai 2010 schrieb Adrian Kreye in der »Süddeutschen Zeitung« unter der Überschrift »Die Wertedebatte läuft falsch«: »Im Westen geht die Wertedebatte prinzipiell davon aus, dass der Wertekanon von Freiheit, Demokratie und Menschenrechten etwas ist, das der gesamte Rest der Menschheit herbeisehnt. Dieser Trugschluss geht von den Denkmodellen des 20. Jahrhunderts aus, in denen Demokratie und freie Marktwirtschaft gegen die verschiedenen Modelle des Totalitarismus in Stellung gingen. Ein Moslem ist jedoch kein Unterdrückter, der unter einer Diktatur leidet, bis ihn endlich die Flucht oder ein Befreier von seinem Schicksal erlöst.«

Sieben Monate nach diesen Zeilen begannen junge Muslime in Tunesien auf eigene Faust – weder durch »Flucht« noch durch Hilfe von »Befreiern« gezwungen –, sich von »ihrem Schicksal zu erlösen«. Im Gegensatz zur »Süddeutschen Zeitung« fühlten sie sich als Muslime, die »unter einer Diktatur« litten: Der tunesische Präsident Ben Ali hatte als Ceauscescu des Mittelmeeres geherrscht. Zehntausende junger Muslime gingen nun gegen seine Diktatur auf die Straße, wissend, dass, würde die Sache schiefgehen, sie den Rest ihrer Tage in den Folterkellern des Ben Ali-Regimes verbringen würden. Mit den Rufen »Dégage!« begann die Arabellion. Die Demonstranten riefen ihr »Hau ab!« auf Französisch und nicht auf Arabisch, der Sprache des Korans. Kein »Der Islam ist die Lösung« erschallte auf ihren Demonstrationen. Im Gegenteil: Zwei Jahre später riefen Zehntausende tunesischer Muslime erneut »Dégage!«, und diesmal galt ihr »Hau ab!« den Islamisten der Ennahda-Partei, die nach ihrem Sieg bei den ersten freien Wahlen begonnen hatten, in verdeckter Komplizenschaft mit den Salafisten das Land zu islamisieren. Ennahda-Chef Rachid Ghannouchi hatte die »Verletzung des Heiligen« als Straftatbestand in der Verfassung verankern wollen, während religiöse Fanatiker »unislamische« Kunstausstellungen und Fernsehsender stürmten, die Vorführung »blasphemischer« Filme verhinderten, Künstler und Journalisten mit dem Tod bedrohten. Dies zweite »Dégage!« war mindestens von ebenso historischer Bedeutung für die arabisch-muslimische Welt wie das erste: In Gestalt von Ennahda hatte sich der Koran frei zur Wahl stellen dürfen und sich vor aller Augen als unfähig erwiesen, irdischen Problemen eine »Lösung« zu sein.

»Der Wertekanon des Islam steht dem judeo-christlichen Wertekanon keineswegs diametral gegenüber. Und doch sind einige Werte unvereinbar. Freiheit und Demokratie sind keineswegs Lebensformen, die in der islamischen Welt als höchste Stufe der menschlichen Entwicklung angesehen werden. Die Trennung von Kirche und Staat ist nicht vorgesehen«, hatte Adrian Kreye in der »Süddeutschen Zeitung« ausgeführt. Hatte er übersehen, dass auch in Westeuropa einst »Freiheit und Demokratie« weder von den weltlichen noch von den religiösen Machthabern als »höchste Stufe der menschlichen Entwicklung angesehen« worden waren? War es nicht »rassistisch« – um einmal diesen von der deutschen wie französischen Linken gegen Islamkritiker gern verwendeten Ausdruck zu gebrauchen –, Muslimen die Sehnsucht nach einer entsprechenden »Stufe der menschlichen Entwicklung« abzusprechen – im Namen von was eigentlich? Erinnern wir uns, dass Mohammed Boudiaf, der Vater des algerischen Befreiungskrieges, sein Leben riskierte, um nach der Befreiung »Freiheit und Demokratie« im eigenen Land durchzusetzen, ein nobler Muslim, der Frankreich nicht aus seinem Land vertrieben hatte, um sich neuer Unterdrückung zu beugen. Wie auch Ait Ahmed und andere Revolutionäre Algeriens, wie auch Zehntausende von Musliminnen und Muslimen in der heutigen islamisch-arabischen Welt, von denen viele in Kerkern sitzen, aus denen sie gern durch »Flucht« oder »Befreier« herauskämen. Es sei den Adrian Kreyes und den Linken gesagt, dass auch der Westen nicht immer Westen war, dass er sich erst zum Westen machen musste, ehe er zum Westen wurde, der er heute ist, dass auch der Westen sich erst von seinen finsteren Kräften befreien musste, ehe er »Freiheit und Demokratie« als die bessere »Lebensform« akzeptierte, und dass deshalb jedem Teil der Welt die Chance gegeben werden sollte, sich seinen »Westen« zu schaffen. Alles andere wäre – Rassismus, insbesondere auch der muslimischen Welt gegenüber.

Der algerische Journalist und Schriftsteller Kamel Daoud hat einen Roman geschrieben, der sich als die Weitererzählung von Albert Camus' »Der Fremde« versteht. Im Roman von Camus erschießt der französische Büroangestellte Meursault im Algerien der 1930er Jahre – Frankreich ist Kolonialmacht – am Strand von Algier einen Araber. Dieser Araber bekommt bei Camus nie einen Namen. Er bleibt »der Araber«. Kamel Daouds »Der Fall Meursault – eine Gegendarstellung« gibt diesem »Araber« einen Namen und lässt dessen Geschichte durch den Bruder des in Camus' Roman Ermordeten erzählen. Nun ist »Der Fremde« kein Fremder mehr. Doch zeigt sich bei der Lektüre von Kamel Daouds »Gegendarstellung«: Es gibt einen neuen Fremden. Er ist wieder ein Araber. Ihm droht wieder, erschossen zu werden. Ihm droht seitens des Europäers dieselbe Gleichgültigkeit wie einst dem Fremden, der von Camus' Büroangestelltem Meurseault erschossen wurde. Diesmal aber hat der Fremde einen Namen: Kamel Daoud. Dieser Fremde ist ein doppelt Fremder. Er schreibt Sätze über den Islam, die ihn der muslimischen wie der linken westeuropäischen Welt entfremden: »Die Religion ist für mich wie öffentliche Verkehrsmittel. Ich nehme sie nicht. Ich bewege mich gern hin zu Gott, auch zu Fuß, wenn es sein muss, aber nicht in einer organisierten Gruppenreise.« Über den Gebetsfreitag: »Der Freitag? Das ist kein Tag, an dem Gott sich erholt hat, sondern ein Tag, an dem er sich entschlossen hat zu flüchten und nie wiederzukommen. Ich spüre es an der Leere, die sich nach dem Gebet der Männer breitmacht...« Über den Muezzin und die Gläubigen: »Die Stimme des Imams brüllt aus den Lautsprechern, der eingerollte Gebetsteppich unter ihren Achselhöhlen, die dröhnende Stimme vom Minarett, die plakative Architektur der Moschee und dieses heuchlerische Eilen der Getreuen zum rituellen Waschen und zur Unaufrichtigkeit, zur Absolution und zum Rezitieren.« Über die Offenbarung: »Wie kann man nur glauben, dass Gott zu einem einzigen Menschen gesprochen hat und sich dann für immer in Schweigen hüllt?« Über die Bedeutung des Religiösen: »Ich persönlich mag einfach nicht, was sich in den Himmel erhebt, sondern nur, was Schwere und Schwerkraft teilt. Ja, ich wage es dir zu sagen, mir graut vor den Religionen. Vor allen! Weil sie das Gewicht der Welt verfälschen.«

Die neuen Fremden, die Fremden von heute, sind jene Araber, sind jene Europäer, sind jene Muslime und Nichtmuslime, die das Gewicht der Welt wieder zurechtrücken wollen, um nicht von ihrer zunehmend falschen Gewichtung durch längst überholte Religionen erdrückt zu werden. Wie sehr die Linke an dieser Verfälschung beteiligt ist, beschrieb zwei Tage nach dem Attentat auf »Charlie Hebdo« Ernst Hillebrandt, Leiter des Referates Internationale Politik der Friedrich-Ebert-Stiftung am Beispiel der dänischen Mohammed-Karikaturen, die zehn Jahre zuvor in der dänischen »Jyllands Posten« erschienen waren: »Als islamische Fanatiker im Zuge des Karikaturenstreites Menschen töteten und bedrohten, hat sie [die Linke] Verständnis für die verletzten Gefühle der Täter gezeigt, nicht für die Opfer. ... Die bittere Wahrheit ist, dass die europäische Linke viel zu lange die islamistische Gefahr banalisiert hat. Gefangen in einem wertrelativierenden Multikulturalismus, hat sie passiv zugesehen, wie an den Rändern der Zuwanderergesellschaften ein Klima des antiwestlichen Hasses heranwuchs.« In britischen Islamschulen, so Hillebrandt, habe es Plakate mit der Aufschrift »Kill all ennemies of islam« gegeben. Als die sexuelle Gewalt der muslimischen Migranten in der englischen Stadt Rotherham offenbar wurde, habe die Linke die Strafverfolgung der Täter behindert. Weder Salman Rushdie noch der dänische Karikaturist Kurt Westergaard hätten von linker Seite viel Unterstützung erfahren. »Im Gegenteil, immer wieder hat die Linke eingestimmt in den Chor derjenigen, die jede Kritik an der kulturellen und politischen Praxis als ›menschenfeindliche‹ Islamophobie und Xenophobie tabuisierten.« Was seit den Tagen der Aufklärung einmal »ein wesentliches Element der normativen und praktischen Emanzipations- und Freiheitsambition der europäischen Linken« gewesen sei, so Ernst Hillebrandt, werde mit dem Schlagwort der Xenophobie mundtot gemacht: »Stattdessen hat die Linke tatenlos zugesehen, wie sich eine homophobe, antisemitische, radikal freiheits-, gleichheits- und frauenfeindliche Ideologie in Europa breitgemacht hat.«

Die Verharmlosung der Gebote, die den Islam daran hindern, religiöse Grundlage einer aufgeklärten Gesellschaftsordnung zu werden, durchzieht den gesamten SPD-»Faktencheck«, den die Partei der AfD-Behauptung, der Islam sei verfassungsfeindlich, entgegenstellte. Als Beispiel sei die Beurteilung der Scharia genannt. Hier ist zu lesen, das Scharia-Recht stehe »in einigen Punkten im Widerspruch zu unserem Grundgesetz«. »Hast du denn überhaupt nicht verstanden, was unser Grundgesetz ist?«, fragte daraufhin der Historiker Thomas Spahn in einem Offenen Brief an die »Liebe SPD«: »Dabei handelt es sich um einen Gesetzeskanon, den Menschen sich selbst gegeben haben, um ein gedeihliches Zusammenleben in unserer Republik zu ermöglichen. Diese unsere Verfassung ist menschengemachtes Recht. Die Scharia aber ist Gottesgesetz. Es steht als solches über jedem menschengemachten Gesetz. Damit steht es über jeder staatlichen Verfassung, die es nicht anerkennt – und ist somit in jeder Hinsicht verfassungsfeindlich.« Ideologisch gesehen, so Thomas Spahn, sei die Scharia der »Gegenentwurf zum aufgeklärten Rechts- und Gesellschaftsverständnis unserer europäischen Welt«. Die SPD-Formulierung, wonach das Scharia-Recht »in einigen Punkten vom Grundgesetz« abweiche, tue so, als seien die beiden, von einigen geringfügigen Abweichungen abgesehen, gleichwertig. Thomas Spahn befindet sich im Einklang mit den aufklärerischen Geistern der muslimischen Welt, beispielsweise mit der algerischen Menschenrechtlerin, Feministin und Schriftstellerin Wassyla Tamzali. Die europäische Linke habe sich »in das Lager der Kulturrelativsten begeben und findet sich auf Seiten der Islamisten wieder«, schreibt sie in »Eine Frau im Zorn. Offener Brief an die nicht mehr an ihr Selbstbewusstsein verlierende Europäer«. Das aufklärerische Potential, das sich nach der Unabhängigkeit in den muslimischen Ländern entfaltet habe, werde von Europas Linken als europäisch »geklont« verachtet und als kulturelle Unterdrückung authentisch muslimischer Kultur betrachtet: »Die Verachtung der westlichen Intellektuellen, die sehr heftige, vom Kleinmut unserer politischen Führer ermutigte Ablehnung durch die Islamisten – alles läuft auf ein Unternehmen der langsamen Enteignung unseres geistigen Erbes hinaus.«

Statt die Vorkämpfer für die universellen Menschenrechte in der arabisch-islamischen Welt zu stärken, wertet die SPD jene Menschenrechtsversion auf, mit der die islamischen Staaten sich von der »Allgemeinen Erklärung der Menschenrechte« von 1948 absetzen. Der Historiker Thomas Spahn schreibt in seinem Offenen Brief an die »Liebe SPD«, sie wolle dem Publikum weismachen, die Islamischen Staaten handelten wie die europäischen auf der Grundlage allgemein gültiger Menschenrechte. Die Partei verweise auf die »Organisation für Islamische Zusammenarbeit« OCI mit ihren 57 Mitgliedern, von denen 45 die sogenannte »Kairoer Erklärung der Menschenrechte« unterzeichneten. »Diese 1990 verabschiedete Erklärung«, so die SPD, »beinhaltet einige umstrittene Textstellen mit Hinweisen auf die Scharia. Der Politologe Daran Kayaorgen forderte 2012 eine Revision des Dokuments, das aus seiner Sicht Defizite in puncto Meinungsfreiheit und Frauenrechte aufweist.«

Insgesamt jedoch wird aus dem »Faktencheck« der SPD nicht ersichtlich, dass die »Kairoer Erklärung der Menschenrechte« völlig anderer Natur ist als die »Allgemeine Erklärung der Menschenrechte« von 1948. Die Formulierung im SPD-Papier, die Kairoer Erklärung beinhalte »einige umstrittene Textstellen mit Hinweisen auf die Scharia« lässt die Scharia in den Hintergrund rücken, als habe die Kairoer Erklärung ansonsten nichts mit der Scharia zu tun, da sie nur noch »einige umstrittene Textstellen« mit ihr verbinde: die Menschenrechte im Vordergrund, die Scharia kaum wahrnehmbar in der Ferne. Thomas Spahn sieht in diesem SPD-Manöver eine völlige Verfälschung des Charakters der Kairoer Menschenrechtserklärung. Die Kairoer Erklärung stehe »in jeder Hinsicht – und nicht nur in ›einigen umstrittenen Textstellen‹ – und von den Unterzeichnern gänzlich unbestritten unter dem absoluten Vorbehalt der vorgeblich gottgegebenen Scharia« und gelte »faktisch nur in dem Rahmen, der vom Islam vorgegeben wird«. Zum Beweis zitiert er Passagen aus der Kairoer Erklärung, die die SPD »vorsorglich unterschlagen« habe: »Wörtlich steht in der Erklärung zu lesen: ›Das Leben ist ein Geschenk Gottes, und das Recht auf Leben wird jedem Menschen garantiert. Es ist die Pflicht des Einzelnen, der Gesellschaft und des Staates, dieses Recht vor Verletzung zu schützen, und es ist verboten, einem anderen das Leben zu nehmen, außer wenn die Scharia es verlangt‹. Notabene, liebe SPD: ›Außer wenn die Scharia es verlangt‹. Was könnte an dieser Formulierung umstritten sein? Sie ist klar und unmissverständlich.«

Thomas Spahn betont, dass die Scharia als »einzig zuständige Quelle für die Auslegung oder Erklärung jedes einzelnen Artikels dieser Erklärung festgeschrieben« werde: »Daraus folgt beispielsweise, dass es verboten ist, das Recht auf freie Meinungsäußerung zu nutzen, um ›die Heiligkeit und Würde des Propheten zu verletzen, die moralischen und ethischen Werte auszuhöhlen und die Gesellschaft zu entzweien, sie zu korrumpieren, ihr zu schaden oder ihren Glauben zu schwächen‹.« Auf »Gotteslästerung« stehe die Todesstrafe. »Was eine solche Einschränkung noch mit freier Meinungsäußerung zu tun haben soll, müsstest du, liebe SPD, uns erst einmal erklären«, bemerkt Thomas Spahn in seinem Offenen Brief und fährt fort: »Allerdings ist mir nicht klar, wie das wohl funktionieren soll, denn letztlich ›schadet und entzweit‹ alles die islamische Gesellschaft, das als Kritik am Islam interpretiert werden könnte.«

Die »Freiheitssucher« der muslimischen Welt, Journalisten, Künstler, Philosophen, Schriftsteller, Filmemacher, Vertreter der Menschenrechts- und Frauenorganisationen würden dem deutschen Historiker zustimmen. Sie kennen die Liste der Kolleginnen und Kollegen, die in den letzten Jahrzehnten von islamischen Staaten hingerichtet oder von Glaubenseiferern ermordet wurden, weil sie die Gesellschaft »entzweit« oder ihren Glauben »geschwächt« hatten. Hier ein Auszug aus der Liste, die deutlich macht, was überall in der Welt im Namen des Islam geschieht:

Sudan
Januar 1985: *Mahmoud Mohammed Tata* wird im Alter von über achtzig Jahren in Khartum zum Tod verurteilt und auf dem Platz vor dem Gefängnis unter dem Beifall von rund dreitausend Schaulustigen gehängt. Er hatte ein Buch über die Geschichte des Islam geschrieben, in dem er die Trennung von Politik und Religion forderte. Er vertrat

die Idee, dass die spirituelle Botschaft des Propheten, wie sie in Mekka offenbart wurde, universell sei, dass aber die gesamte, in einem bestimmten historischen Kontext ausgearbeitete juristische Konstruktion dem Leben der Muslime von heute nicht mehr entspräche.

1991: *Ajjabna Mohammed* wird zum Apostaten erklärt und von der Universität ausgeschlossen. Von seiner Familie abgelehnt, versucht er zu fliehen, kommt ins Gefängnis, wo man ihn foltert, damit er zum Islam zurückkehrt.

Iran
1946: Ermordung von *Ahmad Kasrawi*. Der Historiker, Jurist und Linguist wird von der Bewegung Fida'iyyani Islam des Unglaubens beschuldigt und aufgrund einer Fatwa wegen Häresie ermordet.

1946 (März): Der Schriftsteller *Ahmed Kusravi* wird von Mitgliedern der »Vereinigten islamischen Verbände« ermordet.

1981: Der Dichter und Theaterregisseur *Said Soltanpur* wird wegen seiner politischen Überzeugungen hingerichtet.

1982: *Ata Nourian*, Literat und Mitglied des Schriftstellerverbandes, wird wegen seiner politischen Ansichten exekutiert.

1984: *Ali Dashti*, Autor eines sehr islamkritischen Buches, stirbt im Alter von 83 Jahren aufgrund von Misshandlungen im Gefängnis.

1987: *Autodafé* an der Universität von Isfahan: 80 000 Bücher werden verbrannt.

1989 (Februar): Exekution der iranischen Schriftsteller *Amir Nikaiin, Monouchehr Behzadi, Djavid Misani, Abutorab Bagherazdeh*.

1989: Hinrichtung der iranischen Dichter *Sai Soltanpour* und *Rahman Hatefi*.

14. Februar 1989: Die »Satanischen Verse« von *Salman Rushdie* werden von Khomeini für blasphemisch erklärt, der daraufhin zur Ermordung des Autors »sowie aller Verleger des Romans« aufruft. Drei Millionen Dollar werden als Belohnung für denjenigen ausgesetzt, der Rushdie zu Tode bringt (nur eine Million, wenn dies ein Nicht-Iraner tut). 1991 Attentat auf den italienischen Übersetzer in Mailand und den japanischen Übersetzer in Tokio. Am 29. März 1989 auf Befehl der Geheimdienste Teherans Attentat auf den Rektor der Moschee von Brüssel und seinen Stellvertreter, die erklärt hatten,

Rushdie solle vor Gericht gestellt werden und die Möglichkeit bekommen, zu bereuen, wie es die Rechtsprechung verlange. Die Fatwa ist immer noch gültig, weil für unwiderruflich erklärt, und weil der Einzige, der sie außer Kraft setzen könnte, Khomeini, gestorben ist.

1992: Der Dichter und Theatermann *Freydoun Farrokhzad* wird in Deutschland wegen seiner für blasphemisch gehaltenen künstlerischen Aktivitäten ermordet.

1993: Der Satirezeichner *Manouchehr Karimzadeh* wird zu zehn Jahren Gefängnis verurteilt, weil er einen Fußballer zeichnete, dessen Gesicht vage dem Khomeinis ähnelte. Der Zeitungsdirektor wird ausgepeitscht, ebenso wie der Zeichner; die Strafen werden später reduziert.

1994: Der Schriftsteller und Essayist *Saiidi Sirjani* wird im Gefängnis ermordet, weil er seine im Iran verbotenen Werke im Ausland veröffentlicht hat.

1994 (Mai): Verhaftung des Universitätsprofessors und Menschenrechtlers *E. Sahabi*, weil er in Deutschland an einem für »antirevolutionär« gehaltenen Kolloquium teilgenommen hatte.

1995: Der Literat und Übersetzer ausländischer Bücher ins Persische, *Ahmad Miralai*, wird wegen seiner literarischen Aktivitäten ermordet.

1996: Der Schriftsteller *Ghaffar Hosseini* wird wegen seiner Tätigkeit im iranischen Schriftstellerverband ermordet.

1996: Der Journalist und Schriftsteller *Rezah Mazlooman* wird in Paris wegen seiner Schriften über die vorislamische Zeit im Iran ermordet.

1996: Der Verleger *Ebrahim Zalzadeh* wird wegen seiner Verlagspolitik ermordet.

1996: Der Forscher und Übersetzer *Ahmad Tafazoli* wird wegen seiner Tätigkeit ermordet.

1998: Der Journalist *Pirouz Davani* wird wegen seiner Artikel entführt und ermordet.

1998 (November): *Majid Sharif*, Soziologe, Journalist und Übersetzer in einer verbotenen progressiven Zeitung, wird ermordet.

1998 (Dezember): Der Dichter und Schriftsteller *Mohammad Mokhtari*, wird erwürgt aufgefunden. Er hatte versucht, einen Verband freier Schriftsteller zu gründen.

1998 (Dezember): Der Übersetzer und Schriftsteller *Mohammad Jafar Pouyandeh* wird erwürgt aufgefunden. Er wurde wegen seiner Übersetzungen und Aktivitäten im Schriftstellerverband ermordet.

1998 (November): Zwei iranische Intellektuelle, *Darius* und *Parvaneh Foruhar*, werden von Islamisten ermordet.

1998: Der Dichter *Hamid Pour Hajizadeh* wird wegen seines Werkes ermordet, zusammen mit seinem neunjährigen Sohn.

1999 (Februar): Der religiöse Reformer *Hadi Khameini* wird in Qom von islamistischen Studenten verprügelt.

1999 (November): Verhaftung des Chefredakteurs einer iranischen Zeitschrift wegen »Beleidigung der Werte des Islams«.

1999 (November): Verurteilung des Journalisten *Chamsolvaezin* zu drei Jahren Gefängnis wegen anti-islamischer Propaganda.

2000 (August): Der iranische Theologe *Hassan Eshkevari* wird wegen Apostasie, Blasphemie und Häresie angeklagt.

2003: Die Journalistin *Zahra Kazemi* wird während ihrer Haft wegen ihrer politischen Aktivitäten ermordet.

2004: Der Poet und Musiker *Ahmad Bayat Mokhtari* wird wegen seiner künstlerischen Tätigkeit entführt und in Schiraz von einem Auto überrollt.

2006 (Januar): Die Journalistin der Wochenzeitung »Tamadone Hormozgan«, *Elham Afrotan*, wird am 23. Juni 2006 wegen eines satirischen Artikels, der sich auch auf die Ankunft Khomeinis im Iran bezog, inhaftiert. Das Redaktionsgebäude wird von Demonstranten in Brand gesteckt. Seit ihrer Verhaftung wird sie mit sechs anderen Zeitungsmitarbeitern unter Druck gesetzt, um zu gestehen, dass sie »Weisungen aus dem Ausland« erhielten, den Ayatollah Khomeini zu »beleidigen«.

Ägypten

1925: Al-Azhar-Scheich *Ali Abd ar-Raziq* wird der Universität verwiesen und erhält von seinen Kollegen Publikationsverbot, weil er eine Trennung zwischen Religion und Staat vorgeschlagen hat.

1925: Das Buch »Islam und Prinzipien der Regierung« von *Ali Abd ar-Raziq* wird wegen Häresie verboten.

1926: Das Buch »Vorislamische Dichtung« von *Taha Hussein* wird verboten. Taha Hussein wir 1931 wegen seines Interesses für die vorislamische Dichtung vom zuständigen Minister aus der Universität ausgeschlossen.

1981: Verbot des Buches »Geschichte der arabischen Sprache« von *Fikri al-Aqad*. Der Autor schrieb, dass einige Worte des Korans ägyptischen Ursprungs seien.

1985: »Tausend und eine Nacht« wird vom Sittengerichtshof in Kairo der Verletzung des Schamgefühls und sittlicher Gefährdung der Jugend für schuldig befunden. Das Gericht ordnet die Vernichtung von 3000 beschlagnahmten Exemplaren an, die Inhaftierung des Verlegers und des Druckereibesitzers.

1990: *Nasr Abou Zeid,* Universitätsprofessor, der begonnen hat, den Islam von innen zu denken, und einen zutiefst reformerischen Weg vorschlägt, wird von Islamisten mit dem Tod bedroht, weil er den Koran historisieren wolle. Am 14.Juni 1995 wird er vom Hohen Gerichtshof Ägyptens zum Apostaten erklärt. Das Gericht befiehlt ihm, sich von seiner Frau zu trennen. Zeid muss Ägypten verlassen und sich in Europa niederlassen.

Januar 1992: Eine Reihe von Al-Azhar-Wissenschaftlern fordert die Beschlagnahmung von acht Veröffentlichungen, die sich mit dem Islam beschäftigen.

8. Juni 1992: Der laizistische Intellektuelle *Farag Foda* wird von Islamisten ermordet, nachdem er »Die fehlende Wahrheit« veröffentlicht hat und nachdem ihn der Scheich der Al-Azhar-Moschee einige Tage zuvor zum »Apostaten« erklärt hatte. Die Islamwissenschaftler der Al-Azhar-Moschee verurteilen die Umstände der Ermordung Fodas, sind aber der Meinung, dass er ein Apostat war und den Tod verdiente, wobei dieser allerdings auf legale Weise hätte herbeigeführt werden müssen.

Dezember 1992: Auf Weisung der Al-Azhar-Moschee werden die zu Ehren Farag Fodas neu veröffentlichten Werke »im Namen des Islams, der Staatsreligion« verboten und beschlagnahmt.

14. Oktober 1994: *Nagib Mahfouz,* 83 Jahre alt, der berühmteste Schriftsteller Ägyptens, Nobelpreisträger von 1988, wird in Kairo von einem jungen Fundamentalisten mit einem Messer schwer am

Hals verletzt. Zu diesem Mordversuch bekennt sich die Al-Djamaa al-Islamiya. 1959 und nach der Literaturnobelpreisverleihung 1988 waren die Romane des ägyptischen Schriftstellers von der Universität Al-Azhar zensiert worden.

1997: Die Universität Al-Azhar bereitet das Verbot von 196 Büchern aus moralischen und religiösen Gründen vor.

1997: Die Universität Al-Azhar bereitet das Verbot des Buches »Gott der Zeit« von Al-Qimany wegen Lächerlichmachens der Religion und Häresie durch »Neuinterpretation der muslimischen Tradition« vor. Das Buch wird in den Druckereien beschlagnahmt.

1998: Der Schriftsteller *Ala'a Hamed* wird wegen »Beleidigung des Islams« angeklagt.

April 2000: Der syrische Schriftsteller *Haidar Haidar* wird wegen seines Buches »Das Fest für die Meer-Alge« zur Zielscheibe der ägyptischen Islamisten. Sein zum ersten Mal 1983 in Zypern veröffentlichter Roman sollte vom ägyptischen Kultusministerium neu herausgegeben werden. Gegen den Roman wird eine Kampagne gestartet. Sie fordert die Verurteilung des Kultusministers und der Verlagsverantwortlichen. Der Rektor der Al-Azhar-Universität verlangt, den Roman auf einem öffentlichen Platz den Flammen zu übergeben: »Die Meinungsfreiheit ist willkommen, aber alle Literaten müssen begreifen, dass diese Freiheit im Respekt vor Gott, vor dem Propheten und vor den religiösen Werten ihre Grenze findet.« (Hier findet die Meinungsfreiheit aus der »Kairoer Erklärung der Menschenrechte im Islam« Wort für Wort ihre Anwendung.)

2000 (Mai): Die der Al-Azhar-Universität unterstehende Akademie für islamische Forschung veröffentlicht eine vom Groß-Imam der Universität, Mohammed Sayyid Tantawi, verbreitete Erklärung. Der Roman »Das Fest für die Meer-Alge« wird als dem Islam widersprechend beurteilt – als »das verlassend, was auf dem Gebiet der Religion bekannt ist«. Tausende Al-Azhar-Studenten demonstrieren gegen den Roman und das Kultusministerium. Das Kultusministerium stoppt den Druck dreier weiterer Romane wegen Verletzung des Schamgefühls.

Januar 2001: Der »Diwan« von Abu Nawas wird auf der Buchmesse in Kairo ausgestellt, ist aber nicht zu kaufen. Die Verbreitung des Buches »Die Frau im Denken Khomeinis« wird von der der Al-Azhar-Universität unterstehenden Akademie für islamische Forschung verboten. Die Akademie appelliert an das Komitee für die Zensur künstlerischer Werke, um die Beschlagnahme eines Buches mit dem Titel »Aufruf zum Nachdenken über den Koran und die Tradition des Propheten« durchzusetzen.

2001: Die Schriftstellerin und Vorkämpferin für die Menschenrechte *Nawal Saadawi* wird von Islamisten verklagt. Die Verhandlung findet am 18. Juni 2001 statt. Sie wird für schuldig befunden, die Religion beleidigt zu haben. Derzeit wird sie von den Fundamentalisten mit dem Tod bedroht. Schon 1981 war sie zu elf Jahren Gefängnis wegen ihres feministischen Engagements und ihrer feministischen Schriften verurteilt worden.

2001: Der Autor *Salaheddin Mohsen* und die Predigerin *Manal Manea* werden wegen Atheismus und Blasphemie gegen den Islam zu drei Jahren Gefängnis verurteilt.

Indien
1989 (Februar): Heftige Demonstrationen in Bombay gegen »Die Satanischen Verse«. Zwölf Tote.

Bangladesch
1993 (24.September): Eine Gruppe von Islamisten erlässt eine Fatwa gegen *Taslima Nasrin* wegen Blasphemie. Ein Kopfgeld wird auf sie ausgesetzt. Unter dem Druck der islamistischen Demonstrationen wird im Juni 1994 ein Haftbefehl gegen sie erlassen. Nasrin ist Ärztin und Schriftstellerin, wurde 1962 im östlichen Pakistan geboren, das 1971 zu Bangladesch wurde. Ihre Pressekommentare, ihre Kritik an der Lage der Frau, an der Religion und an den religiösen Machthabern und schließlich ihr 1993 veröffentlichtes Buch »Lajja«, das von den Übergriffen im Namen Allahs auf die Hindu-Minderheit in Bangladesch berichtet, erregen den Hass der muslimischen Fundamentalisten. Auf der nationalen Buchmesse werden ihre Bücher öffentlich verbrannt. Ein »Vernichtet Taslima«-Komitee wurde gebildet, der Besuch der Buchmesse wurde ihr verboten. Die Fundamentalisten stürmten die Buchhandlungen, die ihre Bücher verkauf-

ten, und verwüsteten sie. Nach einer Hasskampagne ohnegleichen zog die Regierung ihren Pass ein und befahl ihr, mit dem Schreiben aufzuhören, wenn sie ihre Stelle als Ärztin in einem öffentlichen Krankenhaus behalten wolle. Sie war gezwungen ins Exil zu gehen. Seitdem führt sie ihren Kampf für den Laizismus und die Freiheit der Frauen weiter. (Dies ist die Frau, über die Burkhard Müller-Ullrich 1996 in der »Süddeutschen Zeitung« schrieb: »Es ist einfach grotesk, dass eine Asylantin von solchem geistigen Kleinformat wie Taslima Nasrin bei uns als intellektueller Star gefeiert wird.«)

Pakistan
1995 (April): Exkommunizierungs-Fatwa gegen den Poeten *Mohammed Alvi* durch den Mufti Shabbir Siddiqi aus Ahamdabad wegen eines Satzes in einem 17 Jahre zuvor geschriebenen Gedicht: »Oh Gott, wenn du zu beschäftigt bist, um uns zu besuchen, schicke uns einen Engel, um uns zu leiten.«
1998: Todesurteil für *Ayub Masih* wegen Blasphemie.
2000 (Oktober): Der pakistanische Universitätsprofessor *Younous Shaik* wird verhaftet und wegen seiner für blasphemisch gehaltenen Schriften zu lebenslänglichem Gefängnis verurteilt.

Syrien
1977 (Februar): Der Präsident der Universität von Damaskus wird auf dem Campus von Islamisten ermordet.
2004: *Nabil el-Fayadh,* Forscher, Schriftsteller und Autor mehrerer in Syrien und in den meisten arabischen Staaten verbotener Bücher, wird am 30. Oktober 2004 vom Geheimdienst in Damaskus festgenommen. Wie bei früheren Festnahmen geht die Einkerkerung auf die Klage eines der fundamentalistischsten Religionsgelehrten, Mohammad Said Ramadan el-Bouti von der Scharia-Universität in Damaskus, zurück. Nabil el-Fayadh wurde außerdem mehrfach vom wahhabitischen Scheich Khatib Khodra mit dem Tod bedroht.

Saudi-Arabien
In Saudi-Arabien gibt es ein Buch, in dem ein allgemeines Anathema gegen rund hundert tote oder lebendige arabische Schriftsteller aus-

gesprochen wird: *Salama Moussa, Shibli Shmmayyil, Naguib Mahfouz, Lufti as-Sayyid, Muhammad al-Jabiri, Shakir Shakir, Said Ai, Adonis*... Diese Autoren sind im Königreich verboten.

1992 (3. September): Auf dem zentralen Platz der Stadt Qatif wird der Dichter *Sadiq* mit dem Schwert enthauptet. Sein Delikt: Blasphemie und Abschwörung.

1993: Ein in den »Arab News« veröffentlichter Comic führt zur Verhaftung zweier indischer Angestellter; den Theologen zufolge stellte der Comic die Existenz Gottes in Frage. Die beiden Männer werden zu 300 und 500 Peitschenhieben verurteilt. Aufgrund internationalen Drucks wird ihnen die Strafe vom König erlassen.

Mai 1993: Der reformerische Intellektuelle *M. Al Awaji* wir zu vier Jahren Gefängnis verurteilt. Der Professor wird seines Universitätspostens enthoben, sein Pass wird eingezogen.

2003: Die Tageszeitung »Al-Watan« berichtet über den Angriff auf einen ihrer Journalisten, der anonym bleiben will. Am helllichten Tag, beim Verlassen eines Restaurants, verschleppen drei Männer der Religionspolizei (der »moutawa«) den jungen Mann auf einen Polizeiposten, auf dem er vor aller Augen gefoltert wird. Der Chef der Polizeistation wirft dem Journalisten vor, zu lange Haare zu haben und für eine Zeitung von »Ungläubigen« zu arbeiten. Außer Beleidigungen und Demütigungen bekommt er von der Polizei die Haare abgeschnitten, wobei ihm wie üblich Löcher ins Haar geschnitten werden. Dem Journalisten werden sein Arbeitskalender und die Diskette mit seinen Reportagen abgenommen.

27. Mai 2003: Der Chefredakteur von »Al-Watan«, *Jamal Kashoggi*, wird zwei Monate nach seiner Ernennung entlassen, weil er die Veröffentlichung von Artikeln erlaubt hat, die offen das religiöse Establishment kritisieren, insbesondere auch die »moutawa«, die Religionspolizei. Die saudische Regierung gibt dem Druck der ultrakonservativen Religiösen nach, die dem Journalisten vorwarfen, »sich über tugendhafte Leute lustig« zu machen, »das Böse und die Korruption« zu propagieren, und zum Boykott der Zeitung aufrufen. Nach den Selbstmordattentaten vom 12. Mai in Riad, die Al-Qaida zugerechnet wurden und 34 Menschen das Leben gekostet hatten, war die Zeitung zu einer Tribüne für Reformen befür-

wortende Schriftsteller und Intellektuelle des Königreiches geworden.

2003 (Ende Juli): Der Groß-Mufti verbietet dem reformerischen Autor *Abdulaziz al-Qasim,* seine Ansichten in der Tageszeitung »Al-Madina« darzulegen. Das Verbot ist Teil einer großen Einschüchterungskampagne gegen die saudischen Medien nach den Attentaten vom 12. Mai in Riad. Die Quasi-Regierungspresse zeigt sich vorsichtig erfreut über die von den Autoritäten angekündigten politischen Reformen, während die Regierung und das ultrakonservative religiöse Establishment jene Stimmen zum Schweigen bringt, die die Reformen für zu beschränkt und ihre Durchführung als zu langsam befinden. Ali al-Ahmad, einem in Washington lebenden Dissidenten zufolge, wurden zwischen Juli und November 2003 rund hundert reformerische Journalisten, Schriftsteller und Intellektuelle zensiert oder mit Veröffentlichungsverbot belegt.

2003 (29. Juli): Dem Journalisten *Hussein Shobokshi* wird verboten, weiter in der Tageszeitung »Okaz« zu publizieren, nachdem er in einem Artikel geschrieben hatte, er träume von dem Tag, an dem die Saudis das Recht hätten, zu wählen, über die Menschenrechte zu debattieren und die Frauen Auto fahren dürften. Wenige Tage später wird seine Rubrik in einer anderen Zeitung, der »Arab News«, eingestellt und seine Politiksendung im von den Saudis finanzierten Sender »Al Arabiya« aus dem Programm gestrichen. Gleichfalls im Juli wird die Chronik des Schriftstellers *Dawoud al-Shirian* in der Tageszeitung »Al Hayat« gestrichen. *Mansour al-Nogaidan,* Leitartikler in der Tageszeitung »Al-Riyad«, wird auf unbestimmte Zeit beurlaubt. Wie Hussein Shobokshi versichert er, mehrere Todesdrohungen erhalten zu haben. Die in London beheimatete »Bewegung für die Islamreform in Arabien« MIRA betreibt seit Mai den neuen Satelliten-Fernsehsender »Islah TV«. Ende August hört die Station aus unerklärlichen Gründen auf zu senden. Die Produktion der Programme, ihre Ausstrahlung und die Verbreitung des Sender-Signals implizieren mehrere europäische Länder. Dem MIRA-Direktor *Saad al-Faqih* zufolge soll starker saudischer Druck auf die verschiedenen Operateure für die Unterbrechung verantwortlich sein. Saad al-Faqih wurde durch mehrere Messerstiche Unbekannter verletzt, die am 22. Juni bei ihm zu Hause in London eingedrungen waren. Als sie gingen, sollen sie ihm gesagt haben: »Das ist eine Botschaft der Regierung.« Ende August erteilt der Informationsminister Anweisungen, die Veröffentlichungen von Artikeln des für die arabophone Tageszeitung »Al Watan« und die englischsprachige Tageszeitung »Arab News« arbeitenden Journalisten *Wajeha al-Huwaider* betreffen. Huwaider hatte Ende Mai die Desillusionierung saudischer Bürger über ihr Land beschrieben. Der Lehrer *Mohammed al-Harbi* wird wegen Apostasie zu 750 Peitschenhieben, drei Jahren und vier Monaten Gefängnis verurteilt und für immer aus dem Schuldienst entfernt.

Kuweit
Wegen »Entwertung der Religion«, »Beleidigung oder Lächerlichmachens der Religionsvorschriften« und »Blasphemie« wird der Universitätslehrer *Ahmed al-Baghdi* mehrmals festgenommen.

1996: Die »Arab Times« veröffentlicht einen amerikanischen Comic über den Wikinger Hagar. Er wird beim Beten dargestellt. Nach langem Schweigen tönt es aus den Wolken: »Pardon?« Gegen die Zeitung wird der Mob organisiert, ihre Räumlichkeiten werden zerstört, der Direktor wird von der Meute verfolgt und angeschossen.

2000 (Januar): Die Schriftstellerinnen *Leyla Uthman* und *Alia Sha'ib* werden wegen schwerer Beleidigung der Sitten und der Religion zu einem Monat Gefängnis verurteilt.

Jordanien
Der Dichter *Mossa Hawamda* wird von einem Gericht der Apostasie beschuldigt.

Türkei
1990: *Turan Dursun,* ehemaliger, zum Atheisten gewordener Mufti, wird von Islamisten ermordet.

1993: Ermordung von alevitischen und kurdischen Intellektuellen und Dichtern beim Brand eines Hotels in Sivas, in dem ein Treffen mit dem Übersetzer der »Satanischen Verse« stattfand. Auch der Karikaturist *Asaf Kocak,* der sich für die Menschenrechte einsetzt und ein Gegner der Islamisten ist, kommt dabei um.

1998 (Dezember): Der Journalist *Nuredin Sirin* wird zu zwanzig Monaten Gefängnis verurteilt, weil er geschrieben hat: »Wir müssen die Unterdrückten unterstützen, selbst wenn sie Atheisten sind.«

Algerien
1973: Der Dichter *Jean Senac* wird von Islamisten ermordet.
1993: Beginn einer Mordserie an Intellektuellen und Künstlern. Es werden umgebracht: der Soziologe *Djilali Liabès,* der Direktor der Kunsthochschule von Algier, *Ahmed Asselah und sein Sohn,* der Soziologe *Mohammed Boukhobza,* der Rektor der Universität Bab-Ezzouar in Algier, *Salah Djebaili,* der Dichter und Schriftsteller *Youssef Sebti,* der Dramaturg und Regisseur *Abdelkader Alloula,* der Psychiater *Mahfoud Boucebci,* der Inspektor für das nationale Bildungswesen, *Salah Chouaki,* der Dramaturg *Azzedine Medjoubi,* der Kinderarzt *Djilali Belkhenchir,* der Ökonom *Abderahmane Faredeheb,* die Journalisten *Ferhat Cherkit, Youssef Fatallah, Lamine Lagoui* und *Ziane Farrah...* Die Liste ist lang.

26. Mai 1993: *Tahar Djaout,* Schriftsteller, Dichter und Chefredakteur der Zeitschrift »Ruptures«, wird beim Verlassen seiner Wohnung ermordet.

31. Juli 1993: Der Journalist und Schriftsteller *Merzag Baghtache* wird durch ein Attentat verwundet.

3. August 1993: Der Fernsehjournalist *Rabah Zenati* wird ermordet.

9. August 1993: *Adelhamid Benmenni,* Journalist bei »Algérie-Actualités« wird ermordet.

11. September 1993: *Saad Bakhtaoui,* ehemaliger Journalist von »El Minbar«, wird ermordet.

28. September 1993: Der Schriftsteller und Journalist *Abderrahmane Chergou,* Mitbetreiber der Vereinigung »Front des Modernen Algeriens«, FAM, wird vor seiner Haustür ermordet.

1994: *Cheb Hasni und ein weiterer Rai-Sänger* werden in Oran ermordet.

2000 (Juni): Todesfatwa gegen den algerischen Filmemacher *M. Zemmouri,* Autor des vom Rai handelnden Films »100 % Arabica«.

(Die Liste der algerischen Opfer ist nicht vollständig. So fehlen das Attentat auf den »El Watan«-Herausgeber *Omar Belhouchet* und die Ermordung der Redakteurin einer arabophonen Zeitung, die für die sehr populäre Rubrik Bekanntschaftsanzeigen verantwortlich war, sowie ein Attentat auf das »Haus der Presse« in Algier, bei dem zwei Redakteure ums Leben kamen. Nicht erwähnt ist auch die Ermordung des Satirikers *Said Mekbel,* um nur einige Beispiele zu nennen.)

Marokko
18. Dezember 1975: *Omar Benjelloun,* Vorsitzender der »Union socialiste des forces populaires« USFP und Direktor der Zeitung »Almouharrir« wird von einer zur »Islamischen Jugend« gehörenden Gruppe erstochen.

Frankreich
1989: Demonstration gegen die »Satanischen Verse« in Paris.
1989 (September): Forderung nach einer Beschlagnahme der »Satanischen Verse«; die Forderung wird zurückgewiesen.
1994 (Januar): *»Affäre Claudia Schiffer«.* Grund ist Schiffers Auftritt in einem Kleid, auf das Fragmente von Koranversen geschrieben sind. Dies wird von den muslimischen Organisationen Frankreichs und in den muslimischen Ländern als Skandal empfunden. Chanel entschuldigt sich und lässt die drei Kleider verbrennen, verlangt die Rückgabe aller Fotos, die von diesem Kleid gemacht wurden. Der Chanel-Generaldirektor erklärt, er habe keinesfalls »ein Sakrileg begehen oder die Gemeinschaft der Muslime beleidigen« wollen.

Großbritannien
1989: 20.000 Personen demonstrieren in London gegen die »Satanischen Verse«.

Kanada
Irshad Manji, Journalistin und Essayistin (»Musulman, mais libre« – »Muslimisch, aber frei«), die in Uganda als Kind von Eltern indischer Herkunft geboren wurde und in Kanada lebt, erhält regelmäßig Todesdrohungen.

Niederlande
Der Cineast *Theo van Gogh* wird wegen seines Films »Submission« von einem marokkanischen Islamisten ermordet. *Ayaan Hirsi Ali,* holländische Abgeordnete somalischer Herkunft und Drehbuchautorin von »Submission«, wird in einem Brief mit dem Tod bedroht. Er ist an dem Messer befestigt, das Theo van Gogh in den Leib gerammt wurde. Der Brief des Attentäters endet mit den Worten:
  Ich bin sicher, oh Amerika, dass du umkommen wirst
  Ich bin sicher, oh Europa, dass du umkommen wirst
  Ich bin sicher, oh Holland, dass du umkommen wirst
  Ich bin sicher, oh Hirsi Ali, dass du umkommen wirst
  Ich bin sicher, oh du fundamentalistische Ungläubige, dass du umkommen wirst

Die Liste ist nicht vollständig. Sie wurde 2004 von den Verfassern des »Manifeste des Libertés« (»Manifest der Freiheiten«) erstellt. Die Anschläge der letzten zwölf Jahre, ihre zunehmende Ausweitung auf den nicht muslimischen Teil der Welt, müssten hinzugefügt werden, etwa die versuchte Ermordung des Karikaturisten Kurt Westergaard oder anderer »blasphemischer« Künstler sowie das Niederschießen der Zeichner von »Charlie Hebdo«. Doch wenn auch unvollständig, so zeigt diese Liste doch, mit welcher Gewalt der Islam gegen abweichendes Denken vorgeht. Die Unterzeichner des »Manifeste des Libertés« sind Muslime wie Nichtmuslime. Es beginnt mit den Worten: »Unser Ziel ist es, die Ausdrucksformen des Widerstandes zu fördern, um allerorten den totalitären Islamismus zu bekämpfen sowie die despotischen Staaten, die gemeinschaftlich Frauen und Männer der muslimischen Welt unterdrücken. Entsprechend gehört dazu, die demokratischen Regierungen zu überzeugen, auf ihre Strategie der Doppelzüngigkeit und der vertagten Demokratie zu verzichten.« Der letzte Satz wurde sieben Jahre vor Beginn des »Arabischen Frühlings« in Tunesien geschrieben, dessen Diktator Ben Ali noch bis zuletzt polizeiliche Hilfe von der damaligen französischen Außenministerin Alliot-Marie gegen die jungen muslimischen Freiheitssucher angeboten worden war. Die Verfasser des »Manifestes der Freiheiten« wandten sich sowohl gegen die weltlichen wie die religiösen Unterdrücker der muslimischen Welt: »Das Ausmaß der schweren Krise ermessend, in der der Islam sich befindet, haben wir uns entschlossen, die politischen und intellektuellen Voraussetzungen für eine Kultur der Freiheit zu schaffen.«

»Eine ganz entscheidende Frage«, so der Historiker Thomas Spahn in seinem Offenen Brief an die »Liebe SPD«, »hast du dann vorsorglich auch gar nicht erst aufgegriffen: Ist der Islam mit dem Grundgesetz vereinbar? Die Antwort darauf lautet notwendig ›Nein‹. Denn der Islam ist eine Zwangsgemeinschaft mit Mitgliedschaft durch Geburt. Da nun gleichzeitig der Austritt des Einzelnen aus dieser Zwangsgemeinschaft nach geltender höchstoffizieller islamischer Rechtsprechung mit dem Tod bedroht ist, verstößt der Islam per se gegen Artikel 2 unseres Grundgesetzes.« Aber auch auf Artikel 4 des Grundgesetzes – Religionsfreiheit – könne sich der Islam nicht berufen. Dieser verlange »zwingend die Freiheit des Einzelnen, ohne Konsequenzen durch Dritte seine Gemeinschaft verlassen und seinen Glauben ablegen und ändern zu können. Solange weltweit alle führenden islamischen Rechtsgelehrten ein solches Verhalten von Geburts-Zwangsmuslimen im Apostasieverbot mit Todesstrafe belegen und dieses immer wieder bestätigen, ist der Islam verfassungsfeindlich und hat nicht nur keinen Anspruch auf Behandlung nach Artikel 4 des Grundgesetzes, sondern verstößt gegen diesen.«

Dass der Islam eine religiöse Zwangsgemeinschaft ist, wird in der deutschen Debatte um Religionsfreiheit so gut wie ausgespart. Diesen kardinalen Unterschied zum Christentum hob der Islamologe und Schriftsteller Abdelwahab Meddeb bereits 2003 in einer seiner »Gegen-Predigten« hervor: »Ich sehe nicht, welches Verdienst die Zugehörigkeit zum Islam haben sollte, wenn sie auf ein von den Vätern übermitteltes Glaubenserbe zurückginge oder nur das Produkt des Zwangs, des Drucks, der Drohung, der Gewalt, der das Leben nehmenden Bestrafung wäre. Es müsste sich ein jeder in seiner Würde verletzt fühlen, der nur im Islam bliebe aus der Furcht, dass ein Beil seinen Nacken träfe, würde er jemals das Begehren verspüren, sich von ihm zu entfernen oder sich von ihm zu trennen.«

Nicht nur die deutsche Sozialdemokratie verharmlost die Menschenrechtsverletzungen des Islam (und, noch einmal, nicht irgendeines Islamismus!), auch die französischen Sozialisten vermeiden, den Islam in Verbindung mit dem Islamismus zu bringen. So stellte die »Frankfurter Allgemeine Zeitung« am 5. April 2106 fest: »... Präsident Hollande ziert sich bis heute, von radikalen Islamisten zu sprechen. Obwohl er sich der martialischen Formulierung des ›Kriegs gegen den Terror‹ in seiner Rede vor den beiden Kammern des Parlaments in Versailles bediente, vermeidet er es, die Attentate mit der Vokabel ›islamistisch‹ in Verbindung zu bringen. Diese semantische Zurückhaltung ist symptomatisch dafür, wie sich Frankreichs Linke vor einer Debatte über den Islam und Islamisten drückt...« Jack Lang, der frühere sozialistische Kultusminister und heutige Direktor des »Institut du Monde Arabe« IMA in Paris, wandte sich 2013 gegen den damaligen französischen Innenminister Manuel Valls, der das Aufkommen eines »islamischen Faschismus« in Tunesien denunziert hatte. Dort war 2013 der tunesische linke Oppositionspolitiker Chokri Belaid ermordet worden. »Ich würde diese Art von Vokabular nicht gebrauchen«, erklärte Jack Lang am 10.Februar 2013 im Fernsehsender TV5. »Es ist unnütz, Öl ins Feuer zu gießen. Man muss seine Werte und seine Gefühle zum Ausdruck bringen, aber auf positive Weise. ... Man muss heute den Dialog erleichtern, das Vorankommen der Demokratie. Man muss den intellektuellen Mut aufbringen, sein Mäntelchen nicht nach dem Wind zu hängen. Man muss zum Ausdruck bringen, dass die arabische Welt intellektuell und kulturell reich ist...« Wie richtig! Die Intellektuellen Tunesiens hängten ihren Mantel nicht nach dem (bedrohlichen islamistischen) Wind, der damals durch Kinos und Ausstellungen ihres gerade von der weltlichen Diktatur befreiten Landes bis in die Redaktionen von Zeitungen und Fernsehen fegte. Sie brachten ihren Widerstand gegen den »Islamo-Faschismus« in einer Massendemonstration anlässlich der Beerdigung Chokri Belaids zum Ausdruck. Dieses Dagegenhalten trug mit dazu bei, dass sich die damals regierenden Ennahda-Islamisten von den Salafisten zu distanzieren begannen, deren finsterem Treiben sie bis dahin recht tatenlos zugesehen hatten. Wo die arabische Welt »intellektuell und kulturell reich« ist, möchten sie und ihre europäischen Freunde gerade wegen dieses Reichtums offen die Natur derjenigen benennen dürfen, die ihn beseitigen wollen.

Ob es nicht schwer sei, als Muslim die Gewissensfreiheit zu verteidigen, wurde der algerische Schriftsteller Kamel Daoud bei einem Aufenthalt in Frankreich gefragt. »Sehr schwer«, antwortete Daoud. »Da geht es um Leben oder Tod. In der Tat kann es sein, dass man das Aufwerfen dieser Frage mit dem Leben bezahlt. In der Tat ist es gefährlich. In der Tat, man muss es tun.« Warum aber geht es heute um Leben und Tod, wenn jemand vom Islam Gewissensfreiheit fordert? Weil die Ortung der Gewalt, die dies zu einer lebensgefährlichen Sache macht, selbst in Westeuropa im Namen von Toleranz und Religionsfreiheit diffamiert wird.

»Die Gläubigen sind Leute, deren Herz sich ängstigt, wenn Gott erwähnt wird, wenn ihnen seine Verse verlesen werden...«, so der Koran. Neu in Westeuropa ist, dass dies nun auch für Nichtmuslime gilt. Todesstrafe für den Mohammed-Karikaturisten Westergaard in Dänemark, Todesstrafe für »blasphemische« Schriftsteller, Künstler, Politiker, Journalisten auch außerhalb des »Hauses des Islam«. Die gesamte kulturelle Szene der nicht islamischen Welt befindet sich nun im Visier islamischer Gotteskrieger. Dazu schrieb der Frankfurter Schriftsteller Martin Mosebach am 18. Juni 2012 unter der Überschrift »Vom Wert des Verbietens« in der »Frankfurter Rundschau«, »dass ich unfähig bin, mich zu empören, wenn in ihrem Glauben beleidigte Muslime blasphemischen Künstlern – wenn wir sie einmal so nennen wollen – einen gewaltigen Schrecken einjagen. Ich begrüße es, wenn es in unserer Welt Menschen wie Jean-Jacques Rousseau gibt, für die Gott anwesend ist. Es wird das soziale Klima fördern, wenn Blasphemie wieder gefährlich wird.«

Es sind aber weniger Leute wie Jean-Jacques Rousseau, für die Gott derart »anwesend ist«, dass es für Blasphemiker »wieder gefährlich wird«, sondern solche, denen es leichter fällt, drei Gurgeln durchzuschneiden als drei Seiten von Rousseau zu lesen. »Es kann eintreten, dass der Künstler für seine Freiheit wieder einen hohen Preis zu zahlen hat«, raunte der Frankfurter Denker. »Ich bin davon überzeugt, dass der wirklich freie Künstler diesen Preis gern bezahlt.« Am Sterbebett des algerischen Schriftstellers Tahar Djaout hatte man schon 1993 einen dieser »blasphemischen Künstler« – wenn wir ihn einmal so nennen wollen (Djaout hatte in subtil-ironischem Ton den

Wert der Scharia bezweifelt) – beim Bezahlen des »hohen Preises« beobachten können. Sein Kopf war nur noch ein in weiße Bandagen gewickelter Klumpen. Bei ihm war »es eingetreten«, dass beim Einsteigen ins Auto zwei Kugeln seinen Kopf getroffen hatten. Sieben Tage lag der Dichter im Koma, bis er den »hohen Preis« endgültig beglichen hatte, den »ein wirklich freier Künstler gern bezahlt«. Martin Mosebach ist weiterhin ein hoch geachteter Mann in der deutschen Geistesrepublik. »Es wird das soziale Klima fördern, wenn Blasphemie wieder gefährlich wird« – klingt wie eine Warnung vor religiöser Wehrkraftzersetzung.

Auch der PEN-Vorsitzende Josef Haslinger lag eher auf der Linie Martin Mosebachs, als er in der Sendung »kulturzeit« vom 6. Mai 2015 im Zusammenhang mit der Ermordung der »Charlie Hebdo«-Redaktion erklärte, »viele französische Muslime« fühlten sich durch die Mohammed-Karikaturen beleidigt, weswegen er, Haslinger, sich gegen die Ehrung »Charlie Hebdos« durch den PEN in New York wende. Haslinger erklärte, mit ihren beleidigenden Karikaturen habe die Satirezeitschrift sich von den »moderaten« Muslimen entfernt, statt sich mit ihnen gegen den Terror zu verbünden. Er fragte nicht, was das für Verbündete wären, die einem abverlangten, freiwillig das zu tun, was sonst nur Mörder erreichen. Er fragte nicht, wie »moderat« diese »Moderaten« wären, die die Kritik an den im Namen des Islam begangenen Gewaltorgien als Beleidigung ihrer religiösen Gefühle empfänden. Er fragte nicht nach der Beschaffenheit dieser Gefühle, denen seine Empathie sicherer schien als mit jenen »blasphemischen Künstlern« – wenn wir sie einmal so nennen wollen – von Paris, die bei der morgendlichen Redaktionsbesprechung ein paar Kugeln ins Gesicht gefeuert bekamen: Für sie ein »gewaltiger Schrecken«, aber für die hiesige Geistesrepublik? Es schwingt in deren behütendem Umgang mit den »vielen«, mit den »moderaten« Muslimen etwas Unheilvolles mit. Etwas Trübes. Etwas vom Schutz unantastbarer muslimischer Eigenart vor »zersetzender« westlicher Intelligenz.

11. Ratloses Europa?

In Marokko gibt es einen Steilhang an der Biegung vom Mittelmeer zum Atlantik. Von dort zeichnet sich bei gutem Wetter in leichtem Dunst die Küste Spaniens ab, während man selbst auf dem letzten Zipfel Nordafrikas steht, in Tanger. Und wenn gegenüber noch einmal Marokko wäre? Gegenüber Algerien noch einmal Algerien? Gegenüber Libyen noch einmal Libyen? »Eine Welt ohne Europa? Ein Albtraum«, sagte mir Boualem Sansal, der als religiös und politisch verfolgter Schriftsteller dieses Europa stets als Fluchtpunkt vor Augen hat. »Paris war etwas Großes für mich, ein Licht«, erklärte der marokkanische Schriftsteller Abdallah Taia, »ohne Frankreich wäre ich nicht der geworden, der ich bin.« Was wäre aus Tahar Ben Jelloun geworden, jenem anderen Marokkaner, was aus Assia Djebar, der Algerierin? Die gesamte aufgeklärte Intelligenz Nordafrikas wäre ohne die Sensibilität Europas in ihren Heimatländern möglicherweise völlig ignoriert worden. In der Frankfurter Paulskirche erhielt Assia Djebar im Jahr 2000 und Boualem Sansal 2011 den Friedenspreis des deutschen Buchhandels. Wie stünde es um Kamel Daoud ohne die Resonanz auf seinen Roman »Meursault – eine Gegenermittlung« zunächst in Frankreich und dann im übrigen Europa? Um Omar Belhouchet, den Herausgeber des »El Watan« in Algier, der den Schüssen von Islamisten entkam und Dutzende von Prozessen seitens des Regimes überstand? Wäre seine Zeitung nicht längst geschlossen, würden seine Gegner nicht den Skandal fürchten, den dies in Europa, zumindest in Frankreich, auslösen würde? Wie stünde es um die Menschenrechtsaktivisten, die selbst in nordafrikanischen Provinznestern aufpassen, was in den Polizeikommissariaten passiert? Nicht mit deutschen Panzern werden die Menschenrechte verletzt, wie die Claudia Roths und Jakob Augsteins meinen, sondern durch Fäuste, Knüppel und Besenstiele von Polizisten in den

Kellerräumen ihrer Dienstgebäude, und durch eine finstere religiöse Dogmatik, die Menschenrechte und Demokratie bekämpft und dadurch die politischen Machthaber noch sicherer im Sattel sitzen lässt, solange der Gottesstaat die Alternative zu ihnen bleibt. Die Zivilgesellschaften der muslimischen Welt sind wie kleine Lagerfeuer, die sich immer wieder von der großen Flamme der europäischen Aufklärung nähren. Um diese Flamme beneidet die ganze Welt Europa. Ohne sie gäbe es die vielen kleinen Lagerfeuer von China über Russland und den Orient bis nach Afrika nicht. Sie war das Vorbild, sie ist das Vorbild, aber sie scheint schwächer zu werden in Europa, von den Linken als Flamme des kulturellen Imperialismus, von den Vertretern des Islamismus-Islam als Brand gesehen, der ihrer Vorstellung von der Welt als Klon einer Weltreligion gefährlich werden könnte. Mit aller Gewalt wollen sie sie auslöschen.

Salman Rushdie hat sowohl entsprechende Erfahrungen mit dem Islam wie auch mit der Linken gemacht. Alles, was 1990 noch »unvorstellbar« war, wurde im Lauf der Jahre nach der Fatwa-Verkündigung »vorstellbar«, schreibt Rushdie in seinen Memoiren »Joseph Anton«, in denen die inzwischen bekannten Akteure auftauchen, als da sind: die islamische Intoleranz, die ihn tot sehen will, das progressive politische Lager im Westen auf der einen und die muslimische Welt auf der anderen Seite, in denen man die Fatwa gegen einen ihrer Ansicht nach individualistischen, oberflächlichen Autor, dem das Gespür für die Demütigung der arabischen Völker fehle, »verstand«, während man im rechtskonservativen Lager wie auch in Teilen der muslimischen Welt in dem Blasphemiker »ein Überbleibsel der Permissivität der 60er Jahre« erblickte, das den Tod verdient habe, fasst der französische Schriftsteller Marc Weitzman zusammen. Die englischen Sicherheitsdienste ermahnten Rushdie, den Mund zu halten, und angeblich »vernünftige« Freunde rieten ihm, die Fatwa nicht mehr zu erwähnen, damit die Muslime sich nicht erneut beleidigt fühlten, war der zum Tode Verurteilte doch immer noch am Leben. In jenen Jahren begann sich das gegen jede Islamkritik gerichtete Totschlagargument von der »Islamophobie« auszubreiten, »um den Platz der Vernunft und der Diskussion einzunehmen«, wie Salman Rushdie sagte, der alles dies in seinen Memoiren »Joseph

Anton« beschreibt. Woher die seltsame Nostalgie komme, die man beim Lesen dieses Albtraumes empfinde, fragte sich Marc Weitzmann. »Beim Lesen begegnen einem die Namen von Norman Mailer, Danilo Kis, Joseph Brodsky, Saul Bellow, Günter Grass, Tony Morrison, Susan Sontag, J. M. Coetzee, Nadine Gordimer, John Irving, Czeslaw Milozc, Allen Ginsberg, Gabriel Garcia Marquez, Carlos Fuentes, Martin Amis und die anderer, die den Autor der ›Satanischen Verse‹ damals unterstützten und ohne die er zweifellos psychisch nicht überlebt hätte.« Wo sind die entsprechenden Namen heute, wenn 130 Zivilisten, die dem Islam kein Haar gekrümmt haben, umgebracht werden, weil ihre Regierungen sich am Kampf gegen den »Islamischen Staat« beteiligen? Wo bleibt der Aufschrei der muslimischen Welt? Die sich meist nur empört, wenn es um neue, um andere »Satanische Verse« geht? Wo bleibt die Empörung der Linken wie bei den NSU-Morden? Es ist etwas im Gang, das ich in Erinnerung an den libanesischen Bürgerkrieg die Libanisierung des Geistes nenne: Wer ein zu bedauerndes Opfer ist, bestimmt die jeweilige Ideologie. Scheuklappen links, Scheuklappen rechts, Scheuklappen auf muslimischer Seite. Kein Elan einer gemeinsamen Weitsicht gegen den mörderischen Obskurantismus und seinen Begleiter, den schleichenden Fundamentalismus, der in öffentlichen Institutionen, am Arbeitsplatz, in den Stadtteilen sein Recht auf Religionsfreiheit einfordert. Der (angebliche) Multikulturalismus kräht »Identität!« »Die Identität kommt, wenn die Kultur verloren gegangen ist«, so der französische Politikwissenschaftler Olivier Roy. Identitäten sind wie Dynamitstäbe: In Deckung gehen, bloß nicht provozieren. Die Justiz wird den verweigerten Handschlag regeln. Das Grundgesetz wird sprechen. Bloß nicht als Politiker öffentlich Partei für die Aufklärung ergreifen, wenn Manneshand Frauenhand »unrein« findet. Ihre Sache. Persönliche Freiheit. Religionsfreiheit. »Vielfalt bereichert« Europa um einen neuen Wert, die »unreine Frau«. An ihr werden zunehmend Exempel statuiert. In Schweden, in der Schweiz, in Deutschland. Muss man respektieren. Man muss »kultursensibel« sein. Kann man nichts machen. Ist eben so. Wird schon, sagt der tolerante Fatalismus. Marc Weitzmann stellte schon vor vier Jahren eine »Verengung der Gemüter« fest. Salman Rushdie meinte, das Klima habe sich derart verhärtet, dass die »Satanischen Verse« heute keinen Verleger mehr fänden.

Justizminister Heiko Maas ließ es sich in der Berliner Sehitlik-Moschee während eines zünftigen Betroffenheit-Spektakels noch einmal, von Geistlichen umrahmt, feierlich bestätigen, zwei Tage nach der Erschießung von elf Angehörigen der »Charlie-Hebdo«-Redaktion und dem Anschlag auf einen jüdischen Supermarkt in Paris: Religion hat mit Terror nichts zu tun. Er lobte die diesbezügliche Erklärung von Vertretern der drei Religionen, in der es heißt: »Bibel, Thora und Koran sind Bücher der Liebe, nicht des Hasses.« Ein hochgebildeter Mann lobte öffentlich eine solch faustdicke Lüge. Es muss schlimm stehen um das Miteinander, wenn so viel geistiges Abschalten nötig ist, weil die Wahrheit zu explosiv wäre. »Ein großartiges Signal, dass die verschiedenen Religionen zusammenstehen«, sagte der deutsche Justizminister. Wieso »großartig«, wenn sie allesamt ohnehin friedlich sind und voller »Liebe«? Zusammen stehen sie vor allem immer dann, die Religionen hierzulande, wenn das Verbrechen der einen die anderen mit in Verruf zu bringen droht. »Wir müssen mehr miteinander reden«, sagte Heiko Maas. Das ist schon so oft gesagt worden, dass man es nicht mehr hören kann. Weil man weiß, worüber stets nicht geredet wird. Beispielsweise darüber, dass die Beschwörung der Friedlichkeit des Islam einer theologischen Grundlage entbehrt, dass sie ein frommer Wunsch ist. Dem frommen Wunsch zuliebe brachte sich der Justizminister als Ausrufezeichen in Gestalt seiner Person ein, den Gründen dafür, warum es nur ein frommer Wunsch ist, aber verwehrte er das Fragezeichen. Seine von der ersten bis zur letzten Moscheeminute durchgehaltene Betroffenheitsmiene innerhalb der übrigen Betroffenheitsmienen galt nicht den kritischen Zweiflern, den Zeichnern, von denen einer, der schon 2008 von zwei Tunesiern und einem Dänen marokkanischer Herkunft und 2010 von einem somalischen Asylbewerber getötet zu werden versucht wurde, Kurt Westergaard ist. Wegen des muslimischen Aufruhrs um seine Mohammed-Karikatur lebt er seit 2007 unter massivem Polizeischutz und wechselt seit zehn Jahren alle paar Tage die Wohnung. Todesdrohungen in Algier hatten auch mich aus Angst dazu bewegt, zuweilen das Nachtquartier zu wechseln. Algier – Aarhus, der »plötzliche Tod«. Hier wie dort die gleiche Drohung. Ich wollte den Mann kennenlernen, mit dem man über so etwas reden konnte. Mit meinen linken Weggefährten in ihren Wagenburgen gegen störende Gedanken war das nicht möglich und führte nur zu Witzeleien wie »Na, da wirst du dir schon die richtige Quartiermeisterin ausgesucht haben«. Nette Leute, haben früher mal was geleistet, aber inzwischen: Gott hab' sie selig. Also schlug ich einem Sender ein Interview mit Westergaard vor und besuchte ihn. An dem Ort, an dem wir uns trafen, fragte ich:

»Wo wohnen Sie?«

»Ja, das kann ich Ihnen ja nicht erzählen. Ich wohne in einem safe Safe-Haus, Sicherheitshaus«, antwortete der Karikaturist auf Deutsch. Er hatte rote Samthosen an.

»Immer im selben?«

»Nein, es ist Sicherheitshaus Nummer elf.«

»Also elf Mal haben Sie schon gewechselt?«

»Ja, ja.«

»Geht Ihnen das nicht auf die Nerven?«

»Naja, also man wird vielleicht ein bisschen deprimiert.«

»Und wenn Sie ein Magier wären, ein Zauberer und könnten zurückzaubern: Würden Sie dann lieber den Westergaard vor der Karikatur haben oder den Westergaard nach der Karikatur?«

Der Mann in den roten Samthosen und dem verschmitzten Gesicht lachte kurz:

»Ich bin mit meinem Einsatz nicht unzufrieden. Ich glaube, ich würde es noch einmal tun, wenn ich provoziert würde.«

»Ja, aber sehen Sie, Sie könnten auch tot sein, verstehen Sie? Dennoch sind Sie ein toleranter Charakter geblieben, obwohl Sie schon tot sein könnten. Woher kommt das?«

»Ja, aber ich bin immer tolerant gewesen, und ich lebe in einer multikulturellen Familie, wo es Mitglieder gibt mit einem Hintergrund in all den großen Religionen, also Protestantismus, Katholizismus und auch Islam, und alle leben in Frieden. Und der Sexual-Globalismus der Familie hat die schönsten Kinder hervorgebracht, braune Augen und blondes Haar. So ist das sehr schön.«

»Sind Sie religiös?«

»Nein, ich bin Atheist«. Wieder ein kurzes Auflachen: »Und diese ..., die jetzige Situation hat mich fester in meinem Glauben gemacht.«

»Sagt Ihre Frau nicht manchmal zu Ihnen: Kurt, was warst du für ein Idiot! Warum hast du das gemacht? Du weißt doch, was das für Leute sind!«

»Ja, aber meine Frau, sie hat mich immer unterstützt, und sie ist solidarisch gewesen. Aber oft sagt sie, wenn ich das Haus am Morgen verlasse: Möge der Geheimdienst mit dir sein.«

»Aber die Meinungsfreiheit, ist die so viel wert?«

»Ja, das glaube ich. Ich weiß jetzt, dass ich immer mit dem Geheimdienst leben muss. Und – das geht ja auch. Es ist sehr wichtig, die Äußerungsfreiheit zu verteidigen. Das ist etwas Fundamentales in unserem Teil der Welt.«

»Fühlen Sie sich als Held, als Verteidiger der westlichen Zivilisation?«

»Nein, ich habe nur meine Arbeit gemacht. Ich habe eine satirische Zeichnung gemacht. Und sprechen wir von Satire, dann müssen wir ja auch von Provokationen sprechen. Picasso machte das Gemälde ›Guernica‹ während des Spanischen Bürgerkrieges. Im Jahre 1940 begegnet ihm ein deutscher Luftwaffenoffizier in Südfrankreich, und der hat Picasso gefragt: ›Haben Sie »Guernica« gemacht?‹ ›Nein‹, antwortete Picasso, ›das haben Sie gemacht.‹«

Solche Einsicht in den Grund für das Entstehen eines Bildes, beziehungsweise einer Zeichnung, hatte der Zentralrat der Muslime in Deutschland nicht. Für dessen Vorsitzenden Aiman Mazyek hatte Kurt Westergaard »unseren Propheten in unseren Augen mit Füßen getreten«. Für Aiman Mazyek hatte nicht das Bombenlegen im Namen des Propheten Kurt Westergaard zu seiner Zeichnung veranlasst, sondern dessen Wille, den Propheten »mit Füßen zu treten«. Als ob der Prophet selbst nicht schon zu seinen Lebzeiten Spötter hätte umbringen lassen. Kurt Westergaard hatte nicht säuberlich zwischen Islamismus und Islam getrennt, wie der Vorsitzende des Zentralrats der Muslime das bis heute im Widerspruch zu jeder aufgeklärten Islamkritik tut und wie das Heiko Maas am 9. Januar 2015 nach den Morden an den Satirikern von Paris ebenfalls tat. Konservative Muslime und linke deutsche Politiker arbeiten Hand in Hand bei der Verhinderung jedes neuen Ansatzes, um den Islam von seiner islamistischen Dynamik zu befreien. Wenn sich das nicht ändert, wird es die deutsche Gesellschaft noch teuer zu stehen kommen, denn die Bevölkerung wird das rituelle Gesundbeten des Islam durch Auslagerung seines »verfluchten Teils« (Ahmed Tourabi) auf Dauer durchschauen und es nicht mehr hinnehmen.

Während der dänische Karikaturist von religiösen Fanatikern bedroht wird – als hätte das Mittelalter seinen düsteren Himmel wieder über Dänemark gestülpt –, genießt der Zentralratsvorsitzende unter dem offenen Himmel eines demokratischen, pluralistischen, Religionsfreiheit garantierenden Staatswesens ein sicheres Dasein. Von einem Beileidsbesuch Aiman Mazyeks bei Kurt Westergaard ward nichts bekannt. Auch nichts von Solidaritätsbekundungen aus dem linken Milieu: Kurt Westergaard war ja nicht von Neonazis angegriffen geworden, an seiner Tür hatte sich nur ein somalischer Killer mit Axt eingefunden, kein Hakenkreuzschmierer...

Justizminister Heiko Maas möchte – auch da stimmt er mit dem Vorsitzenden des Zentralrats der Muslime überein – den Islamismus mit dem Islam bekämpfen, und zwar mit genau jenem Islam, der den Islamismus, den er in sich trägt, leugnet. Er möchte diesem Islam sogar noch mehr Einflussmöglichkeiten einräumen als bisher. In seinem Gastbeitrag vom 04.06.2015 für »spiegel-online« schrieb der Justizminister: »Wenn der Islam als Körperschaft des öffentlichen Rechts organisiert wäre und zentrale Instanzen hätte, könnte die Abgrenzung gegenüber religiösen Extremisten auch mit noch mehr Autorität erfolgen – gegenüber einer kritischen Öffentlichkeit und auch gegenüber manchen Wirrköpfen in den eigenen Reihen.« Ein Mehr an Autorität würde jedoch erst dann Sinn machen, wenn ein Mehr an Aufklärung im Diskurs der Islamverbände mit ihm einherginge. Das Mehr an Autorität allein bringt dem konservativen, reformfeindlichen Islam ein Mehr an Autorität. Das zeigt sich in den muslimischen Ländern. Die »zentralen Instanzen« des dortigen Islam erweisen sich seit dreißig Jahren als unfähig, das zu verhindern, was der libanesische Historiker, Soziologe und Politiker Georges Corm den »religiösen McCarthyismus« nennt. Im Gegenteil tragen sie mit ihrer kritikfeindlichen orthodoxen Grundhaltung selbst dazu bei, den Islamismus zu legitimieren. Man denke nur an die Verfolgung des Islamkritikers Abu Zaid durch die Al-Azhar-Autoritäten in Kairo oder die Todes-Fatwas marokkanischer Ulemas gegen sogenannte Apostaten und Atheisten. Es darf deshalb auf keinen Fall passieren, dass in einem nicht muslimischen Deutschland eine aufklärungsfeindliche Religion mit aufgeklärten Religionen gesetzlich gleichgestellt wird. Man stelle sich vor, der heutige Islam hätte in Rundfunkräten etwas zu sagen. »Gerade in der Begegnung mit dem Islam wittern viele Menschen eine Gefahr für die eigene Kultur«, schrieb der deutsche Justizminister. Auch François Marie Arouet, genannt Voltaire (1694–1778), hatte eine feine »Witterung« für unaufgeklärte Herrschsucht aller Art, insbesondere auch die religiöse, ohne deshalb ein Fremdenfeind zu sein. Zwischen seiner und Herrn Mazyeks Welt liegen Lichtjahre. Voltaire bewunderte schon als 30-Jähriger die englischen »free thinkers« und insbesondere die Gedanken Sir Isaac Newtons. Dieser leugnete zwar nicht die Existenz Gottes, vertrat aber die für seine Zeit revolutionäre und nach kirchlicher Ansicht verwerfliche Auffassung, dass nicht die Dogmen und die »Offenbarung«, sondern Vernunft und Erfahrung letzte Instanz für den kritischen Denker seien. 1726 schließlich reiste Voltaire nach England, um sich vor Ort mit der Aufklärung bekannt zu machen. 290 Jahre später werden die »free thinkers« der muslimischen Welt von einer anti-aufklärerischen Linken Westeuropas und eben solchen Religionsverbänden zum Teufel gewünscht. In der Heimat Voltaires morden religiöse Fanatiker, die im Namen der Voltair'schen Toleranz entschuldigt werden – von seinen linken Erben.

Nach dem Horror von Paris, den Anschlägen vom 13. November 2015, mahnte Heinrich Bedford-Strohm, Ratsvorsitzender der Evangelischen Kirche Deutschlands (EKD) in einer Talkshow, jetzt komme es auf die richtigen Worte an. Das Wort Islam gehörte für ihn nicht dazu. Heiko Maas erwartete in der gleichen Talkshow von den muslimischen Verbänden die Botschaft: »Das hat alles nichts mit dem Islam zu tun. Da wird der Name Allahs missbraucht!« Die muslimische Religionslehrerin Lamya Kaddor sah keine Notwendigkeit, sich als Muslimin von den Attentaten zu distanzieren: »Es ist den Attentätern egal, wen sie töten, es ist ihnen egal, ob Muslime dabei sind.« Als ob man sich von der Gewalt des chinesischen Kommunismus nicht zu distanzieren bräuchte, weil auch Chinesen unter seinen Opfern sind. Und Peter Frey, ZDF-Chefredakteur, kommentierte, es handele sich um »irregeleitete Menschen«, um einen »Missbrauch der Religion«. Also auch hier wiederum die grassierende Blindheit, was die Realität angeht: Alles fliegt in Stücke, nur der Islam bleibt heil.

Bedford-Strohm empfahl angesichts des Blutes von Paris, »die Kostbarkeit des Lebens« wahrzunehmen« und mit der »Unsicherheit des Lebens umgehen« zu lernen. Er fragte nicht, warum der Islam seit Jahrzehnten mehr und mehr Gläubige hervorbringt, die diese »Kostbarkeit« mit Füßen treten, weil sie mit der »Unsicherheit des Lebens« nicht zurechtkommen, im Dogma Halt suchen und ihren Hass auf die Gesellschaft konfessionalisieren. Er fragte auch nicht, warum sie sich dafür ausgerechnet den Islam und nicht eine andere Religion aussuchen. Heiko Maas fragte nicht, warum nur der Islam sich seit Jahrzehnten zu einem immer schrecklicheren »Missbrauch« eignet, mit dem er, Maas zufolge, »nichts zu tun« hat. Lamya Kaddor sah – da die Terroristen auch Muslime, die möglicherweise im »Bataclan« oder auf den Caféterrassen waren und also in deren Augen »schlechte« Muslime waren, nicht verschonten – den Islam außerhalb der Schusslinie. Als ob das Christentum zu Zeiten der Inquisition nichts mit dieser zu tun gehabt hätte, weil damals Christen Christen quälten, die sie nicht für Christen hielten. Der islamische Terrorismus hat seine Quelle im Islam. Der Islamologe Abdelwahab Meddeb hat sie – wie schon erwähnt – in seinem Buch »Die Krankheit des Islam« bereits ein Jahr nach »9/11« aus der Entwicklung des Islam heraus diagnostiziert. Es ist dessen inhärenter Fundamentalismus, so Meddeb, der den Islam »in eine trostlose Fahrt in den Tod« verwandelt hat. Deren letzte Station hieß nicht Paris. Der Islam wird nicht »missbraucht«. Das Übel steckt in ihm selbst, wie der muslimische Philosoph Abdennour Bidar in seinem »Offenen Brief an die muslimische Welt« schrieb. Weiter so zu tun, als sei er heil, als werde das Übel von selbst verschwinden, wenn man es nur lang genug verschweige, ist die Strategie der deutschen Politik, der Islamverbände und der Linksmilieus. Sie wird die »trostlose Fahrt in den Tod« verlängern, sie beschleunigen und die Zahl ihrer Opfer noch vermehren, auch in Deutschland.

So erschreckend die im Namen des Islam begangenen Verbrechen auch sind, man kann von ihren Urhebern nichts anderes erwarten. Warum sollten Feinde der Aufklärung sich an der Aufklärung orientieren? Die Aussagen eines Heinrich von Bedford-Strohm oder eines Heiko Maas angesichts dieser Verbrechen aber sind auf andere Weise genauso erschreckend, weil sie eine Gleichgültigkeit gegenüber den Opfern dieser Verbrechen offenbaren, die einem das Blut in den Adern gefrieren lässt. Sie macht Angst. Man stelle sich vor, wie ein Heiko Maas losgelegt hätte, wenn die Täter von Paris als Le Pen-Anhänger identifiziert worden wären! Wie wortreich er Hass, Ressentiment und Feindschaft gegen Andersdenkende als Motive solcher Taten denunziert hätte! Wie sehr ein Heinrich von Bedford-Strohm dann »die richtigen Worte« gefunden hätte. Angesichts von Opfern rechtsradikaler Gewalt ist Empörung in Politik und linken Milieus zu spüren, angesichts von Opfern islamradikaler Gewalt nicht. Im einen Fall haben die Taten mit dem Gedankengut der Rechten zu tun, im anderen Fall aber haben sie mit dem Gedankengut des Islam nichts zu tun. Diese Ungleichbehandlung beider Phänomene ist auf keinerlei intellektuelles Defizit zurückzuführen. Die meisten Islamversteher sind Akademiker. Einen Blick in den Koran oder aber in die Schriften aufklärerischer Islamologen zu werfen, wäre für sie kein Problem. Sie kennen die Äußerungen muslimischer Schriftsteller, die Berichte muslimischer Frauenorganisationen und haben wahrscheinlich zumindest eine Ahnung von der langen Liste der von offiziellen Islaminstanzen verfolgten muslimischen Islamkritiker. Das Bemühen, den Islam trotzdem heil zu halten, auch wenn in seinem Namen alles in Stücke fliegt, kann seinen Grund also nicht in mangelnder Geisteskraft haben, es muss einen anderen Grund dafür geben. Der Grund dürfte in der Einschätzung der im Land lebenden Muslime liegen. Man hält sie offenbar für größtenteils unfähig, eine offene Debatte über die menschenrechtlichen Defizite ihrer Religion zu ertragen. Man scheint die hiesigen Muslime im Grunde für so sehr mit einem rückschrittlichen Islam verbunden zu halten, dass man diese nicht auf großer Bühne thematisiert sehen möchte, aus Angst, sie könnten sich »beleidigt« fühlen und in ihrer »Friedlichkeit« nachlassen. Von daher das ständige Besänftigen und Gewährenlassen. Man hofft, auch einen rückschrittlichen, unaufgeklärten Islam institutionell einfangen zu können. Ist er erst einmal gesetzlich fixiert, wird er sich auch an die Gesetze halten, davon scheint die Politik überzeugt. Doch der Islam, der da eingefangen und gebändigt werden soll, ist der der Verbände, und diese sind erzkonservativ, um nicht zu sagen reaktionär in Bezug auf die Standards unserer Gesellschaft. Dieser Islam der Verbände wird jeden Machtzuwachs nutzen, um zunächst die übrigen Muslime im Land in seinem Sinn zu beeinflussen und dann den nicht muslimischen Teil der Gesellschaft. Er kann nicht anders, solange er sich für die einzig wahre Religion hält, und solange seine vornehmliche Ausdrucksform sich in einem dezidierten Bild von der Frau, von der Sexualität, vom Patriarchat, von den »Ungläubigen«, vom »Heiligen« und von der Unantastbarkeit des Glaubens niederschlägt. Solange diesem Islam ein Menschenbild fehlt, das ihn flexibel für neue Einstellungen macht, so lange wird er nicht über seine »halal«/»haram«-Hausordnung hinauskommen. Und ohne ein solches Menschenbild wird auch der Verbands-Islam keine gesellschaftliche Atmosphäre schaffen, die den »Islamisten« dadurch Paroli bieten könnte, dass sie ihnen öffentlichkeitswirksam die Legitimation für ihr Tun entzöge und die »Übermuslime« dann angesichts eines geballten Widerstandes der muslimischen Community ihr Projekt der Islamisierung des Landes als hoffnungslos aufgeben würden. Im Gegenteil können die Islamisten beobachten, wie der Islam weiter an Boden gewinnt und die Religion an sich noch mehr in die öffentliche Arena zurückgekehrt ist. Was wiederum auch die Kirchen freut, die aus ihrem Schattendasein, das sie im letzten Drittel des vorigen Jahrhunderts fristeten, nun in vollem Ornat hervortreten und sich als Zufluchtsort vor und Schutzwall gegen einen vielleicht eines Tages übergriffigen Islam anbieten, den sie aber zugleich gegen Angriffe von unberufener, unreligiöser Seite in Schutz nehmen, verdanken sie ihm doch ihre erneut gewonnene Bedeutung im öffentlichen Diskurs.

Ein Beispiel dafür gab die deutsche Bundeskanzlerin Angela Merkel selbst. In Bern wurde ihr Anfang September 2015 die Ehrendoktorwürde verliehen. Anschließend fand in Anwesenheit des Rektors eine Diskussion statt. Eine schätzungsweise 40-jährige, bürgerlich aussehende Schweizerin fragte die deutsche Kanzlerin: »Sie haben vorher die Verantwortung in der ganzen Geschichte mit den Flüchtlingen angesprochen. Eine der Verantwortungen ist es ja aber auch, uns hier in Europa zu schützen. Und vor allem mit Flüchtlingen aus Syrien, und aus diesen Ländern kommen ja noch mehr Leute mit diesem islamischen Hintergrund zu uns. Und ich glaube, das beinhaltet ja auch eine große Angst hier in Europa zu dieser Islamisierung, die immer mehr stattfindet. Wie wollen Sie Europa in dieser Hinsicht und unsere Kultur schützen?«

Angela Merkel, die während der langen Fragestellung streng dreingeblickt hatte, überlegte, zögerte eine Sekunde, ehe sie antwortete: »Ich glaube erst einmal, dass der Islamismus und der islamistische Terror leider Erscheinungen sind, die wir ganz stark in Syrien haben, in Libyen haben, im Norden des Irak, aber zu denen leider die Europäische Union eine Vielzahl von Kämpfern beigetragen hat, sondern es sind zum Teil Menschen, oft sehr junge Menschen, die in unseren Ländern aufgewachsen sind, und wo wir auch unseren Beitrag leisten.«

Die Schweizerin hatte jedoch nicht nach der Islamisierung Syriens, Libyens und Nordiraks durch Europa gefragt, sondern nach dem Schutz Europas vor einer Islamisierung durch Flüchtlinge aus diesen Ländern. Darauf ging die Kanzlerin nicht ein, sondern sie drehte den Spieß um: Europa ist es, das zur Islamisierung der arabischen Welt beiträgt. Es ist unsere Schuld, dass junge Europäer sich dem »Islamischen Staat« anschließen, und nicht die Schuld eines Islam, der den Dschihad predigt und den Jung-Dschihadisten ermöglicht, ihren Hass auf die westliche Gesellschaft via islamischem Dschihad auszuleben, ihren Hass, zu dem »wir auch unseren Beitrag leisten«. Wer »wir« ist und worin »unser Beitrag« besteht, sagte Angela Merkel nicht, meinte aber wahrscheinlich denselben, der in allen Talk-Shows genannt wird: die »Ausgrenzung«. Diese ist nicht das Ergebnis salafistischer Hassprediger, die den jungen Leuten weismachen, dass nicht sie, sondern die »ungläubige« Gesellschaft für ihre Misserfolge in Schule und Beruf verantwortlich ist. Ein Pierre Vogel dürfte sich über die Antwort der Kanzlerin gefreut haben: Die Täter sind Opfer, so sieht er das auch. Mit dem Islam hat das nichts zu tun. Nach der Schuldzuweisung Richtung Europa wandte sich die deutsche Kanzlerin doch noch der Angst der Fragestellerin vor einer Islamisierung zu: »Zweitens: Angst war noch nie ein guter Ratgeber, also ist sie es im persönlichen Leben nicht, und ist es auch im gesellschaftlichen Leben nicht. Kulturen und Gesellschaften, die von Angst geprägt sind, werden mit Sicherheit die Zukunft nicht meistern.«

Auch hier ging die Kanzlerin nicht auf die Frage der Schweizer Bürgerin ein, etwa indem sie sich mit den Gründen für deren Angst auseinandergesetzt hätte, sondern sie setzte zudem noch eins drauf, indem sie diese Gründe in einer absurden Umkehrung von Ursache und Wirkung einfach beiseitewischte: Nicht Islamisierung bedroht die Zukunft Europas, sondern die Angst davor. Bedrohlich sind »Gesellschaften, die von Angst geprägt sind« und deshalb »mit Sicherheit die Zukunft nicht meistern«. Solche Gesellschaften bestehen aus Personen wie der Schweizerin, insinuierte die Kanzlerin, nicht aber aus jenen Hunderttausenden von Flüchtlingen, die aus Angst vor den Zuständen in ihren arabisch-muslimischen Gesellschaften in den westeuropäischen ihr Heil suchen, denen dann wiederum die möglichen Folgen dieser Massenflucht Angst machen. »Angst ist ein schlechter Ratgeber«, diese Aussage der Kanzlerin galt nicht für die muslimischen Flüchtlinge, sondern nur für die fragende Schweizer Frau. War auch die Angst der Juden vor den Nazis ein »schlechter Ratgeber«, fragt man sich da. Oder die Angst der Kambodschaner vor den Roten Khmer? Von der Angst eines Raif Badawi vor seinen Auspeitschern im Herzland des Islam ganz zu schweigen. Anschließend belehrte Angela Merkel die Schweizerin darüber, wie überflüssig ihre Frage im Grunde sei. Sie sagte: »Und drittens: Wir haben diese Debatte natürlich auch, dass wir sehr viele

Muslime in Deutschland haben. Wir haben die Debatte, ob der Islam zu Deutschland gehört. Wenn man vier Millionen Muslime hat, finde ich, braucht man nicht zu streiten, ob jetzt die Muslime zu Deutschland gehören und der Islam nicht, oder ob der Islam auch zu Deutschland gehört.«

Peng! Frage erledigt. Im Grunde alles Dummköpfe, die darüber nachdenken, ob der Islam (kulturell) zu Deutschland gehört. Die Muslime sind da, also ist der Islam da, also »gehört« er zu Deutschland. Diesem Räsonnement zufolge ließe sich auch sagen, die Mafia ist da, also »gehört« sie zu Deutschland. Die Kanzlerin hatte noch nicht bemerkt, dass es Muslime in Deutschland gibt, die – obwohl Muslime – der Meinung sind, dass der unkritische Verbands-Islam, der sich durch die apodiktische Feststellung der Kanzlerin gestärkt fühlt, in seinem jetzigen Zustand nirgendwohin gehört, weder nach Westeuropa noch in die muslimische Welt selbst: Zu ihnen zählen etwa Necla Kelek, Seyran Ates, Hamed Abdel-Samad, Ahmed Mansour, Bassam Tibi, Güner Balci, Mouhanad Khorchide, Abdel-Hakim Ourghi – die übrigens alle für sich selbst sehr wohl wissen, wohin sie gehören. Und wie sähe es bei uns aus, gehörten sie nicht zu Deutschland? Die Formulierung der Kanzlerin aber klang nach einer Zugehörigkeitsbescheinigung für jedes und alles, was der Islam an finsterem Gedankengut seit Jahrhunderten mit sich schleppt. Darauf hatte die Frage der Schweizerin abgezielt. Die Kanzlerin sagte ihr dazu: »Aber da gibt es auch diese Sorgen, und ich muss Ihnen ganz ehrlich sagen: Wir haben doch alle Chancen und alle Freiheiten, uns zu unserer Religion, sofern wir sie ausüben und an sie glauben, zu bekennen! Und wenn ich was vermisse, dann ist das nicht, dass ich jemandem vorwerfe, dass er sich zu seinem muslimischen Glauben bekennt, sondern dann haben wir doch auch den Mut zu sagen, dass wir Christen sind, haben wir doch auch den Mut zu sagen, dass wir da in einen Dialog eintreten, haben wir dann auch bitte schön mal wieder die Tradition, in den Gottesdienst zu gehen oder ein bisschen bibelfest zu sein und vielleicht auch einmal ein Bild in einer Kirche erklären zu können ... Und wenn Sie mal Aufsätze in Deutschland schreiben lassen, was Pfingsten bedeutet, da würde ich mal sagen, ist es mit der Kenntnis über das christliche

Abendland nicht so weit her. Und sich anschließend zu beklagen, dass Muslime sich im Koran besser auskennen, das finde ich irgendwie komisch.«

Komisch, dass sich darüber bisher überhaupt niemand beklagt hat, sondern nur über das, was bestimmte Muslime aus dieser ihrer Kenntnis des Korans machen: Respektlosigkeit gegenüber »Ungläubigen«, und seien diese noch so »bibelfest« und der »Tradition« verhaftet, »in den Gottesdienst zu gehen«. Ebenso komisch ist, dass eine Bundeskanzlerin des Jahres 2015 der nicht muslimischen Bevölkerung riet, erst einmal wieder zu christlichen Abendländern zu werden, erst einmal wieder an Gott und die Kirche zu glauben, um mit dem Islam auf Augenhöhe reden zu dürfen. Gerade das aber will sich das Europa von heute nicht vom Islam aufzwingen lassen: die Re-Religionisierung seines Bewusstseins. In der Angst vor »Islamisierung« steckt nicht nur die Angst vor dem Islam in seiner heutigen Gestalt, sondern die Angst vor erneuter Machtergreifung des Religiösen an sich, die Angst, dass ein solcher Machtgewinn die Aufklärung wieder zur Seite drücken könnte, der allein es zu verdanken ist, dass die religiöse Seelentyrannei in Westeuropa gestürzt wurde, eine Tyrannei, die der Islam immer noch ausübt, indem er die Gewissensfreiheit verweigert. Eine solche Tyrannei gehört weder zu Deutschland noch zu Europa, noch in die islamische Welt, um es noch einmal zu wiederholen. Je länger sie andauert, umso schwieriger wird es für den Islam, den Anschluss an unser Jahrhundert und an das Deutschland von heute zu finden.

»Und vielleicht«, fuhr die Bundeskanzlerin fort, »kann uns diese Debatte auch mal wieder dazu führen, dass wir uns mit unseren eigenen Wurzeln befassen und ein bisschen mehr Kenntnis darüber haben, und insofern finde ich diese Debatte sehr defensiv – gegen terroristische Gefahren muss man sich wappnen –, und ansonsten ist die europäische Geschichte so reich an so dramatischen und gruseligen Auseinandersetzungen, dass wir sehr vorsichtig sein sollten, uns sofort zu beklagen, wenn woanders was Schlimmes passiert. Wir müssen angehen dagegen, müssen versuchen, das zu bekämpfen, aber wir haben überhaupt keinen Grund auch zu größerem Hochmut, muss ich sagen. Das sage ich jetzt als deutsche Bundeskanzlerin«.

Als sei es »hochmütig«, auch vom Islam zu verlangen, aus seinen eigenen »dramatischen und gruseligen Auseinandersetzungen« Konsequenzen zu ziehen, wie Europa das getan hat, die islamische Welt aber nicht. Als sei die Frage der Schweizerin, deren Land mit den »gruseligen Auseinandersetzungen« ohnehin so gut wie nichts zu tun hat, verglichen mit dem Land der Kanzlerin, als sei diese Frage einem Hochmut entsprungen. Nein, sie entsprach einem bestimmten europäischen Selbstbewusstsein, das in Resten noch vorhanden ist, obwohl Linksmilieu und ein Großteil der Politik es für überflüssig, schädlich für die »bunte Republik«, reaktionär und fremdenfeindlich halten. Wenn sie so weitermachen, wird es ganz verschwinden und ein dumpfes völkisches Ressentiment an seine Stelle treten, wie es allerorten mehr oder weniger zu beobachten ist. Fazit: Die europäische Bürgerin aus der Schweiz erhielt auf ihre Frage keine Antwort außer der üblichen: dass Ängste gegenüber dem Islam nichts mit dem Islam selbst zu tun hätten.

Auf welches Niveau soll sich das europäische Bewusstsein wieder absenken, um dem Islam gerecht zu werden, um ihn nicht durch »Hochmut« zu beleidigen, fragt man sich angesichts der Zurechtweisungen Angela Merkels als Antwort auf eine legitime Frage. Waren wir nicht schon einmal weiter? Seit der Venus von Botticelli, seit dem »Und sie dreht sich doch« Galileis, seit Voltaires »Zertretet das Niederträchtige«, seit der Bastille-Erstürmung, seit Sigmund Freud, seit Henry Miller's »Wendekreis des Krebses«, seit der Errettung durch D-Day, seit Woody Allen und seit dem nachhaltigen Willen Salman Rushdies, nicht nur leiblich, sondern auch intellektuell am Leben zu bleiben? Dieses Europa, das zeigt schon die Erinnerung an einige seiner wegweisenden Philosophen und Schriftsteller, wird nicht durch religiöse Rückbesinnung à la Angela Merkel verteidigt, und noch viel weniger von einer »Alternative für Deutschland«, die in ihrer Abwehr von allem Fremden dem Islam ähnlicher ist, als sie denkt, Anti-Amerikanismus eingeschlossen. Heute hat ein Kamel Daoud mehr mit Monsieur Arouet, alias Voltaire, gemeinsam als mit seinem Glaubensbruder Aiman Mazyek, eine Alice Schwarzer mehr mit der Muslimin Fatima Mernissi als mit der Christin Angela Merkel. »Ich für meinen Teil glaube, dass man größere Fortschritte macht und mit den Widersprüchen besser lebt, wenn man den Zweifel sucht« – diese Botschaft der marokkanischen Muslimin Mernissi und größten Freundin muslimischer Frauen aus dem Jahr 1975 ist bei den Islamverbänden in Deutschland bis heute ebenso wenig angekommen wie bei Linken, SPD, Grünen und der deutschen Kanzlerin, wenn es um den Islam geht. Bei den Mernissis der islamischen Welt kann Westeuropa lernen, was selbstbewusste Islamkritik heißt. Oder auch bei den Boualem Sansals, die – angesichts des niederschmetterndes Zustandes islamischer Gesellschaften – warnen: »In einer pluralistischen und offenen Gesellschaft muss die Religion Privatsache bleiben, sie erzeugt zu viele Spannungen und errichtet Gräben, sobald sie Einfluss auf den öffentlichen Raum gewinnt.« Genau diesen öffentlichen Raum aber versuchen die Islamverbände in Deutschland unermüdlich zu besetzen. Eine rechtliche Gleichstellung mit den Kirchen wäre ein enormer Fortschritt für den unaufgeklärten Islam in Westeuropa. Deutschland ist in den Augen dieses Islams der weiche Bauch Europas. Hier ist die Islamkritik am verpöntesten, hier hat die Religion in Gestalt der Kirchen nicht nur eine rechtliche, sondern auch finanzielle Macht, die sie beispielsweise in Frankreich nicht hat und an der beteiligt zu werden der hiesige Islam anstrebt, um seinen Einfluss auf die Gesellschaft auszubauen. »500 Millionen Euro erhielten die Kirchen allein an Staatsleistungen und Donationen. Bischof Mixas Pension wird vom Staat bezahlt«, kritisierten 2011 die Laizisten in der SPD, deren Arbeitskreis dort keineswegs gern gesehen ist. »Die Kirchen zahlen keine Gewerbesteuer, keine Grundsteuer, keine Kapitalertragsteuer. Sie verfügen über kostenlose Sendezeiten im öffentlich-rechtlichen Rundfunk«, so die SPD-Laizisten, die für mehr Trennung von Staat und Kirche eintreten. Im Übrigen waren sie der Meinung, dass muslimische Mädchen am Schwimmunterricht teilnehmen sollten – was ihnen von manchen Genossen als Intoleranz ausgelegt wurde. Der damalige SPD-Laizist Oliver Lösch blieb jedoch kategorisch: »In einer multikulturellen Gesellschaft muss es verbindliche Regeln für alle geben, sonst haben wir wirklich den Kulturkampf. Wir leben in einer Republik. Deren Gesetze gelten. Und sonst nichts.« Wenn das so bleiben soll, darf der Islam nicht weiter an Einfluss in Westeuropa gewinnen, denn »über eines muss man sich im Klaren sein: dass eines Tages ein aufgeklärter Islam auftaucht und sich weiterentwickelt, dafür gibt es keine Grundlage, in keinem Land – sei es ein arabisches oder ein europäisches«, so Boualem Sansal 2016. »Das würde Jahrhunderte dauern und spezielle Bedingungen voraussetzen, die es nirgendwo gibt: zum Beispiel eine breite aufgeklärte muslimische Elite, die vielfältig strukturiert ist, mit klaren theologischen Strukturen«. Da der Islam sich nicht »modernisieren« wird – die letzten dreißig Jahre beweisen eher das Gegenteil –, darf die Moderne sich nicht »islamisieren« lassen, wobei »islamisieren« mehr Einfluss auf staatliche Institutionen wie die Schulen, Universitäten, Stadtverwaltungen, Parteien, Rundfunkanstalten und die Gesetzgebung bedeuten würde. Der unaufgeklärte Islam von heute muss auf die Moscheen beschränkt und außerhalb der Moscheen Privatsache bleiben. Innerhalb der Moscheen gehört er zu Deutschland, außerhalb nicht. Notfalls müssen die Rechte der Kirchen beschränkt werden, auf die sich die Islamverbände berufen, um ihnen gleichgestellt zu werden. Alles andere wird die nicht muslimische Bevölkerungsmehrheit auf die Dauer nicht hinnehmen, so sehr das Linksmilieu, die Sozialdemokratie, die Grünen und Teile der CDU die Bevölkerung im Namen des als multikulturelle »Bereicherung« getarnten Wertrelativismus in diese Richtung weiterhin werden trimmen wollen. Nur so bleibt jener unendlich wichtige öffentliche Freiraum erhalten, der notwendig ist, wenn Musliminnen und Muslime die Chance erhalten sollen, sich eine Säkularisierung auf eigene Faust zu erkämpfen, die dem Islam seit seinem Bestehen als absolute Häresie gilt: Wenn schon der Islam sich nicht verändert, sollten wenigstens die Muslime ihre Einstellung zum Islam verändern dürfen. In ihren Herkunftsländern geht das nicht. Das geht nur in Westeuropaa, und das geht in Westeuropa nur gegen die konservativen Islamverbände. Die Bibel hat sich nicht verändert, der Koran wird sich nicht verändern. Was sich aber im Christentum verändert hat, ist, wie schon gesagt, die Gläubigkeit dem Glauben gegenüber. Sie kann sich auch bei den Muslimen verändern, und hat sich bei vielen schon verändert, auch wenn sie dies in islamischen Ländern nicht kundtun dürfen, es sei denn als talentierte Schriftsteller, die Rückendeckung und Schutz aus Europa erhalten.

Dem Papst zufolge braucht der Islam ohnehin keine Veränderung. Im Flugzeug, das ihn am 31. Juli 2016 nach fünf Tagen Aufenthalt in Krakau während der Weltjugendtage aus Polen zurück nach Rom brachte, lehnte Papst Franziskus jede religiöse Deutung des gegenwärtig im Namen des Islam stattfindenden Terrors sowie der in muslimischen Ländern stattfindenden Konflikte ab. Nach dem Mord an Pater Jacques Hamel in Saint-Étienne-du-Rouvray gefragt, warum er niemals im Zusammenhang mit dem Terrorismus vom Islam spreche, sagte Papst Franziskus: »Es ist nicht richtig, den Islam mit der Gewalt zu identifizieren. Das ist nicht gerecht und es stimmt nicht. Ich mag nicht von islamischer Gewalt sprechen, denn jeden Tag sehe ich in der Zeitung Gewalttätigkeiten, hier in Italien, der eine, der seine Verlobte tötet, der andere seinen Geschäftspartner, und das sind getaufte Katholiken.« Als ob deren Gewalt unter dem Banner der Religion ausgeübt würde, als sei der Mord an einer Schwiegermutter mit dem Dschihad gegen die westliche Welt zu vergleichen. Der Papst fuhr fort: »Wenn ich von islamischer Gewalt spreche, dann muss ich auch über christliche Gewalt sprechen.« Für Papst Franziskus blieb die christliche Gewalt allerdings auf die eines Verlobten gegen seine Verlobte beschränkt, die der Inquisition, die eine ausdrücklich im Namen des Christentums ausgeübte war, nannte er nicht und stellte fest: »Nein, nicht alle Muslime sind gewalttätig.«

Als hätte das jemand behauptet. Dennoch berufen sich die Gewalttätigen unter ihnen auf den Islam. Zu Recht. Es gibt dort die gewaltlegitimierenden Texte. Eine Vielzahl muslimischer (!) Islamgelehrter, Philosophen und Schriftsteller verweisen auf sie. Und auch »Le Monde« vom 13. August 2016 forderte unter der Überschrift »Bezeichnen wir den Dschihad als Verbrechen gegen die Menschlichkeit«, die Dinge endlich beim Namen zu nennen. »Wer die Dinge falsch beim Namen nennt, trägt zum Unglück der Welt bei«, zitierte der Artikel von Jacques Tarnero, eines Aktivisten der Mai-Revolte von 1968, Schriftstellers, Forschers und Filmemachers, Albert Camus. Der Lastwagen, der 85 Personen zu Tod quetschte auf der Promenade des Anglais in Nizza, sei kein camion »fou«, kein »verrückter« LKW gewesen. Die Mörder des mit einem Schnitt durch die Kehle vor dem Altar seiner Kirche getöteten Priesters Jacques Hamel seinen keine »Geistesgestörten« gewesen. Es seien Verbrechen »politisch-religiöser Inspiration »gewesen.»Man mag die Dinge nennen wie man will: ›Clash of civilisations‹ gefällt den Tag und Nacht Empörten nicht, da kulturell zu kriegerisch, aber den Dschihad nicht als das zu bezeichnen, was er ist, das heisst ein Projekt des Verbrechens gegen die Menschlichkeit, durchgeführt im Namen einer politisch-religiösen Ideologie, wird uns nicht die intellektuellen Mittel geben, diese Geißel zu bekämpfen und zu besiegen«.

Ob in der Pastoral-Politik der Bundeskanzlerin, die einer Schweizer Bürgerin den Blick auf den Islam verbietet, oder ob in der aus dem Sakralen hergeleiteten Solidarität des Papstes, die ihm den Blick in den Islam verwehrt – Tatsachen spielen keine Rolle mehr. Doch werden dem Papst wie auch der Bundeskanzlerin die Augen noch geöffnet werden, vielleicht sogar von einem Muslim wie Cem Özdemir, der wie die muslimischen Freiheitssucher Nordafrikas um den »verfluchten Teil« (Ahmed Tourabi) des Islam weiß und der ihn möglicherweise auch beim Namen nennen wird, sobald er als Spitzenkandidat für die Bundestagswahl gekürt sein wird. Vorher kann er sich das nicht leisten, die grüne Basis würde es ihm nicht verzeihen. Die beste Islamkritik kommt, wie gesagt, von Muslimen. Einer wie Cem Özdemir weiß, dass Europa seit der Renaissance dadurch erwachsen geworden ist, dass es nach dem Motto »Aus Schaden wird man klug« zu handeln versucht hat, allen verführerischen und mörderischen Illusionen zum Trotz, denen es sich hingegeben hat, während das derzeitige Europa vom Politik- und Kirchenmotto »Dummstellen kann nicht schaden« beherrscht zu werden droht. Das macht Europa ratlos.

Einer der beiden Mörder von Pater Jacques Hamel, Adel Kermiche, hatte seinen Plan kurz vor dessen Ausführung auf der speziell gesicherten Internetplattform »Telegram« offenbart: »Wenn du nach Sham (Syrien) willst, ist das ziemlich kompliziert, weil die Grenzen geschlossen sind. Ebenso gut hier angreifen. Du nimmst ein Messer, du gehst in eine Kirche, du richtest ein Blutbad an, bim. Du schneidest zwei, drei, Köpfe ab, und die Sache ist okay, es ist geschafft.« *Die* schaffen das. Die *anderen* sollten es auch schaffen! Die anderen, die vielen, die friedlichen, die toleranten Muslime sollten es schaffen, sich endlich unübersehbar und unüberhörbar gegen diese Barbarei, die im Namen ihrer Religion begangen wird, zu wenden!

Das ist auch die Botschaft eines ebenso verzweifelten wie energischen Aufrufes, den der muslimische Philosoph und Theologe Ghaleb Bencheikh nach dem Attentat von Nizza in »Le Monde« vom 3. August 2016 unter der Überschrift »Muslimische Franzosen, die Entscheidung liegt bei euch!« an die Muslime in Frankreich richtete, ein Aufruf, der aber auch für die übrigen Muslime Westeuropas gilt. Ghaleb Bencheikh ist der Bruder des ehemaligen Groß-Muftis von Marseille, Soheib Bencheikh, und leitet seit Mai 2016 die französische Rundfunksendung »Cultures d'Islam«. »Die zerquetschten Körper von Kindern zu sehen, ist der Gipfel der Barbarei«, schrieb er nach dem Geschehen auf der Promenade des Anglais in Nizza. »Es wirft uns zurück in den Horror der Abschlachterei und des Mordens. Orlando (Florida), Istanbul, Dhaka, Magnanville (Yvelines), Bagdad, Medina (Saudi-Arabien), Nizza und Saint-Étienne-du-Rouvray (Seine-Maritime), Namen von Orten auf Erden, in denen das Böse sich verkörpert hat.« Anders als der Papst auf dem Rückflug nach Rom fordert der muslimische Theologe und Präsident der Weltkonferenz der Religionen für den Frieden, Ghaleb Bencheikh: »Wir müssen die Schande in Worte fassen, die Anmaßung benennen, den Schrecken zum Ausdruck bringen. Unser Willen richtet sich, um ein Vielfaches gesteigert, mit Kraft und Entschlossenheit gegen die mörderische Ideologie, die die Mörder des dschihadistischen islamistischen Unterfangens beseelt. Von Abdankung auf Abdankung sind wir schließlich bei Leuten gelandet, die nicht nur darauf verzichtet haben, das Leben zu leben, sondern die darauf aus sind, das Leben Unschuldiger niederzumähen. In diese tragische Lage sind wir aufgrund einer langen Unterminierung auf der Ebene der Mentalitäten geraten. Hass predigende Imame und Moralprediger hielten es für richtig, das Ressentiment zu kultivieren. Doktrinäre Muftis und Ideologen des radikalen Islamismus wagten es, die Selbstmordattentate zu rechtfertigen, indem sie sie als Märtyrer-Operationen absegneten.« Welch anderer Tonfall als der des Papstes, der von einer »kleinen fundamentalistischen Gruppe« sprach. Ghaleb Bencheikh hingegen beschreibt einen sich steigernden Prozess innerhalb des Islam, dem allzu lang allzu tatenlos zugesehen wurde – von den Muslimen. Deshalb folgert er: » Wir erwarten alle eine Grundwoge, die alle Muslime in Frankreich und in der Welt erfasst, um ihre totale Missbilligung der Barbarei und ihren wirklich empfundenen Schmerz über das Leid so vieler in Trauer versetzter Familien zu demonstrieren. ... Es genügt nicht zu sagen: ›Stopp dem Amalgam, das hat nichts mit dem Islam zu tun...‹«.

Ein seltsamer Bogen der Blindheit gegenüber der Entwicklung im Islam spannt sich vom Linksmilieu über die Grünen, die Sozialdemokratie und das bürgerliche Lager bis hin zum Papst. Er wird brechen, denn ihm steht eine zunehmende Zahl verzweifelter und drängender muslimischer Aufklärer gegenüber, die fordern, endlich die Augen aufzumachen. Es werden spannende Zeiten in Sachen Islam auf uns zukommen, über dessen »verfluchten Teil« die Wahrheit zu sagen aber genau den Galilei'schen Mut erfordern würde, den diejenigen besitzen, die ihn seit Langem schon geortet haben.

Was würde der Islamisten-Islam gewinnen, wenn er in Westeuropa gewönne? Ein Marokko gegenüber Marokko? Ein Algerien gegenüber Algerien? Ein Libyen gegenüber Libyen? Eine Türkei gegenüber der Türkei? Ich habe diese Vorstellung, die Boualem Sansal einen »Albtraum« nennt, schon eingangs erwähnt. Mir selbst wurde, wenn ich am marokkanischen Ufer der Straße von Gibraltar stand und nach Europa hinüberblickte, mulmig bei dem Gedanken. Er hat nichts mit Fremdenfeindlichkeit zu tun, im Gegenteil. Er wird mir regelmäßig von muslimischen Freunden, die mich aus Nordafrika anrufen, als menschenfreundlich bestätigt. Neulich sagte mir einer von ihnen, der in Algier lebt und den ich seit nun 24 Jahren kenne und der auch Deutschland und Frankreich gut kennt: »Sei froh, dass du wieder in Europa lebst, dass du in Deutschland lebst. Das ist ein Land, das die Beine auf der Erde hat. Ihr wisst nicht, wo ihr lebt! Ihr nehmt sogar die Islamisten ernst. Dabei denken die nur ans Vögeln, an schöne Autos und ans Beten. Sie sind gegen die Demokratie. Werft sie raus!« »Sie haben oft einen deutschen Pass«, wandte ich ein. »Deshalb kriegen wir ehrbaren Leute kein Visum. Wegen denen! In Tunesien laufen die Salafisten auf der Straße herum und greifen die Leute an. Manche sehnen sich deshalb schon nach Ben Ali zurück. Was bei uns fehlt, ist Bürgersinn. In den Krankenhäusern stinkt es. Die Leute haben keinen Sinn für Hygiene. Überall Schmutz und Dreck. Die Ärzte werden den ganzen Tag von den Leuten beleidigt. Hier funktioniert nichts!« Während der muslimische Freund das sagte, musste ich an den algerischen Präsidenten Abdelaziz Bouteflika denken, der sich stets zur Behandlung ins Krankenhaus Val de Grâce nach Frankreich ausfliegen lässt. »Die ganze arabische Welt ist ein Dschungel«, fuhr der Freund aus Algier fort, ein besonnener Mann, den ich noch nie die Nerven habe verlieren sehen. »Die Machthaber sagen, lasst uns die Macht, und macht was ihr wollt! Jeder gegen jeden! Sei froh, dass du in einem Land wie Deutschland lebst. Ein Dschungel, die ganze arabische Welt ist ein Dschungel.« Nach einer Atempause fuhr der muslimische Freund fort: »Meine Schwester ist Diabetikerin. Ihr Mann ist Islamist. Statt mich anzurufen, als sie um vier Uhr morgens das Bewusstsein verlor, hat er von vier bis zehn gebetet und ihr eine zweite Dosis Insulin gegeben. Sagt den Islamisten, sie sollen auf Autos und Flugzeuge verzichten und sich wieder auf Eseln und Kamelen fortbewegen. Schmeißt sie raus!« Der Anrufer war nicht nur ein Muslim, sondern zudem ein sehr gläubiger Muslim, der, wenn es geht, seine fünf Gebete am Tag verrichtet. Er glaubt an Gott, ich habe es jahrelang beobachten können, aber er verachtet deshalb weder den Westen noch die Frau. Vor kurzem, auf dem Weg von Algier nach Tunis, hielt er vor einem Restaurant, in dem es den üblichen separaten »Familienraum«, sprich den Raum für Frauen gab. Der Freund aber betrat den Hauptraum zusammen mit Frau und Tochter und deutete, als der verlegene Ober ihm einen Tisch am Rand zuweisen wollte, auf einen Tisch in der Mitte. »Passt schon!« »Ich akzeptiere nicht, dass meine Frau und meine Tochter etwas sein sollen, dessen man sich schämen müsste«, berichtete er mir am Telefon. »Das Gute war, dass gleich nach uns ein anderer Mann mit seiner Frau hereinkam. Ich denke, er hat uns reingehen sehen und sich gesagt, das mache ich auch!« Solche Musliminnen und Muslime braucht Europa, nicht die der Islamverbände und des ostentativen Kopftuches. Wie gesagt, der Freund betet fünf Mal am Tag und trotzdem tragen weder seine Frau noch seine Töchter – er hat deren drei – ein Kopftuch. Glauben und Kosmopolitismus behindern sich nicht in seinem Bewusstsein, sondern bestärken sich gegenseitig. Der muslimische Freund hat seinen Begriff von der »Umma« ausgeweitet. Er braucht die Welt nicht als Klon seiner Weltreligion, um sich in ihr überall zurechtzufinden. Für ihn muss sich keine Frau verhüllen, um anständig behandelt zu werden. Er braucht keine Geschlechtertrennung, um ruhig zu bleiben. Diesen Freund würde ich gern einmal erleben, diesen gläubigen Muslim, dem keine Moschee zwischen Algier und Oran fremd ist, wenn in einer deutschen Talkshow wieder einmal ein langbärtiger Prediger dem Publikum versichert, der Islam verbiete, Frauen die Hand zu geben. Freilich, seine direkte Sprache wäre für die Political Correctness ein Problem.

Was das »Nichts funktioniert bei uns« angeht, das dem arabischen Freund zu schaffen macht, so versuchte die tunesische Tageszeitung »Le Temps« am 14. Juli 2011 dem Problem auf die Spur zu kommen. Nach der Feststellung, dass die »arabischen und islamischen Staaten sich den UNO-Untersuchungen zufolge ganz unten auf dem Tableau befinden«, schrieb die Zeitung: »Mehrere amerikanische und europäische Autoren stellen bedauernd ein starkes Ansteigen des Irrationalen in den westlichen Gesellschaften fest. Doch die westlichen Länder haben den Vorteil, wissenschaftliche, technische und akademische Systeme zu besitzen, die auf autonome und unabhängige Weise funktionieren und den großen Prinzipien der Wissenschaft und des rationalen Denkens folgen. Die Moderne, deren wesentliche Grundlagen die Beherrschung der Wissenschaft, die Rationalität und die Demokratie sind, entsteht durch das Sich-Losreißen aus dem irrationellen Universum, das in allen Sphären der arabischen und islamischen Gesellschaften omnipräsent ist, so diese Autoren. ...Was das Demokratie-Defizit betrifft, so hat Tunesien es mit der Revolution vom 14. Januar behoben. Die Zukunft wird zeigen, wie es mit allem Übrigen weitergeht«.

Den »Systemen«, die vor dem »starken Ansteigen des Irrationalen in den westliche Gesellschaften« bewahrt werden müssen, gilt es den staatlichen Bereich und die Medien, öffentlich-rechtliche wie private, hinzuzufügen. Dass dies nicht mehr so selbstverständlich ist, wie es auf den ersten Eindruck erscheint, geht aus einem Leitartikel hervor, den »Le Monde« am 19. September 2012 veröffentlichte. Damals, in der aufgeheizten Stimmung nach Bekanntwerden des »Innocence of Muslims«-Films, hatte »Charlie Hebdo« erneut Mohammed-Karikaturen veröffentlicht, was von Politikern, die um die Sicherheit französischer Botschaften in islamischen Ländern fürchteten, missbilligt worden war. »Erinnern wir hier an einige Prinzipien«, schrieb »Le Monde«. »Wir leben in einer laizistischen Demokratie, wo die Gedanken − und die Meinungsfreiheit, unter Achtung des Rechts − eine fundamentale, in gewisser Weise existentielle Norm ist. Diesem Prinzip kann keinerlei höhere, namentlich religiöse Norm entgegenstellt werden. Das stimmt für Frankreich, für Europa und die Vereinigten Staaten, die nicht gerade das am wenigsten religiöse Land der Welt sind. Religionen sind respektable Gedanken- und Glaubenssysteme, die aber frei analysiert, kritisiert, sogar ins Lächerliche gezogen werden dürfen. Das ist eine Evidenz seit Voltaire.« Was immer man von der Entscheidung »Charlie Hebdos« auch halten möge, von der Ästhetik seiner Zeichnungen oder der Feinheit seines Stils, »die einzige Beschränkung seiner Freiheit ist die, die die Gerichte für gerechtfertigt halten könnten«. Die inkriminierten neuen Mohammed-Karikaturen seien »von schlechtem Geschmack und sogar kläglich«, und sie seien zudem zu einem Zeitpunkt veröffentlicht worden, in dem sie sicher dazu beitragen, Öl ins Feuer zu gießen, »aber es geht nicht an, Charlie Hebdo und seine Inquisitoren auf die gleiche Stufe zu stellen. Die eine Seite will zum Lachen bringen, die andere schleudert Bannflüche.«

Welche deutsche Zeitung hätte es gewagt, in einer für Deutschland ähnlich brisanten Situation gegen den Willen der Regierung und angesichts aufgebrachter Massen in der muslimischen Welt an »einige Prinzipen« zu erinnern? Welche Leserschaft welcher deutschen Zeitung hätte eine solche »Erinnerung« zur Unterstützung von Mohammed-Karikaturisten für vernünftig und deshalb für gerechtfertigt gehalten?

Höchstens drei fallen mir ein. Doch der Gesamttrend? Genau im besten Moment seiner Geschichte, in dem »ein seiner imperialistischen Schlacken und jeder ethnozentrischen Fixierung entledigtes weltoffenes europäisches Bewusstsein im Entstehen ist«, verfalle dieses Europa dem Wertrelativismus, schreibt die algerische Schriftstellerin und Frauenrechtlerin Wassyla Tamzali in ihrem Buch »Une femme en colère. Lettre ouverte aux Europeens désabusés (»Eine Frau im Zorn. Offener Brief an die ihr Selbstbewusstsein verlierende Europäer«). Wassyla Tamzali, 1941 geboren, war Rechtsanwältin in Algier, Beauftragte für die Menschenrechte bei der Unesco in Paris, gründete 1992 das »Collectif Maghreb-Egalité«, wurde 1996 Leiterin der Unesco-Programme, die die Lage der Frauen im Mittelmeerraum verbessern sollten, und nahm an den Euromed-Foren für die Frauenrechte und den Dialog der Kulturen teil. 2001 wurde sie zur Vizepräsidentin des Internationalen Frauenforums für den Mittelmeerraum gewählt. 2005 gehörte sie zum Komitee, das den 10. Weltkongress über feministische Untersuchungen zur Migration vorbereitete, 2006 wurde sie Exekutivdirektorin des »Collectif Maghreb-Egalité«. Am 8. März 2012 unterzeichnete sie mit sieben anderen arabischen Frauen den »Aufruf arabischer Frauen für Würde und Gleichheit«. Kurz, Wassyla Tamzali hat an vielen Weltkongressen über die Menschenrechte und die Lage der Frau teilgenommen. Sie kennt die nordafrikanische und die übrige islamische Welt bis nach Asien, und sie kennt Europa, mit dessen Linken sie sich einst verbunden fühlte. Es ist der Blick einer aufgeklärten Muslimin vom südlichen, vom islamischen Mittelmeerufer auf die Entwicklung am nördlichen, europäischen, der ihr Buch inspiriert. Das Schuldgefühl der »Kinder des Imperiums« sei nicht der alleinige Grund für den Wertrelativismus. Auch nicht die Angst, für Rassisten gehalten zu werden, veranlasse bestimmte europäische Intellektuelle zu so viel Willfährigkeit gegenüber kulturalistischen Diskursen. Der Hauptgrund liege im zerbrochenen Selbstbewusstsein: Der Andere fasziniert den Europäer, um das eigene »gealterte und traurige Gesicht zu vergessen. Der Okzidentalismus ist ein abgetragenes Kleid, dessen zu entledigen manche träumen. In dieser heilsamen Nacktheit wollen sie sich in der Immensität der Welt verlieren.« Die kulturalistischen Diskurse sollten direkt in die rettende Verschiedenartigkeit der Welt führen. »Sie erforschen diese Vielfalt in der Hoffnung, endlich die Glücksversprechen sich realisieren zu sehen, die die Revolutionen, die marxistische, sexuelle, feministische, libertäre nicht eingelöst haben, die sie mit Ungestüm und Frohlocken lanciert hatten.«

Verschwunden sei die Arbeiterklasse, bitter die sexuelle Freiheit, triumphierend der Kapitalismus. »Armer weißer Mann«, schreibt Wassyla Tamzali. Sie meint den linken weißen Mann. »Wir sind es jetzt, die im Begriff sind, die Kämpfe zu führen, die ihr aufgegeben habt. … Wir schlagen uns für Ideen, die ihr für überholt haltet.« Denn die »kulturelle Vielfalt«, der nun das Engagement der Linken gelte, nutze vor allem jenen, die diese Vielfalt bis auf's Messer bekämpften. Diese Vielfalt übe eine derartige Faszination aus, dass Intellektuelle »in ihrem Namen Bewegungen unterstützen, deren Natur es ist, gegen die Vielfalt zu sein. Man braucht nur in bestimmte Stadtteile zu gehen oder in die Länder, in denen die Fundamentalisten mehrheitlich die Straße beherrschen, um das zu realisieren. Es reicht, an einen Strand in der Umgebung von Algier zu gehen und von einer ganzen Familie *gemäßigter Islamisten* angegriffen zu werden, von *gewöhnlichen Muslimen,* Frauen eingeschlossen (die von Kopf bis zu den Füßen eingehüllt ins Wasser gehen), beschimpft zu werden, weil man im Badeanzug ist, sodass einem nichts bleibt, als sein Handtuch wieder zusammenzufalten und wegzugehen, um das Ausmaß der kulturellen Vielfalt in den Ländern des Islams von heute zu begreifen.« Es reiche, in dem kleinen Zug, der von Tunis nach Sidi Bou-Said am Meer fahre, wegen einer ärmellosen Bluse mit leichtem Ausschnitt beleidigt, von den Männern als mögliche Beute und von den verschleierten Frauen als »eine Hure« betrachtet zu werden, um zu erfassen, wie groß der Hang zur kulturellen Vielfalt in den Gesellschaften mit muslimischer Mehrheit sei. »Sie verstehen die *kulturellen* Unterschiede *nicht,* so klein sie sein mögen, in Algier, Tunis, Rabat, in bestimmten Stadtteilen bei euch, diejenigen, die ihr im Namen der Vielfalt verteidigt.«

Die Absage an die kulturelle Vielfalt gewinne auch in Europa Einfluss »dank der Prinzipien der Demokratie, des Laizismus und der Gewissensfreiheit«, die für Europa so kostbar seien. Die Gegner der kulturellen Vielfalt stießen in Europa insgesamt auf wenig Widerstand, es sei denn, einige von ihnen trieben es zu weit. Doch man beruhige sich dann mit dem Hinweis, dass es sich um einige Fanatiker handele, die man nicht mit den gemäßigten Muslimen gleichsetzen dürfe. »In Wirklichkeit sind es arme Geister, die sich aus der Doktrin der *gemäßigten Muslime* speisen und den Predigten von gebildeten Religionsgelehrten, die von bestimmten europäischen Intellektuellen und Aktivisten in ihrer fanatischen Dummheit unterstützt werden.« Auch die gemäßigten Muslime seien in ihrer Mehrheit gegen die Gleichberechtigung der Frau. »Sie schöpfen aus ihrer Kultur, sagen sie. Die Europäer haben nicht das Monopol auf die Begriffe, fügen sie selbstbewusst hinzu. Dieser Diskurs wird mehr und mehr von europäischen Intellektuellen bis hin zu bestimmten Feministinnen akzeptiert.« Hinzu komme die Haltung der gemäßigten Muslime zu der im Namen des Islam weltweit verübten Gewalt: »Da herrscht das Schweigen... Welcher arabische Staatschef hat sich gegen diese barbarischen Handlungen ausgesprochen? Wann werden wir eine große Konferenz der muslimischen Staatschefs erleben, die die Verbrechen verurteilt, die im Namen des Islam begangen werden?« Am meisten jedoch erschrecke sie, so Wassyla Tamzali, »wie die westlichen Länder fundamentalistischen Ideen das Bett bereiten und zum Labor für identitäre und kommunitaristische Thesen werden.« Am Ende dieses Prozesses könne man sich in Europa immer noch irgendwie in Sicherheit bringen, doch für die Länder am südlichen Ufer des Mittelmeeres sei es dann zu spät: »Wir werden wie in der Vergangenheit denselben Übeln gegenüberstehen: dem Rassismus, der Knechtung, dem besessenen Wunsch, ein ganzes Volk einer Idee, einer Religion, privaten Interessen zu unterwerfen, der Reduktion der Frauen auf ihre Rolle als Gebärmaschine, der Ächtung, der Gewalt und der Unterdrückung aller Freiheiten, der Tyrannei, dem Mythos der reinen Gemeinschaft, dem Hass auf das Fremde, der Verbannung. Gestern nannte sich das Faschismus und Kolonialismus. Heute heißt das Fundamentalismus und gemäßigter Islamismus. Das ist es, wohin uns der europäische Islamismus führen kann, dessen Verdienste ihr preist. Glaubt ihr, dass es akzeptable Formen von Kolonialismus und von Faschismus hätte geben können, die diese Regimes hätten retten können, wie ihr es in Bezug auf die zivilisierten Formen des Islamismus zu glauben scheint, die ihr heute in Europa aufnehmt?«

Es ist dieses – geistige, politische, moralische – Dagegenhalten, das die Vertreter der nordafrikanischen Aufklärung von denen der europäischen unterscheidet. Die nordafrikanischen Aufklärer wissen, wer ihr Gegner ist, die europäischen wollen es nicht sehen. Deshalb ist Europa ratlos. Diese Ratlosigkeit ist eine künstliche, eine gewollte. Sie wird vom Linksmilieu, von den Grünen und von der Sozialdemokratie aufrechterhalten, weil der Gegner nicht erkannt werden darf. Einen Gegner aber, den man nicht erkennt, kann man auch nicht in die Schranken weisen. Es muss bei einen Phantom-Feind bleiben, der Islamismus heißt, der aber ideologisch nicht verortet werden darf. Man sagt, er entstehe durch »Radikalisierung«, man verbietet aber, nach der Ausgangsbasis für diese Radikalisierung zu suchen, denn dadurch würde der Islam ins Visier geraten. Man ignoriert alles, was die Islamforschung und die muslimische Aufklärung zu diesem Thema zu sagen haben. Der Islamismus – das ist das Phantom, das im Irgendwo hängt und immer wieder plötzlich zuschlägt, ohne dass man seiner habhaft werden, es ideologisch fassen und damit in den Griff bekommen könnte. Würde man diesem Phantom zu Leibe rücken, würde es gefährlich, denn dann müsste man sich mit der Natur des Islam seriös politisch auseinandersetzen. Das will man nicht. Davor hat man Angst. Deshalb ist Europa ratlos. Noch einmal: Es ist eine selbst gewollte Ratlosigkeit. Je länger sie andauert, umso mehr wird eine bestimmte Rechte ihren Rat anbieten.

Die muslimische Aufklärung möchte Europas Blick auf den Täter im Islam lenken, aber Linke, Grüne, Sozialdemokraten und Teile der bürgerlichen Parteien nehmen das Angebot nicht an, weisen es als »islamophob« von sich, obwohl es doch Muslime sind, die ihnen helfen wollen. Diese Muslime haben nicht den Islam als Feind ausgemacht, sie bieten aber eine Sicht auf ihn an, die es erlaubt, jene Teile in ihm zu identifizieren, aus denen sich die Gewalt gegen Muslime wie Nichtmuslime legitimiert. Es sind Muslime, die uns zeigen, wie sich die vom Islam gerechtfertigte Gewalt, »die die Intelligenz der Muslime in Fesseln gelegt hat« (Bencheikh) und für den Niedergang der islamischen Welt verantwortlich ist, und die sich für das angeblich vom Westen angerichtete Unglück rächen will, ohne die selbstzerstörerische Natur ihrer selbst zu erkennen. Ein Teufelskreis, der im Namen Gottes immer weitere Kreise zieht. Wird ihm nicht Einhalt geboten, führt er sowohl zur weiteren Selbstzerstörung der muslimischen als auch zur zunehmenden Zerstörung der westlichen Welt. Bisher sind es lediglich die Sicherheitskräfte, die diese Gewalt an einer noch schnelleren Ausdehnung hindern. Solange aber der Islam für Linke unfehlbar ist, wie einst das Papsttum für die Katholiken, kann der Islam vom Islamismus nicht befreit werden.

Europa ist ratlos, weil selbst die politischen Spitzen sich weigern, einen Blick auf die Probleme zu werfen, die der Islam mit sich selbst und dem Rest der Welt hat. Europa brauchte nur die Augen aufzumachen, und schon wäre es mit der Ratlosigkeit vorbei. Voraussetzung dafür wäre, den Islamismus als Teil des Islam zu erkennen und sich an die Definition dessen zu machen, was »der zu rettende Kern des Islam« (Abdelwahab Meddeb) und was sein »verfluchter Teil« (Ahmed Tourabi) ist, um eine »unüberbrückbare Distanz« (Meddeb plus Tourabi) zwischen beiden zu schaffen. Ein intellektuelles Europa, das sich großteils immer noch weigert, dies einzusehen, steht notgedrungen ratlos da, anstatt die Fakten und Analysen zur Kenntnis zu nehmen, die ihm die muslimischen Dissidenten liefern und für die die derzeitige Entwicklung des Islam jeden Tag neue Belege liefert. In der europäischen Bevölkerung wächst währenddessen das Unbehagen am Islam und verschafft den Rechtspopulisten Zulauf, weil diese sich als Einzige des Themas ernsthaft anzunehmen scheinen. Scheinen! Denn die Klärung der Frage, wo der Islam aufhört und der Islamismus anfängt, interessiert auch sie nicht. Sie benutzen den gegenwärtigen Zustand des Islam als Beweis für den negativen Einfluss von allem Fremden schlechthin, machen aus dem Islam eine

Projektionsfläche für Fremdenhass, den die Muslimverbände wiederum eifrig nutzen, um jede Islamkritik als Beitrag zu solchem Hass zu denunzieren. In diesem Klima intellektueller Unschärfe gedeihen die europäischen Molenbeeks, deren politisch Verantwortliche ihre Entscheidungs-Unlust in der Frage Islam/Islamismus als Toleranz ausgeben, die der Entfaltung des Islamismus freien Raum lässt. Der Islamismus ist ohne Blick in das Innere des Islam nicht zu besiegen. Statt der Islamkonferenz, die in Deutschland lediglich eine weitere Bühne zur Selbstdarstellung kritikresistenter Islamverbände ist, brauchen wir ein Islam-Ministerium, das nicht dem Phantombild Islamismus hinterherjagt, sondern sich um dessen Schöpfer kümmert: um den Islam. Es wäre ein mächtiger Gegenpol zu den hinterwäldlerischen Verbänden. Es würde die Tatsache ernst nehmen, dass der »Islam inzwischen auch zu Deutschland gehört« und dass Deutschland ihm auf seriöse politische Weise die nötige Aufmerksamkeit schenkt, um ihm das zu ermöglichen, was die islamische Welt unter Strafe stellt: Selbstreflexion. Es könnte »Emir Abdelkader-Ministerium« heißen oder »Mohammed Boudiaf-Ministerium«, um an den verdrängten, vergessenen und bekämpften Islam der muslimischen Aufklärung zu erinnern. Es wäre der Sprecher und Magnet für alle Muslime, die von den Verbänden nicht repräsentiert werden, und das sind die meisten. Sein Minister könnte Abdel-Hakim Ourghi heißen. Der Freiburger Islamwissenschaftler bietet dem Islam der Verbände seit geraumer Zeit ein Paroli, gegen das sie intellektuell nicht ankämen, weil er seine Gegenargumente aus der Geschichte des Islam selbst schöpft, von dessen Inneren heraus argumentiert und daher auch nicht als ein Vertreter »Fremder Werte West« vor muslimischem Publikum abqualifiziert werden könnte. Aber warum ein Ministerium und nicht ein kulturelles Institut? Weil die Islamverbände Institute nicht ernst nehmen, da sie keine politische Macht haben. Der Verbands-Obskurantismus der Islamverbände ist kulturell nur politisch in den Griff zu bekommen. Die Hüter des verdorrten Islam reagieren nur auf Macht, nicht auf Kultur. Das Ministerium könnte unter dem Motto arbeiten: »So wie Europa nicht allein die Sache der Europäer ist, ist der Islam nicht ausschließlich Sache der Muslime.«

Dies war auch das Motto, unter dem 2004 das »Manifeste des Libertés« entstand, aus dem 2005 die von Muslimen und Nichtmuslimen initiierte »Nicht-Unterwerfungserklärung zum Gebrauch für Muslime und diejenigen, die es nicht sind« in Frankreich hervorging. Sie weist den Islam nicht als Religion zurück, erinnert aber daran, dass der Islam als Religion nicht allein die Zivilisation des Islam ausmacht: »Das religiöse Faktum, sein Dogma, seine Institution stehen am Anfang einer Zivilisation, doch deren Geschichte reduziert sich nicht darauf. Die Künste, die Vielfalt der Literatur, die Vielfalt der Architektur, die Vielfalt von Philosophie und Wissenschaften in der islamischen Zivilisation – selbst wenn sie mehr oder weniger enge Bande mit dem Faktum Religion unterhalten –, gehen über es hinaus, verärgern es, durchkreuzen es öfter als geglaubt, und versuchen sich von ihm zu befreien. Dieses Darüberhinausgehen aber gehört in den Bereich dessen, was man die ›Säkularisierung‹ nennt. Es handelt sich um eine de facto-Säkularisierung im Innern der Geschichte des Islam als Kultur. Sie ist etwas anderes als der Laizismus, der zum Lexikon der politischen Moderne gehört. Will man heutzutage das Projekt eines politischen Laizismus im Innern des Islam als Kultur unterstützen, gilt es ihn in dieser de facto-Säkularisierung zu verwurzeln. Sie zeigt, dass das menschliche Leben stets über das Heil hinausgeht, auf das es insbesondere durch die Religion hofft. Es geht darüber hinaus, weil die Beziehung zum richtigen Leben es nicht erträgt, unendlich vertagt, in eine andere Welt projiziert zu werden. ... Diesen Bezug [zur Kultur des Islam] fallen zu lassen – würde das nicht darauf hinauslaufen, damit einverstanden zu sein, dass eine Zivilisation von religiösen Kräften in Beschlag genommen wird, was das Ziel der radikalsten unter ihnen ist?«

Es sind solche Sätze der muslimischen Intelligenz von heute, aus denen die Islamkritik das Selbstbewusstsein ziehen kann, das vom Linksmilieu, von den Grünen und dem größten Teil der übrigen Politik seit fünfzehn Jahren als »islamophob« verunglimpft wird. Der »Islamophobie«-Vorwurf wirkt angesichts dieser Worte geradezu lächerlich und erweist sich als Waffe von Ideologen, für die Kultur insgeheim als bürgerlicher Anachronismus gilt, den nicht wenige von ihnen verachten. Zugleich sind diese Sätze ein Frontalangriff auf alle Pegidas und AfDs, für die »Fremde Kulturen Süd« per se absolute Feinde sind wie den Islamisten die »Fremden Werte West«.

»Die Zugehörigkeit zu einer der Traditionen des Islam – als Kultur betrachtet –, die Bedeutungen der Bezeichnung ›muslimisch‹ gehen uns immer voraus. Sie ignorieren zu wollen, wäre Augenwischerei, denn die Bedeutungen holen uns unaufhörlich ein. Es gilt, die Schuld und das Erbe in Würde anzunehmen. Ihre Verleugnung liefe darauf hinaus, das Abfällige zu verstärken, das im westlichen Raum mehr und mehr mit ›muslimisch‹ verbunden wird, und das Beschämende, das manche ›Anhänger der Moderne‹ in der islamischen Welt empfinden. Der Diskurs der Demütigung, der die Beleidigung und die Scham begleitet, legitimiert das emotionale Anliegen derjenigen, die ihre Ehre im rächenden Terror rein waschen wollen. Deshalb ist es heutzutage dringend geboten, dass die Laizisten sich in Bezug auf den Islam als einer Kultur sehen und zusammentun. Dadurch können sie den identitären religiösen Mythos des Islamismus brechen. Die Positionierung außerhalb des Islam als einer Kultur würde ›uns‹ von vornherein in den Augen der Völker disqualifizieren, an die ›wir‹ uns wenden«, heißt es in der »Nicht-Unterwerfungserklärung« weiter.

Man stelle sich vor, wie die arabisch-islamische Welt heute aussehen könnte, käme das Bagdad des neunten bis zwölften Jahrhunderts wieder zum Tragen, hätten die Abou Nawas von heute in ihr das Sagen, wäre eine Soukaina aus der Zeit des Propheten mit ihrer wilden, stolzen Prachtfrisur das Vorbild für die Frauen. Welch ein Austausch zwischen Nord und Süd würde möglich, welch ein neuer »West-Östlicher Diwan«! Wie gut würden die Hunderttausende von Neu-Muslimen sich dabei fühlen, wie froh wären Europäer und Muslime, die Glaubensgrenze endlich abgeschafft zu haben durch gegenseitige Achtung und Bereicherung des einen durch den anderen. Und welch eine gemeinsame Bewusstseinsentwicklung hin auf Neues, Unbekanntes, und zwar in dem Bewusstsein, dass man einen Gott respektieren und vielleicht sogar lieben kann, dass er aber mit den »Images d'Epinal« und ihren doch eher infantilen Darstellungen eines großen Papas im Universum, dessen einziges Interesse der »göttlichen Hausordnung« auf einem unter Millionen Gestirnen gilt, wenig gemein hat. Am meisten beeindruckte meine fundamentalistisch gesinnten Gesprächspartner in Nordafrika stets, wenn ich statt theoretische Debatten anzufangen einfach sagte: »Wenn es Gott gibt, dann ist er etwas sehr Großes, dann ist er mehr als ein Friseur, der sich für die Frisur von Frauen interessiert, mehr als ein Modemacher, der auf ihre Kleidung achtet, mehr als ein Wirt, der ein bestimmtes Getränkesortiment und eine bestimmte Speisekarte vorschreibt. Ihr aber macht einen Friseur, einen Modemacher und einen Wirt aus ihm.« Ich weiß, es ist ein wenig platt, aber es machte meine Gegenüber einen Augenblick nachdenklich, mehr als ein Vergleich von Kulturen und Religionen.

Der Bezug auf den Islam als Kultur dürfe nie aus den Augen verlieren, wie sehr diese Kultur durch den religiösen Fanatismus bedroht werde, heißt es in der »Nicht-Unterwerfungserklärung zum Gebrauch für Muslime und diejenigen, die es nicht sind«: »Diese Bedrohung ›Islamismus‹ zu nennen, um eine fassadenhafte Verantwortlichkeit herauszuarbeiten, die den Islamismus verurteilt und den Islam für unschuldig erklärt, greift zu kurz...«

Voilà. Die gesamte muslimische Aufklärung von heute widerspricht Islamverbänden, Linksmilieu, Grünen, Sozialdemokratie und Teilen des bürgerlichen Lagers, die allesamt »den Islam für unschuldig« erklären. Es ist diese, ihre Lüge, die zu Verwerfungen in der Bevölkerungsmehrheit führt, die diese Lüge spürt, aber nicht weiß, mit welchen Argumenten sie sich ihrer erwehren soll und deshalb zu einem Teil bei der Rechten Hilfe sucht. Es ist diese Lüge, die die Trennung von Spreu und Weizen verhindert, es ist diese Lüge, die keine Klarheit schafft und den »Generalverdacht gegen Muslime« verstärkt. Es ist diese Lüge, die den Dschihadisten in die Hände arbeitet, weil sie ein Klima befreiender (Auf-)Klärung verhindert, in dem sich auch die Mehrzahl der Muslime wiederfinden könnte.

»Es reicht, ein wenig auf die den Islam betreffenden Diskurse zu achten, um festzustellen, dass diejenigen, die sie führen – Einzelpersonen oder als ›gemäßigt‹ bezeichnete Staaten –, in ihnen bewusst oder unbewusst wahre ideologische Arsenale zum Gebrauch für die Extremisten ablagern, die sie bekämpfen wollen.« Um diese Munitionslager des Fanatismus, Islamismus und Dschihadismus abzuräumen, fordern die Unterzeichner der »Nicht-Unterwerfungs-Erklärung zum Gebrauch für Muslime und diejenigen, die es nicht sind« endlich das zu tun, was auch Europa tun musste, um sich seiner religiösen Seelentyrannen und Menschenschinder zu entledigen: »Kann man sich die europäische Welt der Aufklärung vorstellen, die sich der Interpretation und der historischen Übersetzung der alten Kultur des Christentums und des Judentums entzogen hätte?« Auch aus diesen Zeilen lässt sich Kraft für eine selbstbewusste europäische Islamkritik gewinnen. Und aus den folgenden: »Es gibt keinerlei Chance für eine neue Aufklärung in der muslimischen Welt ohne solches Vorgehen, ohne den politischen und analytischen Willen dazu. Gewiss, hier und da wird damit begonnen, aber zweifellos nicht mit dem wünschenswerten Grad der Erschütterung. Diese Nicht-Unterwerfungs-Erklärung, die nicht vorgibt, die Gesamtheit der Probleme zu umfassen, will dies Begehren steigern.« (Juli 2005) Es ist der Kopftuch-Islam, der den Claudia Roths, Renate Künasts und Katrin Göring-Eckardts, den Saudis und den Mollahs gefällt, aber nicht den »Marokaner(innnen), die Nein sagen«. Die Grünen verteidigen diesen Islam im Namen einer Religionsfreiheit, die genau dieser Islam bis auf's Messer bekämpft. Man erinnere sich nur an die im Buch vorgestellte Liste seiner Opfer. Die Islam-Behüter verteidigen eine Religionsfreiheit, die auf die Verteidigung einer erbärmlichen, geistlosen »himmlischen Hausordnung« (Scheib Bencheikh) hinausläuft, die »die Intelligenz der Muslime in Ketten legt« und den Niedergang der arabisch-islamischen Welt zementiert. Die Flüchtlinge vom Geist der Minas und Shakiras aus Afghanistan möchten von diesem Islam nicht erneut behelligt werden in »Rick's Café« in Deutschland und Westeuropa. Sie möchten Freiheit für sich und nicht Freiheit für eine Religion, die sich zu »einem verabscheuenswürdigen Ganzen« (Abdelwahab Meddeb) entwickelt hat. Deshalb muss es in Deutschland zu einem politischen Bündnis aus muslimischen und nichtmuslimischen Freiheitssuchern kommen, das auf Grundlage der Allgemeinen Erklärung der Menschenrechte von 1948 zusammen mit einer CDU à la Jens Spahn und der CSU dem linken Keine-Kritik-am-Islam-Kartell Paroli bietet. Gegen einen Islam, der keine Fatima Mernissi, keine Assia Djebar, keinen Tahar

Djaout, keinen Boualem Sansal, keinen Kamel Daoud, keine Nadia Spahis und keine Khadidja aus dem marokkanischen Bergweiler erträgt. Mit diesem Islam stimmt etwas nicht, aber Linke, Grüne und SPD werden das wahrscheinlich nie begreifen, obwohl dieser Islam mittlerweile die Seele einer ganzen Weltregion verwüstet und ein unendliches Potential an Menschlichkeit, Herzenswärme, Intelligenz und kreativer Phantasie vernichtet.

Ich lernte ihn parallel kennen, in Algier, den Islam der Gewalt und den Islam der Kultur. Es gab Gesten von Muslimen, die ich nie vergessen werde. Seit einem Monat filmten wir im Jahr 1993 an Gräbern, in denen von Islamisten ermordete Intellektuelle bestattet wurden. Man begegnete in diesen Momenten jeweils dem Islam der Kultur und dem Islam der Gewalt zugleich, dessen Opfer zu Grabe getragen wurden und deren Angehörige verzweifelt waren. Eines Tages wurde bekannt, dass auch der renommierte algerische Soziologe Mahfoud Boukhobza von Islamisten umgebracht worden war. Getarnt als Handwerker hatten die Untergrundislamisten sich Einlass in seine Wohnung verschafft, ihn auf einen Stuhl gefesselt und ihm die Kehle durchgeschnitten. Seine Ehefrau, die Tochter und der 17-jährige Sohn hatten es miterlebt. Dieses Vorgehen gegen »Feinde Gottes« begann damals erst, Routine gewalttätiger Islamisten zu werden. Es handelte sich um nie Dagewesenes, um einen Intellektozid. Ich beschloss, für »Titel, Thesen, Temperamente« darüber zu berichten. Aber wie sollte man in eine solche Wohnung gehen, ein Interview mit Menschen machen, denen solches widerfahren war?

Eine Zeitlang war ich mit meinem arabischen Kameramann um das Mietshaus gekreist und hatte dann schließlich geklingelt. Ein Verwandter bat uns, gegen Abend wiederzukommen. Dann sei die Witwe Boukhobza da. Als wir zurückkamen, sprachen wir der Familie unser Beileid aus. Jedes weitere Wort über den Mord verbot sich als zu läppisch angesichts des Geschehenen. Doch es musste etwas gesagt werden, während der Kameramann seine Gerätschaft für das Interview aufbaute. Der Sohn schaute stumm zu, während ich an das Unaussprechliche dachte, das diese Augen gesehen hatten. Nicht er, sondern ein Freund des Ermordeten würde das Interview geben.

Dieser fragte mich, wie es mir als Neuling in Algier gehe. In meiner Hilflosigkeit sprach ich über Lappalien wie die Schwierigkeit, ein Taxi oder einen Interviewpartner bei der Regierung zu bekommen und über den schon Wochen andauernden Milch-, Kaffee- und Waschmaschinenmangel, ehe das erlösende Gespräch vor der Kamera begann. »Boukhobza gehörte zu den Besten«, sagte der Mann mit leiser Stimme, »immer töten sie die Besten.« Nachdem wir unser Material eingepackt hatten und Frau Boukhobza uns durch den Korridor bis an die Tür begleitete, drückte sie mir die Hand. Ich spürte etwas Weiches, ein Pfund Kaffee.

Nicolas Hénin

Der IS und die Fehler des Westens
Warum wir den Terror militärisch nicht besiegen können

Nicolas Hénin weiß, wovon er spricht. Denn er berichtete nicht nur als ARTE-Journalist von allen großen Kriegsschauplätzen im Irak, in Libyen und Syrien. Als Geisel verbrachte er rund zehn Monate in den Händen des »Islamischen Staats«, was ihm tiefe Einblicke in die Ziele, vor allem aber in die Gedankenwelt der Dschihadisten ermöglichte. Wer wissen will, inwiefern der Westen selbst dazu beiträgt, seine größten Feinde hervorzubringen, was die Dschihadisten mit Attentaten wie dem von Paris bezwecken, was sie antreibt und wovor sie sich am meisten fürchten, wird an diesem scharfsinnigen Buch nicht vorbeikommen.

216 Seiten, broschiert, 2016, ISBN 978-3-280-05628-8

orell füssli